Corinna Friedl

Polygynie

in Mesopotamien und Israel

Sozialgeschichtliche Analyse polygamer Beziehungen
anhand rechtlicher Texte
aus dem 2. und 1. Jahrtausend v.Chr.

Alter Orient und Altes Testament

Veröffentlichungen zur Kultur und Geschichte des Alten Orients
und des Alten Testaments

Band 277

Herausgeber

Manfried Dietrich • Oswald Loretz

2000

Ugarit-Verlag

Münster

Polygynie

in Mesopotamien und Israel

Sozialgeschichtliche Analyse polygamer Beziehungen
anhand rechtlicher Texte
aus dem 2. und 1. Jahrtausend v.Chr.

Corinna Friedl

2000
Ugarit-Verlag
Münster

Die Deutsche Bibliothek - CIP-Einheitsaufnahme

Friedl, Corinna:
Polygynie in Mesopotamien und Israel: sozialgeschichtliche Analyse
polygamer Beziehungen anhand rechtlicher Texte aus dem 2. und 1.
Jahrtausend v.Chr. / Corinna Friedl. - Münster: Ugarit-Verl., 2000
    (Alter Orient und Altes Testament; Bd. 277)
Zugl.: Berlin, Humboldt-Univ., Diss.
ISBN 3-927120-95-2

Herstellung: Weihert-Druck GmbH, Darmstadt

Printed in Germany

ISBN 3-927120-95-2

Printed on acid-free paper

für

Labello de la Courtisane

INHALT

Teil I: Altes Mesopotamien

Teil II: Altes Israel

DANKSAGUNG

Diese Studie ist die überarbeitete Fassung meiner Dissertation, die ich im Oktober 1998 bei der Theologischen Fakultät der Humboldt-Universität zu Berlin eingereicht habe. Betreut wurde die Arbeit von Herrn Prof. Dr. Rüdiger Liwak und zwar in fachlich und menschlich sehr förderlicher Weise. Ihm danke ich für die Freiheit und Offenheit, mit der er meine Ideen und das gesamte Forschungsthema aufgenommen hat, und für die Zeit und Energie, die er unseren intensiven Gesprächen und dem genauen, gewissenhaften und kritischen Lesen meiner Manuskripte gewidmet hat.

Erfreulich war das gute kollegiale Klima am alttestamentlichen Fachbereich. Besonders danken möchte ich Herrn Prof. Dr. Peter Welten für die treue und verläßliche Hilfe, Frau Dr. Karin Bork, und Frau Dr. Anna Kiesow für die fachlichen Diskussionen und Frau Scheuer für die praktische Assistenz. Für Literaturhinweise, fachliche und technische Tips danke ich zudem Frau Dr. Renate Jost, Herrn Prof. Dr. Willy Schottroff (†), Herrn Prof. Dr. Balz, Herrn Alexander Friedl, Frau Irene Pabst, Herrn Prof. Dr. Renger und Frau Phyllis Trible, PhD.

Frau Dr. Karin Reiter hat mir beim Umgang mit akkadischen und sumerischen Texten zur Seite gestanden. Für die vielen anregenden Gespräche, die fachliche Kompetenz und die freundschaftliche Unterstützung bin ich ihr sehr dankbar. Für Hilfestellungen bei der Interpretation akkadischer Texte danke ich auch Herrn PD Dr. Josef Tropper. Mit Herrn Dr. Achim Müller konnte ich Fragen zum hebräischen Text und mit Frau Dr. Gerlinde Baumann Fragen einer feministischen Interpretation des Ersten Testaments diskutieren. Durch die Diskussionen meiner Thesen auf Tagungen der European Society of Women in Theological Research (ESWTR), auf der Ersten Europäischen Frauensynode sowie auf Bibliodramaveranstaltungen von Frau Leony Renk und Frau Margarete Pauschert habe ich viele Anregungen bekommen.

Frau Dagmar Friedl war eine gewissenhafte und liebevolle Hilfe bei allen sprachlichen und formalen Korrekturen. Herr Dr. Matthias Keil unterstützte mich in der Zeit intensiven wissenschaftlichen Arbeitens in zuverlässiger und treuer Weise. Auch ihnen danke ich aus ganzem Herzen.

Finanziert wurde die Forschungsarbeit u.a. von der Hessischen Lutherstiftung der Evangelischen Kirche in Hessen und Nassau und der Nachwuchsförderung der Humboldt-Universität zu Berlin. Für die Unterstützung danke ich besonders meinen hilfsbereiten AnsprechpartnerInnen, Frau Oberkirchenrätin Dr. Hanna Zapp und Herrn Dr. Preuss.

EINLEITUNG

Mit dieser Arbeit wird ein bisher wenig erforschter Bereich der Sozialgeschichte des alten Mesopotamiens und des alten Israels (2. und 1. Jt.v.Chr.) untersucht, nämlich die gleichzeitige eheliche Verbindung eines Mannes mit zwei oder mehr Frauen. *Polygamie*, zu deutsch *Vielehe*, ist dafür der umgangssprachlich geläufige Begriff. Er bezeichnet im strengen Wortsinn ganz allgemein das Vorhandensein mehrerer Ehen zur selben Zeit - und zwar sowohl die Ehe mehrerer Männer mit derselben Frau (*Polyandrie - viele Männer*) als auch die mehrerer Frauen mit demselben Mann (*Polygynie - viele Frauen*). In dieser Studie geht es nur um die letztere Variante.

Der Oberbegriff Polygamie weckt in der westlich-christlichen Welt häufig Assoziationen, die ich vermeiden möchte. In einem islamkritischen Klima wird Polygamie oft als Synonym für Frauenunterdrückung gebraucht. Diese Sichtweise ist meiner Ansicht nach undifferenziert. Sie wird den Frauen (und Männern) nicht gerecht, die heute aus unterschiedlichen Motiven und in unterschiedlicher Weise in polygynen Ehen leben, sei es auf islamischem, christlichem, jüdischem, buddhistischem oder einem anderen religiösen oder kulturellen Hintergrund; weltweit ist die Polygynie in den meisten Ländern eine erlaubte Eheform. Sie wird auch denen nicht gerecht, die in der von mir untersuchten Zeit in Mesopotamien und Israel lebten. Ich möchte ein pauschales Urteil über polygame bzw. polygyne Lebensweisen aus der Sicht einer monogamen Kultur heraus vermeiden. Dafür bedürfte es m.E. anderer Quellen und authentischer Stimmen von Frauen (und Männern) aus polygynen Kulturen. Stattdessen möchte ich die konkreten Vor- und Nachteile aufzeigen, die sich je nach Konstellation der Beziehung für die Beteiligten ergeben. Mein Interesse gilt besonders den Frauen. Die Polygynie stellt eine Form des engen Zusammenlebens von Frauen dar, deren Dynamik ich herausarbeite. Die Untersuchung trägt durch ihre Thematik dazu bei, alltägliche Aspekte antiker weiblicher Lebenszusammenhänge zu rekonstruieren. Ziel ist es, unterschiedliche Formen polygyner Ehen zu differenzieren und die rechtliche Beziehung zwischen den beteiligten Personen aufzuzeigen. Die Studie ist von einem sozialgeschichtlichen und feministischen Interesse geprägt.

Die Aussagen der altorientalischen und ersttestamentlichen Fachliteratur zum Thema Polygynie entbehren bisher einer systematischen Darstellung. Die Termini, mit denen polygyne Konstellationen bezeichnet werden, sind nicht klar definiert und werden in der Literatur uneinheitlich gebraucht. Der unbefriedigende Forschungsstand hängt wohl auch mit der Fremdheit polygyner Lebensformen in den heutigen westlichen Gesellschaften zusammen. Die sozialanthropologische Forschung befindet sich auf diesem Gebiet ebenfalls noch in den Anfängen.

Gesetzliche Bestimmungen bilden die Textgrundlage der Studie. Die darin genannten Fälle sind allgemeingültig formuliert und behandeln Fragen, die im Alltag wichtig waren. Die wenigen ersttestamentlichen[1] Aussagen zur Polygynie in Israel werden den umfangreichen Belegen aus dem benachbarten Mesopotamien gegenübergestellt. Es gibt bisher keine vergleichbaren Textfunde aus geographisch näher gelegenen Nachbarkulturen, die einem solchen Vergleich dienen könnten. Im Bereich des Rechts bestehen kulturelle Abhängigkeiten zwischen Israel und Mesopotamien, so daß ein Vergleich sinnvoll erscheint. Für das Erste Testament werden die rechtlichen Aussagen auch mit erzählenden Passagen verglichen. Beide Gattungen stehen im Aufbau der Bibel in enger Beziehung zueinander. Die Erzählungen können dazu beitragen, die an rechtlichen Texten gemachten Beobachtungen zur Struktur und Funktion polygyner Ehen zu veranschaulichen, zu korrigieren oder zu verifizieren. Die synchrone Betrachtungsweise und der Vergleich von Formen sozialer Organisationen ist eine Methode, die der Sozialanthropologie entlehnt ist[2]. Dem kulturvergleichenden Ansatz entspricht die interdisziplinäre Ausrichtung der gesamten Arbeit.

Der Analyse der einzelnen Quellen liegt eine diachrone Betrachtungsweise zu Grunde. Für eine sachgemäße Interpretation wird der jeweilige historische und kulturelle Zusammenhang in die Überlegungen einbezogen. Königliche Polygynien werden in der Untersuchung nicht berücksichtigt. Im Gegensatz zu den behandelten Konstellationen sind königliche Vielehen auf einzelne Machthaber begrenzt und für die allgemeine Bevölkerung nicht repräsentativ; ihre Behandlung wäre ein eigenes Forschungsthema.

Der Aufbau der Arbeit ist zweigeteilt. Teil I widmet sich dem alten Mesopotamien, Teil II dem alten Israel. Die Unterschiede in Herkunft und Alter der

---

[1] In dieser Arbeit verwende ich die Bezeichnung *Erstes Testament* anstelle von *Altes Testament* um einer antijudaistischen Abwertung des hebräischen Teils der Bibel im Sinne von *alt* und *überholt* vorzubeugen; vgl. zur Diskussion Hedwig JAHNOW u.a. (1994, 20-23).

[2] Zum komparativen Ansatz in der sozialanthropologischen Forschung zur Polygynie vgl. bsp. Raphael Garuin ABRAHAMS (1973), Laura BETZIG (1988), Monique BOGERHOFF MULDER (1994), Jack GOODY (1973 und 1976), Elke MADER/ Richard GIPPELHAUSEN (1989), George Peter MURDOCK (1981), Douglas R. WHITE (1988), M.K. WHYTE (1978). Der sozialanthropologischen Forschung wird durch die vorliegende Arbeit ein Zugang zu den antiken eherechtlichen Quellen geboten. Für eine kulturvergleichende Forschung zum Ersten Testament vgl. bsp. Innocenzo CARDELLINI (1981), Gregory C. CHIRICHIGNO (1993), Howard EILBERG-SCHWARTZ (1990), Silvia SCHROER (1987), Christian SIGRIST/ Rainer NEU (1989), Martha T. ROTH (1987), John H. WALTON (1989), Raymond WESTBROOK (1988A).

Quellen machen eine gesonderte Behandlung notwendig. Teil I und II sind analog angeordnet:

Das erste Kapitel bietet jeweils eine allgemeine Einführung in die sozialgeschichtlichen Gegebenheiten im alten Mesopotamien bzw. alten Israel. Besonders berücksichtigt werden die Positionen von Frauen. Diese Perspektive ist in der Fachliteratur bisher zu kurz gekommen. In altmesopotamischen und ersttestamentlichen Quellen werden Frauen viel seltener erwähnt als Männer. Die Ausblendung von Frauen ist bis heute ein gesellschaftliches und sprachliches Problem. Wo Frauen nicht ausdrücklich ausgeschlossen werden, sind sie m.E. in der Regel mitgemeint. Frauen werden in dieser Arbeit durch die Verwendung einer inklusiven Schreibweise (großes I) sichtbar gemacht.

Im Anschluß an die Einführung gibt das zweite Kapitel jeweils einen Überblick über die bisher veröffentlichten altmesopotamischen Bestimmungen und über die ersttestamentlichen Texte zur Polygynie. So wird ein Eindruck von der Quantität und dem Inhalt der Quellenbasis vermittelt. Die in den Belegen gebrauchten Termini für polygyne Ehen werden erklärt. Dabei werden die sumerischen, akkadischen und hebräischen Begriffe jeweils in der Grundform Singular genannt, so daß sie für nicht Sprachkundige wiedererkennbar sind.

Das Zentrum der Arbeit bildet jeweils das dritte Kapitel mit einer umfangreichen Analyse der einzelnen Bestimmungen zur Polygynie. Von den altmesopotamischen Quellen werden die aus der altbabylonischen Periode exemplarisch herausgegriffen; sie sind für eine detaillierte Untersuchung besonders geeignet. Zum einen bieten sie inhaltlich die meisten Informationen, zum anderen erlangten sie durch die Verbreitung des Kodex Hammurapi den wohl weitesten Wirkungsradius im alten Orient. Die ersttestamentlichen Regelungen stehen in der Gesetzestradition der altbabylonischen Kodizes. Der Aufbau des dritten Kapitels ist jeweils chronologisch. Die Rechtssammlungen werden nacheinander behandelt, beginnend mit den ältesten Quellen. Im altmesopotamischen Teil I ist die Abfolge Kodex Lipit-Ischtar (Kap. 3.2), Kodex Hammurapi (Kap. 3.3), altbabylonische Privatdokumente (Kap. 3.4), im ersttestamentlichen Teil II ist die Reihenfolge Bundesbuch (Kap. 3.2), deuteronomisches Gesetz (Kap. 3.3), Heiligkeitsgesetz (Kap. 3.4). Insgesamt werden 40 Bestimmungen behandelt. Die einzelnen Regelungen werden vor dem Hintergrund der Rechtssammlung betrachtet, der sie angehören. Die Zusammenfassungen bieten jeweils graphische Darstellungen für die herausgearbeiteten Beziehungsstrukturen.

Im Ergebnisteil werden die Strukturdiagramme aus den verschiedenen Rechtssammlungen miteinander verglichen und zueinander ins Verhältnis gesetzt. Daraus ergibt sich ein aussagekräftiger Eindruck von der Komplexität und Vielfalt polygyner Ehen. Es wird deutlich, daß es im alten Babylonien und im Ersten Testament auf rechtlicher Ebene unterschiedliche Strategien gab, um die Fragen, die sich aus den polygynen Beziehungen ergaben, zu regeln.

CHRONOLOGISCHE ÜBERSICHT

Altes Mesopotamien[3]

Ur III-Zeit
Kodex Urnammu (KU)   um 2100 v.Chr. (Ur)
Neusumerische Gerichtsurkunden (NSGU)
(Tello, u.a.)   um 2100-2000 v.Chr.

Altbabylonische Periode
Kodex Lipit-Ischtar (KL)   um 1930 v.Chr.
(Isin)
Altbabylonische Privatdokumente (aB Privatdokumente)   um 1850-1650 v.Chr.
(Sippar u.a.)
Kodex Eschnunna (KE)   um 1770 v.Chr.
(Eschnunna)
Kodex Hammurapi (KH)   um 1750 v.Chr.
(Babylon)

Mittelassyrische Periode
Privatdokumente aus Arrapha (Nuzi)   um 1450-1350 v.Chr.
(Nuzi)[4]
Mittelassyrisches Gesetz (MAG)   um 1076 v.Chr.
(Assur)

Neu- und spätbabylonische Periode
Neubabylonisches Gesetz (NBG)   um 700 v.Chr.
(Sippar)
Neu- und spätbabylonische Eheverträge (nB Eheverträge)   um 640-400 v.Chr.
(Sippar, Babylon, u.a.)

Altes Israel

Vorkönigszeit   um 1200-1000 v.Chr.

Königszeit   um 1000-587/6 v.Chr.

Exilisch-nachexilische Zeit   ab 587/6 v.Chr.

---

[3] Zur Chronologie vgl. J.A. BRINKMANN (1964, 335-341) und Martha T. ROTH (1995, xiv). Zur Karte auf der folgenden Seite vgl. Martha T. ROTH (1995, xv).

[4] Die Dokumente aus Nuzi fallen zeitlich in die mittelassyrische Periode, sind aber wegen ihrer kulturellen und politischen Eigenständigkeit kaum mit anderen Dokumenten aus dieser Periode vergleichbar.

Israel und Mesopotamien im 2. und 1. Jahrtausend v.Chr.

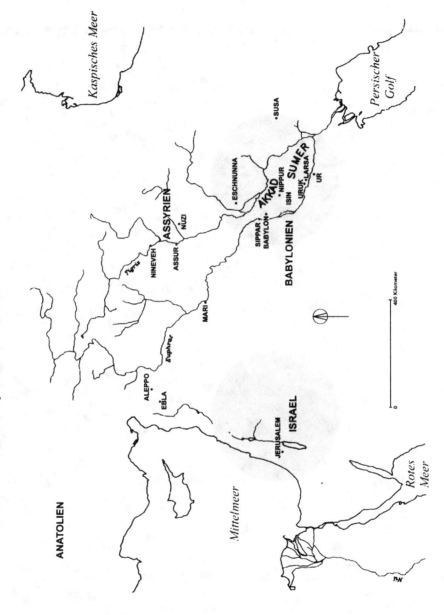

Teil I:

ALTES MESOPOTAMIEN

Im ersten Teil der Untersuchung zur Polygynie steht das alte Mesopotamien im Mittelpunkt. In einer allgemeinen Darstellung wird eingangs gezeigt, was über das Leben von Frauen im alten Mesopotamien des 2. und 1. Jahrtausends v.Chr. in soziologischer Hinsicht gesagt werden kann (Kap. 1). Die Grundlage bieten Quellen aus der altbabylonischen (um 2000-1600 v.Chr.), der mittelassyrischen (um 1400-950 v.Chr.) und der neu- und spätbabylonischen (um 700-333 v.Chr.) Periode. Das erste Kapitel dient der Übersicht und dem Verständnis von Grundzügen altmesopotamischer Kulturen. Drei Bereiche, die für das Verständnis der Polygynie wichtig sind, werden beleuchtet: die Unterscheidung von unfreien und freien Bevölkerungsteilen (Kap. 1.1), die täglichen Aufgaben von Frauen (Kap. 1.2) sowie zentrale Bestimmungen des Eherechts (Kap. 1.3).

Das anschließende Kapitel widmet sich den Merkmalen polygyner Verbindungen in den unterschiedlichen Perioden des alten Mesopotamien (Kap. 2).

Im letzte Abschnitt wird eine exemplarische Analyse der altbabylonischen Quellen vorgenommen (Kap. 3). Die Belege stehen meist im Kontext von Eheregelungen (Kap. 3.1). Es handelt sich um die Gesetzessammlungen Kodex Lipit-Ischtar und Kodex Hammurapi (Kap. 3.2) und um Privatdokumente (Kap. 3.3). Die detaillierte Untersuchung der ausgewählten altbabylonischen Schriftfunde läßt verschiedene Formen polygyner Ehen erkennen. Es wird nach den Gründen für das Eingehen solcher Verbindungen und nach den Charakteristika der ehelichen Beziehungen gefragt.

Kapitel 1:

Frauen im alten Mesopotamien

Aus altmesopotamischer Zeit liegt ein umfangreiches Quellenmaterial vor. Dennoch steht eine Studie zur Polygynie vor dem Problem, daß nur wenige Quellen geeignet sind, zu sozialgeschichtlichen Fragen Auskunft zu geben. Besonders wenig ist über das Alltagsleben von Menschen aus weniger wohlhabenden und weniger einflußreichen Gesellschaftsgruppen in Erfahrung zu bringen. In der Überlieferung lebendig sind vor allem Männer und Angehörige höherer sozialer Schichten. Frauen sind - verglichen mit Männern - in allen Quellen nur zu einem geringen Prozentsatz erwähnt[14]. Dennoch läßt sich aus der Summe des Vorhandenen einiges über das Leben von Frauen im alten Mesopotamien sagen[15].

1.1 Freiheit und Unfreiheit

Das alte Mesopotamien des 2. und 1. Jahrtausends v.Chr. ist gesellschaftlich ausgesprochen stark in verschiedene Klassen gegliedert. Grob gesehen werden in allen Keilschrifttexten mindestens zwei soziale Hauptgruppen unterscheiden: eine freie und eine unfreie[16]. Einige Merkmale beider Gruppen sollen hier genannt werden.

Der Begriff *frei* kann für folgende Bevölkerungsgruppen verwendet werden:

---

[14] Für nB Dokumente bietet Martha T. ROTH (1989B, 246) statistische Angaben, die das Verhältnis der darin genannten Frauen und Männer deutlich machen: Von den 50 000 genannten Personen sind nur 2% Frauen und davon die überwiegende Mehrheit Sklavinnen. Es handelt sich um eine bemerkenswerte Abweichung von der sonst üblichen Tendenz der überlieferten Quellen, vor allem Freie zu erwähnen.

[15] Vereinzelt werden Ergebnisse aus der Analyse der aB Quellen (Kap. 3) vorweggenommen. Für die folgende allgemeine Darstellung sind zwei Aufsatzsammlungen besonders aufschlußreich: Barbara S. LESKO (1989) und Jean-Marie DURAND (1987). Zur Situation von Frauen aus aB Periode werden besonders Arbeiten von Raymond WESTBROOK (1988A, 1988B, 1994) herangezogen. Über die nB Periode geben vor allem Untersuchungen Martha T. ROTH (1987, 1988, 1989A, 1989B, 1995) Auskunft.

[16] Nicht alle Keilschrifttexte unterscheiden zwischen freien und von den Institutionen abhängigen Personen: Während die KL nur Termini für freie und unfreie Personen kennt, treten im späteren KE und im KH drei soziale Gruppen auf: awîlu ((freier) Mann) muõkçnu (Palasthöriger) und wardu (unfreier Mann/ Sklave); vgl. Josef KLÍMA (1971, 249 und 253); zu muõkçnu vgl. Innocenzo CARDELLINI (1981, 91ff).

1. Er kann Menschen bezeichnen, die in wirtschaftlicher Hinsicht nicht von den beiden Zentralinstanzen abhängig sind - dem königlichen Palast und dem Tempel[17]. Die männlichen Angehörigen dieser Gruppe werden in den Quellen meist LÚ/ *awīlu*[18] genannt. Mit demselben Wort werden in den von mir untersuchten rechtlichen Texten die (Ehe-)Männer bezeichnet; der Terminus kann dabei einem freien Mann oder allgemein einen *Mann* meinen. In den Rechtstexten werden sowohl freien Frauen wie auch Frauen allgemein als SAL/ *sinništu ((freie) Frau)* oder DAM/ *aššatu (Ehefrau)* bezeichnet.

2. Als frei wird zudem ein anderer Teil der Bevölkerung bezeichnet, der zwar ökonomisch von Palast oder Tempel abhängig ist, dessen sozialer Status aber nicht deutlich von dem der ersten Gruppe unterschieden werden kann. Soldaten, Tempel- und Palastangehörige können bsp. zu dieser Bevölkerungsgruppe gerechnet werden[19].

Die beiden genannten freien Teile der Bevölkerung heben sich von einer *unfreien* gesellschaftlichen Schicht ab. Ebenso wie *frei* ist auch *unfrei* eine relative und nicht klar abzugrenzende Bezeichnung für Menschen, die sich in einem direkten Untergebenenverhältnis zu einer privaten Person oder einer Institution befinden. Es lassen sich Unterschiede im Grad der Unfreiheit beobachten: Der Status einer unfreien Person kann persönliche Rechte oder Kaufrechte einschließen. Er kann aber auch bis hin zur Versklavung[20] reichen, bei der die unfreie Person als Besitz eines anderen Menschen oder einer Institution angesehen wird, über deren

---

[17] Beide Einrichtungen, der königliche Palast und der Tempel, werden getrennt bewirtschaftet; der Tempel wird in Form von Abgaben jedoch ebenfalls vom König kontrolliert. Die große Bedeutung dieser Zentralinstanzen geht aus der Flut an Quellen hervor, die aus diesen stammen: Für die aB Zeit zeigt Wilhelmus F. LEEMANS (1986, 16), für das 3.Jt. Marvin A. POWELL (1986, 9), daß einem Übergewicht von Belegen aus diesen Institutionen unklare private Verhältnisse gegenüberstehen. So ist beispielsweise über privat wirtschaftende Familien nur vergleichsweise wenig bekannt. Wahrscheinlich haben auch diese Abgaben an die öffentlichen Institutionen zu richten (Igor M. DIAKONOFF, 1985, 51). Für die nA Periode (um 950-612 v.Chr.) ist laut Julia ZABLOCKA (1986, 46) ebenfalls anzunehmen, daß die in den Dokumenten genannten bäuerlichen Familien vornehmlich Kronland bestellen; die einzigen Quellen sind auch hier die Archive der königlichen Residenz.

[18] In der Arbeit werden die sum. Logogramme mit Großbuchstaben wiedergegeben. Die akkad. Wörter werden klein und kursiv geschrieben. Ich folge bei der Umschrift dem AHw (1965-1981). Bei mit einem Querstrich getrennten sum. und akkad. Wörtern handelt es sich um äquivalent gebrauchte Begriffe.

[19] Vgl. Martha T. ROTH (1995, 72f).

[20] Amélie KUHRT (1989, 230) schätzt, daß fast die Hälfte der nB Bevölkerung aus SklavInnen besteht. Dagegen wird für die aB Periode ein nur geringer unfreier Bevölkerungsteil angenommen; vgl. Leo OPPENHEIM (1964, 76).

Wohn- und Aufenthaltsort[21], Familienplanung, Tätigkeit und sogar Leben oder Tod verfügt werden kann[22].

Unfreie Frauen haben in polygynen Ehen eine besondere Bedeutung. Sie werden in allen Wirtschaftszweigen genannt, so z.B. im Agrarbereich, in der Textilher-stellung, in privaten Haushalten und in den Institutionen Palast und Tempel[23]. Der Status der Unfreiheit schließt gewisse Rechte, wie den Besitz materieller Güter, die Beteiligung am Handel und die Eheschließung, nicht grundsätzlich aus[24]. Meist gehen mit diesem Status jedoch eine rechtliche Einschränkung und Armut einher, die eine freie Lebensgestaltung nur schwer oder gar nicht er-möglichen.

Unfreie Frauen werden mit dem Begriff GEME₂/ *amtu* (*Sklavin*)[25] bezeichnet. Er kann auch eine arme und abhängige Arbeiterin meinen oder eine zu Besitz gekommene unfreie Frau. Die Termini für Angehörige der unfreien Schicht haben sich im Laufe der Zeit verändert[26]. Um der Vieldeutigkeit von GEME₂/ *amtu* gerecht zu werden, gebe ich ihn mit *unfreie Frau* oder *Sklavin* wieder. Den Begriff der Sklavin verwende ich verstärkt dann, wenn die untergeordnete Stellung der Frau im Text betont wird.

Übergänge zwischen freier und unfreier Gesellschaftsschicht finden häufig statt. Statusänderungen kommen bei Mitgliedern der mesopotamischen Bevölkerung in

---

[21] Daß die Angehörigen unfreier Familien im Zuge von Verkauf oder Vererbung auseinander-gerissen werden können, zeigen bsp. die aB Privatdokumente VAS 8 15-16 und VAS 18 101.

[22] Aufschlußreich für das Verständnis der Sklaverei ist Orlando PATTERSONs (1982) Arbeit. Patterson arbeitet mit den Mitteln des interkulturellen Vergleichs die Auswirkung der Sklaverei auf sozialer, kultureller und psychologischer Ebene heraus. Er beschreibt Sklaverei als "permanent, violent domination of natally alienated and generally dishonored persons" (ebd.,13). Als Grund für diesen Zustand führt Patterson u.a. die ver-wandtschaftliche Isolation an, die in einer verwandtschaftlich organisierten Gesellschaft besonders einschneidende Folgen hat: Da familiäre und soziale Bindungen unter SklavIn-nen keinem Schutz unterstehen, können sie durch Verkauf oder Vererbung von Ehepartne-rInnen, Elternteilen, Kindern oder Geschwistern jederzeit zerstört werden. In seinen Aussagen über Formen und Auswirkungen altorientalischer Sklaverei stützt Patterson sich vornehmlich auf ältere Arbeiten, so bsp. von Isaac MENDELSOHN (1949), Godfrey Rolles DRIVER and John C. MILES (1955 und 1975), M.A. DANDAMAEV (1963,1984), Ignace J. GELB (1973, 1979).

[23] Im Mesopotamien des 1.Jt. v.Chr. werden Unfreie zunehmend im häuslichen Bereich eingesetzt, während sie vorher stärker in der Produktion, bsp. im Textilbereich, tätig waren; vgl. Benjamin R. FOSTER (1989, 213) und Marc van de MIEROOP (1989, 64f).

[24] SklavInnen gewinnen in neu- und spätbabylonischer Zeit als Besitzende und als UnternehmerInnen eine größere wirtschaftliche Bedeutung (vgl. Anm.10).

[25] Vgl. bsp. TUAT I,1 (1982) für die dt. Übersetzung des Wortes aus dem KU, KL, KE und KH.

[26] Zu GEME² in aB Texten vgl. Marc van de MIEROOP (1989, 64f); für die Ur III-Zeit vgl. Jean-Jacques GLASSNER (1989, 81).

beiden Richtungen vor: So können unfreie Menschen ihre eigene Freilassung und die ihrer Familie durch die Leistung bestimmter Aufgaben oder durch gute Dienste erlangen[27]. Sie verbleiben dann in der Regel im Haushalt und führen dort weiterhin untergeordnete Tätigkeiten aus[28]. Unklar ist, was sich im Alltag einer freigelassenen Person infolge der Freilassung tatsächlich ändert. Rechtlich ist sie nun vertrags- und gerichtsfähig und kann u.a. als Zeuge oder Zeugin auftreten. Die Ehe mit einem freien Mann/ einer freien Frau führt für die unfreie Person in der Regel zum freien Status[29]. Die Freilassung kann einer eventuellen Heirat vorausgehen oder auf den Zeitpunkt nach dem Tod des Ehepartners hinausgezögert werden.

Um zu verhindern, daß die unfreie Bevölkerung durch Freilassungen an Umfang verliert, gab es verschiedene Mittel zur Beschaffung neuer SklavInnen: Zum einen gehörten Kinder zweier unfreier Elternteile mit ihrer Geburt automatisch der Gruppe von Unfreien an. Die von den EigentümerInnen vorangetriebene Verehelichung von SklavInnen untereinander diente somit in erster Linie der Gewährleistung unfreien Nachwuchses[30]. Drei andere Möglichkeiten, die Anzahl der SklavInnen konstant zu halten, waren die zeitlich begrenzte Schuldsklaverei[31], die Versklavung als Bestrafung für ein Vergehen[32] und die Kriegsgefan-

---

[27] So im KL § 14. In nB Dokumenten kann die Freilassung an die Bedingung geknüpft werden, daß weiterhin Versorgungsaufgaben gegenüber den ehemaligen BesitzerInnen ausführt werden (*Cyr. 339, Nbn. 626* und *334*).

[28] Zur Fortführung der Arbeit einer GEME₂ nach ihrer Freilassung vgl. für die Ur III-Zeit *UET 3 51*, weiterhin KH § 176 oder die aB Privatdokumente *BE 6/1 101* und *CT 6 37a*.

[29] Die Freilassung einer unfreien Frau infolge der Ehe nennen bsp. KU §§ 25-26, KL §§ 25-27, KH §§ 119, 171 und das aB Privatdokument *CT 6 37a*. Der umgekehrte Fall, die Freilassung eines unfreien Mannes infolge der Ehe mit einer freien Frau, wird bsp. in KU § 5, KH §§ 175 und 176a und den nB Eheverträgen *BM 61176* und *OECT 10110* erwähnt. Orlando PATTERSON (1982, Kap.8 und 10) ordnet diese im alten Mesopotamien verbreitete Form der Sklaverei einem liberalen "*Near Eastern Pattern*" zu: Sie ist durch die unkomplizierte Erlangung des freien Status gekennzeichnet. Eine unfreie Person erhält den neuen Stand durch die eheliche Beziehung mit einer freien. In verwandtschaftlich organisierten Gesellschaften stellt diese Konstellation den häufigsten Grund für eine Freilassung überhaupt dar. Bedingt durch den Anreiz der Freilassung erfüllen SklavInnen die erwünschten Aufgaben.

[30] Bsp. KU § 4. In dem aB Privatdokument *CT 48 53* ist ein unfreier Mann (*wardu*) mit der Tochter einer *naditu* (vgl. Exkurs 2) verheiratet. Die Kinder aus dieser Ehe gehören dem Eigentümer des Mannes. Daraus wird ersichtlich, daß auch seine Frau einen unfreien Status haben muß. Umgekehrt wird in *CT 48 61* nur die Frau als unfrei bezeichnet (*SAG GEME₂*). Der drohende Verkauf des Mannes im Falle seines Wunsches nach Scheidung zeigt aber, daß auch dieser unfrei ist.

[31] KH §§ 117-119

[32] In Adoptionsurkunden kann der adoptierten Person mit Verkauf in die Sklaverei gedroht werden, sollte sie die Adoptivverwandtschaft verneinen (bsp. aB Privatdokumente *YOS 14 344* und *PRAK IB 17*, anders KH §§ 192f, wo für diesen Fall körperliche Strafen drohen).

genschaft[33] für die Bevölkerung eroberter Gebiete. Die so unfrei gewordenen Menschen konnten an Tempel oder Palast gegeben[34] oder auf dem Land zum Einsatz im Agrarbereich angesiedelt werden[35]. Gingen SklavInnen in privaten Besitz über, waren sie stärker von sexueller Ausbeutung und Verkauf bedroht, konnten andererseits aber eher die Freilassung erlangen. Öffentliche wie private SklavInnenmärkte sind belegt[36]. Mit SklavInnen wurde auch in Form der stunden- oder tageweisen Verleihung gehandelt[37]; aus dem 1. Jt. v.Chr. ist überliefert, daß Sklavinnen an Bordelle oder Individuen vermietet wurden[38].

Über Prostitution im alten Mesopotamien ist wenig bekannt. Der in der Forschung bisher mit *Prostituierte* wiedergegebene Begriff KARKID/ *ḫarimtu* ist hierbei nicht weiterführend, denn er bezeichnet nicht, wie bisher meist

---

[33] Im alten Mesopotamien sind die Versklavung von Geburt an und die Kriegsgefangenschaft die verbreitetsten Methoden, um neue SklavInnen zu erhalten. Kriegsgefangene wurden privat verkauft oder an die Institutionen Tempel und Palast weitergegeben. Sie konnten im Rahmen der Kolonisation eingesetzt oder freigelassen werden. Die häufige Wegführung von Frauen diente u.a. der Zeugung unfreier Nachkommen und dem Erhalt weiterer Arbeitskräfte; vgl. Orlando PATTERSON (1982, Kap.4). Marc van de MIEROOP (1989, 64f) weist darauf hin, daß GEME$_2$ etymologisch ursprünglich "*Frau aus den Bergen*" bedeutete, im Sinne von fremde Frau oder Kriegsgefangene. Auch dies ist ein Hinweis auf den Zusammenhang von Versklavung und Kriegsgefangenschaft. Busteney ODED (1979) gibt Auskunft über die nA Zeit. Er zeigt, daß der assyrische Staat kein vornehmliches Interesse an der Versklavung seiner Kriegsgefangenen und Deportierten hatte: Ein Großteil wird auf ländlichem Kron- und Tempelbesitz angesiedelt und erhält damit einen Status, der dem der freien Bevölkerung ähnelt; neuassyrische Bevölkerungslisten aus dem Agrarbereich erwähnen solche Deportierten. Bei Privatbesitz droht den Kriegsgefangenen und Deportierten dagegen die Versklavung. Pauline ALBENDA (1987) hat Reliefdarstellungen kriegsgefangener Frauen des nA Reiches analysiert und Unterschiede zwischen der Darstellung der Gefangennahme von Frauen und Männern herausgestellt. Gewaltvolle Maßnahmen richten sich ausschließlich gegen Männer. Frauen werden häufig mit kleinen Kindern dargestellt und ohne Gewaltanwendung weggeführt.

[34] Marc van de MIEROOP (1989, 65) erwähnt für die Ur III-Zeit die Schenkung von deportierten Frauen an Tempeleinrichtungen und deren dortigen Einsatz als Arbeiterinnen in der Textilherstellung. Jonas C.GREENFIELD (1987, 77) stellt die Flucht einer Sklavin aus einem privaten Haushalt in den Tempel in nB Zeit dar. SklavInnen des Palastes und des Tempels können im Unterschied zu PrivatsklavInnen nicht verkauft werden ; vgl. Amélie KUHRT (1989, 232f).

[35] Letzteres gilt besonders für deportierte Familien in der nA Periode. Ihr Status unterscheidet sich wohl wenig von dem der freien BäuerInnen; vgl. Julia ZABLOCKA (1986).

[36] Amélie KUHRT (1989, 231) zeigt, wie sich die Preise für junge und alte Sklavinnen in nB Zeit unterscheiden: Kostet eine junge Sklavin im Durchschnitt 50 Schekel, so eine alte Sklavin nur 12 Schekel.

[37] Beispiele aus der Ur III-Zeit sind *ITT III² 6509, 6527* und *6727*. Vgl. für die nB Periode Amélie KUHRT (1989, 232f).

[38] Zu sexuellen Übergriffen auf Sklavinnen vgl. KE § 31, KU § 8. In nB Zeit können neben privaten auch Tempelsklavinnen als Prostituierte vermietet und auf diese Weise zugunsten des Tempels ausgebeutet werden; vgl. Amélie KUHRT (1989, 232f).

angenommen, die berufliche Tätigkeit einer Prostituierten sondern einen legalen Status[39]: Eine als KARKID/ *ḫarimtu* bezeichnete Frau ist rechtlich keinem Mann zugeordnet, weder einem Ehemann noch einem Vater. Es kann sich bei ihr bsp. um die adoptierte oder leibliche Tochter einer unverheirateten, geschiedenen oder verwitterten Frau handeln. Auch eine nicht (mehr) verheiratete erwachsene Frau wird als KARKID/ *ḫarimtu*, *Alleinstehende*, bezeichnet[40]. Es ist möglich, daß Frauen die Lebensweise einer KARKID/ *ḫarimtu* bewußt wählten, um ein größeres Maß am Selbstbestimmung und sexueller Freiheit zu erlangen, wie sie sonst in der Regel nur Männern zustand.

In den von mir bearbeiteten Quellen nehmen als KARKID/ *ḫarimtu* bezeichnete Frauen eine Zwischenposition zwischen freien und unfreien Frauen ein. Ich erwähne sie im folgenden im Kontext polygyner Ehen mit unfreier Frauen um ihren geringeren sozialen Status gegenüber freien Frauen zu verdeutlichen.

Daß gerade unfreie und *alleinstehende* Frauen für polygyne Verbindungen eine wichtige Rolle spielen, ist zum einen damit zu begründen, daß sie auf die soziale Absicherung durch die Ehe mit einem freien Mann angewiesen waren; auch die mögliche Überwindung ihrer Unfreiheit und rechtlichen Unsicherheit ist dabei von Bedeutung. Zum anderen legt die niedere soziale Stellung solcher Frauen es nahe, sie auf die schlechtere Position der zweiten Frau zu verweisen.

---

[39] Ich folge hier der überzeugenden These von Julia ASSANTE (1998). Ihre Annahme wird durch meine Beobachtungen an Rechtstexten gestützt; vgl. Kap. 3.2.2.1.

[40] Julia ASSANTE (1998, 15ff und 26ff). Beispiele für die Bezeichnung einer Tochter als KAR.KID/ *ḫarimtu* sind *BE 6 2*; *BE 14 40* und MAL §49; Beispiele für einer unverheiratete oder geschiedenen KAR.KID/ *ḫarimtu* sind YOS 10 47 und MAL §40.

1.2 Gesellschaftliche Aufgaben

Frauen in altmesopotamischen Gesellschaften leisten Aufgaben in verschiedensten Arbeitsbereichen, teils gemeinsam mit Männern, teils auf frauenspezifischen Gebieten. Auf dem Land arbeiten sie als Bäuerinnen oder ländliche Angestellte. In der Textilindustrie sind Leiterinnen und eine große Zahl von weiblichen Arbeiterinnen beschäftigt[41]. Im Bereich der Tempel leben weibliche Tempelangehörige mit unterschiedlichen Aufgaben[42]. Von den vielen anderen Tätigkeiten, denen Frauen nachgehen, seien noch der Handel durch Kauffrauen[43] und die häufig belegten Berufe der Hebamme[44] und der Amme[45] erwähnt. Organisatorische und politische Aufgaben haben Frauen der höchsten gesellschaftlichen Ränge, so die Ehefrauen von Königen und Stadtfürsten[46].

Frauen aller Berufsgruppen sind zusammen mit Männern mit der Planung und Versorgung des Haushalts beschäftigt, dem sie angehören. Obwohl Männer und Frauen gleichermaßen für den eigenen Haushalt arbeiten, kann während der Ehe

---

[41] Für die Ur III-Zeit belegen Lohnlisten, daß Arbeiterinnen deutlich geringer entlohnt werden als Arbeiter. Ihr Lohn, bezahlt in Lebensmittelrationen, liegt um die Hälfte, manchmal um das Fünffache unter dem der Männer. Neben der Arbeit der Weberinnen zählt die der Müllerinnen zu den häufigsten Frauentätigkeiten; vgl. Hartmut WAETZOLDT (1987, 122 und 1988, 30ff).
Für die aB Zeit zeigt Rivkah HARRIS (1989, 148), daß Arbeiterinnen vor allem in der Textilherstellung und daneben in den Bereichen Bierbrauerei und Verkauf tätig sind.

[42] Zu weiblichen Tempelangehörigen und den verschiedenen Funktionen, die sie im Tempel erfüllen, vgl. die ausführliche Untersuchung von Johannes RENGER (1967). Julia Maria ASHER-GREVE (1985, 161) hält für die Ur III-Zeit fest, daß neben dem Haushaltsbereich der Tempel auch der des Palastes von Frauen bestellt wird.

[43] Für die aB Periode nennt Igor M. DIAKONOFF (1985, 52ff) Kauffrauen, die zusammen mit ihren Ehemännern oder stellvertretend für diese agieren. Ähnliches zeigt Jean-Jacques GLASSNER (1989, 84f) für die Ur III-Zeit. Bekannter sind die altassyrischen Handelsdokumente, bei denen die Ehefrauen berühmter Händler verschiedene Geschäfte tätigen; vgl. Rivkah HARRIS (1989, 148).

[44] Die Bedeutung von Hebammen im alten Mesopotamien, als Begleiterinnen während Schwangerschaft und Geburt, haben Irmtraut SEYBOLD (1988) und Julia Maria ASHER-GREVE (1985, 161f) herausgearbeitet. Ob Tempelangehörigen *qadištu*-Frauen eine Funktion im Bereich von Schwangerschaft und Geburt gehabt haben könnten, diskutieren Claus WILCKE (1985) und Joan Goodnick WESTENHOLZ (1989).

[45] Ammen werden in der Ur III-Zeit häufig erwähnt; vgl. Julia Maria ASHER-GREVE (1985, 161f). Für die nB Periode vgl. bsp. *PBE 8/1 47*.

[46] Eine einzige alleinregierende Königin ist erwähnt: Kuaba wird als Königin (LUGAL) von Kisch bezeichnet. Sie ist in einer sum. KöniglnnenListe aus frühdynastischer Zeit (2900-2340 v.Chr) aufgeführt und soll von einer Tavernenbedienung zu dieser Stellung aufgestiegen sein (Jean-Jacques GLASSNER, 1989, 81); ihre Historizität wird jedoch bezweifelt. Bei anderen Königinnen handelt es sich um Ehefrauen regierender Könige. Ihnen unterstehen eigene Wirtschaftszweige; sie haben auch diplomatische Aufgaben inne; vgl. Rivkah HARRIS (1989, 147).

nur der Mann über das gemeinsame eheliche Eigentum bestimmen. Im Falle der Scheidung hat die Frau selten Anrecht auf einen Teil des Besitzes und muß zudem in der Regel den ehelichen Haushalt verlassen[47]. Trotz gemeinsamen Wirtschaftens und der Tatsache, aufeinander angewiesen zu sein, gerät die Frau auf diese Weise in ökonomische Abhängigkeit vom männlichen Haushaltsvorstand.

Der Haushalt umfaßt in der Regel neben den Familienangehörigen auch Bedienstete. Ärmere weibliche Angestellte, oft der Gruppe der Unfreien zugehörig, arbeiten für freie Frauen gerade im häuslichen Bereich. Der Lohn der freien und unfreien Haushaltsangehörigen beschränkt sich in erster Linie auf die Versorgung. Die Herstellung von Essen, Trinken und Gebrauchsgegenständen (bsp. Kleidung), die Erziehung und Versorgung von Kindern, der Ackerbau und die Viehzucht gehören zu den Aufgaben, die für den Haushalt verrichtet werden. Die Art der Arbeiten, die Frauen ausführen, hängt von der Stellung der einzelnen Frauen ab: Es werden sowohl physisch arbeitsintensive als auch organisatorische Aufgaben und mehr oder weniger verantwortungsvolle Tätigkeiten[48] verrichtet.

Für Frauen wie Männer mesopotamischer Gesellschaften spielen verwandtschaftliche Beziehungen eine zentrale Rolle. In der Regel folgt die Familienzugehörigkeit einem patrilinearen Muster und geht mit dem patrilokalen Wohnort der Verheirateten einher. Doch sind in die vaterorientierte Zugehörigkeit auch zahlreiche Variationen matrilokalen Wohnens und matrilinearer Verwandtschaft eingebunden[49]. Dem verwandtschaftlichen Denken zufolge bietet

---

[47] Zu Ehe- und Scheidungsregelungen vgl. Kap. 1.3.

[48] Hartmut WAETZOLDT (1988, 91ff) erwähnt für die Ur III-Zeit die doppelte Belastung von Textilarbeiterinnen, die neben der Arbeit zugleich eigene Kinder betreuen; die Kinder werden vielleicht sogar zur Arbeit mitgebracht. Gerd STEINER (1987, 149) nennt Weisheitstexte des alten Orients, in denen vor der Unfähigkeit einer Sklavin oder einer KAR.KID/ *ḫarimtu*, den Haushalt zu verwalten, gewarnt wird. Dies deutet auf den untergeordneten Charakter der gängigen Aufgaben unfreier Frauen im Bereich des Haushalts hin. Ein Hymnus aus nB Zeit drückt den häuslichen Wirkungsbereich von Frauen folgendermaßen aus: "*Ich bin eine Tochter, ich bin eine Schwiegertochter, ich bin eine Ehefrau, ich bin eine Haushälterin*"; vgl. Wilfred G. LAMBERT (1967, 121). Auf andere Weise sind ranghohe Frauen mit Haushaltstätigkeiten beschäftigt: Die Ehefrauen polygyner Könige oder Stadtführer verwalten eigenständige Großhaushalte, zu denen auch Landwirtschaft und Tierhaltung gehören. Diese von Frauen organisierten Wirtschaftsbereiche sind in der frühdynastischen Zeit schätzungsweise 20mal kleiner als der Palast; vgl. Marc van de MIEROOP (1989, 63).

[49] In verschiedenen Texten stößt man auf Alternativen zum patrilinearen und patrilokalen Muster: Eine aB Variante ist die *naditu*-Ehe (vgl. Exkurs 2). Aus derselben Zeit ist der Zuzug des Mannes zur Familie der Frau bekannt, der unter dem Begriff der *Eintrittsehe* oder der *erebu* -Ehe (von *erēbu, eintreten*) behandelt wird; vgl. Erich EBELING (1938, 283). Ebeling (ebd.) nimmt an, daß diese Eheform nur dann gewählt wird, wenn in der

die eigene Familie ihren Angehörigen die im Alter lebensnotwendige Unterstüt-
zung. Das patrilokale und -lineare Gefüge bringt es mit sich, daß männliche
Nachkommen besonders erwünscht sind: Nur ein im Haus verbleibender Sohn
und dessen Familie kann die Pflege der Eltern garantieren[50]. Damit kommt den
Söhnen eine andere Bedeutung zu als den Töchtern[51]. Die Kinder sorgen für den
Fortbestand der Familie und die Weitergabe des Besitzes. Der elterliche
Haushalt bietet den erwachsenen Kindern in Notzeiten Schutz. So haben Töchter
im Fall der Beendigung ihrer Ehe die Möglichkeit, zu den Eltern zurückzukehren[52]. Auch bei Konfliktfällen mit einer außerfamiliären Partei treten Familienmitglieder für die Rechte der eigenen Verwandten ein.

Die familiäre Position hat im alten Mesopotamien Auswirkungen auf den
rechtlichen Status einer Person. Für Frauen bedeutet das, daß zwischen einer
unverheirateten und einer verheirateten, zwischen einer ersten und einer zweiten,
einer verwitweten und einer geschiedenen Frau in den Kodizes deutlich
unterschieden wird[53]. Zudem spielt die Existenz von eigenen oder angenom-
menen Kindern eine wichtige Rolle: Eine Frau mit Kindern genießt mehr soziale

---

Familie der Frau keine eigenen Söhne vorhanden sind; ob diese Annahme richtig ist, muß
aus Mangel an Belegen offen bleiben. Zu Belegen der *Eintrittsehe* im KU und KL vgl.
Joachim HENGSTL (1992). Bestimmungen des MAG belegen ebenfalls alternative
eheliche Wohnformen, namentlich das getrennte Wohnen des Ehepaares über viele Jahre
hinweg, auch nach der Geburt von Kindern (bsp. MAG §§ 25-27, 30-33; 36, 38).

[50] Vgl. die aB Privatdokumente *CT 48 49*, *TCL I 90* und *UET 5 95*, in denen Söhne mit Hilfe
einer Sklavin für die Versorgung der alten Mutter aufkommen. NB Belege erwähnen den
Fall eines geflüchteten Sohnes, an dessen Stelle seine verwitwete oder unverheiratete
Schwester die Pflege des Vaters übernimmt (*VAS 5 21*). In einem anderen Fall flieht ein
freigelassener Sklave, der für die Altersbetreuung bestimmt war, so daß der alte Mann von
seiner Schwiegertochter gepflegt werden muß (*Nbn. 697*; ähnlich *Cyr.339*; vgl. Jonas C.
GREENFIELD, 1987, 76f).

[51] Die Unterrepräsentation von Frauen in allen bekannten Quellen liegt, neben vielen anderen
Faktoren, auch in der verwandtschaftlichen Struktur begründet. Ein Beispiel dafür stammt
aus dem ländlichen Bereich in nA Zeit; vgl. Martha T. ROTH (1987, 731ff). Hier sind
Haushaltslisten, die den Beruf des jeweiligen männlichen Familienvorstands und die
Anzahl der Familienmitglieder auflisten - geordnet nach Geschlecht (männliche zuerst) und
Altersgruppen (ältere zuerst) -, in zwei Variationen erhalten: Eine nennt männliche *und*
weibliche Angehörige, wobei weibliche Kinder in deutlich geringerer Zahl erwähnt sind als
männliche. Ein Grund dafür könnte die frühe Verheiratung der Mädchen und damit ihr
Ausscheiden aus dem Familienverband sein. Da unter den Erwachsenen gleichzeitig mehr
Frauen als Männer erscheinen, könnte es sich bei diesen u.a. um eingeheiratete Ehefrauen
des Familienvorstands und/ oder dessen Söhne handeln. Die zweite Liste läßt sämtliche
erwachsene Frauen unerwähnt - vielleicht, weil es sich bei diesen vor allem um durch die
Ehe in die Familie des Mannes gezogene Frauen handelt. Vgl. zu dieser Quelle auch Anm.
55.

[52] Vgl. zu den Folgen einer Scheidung Kap. 1.3.

[53] Vgl. Erich EBELING (1938, 281-286) und Viktor KOROŠEC (1938, 286-293).

Sicherheit als eine kinderlose. In der Familie des Ehemannes sind die eigenen Kinder zudem die einzigen echten Verwandten der Frau.

Nachwuchs ist in allen untersuchten Gesellschaften von existentieller Bedeutung, gerade für Frauen[54]. Da Kinderlosigkeit in der Regel als Unfruchtbarkeit der Frau angesehen wird, gibt es entsprechende Möglichkeiten zu deren Überwindung. Die im folgenden aufgezählten Strategien sind nicht in allen mesopotamischen Gesellschaften im gleichen Maße anzutreffen[55]:

1. Ein kinderloses Ehepaar hat die Möglichkeit, Kinder zu adoptieren. Es übernimmt deren Versorgung und Ausstattung für die Ehe und erhält im Wechsel dazu das Recht auf Altersversorgung[56].
2. Ein kinderloses Ehepaar kann die Ehe des Mannes mit einer weiteren Frau anstreben. Häufig handelt es sich bei der zweiten Frau um eine unfreie Frau.
3. Ein bereits verheirateter Mann in noch kinderloser Ehe kann seine durch eine unfreie Frau geborenen Kinder nachträglich als die eigenen anerkennen; dies ist auch dann möglich, wenn er mit dieser Frau nicht ausdrücklich verheiratet ist. Die Anerkennung bewirkt, daß diese Kinder rechtlich seine Erben sind.
4. Die kinderlose Ehefrau kann eine zweite Frau zum Zweck der Ehe mit dem dann gemeinsamen Ehemann als Schwester adoptieren. Die Frauen verbindet daraufhin eine verwandtschaftliche Beziehung; die Kinder gelten rechtlich als Kinder beider Frauen oder als Kinder der ersten Frau.
5. Als letzte Möglichkeit im Umgang mit Kinderlosigkeit ist die Scheidung des Mannes von der Frau anzusehen. Kinderlosigkeit ist ein anerkannter Scheidungsgrund[57]. Durch eine erneute Heirat kann der Mann versuchen, doch noch Nachkommen zu bekommen. Auch die geschiedene Frau kann wieder heiraten.

Dieser kurze Überblick deutet darauf hin, daß Kinderlosigkeit und Polygynie in enger Verbindung miteinander stehen.

Die Größe einer Familie im alten Mesopotamien läßt sich nur schwer rekonstruieren. Vermutlich besteht die Kernfamilie, ansässige Angestellte nicht mitgerechnet, durchschnittlich aus den Eltern und 2-4 Kindern. Die Familiengröße auf dem Land übertrifft wohl die in der Stadt[58]. Sicher ist, daß eine

---

[54] Kinder zu gebären ist nicht nur dringend erwünscht, sondern als lebensbedrohlicher Vorgang auch gefürchtet. Irmtraut SEYBOLD (1988) hat interessantes Material zu den Themen Schwangerschaftsverhütung, Abtreibung und Geburtsriten zusammengetragen.

[55] Vgl. zum folgenden die ausführliche Quellenanalyse in Kap. 3.

[56] Die Adoption von Kindern belegen für die Ur III-Zeit *ITT/ 2 Nr. 5276* und *6570*, ferner KH §§ 188, 190f und die aB Privatdokumente *PBS 8/2 107* (ein Ehepaar adoptiert ein Baby) und *BE 6/2 48* (ein Mann adoptiert für seine Frau drei Söhne, die sie im Alter unterstützen sollen). Vgl. weiter MAG § 28 und das nB Ehedokument *An.Or.8.14*.

[57] Vgl. Kap. 1.3.

[58] Die Familienstruktur mesopotamischer Gesellschaften wird kontrovers diskutiert: Für die

Familie sich nicht allein aus Blutsverwandtschaft und Heirat konstituiert, sondern auch durch Adoption erweitert werden kann[59]. Mit Hilfe der Adoption wird ein Verhältnis geschaffen, das dieselben Pflichten und Rechte beinhaltet wie familiäre Bindungen. In ihrer Form ähneln Adoptionsverträge Eheabsprachen[60]: Die adoptierte Person wird Mitglied einer neuen Familie, so wie bei der Ehe die Frau in der Regel in der Familie ihres Mannes aufgenommen wird. Die Auflösung der neu geschaffenen Bindung kann Sanktionen nach sich ziehen; diese sind für die adoptierte Person einschneidender als für die adoptierende[61]. Adoptiert werden Männer wie Frauen, Kinder wie Erwachsene zu Töchtern, Söhnen, Schwestern oder Brüdern. Ihre genetische Abstammung ist den Adoptierten bekannt[62].

Frauen in mesopotamischen Gesellschaften haben in vielen Bereichen dieselben Rechte wie Männer. Auf ökonomischem und rechtlichem Gebiet können sie jede

---

aB Zeit geht es dabei um die Bedeutung der Kernfamilie und die Frage nach darüber hinausgehenden Großfamilienstrukturen. Wilhelmus F. LEEMANS (1986) nimmt an, daß die im 3.Jt. belegten Großfamilien im 2.Jt. nicht mehr in Form verpflichtender Bindungen bestehen. Igor M. DIAKONOFF (1985) hält dagegen in aB Zeit das gemeinsame Agieren auch entfernterer Verwandter für die Regel. Marvin A. POWELL (1986) vermittelt zwischen diesen Positionen. Zwar gebe es das Ideal der Großfamilie; es handle sich dabei aber um keine statische Konstruktion, so daß tendenziell der Zerfall in Kleinfamilien erfolge. Für Nuzi kommt N.B. JANKOWSKA (1986) bei der Berechnung der Familiengrößen für das Dorf Šelwihe zum Resultat, die Kernfamilie habe 4-5 Personen umfaßt. Sie rechnet für ländliche Bereiche mit Großfamilienstrukturen. Die Untersuchung nA Texte durch Martha T. ROTH (1987, 731ff) ergibt ebenfalls eine Kernfamiliengröße zwischen 2 und 8 Personen. Die Mehrzahl der Familien besteht aus 2-4 Mitgliedern; nicht erwähnte weibliche Angehörige müssen noch hinzugerechnet werden; vgl. Anm. 55. Insgesamt könnte die hier angenommene geringe Größe der Kernfamilien eine Folge hoher Kindersterblichkeit, angewandter Methoden der Schwangerschaftsverhütung (vgl. Irmtraut SEYBOLD, 1988) und der Weggabe von Kindern zur Adoption oder in die Sklaverei sein. Polygyne Familien werden von den genannten AutorInnen bei der Quelleninterpretation kaum in Betracht gezogen (anders N.B JANKOWSKA, 1986).

[59] Adoptionsdokumente sowie gesetzliche Bestimmungen zur Adoption sind aus verschiedenen Zeiten überliefert: Vgl. KH §§ 185-193, MAG § 28 und *VS 6,184;* vgl. Amélie KUHRT (1989, 229f).

[60] Auf eine formale und inhaltliche Ähnlichkeit zwischen Adoption und Eheschließung hat Raymond WESTBROOK (1988B, 49f) hingewiesen.

[61] In aB Privatdokumente wird eine Adoptivbindung auf ähnliche Weise festgehalten wie eine Ehe. So kann es heißen:
   • *"PN1 ist Sohn/ Tochter/ Schwester/ Bruder von PN2"* (bsp. *YOS 14 344*),
   • *"PN1 ist Ehefrau von PN2"* (bsp. *YOS 12 371*).
   Bei der Auflösung einer Adoptivverbindung bzw. einer Ehe werden Verba solemnia gebraucht:
   • *"Du bist nicht meine Mutter/ Vater/ Schwester / Bruder"* (bsp. *YOS 14 344*),
   • *"Du bist nicht mein Ehemann/ meine Ehefrau"* (bsp. *ARN 37*).

[62] Vgl. KH §§ 186 und 193.

Art von Habe besitzen, diese vererben, verkaufen, in Verträgen darüber verfügen oder ihre Ansprüche gerichtlich einklagen[63]. Die Möglichkeit der Realisierung solcher Rechte hängt jedoch entscheidend von verschiedenen Faktoren ab: vom Alter der Frau, vom ehelichen Status, von der gesellschaftlichen Klasse, der sie und ihre Familie angehören und nicht zuletzt von ihrer Persönlichkeit[64].

Junge Frauen sind - wie auch junge Männer - der elterlichen Autorität unterstellt. Bei ihrer ersten Ehe sind Frauen zwischen 15 und 20 Jahre alt und damit deutlich jünger als die 25 bis 30 Jahre alten Männer[65]. Die Absprachen zu ihrer ersten Ehe werden daher grundsätzlich durch die Eltern oder deren VertreterInnen getroffen[66]. Eine ältere, bereits verheiratete Frau hat dagegen

---

[63] Frauen besitzen grundsätzlich dieselben legalen Rechte wie Männer: Igor M. DIAKONOFF (1985, 52ff) nennt aB Urkunden, in denen Frauen als Käuferinnen und Geschäftsfrauen Verträge abschließen sowie als Zeuginnen auftreten. Rivkah HARRIS (1989, 152) ergänzt dieses Bild vor allem durch Verträge, die von Frauen aus dem Bereich der Tempel erhalten sind. Daß für die nB Zeit keine Zeuginnen belegt sind, kann als Indiz für die schwache Position von Frauen in dieser Zeit gewertet werden. Eine verallgemeinernde Schlußfolgerung von dieser Beobachtung auf die Stellung von Frauen in nB Zeit ist jedoch fragwürdig; vgl. Leo OPPENHEIM (1964, 45).

[64] Das Alter von Personen wird im alten Mesopotamien nicht in Jahreszahlen angegeben. Es werden Lebensstadien festgehalten, die auf beobachtbaren Merkmalen oder Verhaltensweisen beruhen; vgl. Martha T. ROTH (1987, 716-719).

[65] Martha T. ROTH (1987) ordnet die Ergebnisse, die sie der Untersuchung nA und nB Haushalte entnommen hat, einem am Mittelmeer verbreiteten Muster zu ("*Mediterranean model*", ebd. 721ff): Das ungleiche Alter der Heiratenden, das sich aufgrund der frühen Heirat der Töchter und der späten Heirat der Söhne ergibt, ist hierbei typisch. Die Söhne können sich nämlich erst nach ihrer Beerbung - also in der Regel erst nach dem Tod des Vaters - die Gründung eines eigenen Haushalts leisten. Manche von Roth gezogenen Schlüsse sind, wie sie selber in ihrer Einleitung feststellt, sehr hypothetisch. So wertet sie die Nichterwähnung eines Familienvaters als Indiz für dessen Tod. Weiter schließt Roth, daß der verstorbene Vater bereits alt war und ferner, daß seine Kinder also schon erwachsen sind. Eine fragliche Annahme bei ihrer Interpretation der nA Quellen ist die, daß der Familienvorstand nur mit einer der erwähnten erwachsenen Frauen verheiratet ist. Es sind aber auch polygyne Ehen denkbar und wahrscheinlich, wie dies andere Quellen aus ländlichen Bereichen des alten Mesopotamien nahelegen (vgl. bsp. N.B. JANKOWSKA, 1986, 40, zu Quellen aus Nuzi). Dennoch ist das Gesamtergebnis der Studie Roth's durchaus überzeugend. Vgl. Anm. 48. Das hier dargestellte Ehemuster scheint für den mesopotamischen Raum typisch gewesen zu sein. Kemal BALKAN (1983, 7) zeigt dies bsp. anhand von altassyrischen Eheabsprachen im Schriftverkehr zwischen Anatolien und Assur. Katarzyna GROSZ (1989, 171f) nimmt für Nuzi eine ähnliche Altersdifferenz der Heiratenden an.

[66] Daß auch junge Ehemänner auf die Vermittlung durch ihre Eltern angewiesen sind, belegt Martha T. ROTH (1987, 725) für die nB Periode. Nach aB Dokumenten (Raymond WESTBROOK, 1988B) und nB Verträgen (Martha T. ROTH, 1989A) folgt in der Familienhierarchie nach dem Vater zunächst die Mutter und erst dann eventuell vorhandene Brüder. Andere männliche Verwandte haben laut nB Dokumenten keinen Einfluß auf die unverheiratete Frau; vgl. Martha T. ROTH (1988, 132).

mehr eigene Entscheidungsautonomie[67]. Obwohl sie nur begrenzt über das gemeinsame eheliche Vermögen verfügen kann, bildet sie dennoch zusammen mit ihrem Mann die Entscheidungsinstanz für anstehende finanzielle und soziale Fragen des Zusammenlebens. Eine Ehefrau ist auch befugt, stellvertretend für ihren Ehemann zu handeln, besonders in seiner Abwesenheit. Die größte Freiheit bei Entscheidungen haben geschiedene und verwitwete Frauen, sofern sie entsprechende ökonomische Möglichkeiten besitzen. So stellt sich bei selbständig agierenden Frauen häufig die Frage, ob es sich um Witwen handelt[68].

---

[67] Vgl. Kap. 1.3.

[68] Vgl. Rivkah HARRIS (1989, 148) zur Stellung von Witwen im alten Mesopotamien. Jean-Jacques GLASSNER (1989, 84) nimmt an, daß es sich bei den Handel treibenden Landbesitzerinnen des 3.Jt. um Witwen handelt. NB Eheverträge belegen, daß Witwen oder Geschiedene bei einer weiteren Ehe der Zustimmung ihrer Familie nicht mehr bedürfen; vgl. Amélie KUHRT (1989, 226). Bei einer erneuten Ehe geht die Eigenständigkeit der Witwe allerdings wieder verloren, vgl. KH §§ 172 und 177. Zur verbreiteten Witwenarmut vgl. Kap. 1.3.

1.3 Eherecht

Die Ehe ist in mesopotamischen Gesellschaften ein mündlicher oder schriftlicher Vertrag, der zwei Menschen verschiedenen Geschlechts sozial und ökonomisch miteinander verbindet[69]. Meist geht damit das Zusammenleben und die Geburt gemeinsamer Kinder einher. Getrenntes Wohnen ist jedoch ebenfalls belegt[70], und es gibt kinderlose Ehen, die damit dennoch den Zweck der gegenseitigen Versorgung und Verantwortung erfüllen[71]. Manchen Eheabmachungen ist zu entnehmen, daß das eheliche Verhältnis erst Jahre später schriftlich fixiert wurde[72]. Andere Ehen kommen zustande, indem das vertraglose Zusammenleben des Paares über mehrere Jahre hinweg schließlich den Status der Ehe bekommt[73].

Anders als bei Männern vollzieht sich bei Frauen infolge der Ehe ein Statuswechsel zur DAM/ *aššatu* (*Ehefrau*)[74]. Der erstrebenswerte Status bringt der Verheirateten eine Reihe rechtlicher Vorteile. Es gehen eherechtliche, erbrechtliche und strafrechtliche Veränderungen damit einher[75]. Allerdings divergieren die rechtlichen Folgen, die einzelne Texte festhalten, stark voneinander, so daß ein Minimalkatalog der Rechte, die mit der Position als Ehefrau gegeben sind, schwer zu erstellen ist[76]. Der Status der Ehefrau ist an das Fortbestehen der Ehe gebunden und geht der Frau mit Auflösung derselben verloren[77].

---

[69] Schriftliche Eheverträge dienen vor allem der Fixierung der mit der Ehe einhergehenden Transaktionen. Deshalb halten sie in der Mehrzahl die umfangreichen Eheabsprachen wohlhabender Familien fest. Martha T. ROTH (1989A, 24ff) spricht wegen der zentralen Rolle der Mitgift im Falle nB Eheverträge auch von Mitgift-Verträgen; diese Bezeichnung entnimmt sie den Dokumenten selbst.

[70] Vgl. Anm. 39.

[71] Bsp. KL § 27, KH § 163.

[72] Vgl. bsp. das aB Privatdokument *BE 6/1 101*.

[73] Bei den aB Bestimmungen KH §§ 133-136, 177 handelt es sich nicht um die erste Ehe der jeweiligen Frau. Sie ist entweder Witwe oder Hinterbliebene ihres im Krieg verschollenen Mannes. Vgl. auch MAG §§ 34, 36 und 45 und die nB Eheverträge *BM 61176, OECT 10 313, BM 66005, OECT 9 73, CT 49 165*.

[74] Zwar kann auch ein Mann im Kontext der Ehe als DAM/ *mutu* (*Ehemann*) bezeichnet werden; der selten verwendete Terminus hat nicht die rechtlichen Folgen, wie die Bezeichnung als *Ehefrau*. Auch ohne die Verwendung von DAM/ *aššatu*, kann der Sachverhalt der Ehe sinngemäß vorliegen, wie Claus WILCKE (1985, 214f) für Dokumente aus der Ur III-Zeit zeigt.

[75] Vgl. Anm. 43.

[76] Adam FALKENSTEIN (1956A, 98ff) und Raymond WESTBROOK (1988B, 10ff) vermeiden das Problem, indem sie bei ihrer ausführlichen Darstellung des Eherechts der Ur III-Zeit bzw. der aB Periode nicht näher auf den Begriff der Ehefrau eingehen. Martha T. ROTH (1989A, 3ff) nennt den neuen Status der Frau als *aššatu* (*Ehefrau*) ein Hauptanliegen nB Eheverträge. Auch sie zählt keine damit verbundenen ehelichen Grundrechte auf.

[77] Vgl. bsp. Martha T. ROTH (1988, 137).

Grundsätzlich gibt es im alten Mesopotamien keine Eheschranken zwischen Angehörigen verschiedener gesellschaftlicher Schichten. Obwohl meist innerhalb der eigenen sozialen Gruppe geheiratet wird, gibt es Ehen zwischen Angehörigen unterschiedlicher Schichten: Ehen zwischen freien Männern und unfreien Frauen sind häufiger belegt als der umgekehrte Fall[78]. Anders als freie können unfreie Frauen und Männer, die miteinander verheiratet sind, nicht über ihren gemeinsamen Wohnort entscheiden. Sie werden ihren BesitzerInnen unterstellt, die hierüber bestimmen können. Unfreie Eltern können auch nicht über die Zukunft ihrer Kinder entscheiden[79]. Ihre ehelichen wie elterlichen Rechte sind aufs stärkste eingeschränkt.

Weibliche und männliche Kinder erben zum Zeitpunkt ihrer Ehe von ihren Eltern auf zweierlei Weise: Die Töchter werden mit einer Mitgift[80] ausgestattet, die in den meisten Fällen aus beweglichen Gütern besteht[81]. Dies vereinfacht die Übersiedlung in das Haus des Mannes. Die Mitgift wird im Zuge der ehelichen Transaktionen *mit* der Braut *an* den Ehemann gegeben. Dies zeigt deutlich, daß die Frau während der Ehe wenig Verfügungsgewalt über ihren eigenen und den gemeinsamen ehelichen Besitz hat[82]. Die Söhne erben mehr als die Töchter. Sie erhalten vornehmlich unbewegliche Güter, wie Land oder Gebäude. Da die Söhne in der Regel erst nach dem Tod des Vaters erben, findet ihre Eheschließung entsprechend spät statt. Kinder erben von beiden Eltern. Mütter verfügen beim Vererben in erster Linie über den Teil ihrer Habe, der in Form ihrer Mitgift ihr Eigentum ist[83]. Da die Mitgift ihrer eigenen Absicherung im Falle von Scheidung oder Witwenschaft dient, ist wahrscheinlich, daß der größte Teil dieses Besitzes erst mit dem Tod der Frau an ihre Kinder weitergeht.

---

[78] Vgl. Anm. 19.

[79] Zu den elterlichen Rechten freier und unfreier Eltern im Hethitischen Gesetz vgl. Richard HAASE (1993 und 1995).

[80] Es gibt unterschiedliche akkad. Termini für die Mitgift: Meist wird dafür *nudunnû* (von *nadānu, geben*) verwendet, so in aB und nB Privatdokumenten. In den Kodizes KH und KL (und ähnlich im MAG) bezeichnet derselbe Begriff dagegen Hochzeitsgeschenke des Ehemannes an die Ehefrau, von denen die Mitgift der Eltern als *šeriktu* (von *šarāku, schenken*) unterschieden ist. Raymond WESTBROOK (1988B, 24-28) hat das Problem gut dargestellt und eine überzeugende Erklärung geboten: Die *Herkunft* der Güter der Frau - einerseits von ihrem Mann, andererseits von ihren Eltern - ist für deren späteren Verbleib entscheidend. Während die Mitgift der Eltern der Frau auch nach der Ehe zusteht, können Geschenke des Mannes später zurückgefordert werden. Daher müssen die unpersönlich formulierten Rechtstexte (KH, KL und MAG), die einer konkreten Situation enthoben sind und die die gebenden Parteien teilweise nicht mehr nennen, die unterschiedliche Herkunft durch den Gebrauch zweier verschiedener Begriffe deutlich machen; vgl. auch Raymond WESTBROOK (1994).

[81] Bsp. KL § 24, KH § 167.

[82] Vgl. Anm. 74.

[83] KL § 24, KH § 162, MAG § 29, NBG § 13.

Die Mitgift der heiratenden Tochter hat mehrere Funktionen:

1. Während der Ehe dient sie dem Haushalt der neuen Ehe.
2. Im Fall der Scheidung oder des frühzeitigen Todes des Mannes stehen der Frau ein Teil des gemeinsamen Besitzes und ihre in die Ehe eingebrachte Mitgift zu. Dieses Vermögen dient ihr und eventuell vorhandenen unmündigen Kindern als Grundstock für den eigenen Unterhalt. Texte, in denen Witwen oder Geschiedene ihren Anteil am gemeinsamen ehelichen Besitz einklagen, zeigen, daß sie sich ihr Recht gegenüber dem Mann oder dessen Familie häufig mühsam erkämpfen müssen[84]. Das Witwendasein wird im alten Mesopotamien überwiegend mit Armut in Verbindung gebracht[85].
3. Nach dem Tod der Frau wird die Mitgift an deren eigene Kinder vererbt.

Außer der Mitgift spielt im Kontext ehelicher Transaktionen die *terḫatu*[86] eine Rolle, die mit *Brautgeschenk* oder *Brautbesitz* übersetzt werden kann. Früher wurde dafür der Begriff *Brautpreis* verwendet (daher auch *Kaufehe*). Dieser ist irreführend, da das Wort die Braut zum Objekt eines Handels mit vornehmlich ökonomischem Interesse macht. Wie oben bereits gezeigt wurde, erfüllt das Eingehen einer Ehe aber viele andere Funktionen, die über den rein wirtschaftlichen Aspekt hinausgehen. Auch wird der Begriff der *terḫatu* im alten Mesopotamien ausschließlich für Transaktionen im Kontext von Ehe oder Adoption verwendet und nicht für den Kauf von Waren[87].

---

[84] Schuld an der schwächeren Stellung der Frau ist u.a. ihr Aufenthalt in einem fremden Familienverband, der die Vorteile des Mannes massiv durchsetzen kann. Auch die Tatsache, daß die Mitgift während der Ehe - wie das gesamte eheliche Vermögen - vom Mann verwaltet wird, führt dazu, daß diese häufig nur unter Druck zurückerhalten werden kann. Zur Versorgung einer Geschiedenen vgl. bsp. das aB Privatdokument *VAS 18 1*. Nach einem nB Dokument unterbindet die Familie der Frau das Verprassen der Mitgift durch den Mann; vgl. Martha T. ROTH (1989B, 250f).

[85] Rivkah HARRIS (1989, 147) weist allgemein auf das Problem der Witwenarmut hin: "*Undoubtedly widowhood in Mesopotamia, as elsewhere and at all times, went hand in hand with poverty*". Ein Motiv der Prologe zum KU und KH ist die Zusage des Königs, für das Recht der Witwen und Waisen einzutreten. Das Bild der Witwe steht stellvertretend für arme Menschen, für deren Interessen es sonst keine Lobby gibt. Arme Witwen, die weder in das elterliche Haus zurückkehren noch erneut heiraten, kommen auch in Einrichtungen der Tempel unter; vgl. für die Ur III-Zeit Marc van de MIEROOP (1989, 65), für die nB Periode Martha T. ROTH (1988, 136).

[86] So vor allem in aB Quellen. In den nB Eheverträgen *Nbk.101, TBER 93f, TBER 78* ist für eine solche Zahlung vom *biblu* die Rede.

[87] So wird für den Kauf einer Sklavin im aB Privatdokument *CT 8 22b* bsp. eine andere Terminologie verwendet. Katarzyna GROSZ (1989, 170f) geht der Frage nach, warum viele Ehedokumente (so bsp. aus Nuzi) den Brautbesitz nicht erwähnen. Sie hält für möglich, daß es sich dabei im alten Mesopotamien um eine eheliche Zahlung mit stark rituellem Charakter handeln könnte, wie sie in vielen anderen Gesellschaften erwähnt ist. Solche Zahlungen werden vertraglich nur selten festgehalten. Leider nennt Grosz keine konkreten Hinweise auf den rituellen Charakter des Brautgeschenks im alten Mesopotamien. Auch

Der Wert der *terḫatu* ist geringer als der der Mitgift[88]. Handelt es sich bei der Mitgift um die Ausstattung für den neu zu gründenden Haushalt, so wird die *terḫatu* umgekehrt vom Bräutigam an die Eltern der Braut gezahlt. Ihre häufige Erwähnung, bsp. in aB Eheverträgen, zeigt, daß diese Zahlung eine Rolle für die vollständige Eheabmachung spielt. Doch gibt es auch gültige Ehen, die keine derartige Transaktion aufweisen[89]. Nach Aussage eines Teils der Quellen wird die *terḫatu* von den Eltern der Braut als *indirekte Mitgift* an diese weiter gegeben[90].

Da das Scheidungsrecht für die Quellenanalyse im Kapitel 3 eine zentrale Rolle spielt, sollen im folgenden dessen Grundzüge dargestellt werden[91]. Für den Vorgang der Scheidung werden in den Texten die Wörter TAG₄/ *ezēbu* (aB, mA, *verlassen*) bzw. *(w)ašāru* (nB, *wegschicken*) verwendet. Statt dessen können auch Verba solemnia wie "*PN ist nicht Ehefrau/ Ehemann*" oder "*PN haßt PN*" gebraucht werden[92].

Die am häufigsten belegte Art der Scheidung ist die vom Mann ausgehende. Die Konsequenzen für die Eheleute können selbst in ähnlich gearteten Scheidungs-fällen sehr unterschiedlich sein. Sie hängen wohl stark vom gesellschaftlichen Einfluß der sich scheidenden Parteien ab und sind vor allem von zwei Faktoren bestimmt: 1. vom Vorhandensein von Kindern und 2. vom Vorliegen eines allgemein anerkannten Scheidungsgrundes. Die Scheidung des Mannes von einer

---

      über die Gesellschaften, mit denen sie die altmesopotamischen vergleicht, gibt sie keine Auskunft. Zur Diskussion vgl. weiter Raymond WESTBROOK (1988B, 53-58).

[88]   In den in Kap. 3.3 untersuchten aB Verträgen beträgt die *terḫatu* im Schnitt 5 Schekel Silber. Dies ist ein geringerer Betrag als der Kaufpreis für eine unfreie Person. Zum Vergleich mit der Mitgift vgl. A. van PRAAG (1945, 142f).

[89]   Bsp. KH § 138 im Gegensatz zu § 139; oder aB Privatdokument *BE 6/2 40* im Gegensatz zu *BE 6/2 47*. Wegen dieser Beobachtung nimmt Paul KOSCHAKER (1917 und 1950) das Bestehen zweier unterschiedlicher Formen der Eheschließung im alten Babylonien an, eine mit und eine ohne die Zahlung eines Brautgeschenkes. Diese Theorie wird heute bestritten; vgl. Raymond WESTBROOK (1988B, 53-58).

[90]   Daher die Bezeichnung dieser ehelichen Zahlung als *Brautgeschenk* oder *Brautbesitz*. Nach KH § 138 erhält die Frau im Falle der Scheidung vom Mann einen Betrag in Höhe der *terḫatu*. In den aB Dokumenten *BE 6/1 84* und *CT 48 50* wird das Einbinden der *terḫatu* in den Saum der Kleidung der Frau erwähnt, bevor sie in das Haus des Ehemannes eintritt (anders *BE 6/1 101* und *CT 8 2a*). Zum Begriff *indirekte Mitgift* vgl. Katarzyna GROSZ (1989, 170).

[91]   Die Quellen aus dem alten Mesopotamien geben zwar Auskunft zum rechtlichen Umgang mit Scheidung. Sie lassen aber keinerlei Schlüsse auf deren Häufigkeit zu. So läßt sich beispielsweise ein neu- und spätbabylonisches Scheidungsrecht eruieren, ohne daß ein einziger Scheidungsfall bekannt wäre; vgl. Martha T. ROTH (1989B, 251). Im folgenden werden verstärkt Ergebnisse der Quellenanalyse in Kap. 3.2f vorweggenommen. Die Begründung einzelner hier dargestellter Thesen ist dort nachzulesen.

[92]   Zum akkad. *zêru* (*hassen*) im Sinne von *sich scheiden* vgl. Teil II, Kap. 1.3.

kinderlosen Frau ist rechtlich einfach und versetzt die Frau wieder in den status quo vor der Ehe. Die Mitgift wird an sie zurückgezahlt, sie erhält zudem ein Scheidungsgeld und verläßt das Haus des Mannes[93]. Dagegen ist eine Frau mit Kindern, die *grundlos* geschieden werden soll, dadurch vor einer Verstoßung geschützt, daß ihr zu ihrer Mitgift bis zur Hälfte des gemeinsamen ehelichen Besitzes und der Verbleib im ehelichen Haus zustehen[94].

Eine Frau, die *mit Grund* geschieden wird, weil sie eines strafbaren Verhaltens für schuldig befunden wurde, kann - unabhängig davon, ob sie Kinder hat oder nicht - ihre Mitgift und das Scheidungsgeld verlieren. Unter Umständen muß sie sogar mit schlimmeren Strafen rechnen, die bis hin zur Versklavung oder Tötung reichen können[95]. Allerdings ist kein Fall der Durchführung solcher Strafen bekannt, da Strafrechtsfälle in der Regel nicht festgehalten werden. Die Mehrzahl der Scheidungsregelungen führt jedoch - ohne Nennung eines Scheidungsgrundes - zum Auszug der Frau, ob sie Kinder hat oder nicht. Die Worte *"sie kann gehen, wohin sie will"* stellen dabei eine in Variationen wiederkehrende Wendung dar[96]. Da aus den meisten Texten kein deutlicher Anlaß für die Trennung hervorgeht, ist umstritten, welche Rolle Scheidungs-gründe für das Eherecht tatsächlich spielen[97].

Die von der Frau ausgehende Scheidung ist nur selten belegt. Meist ist eine Scheidung an das schuldhafte Verhalten des Mannes der Frau gegenüber gebunden[98]. Dazu kann auch das Eingehen einer weiteren Ehe trotz des Vorhandenseins eigener Kinder mit der (ersten) Frau zählen[99].

---

[93]   Bsp. KH § 138. Zur Diskussion vgl. Raymond WESTBROOK (1988B, 70f).

[94]   Bsp. KE § 59, *CT 2 44*, ähnlich KH § 137, anders MAG § 37.

[95]   Bsp. KH § 141.

[96]   Bsp. MAG § 33 oder nB Ehedokumente BM 50149, Cyr. 183. Ähnlich heißt es bsp. in KH §§ 137 und 172, daß die Frau einen Ehemann nach ihrem Herzen heiraten kann.

[97]   Raymond WESTBROOK (1988B, 71ff) betont die rechtliche Rolle von Scheidungsgründen für aB Rechtstexte. Martha T. ROTH (1989B, 256) nimmt an, daß in nB Zeit nur die Kinderlosigkeit der Frau zu einer Scheidung mit Grund führen kann. Entsprechend erwähnen viele nB Eheverträge für den Fall der Scheidung vom Mann zu zahlende Straf-gelder, ohne daß ein Scheidungsgrund genannt wäre.

[98]   Vgl. das aB Privatdokument *BIN 7 173* und den nB Ehevertrag *TBER 93f.*

[99]   Bsp. KH §§ 142 und 148.

Kapitel 2:

Polygynie im alten Mesopotamien - ein Überblick

In diesem Kapitel stehen grundsätzliche Überlegungen zur Polygynie im Mittelpunkt. Eingangs wird das Verständnis von Polygynie dargestellt, wie es dieser Arbeit zugrunde liegt (Kap. 2.1). Dabei wird die Bedeutung der verwendeten Fachtermini erklärt. Anschließend wird ein Überblick über die rechtlichen Belege polygyner Ehen im alten Mesopotamien gegeben (Kap. 2.2). Die Darstellung geht chronologisch vor; sie beginnt mit der aB Periode und endet mit der nB Periode. Zuletzt wird die in den rechtlichen Quellen verwendete Terminologie zur Polygynie in bezug auf inhaltliche Kriterien dargestellt (Kap. 2.3). Ein Exkurs stellt die Beobachtungen dem verwirrenden Sprachgebrauch zur Polygynie gegenüber, wie er in der Fachliteratur benutzt wird (Exkurs 1).

2.1 Verständnis von Polygynie

Im alten Mesopotamien finden sich zu allen Zeiten Belege für polygyne Ehen. Es sind weder Quellen bekannt, die polygyne Ehen grundsätzlich verbieten, noch solche, die ausdrücklich ein monogames Eheideal vertreten. Nach Aussage allgemeiner gesetzlicher Bestimmungen ist die Polygynie nicht auf einen ausgewählten Personenkreis beschränkt. Davon heben sich die überlieferten Varianten königlicher Polygynien mit der Einrichtung von Harems ab. Diese sind ein vornehmlich prestigeorientiertes Privileg nur höchster Machthaber. Die offensichtlichen Differenzen zwischen königlicher und allgemeiner Polygynie hinsichtlich der Form und die möglichen Differenzen hinsichtlich des Zwecks empfiehlt eine gesonderte Behandlung[90]. Wegen der Ausrichtung dieser Arbeit auf die Rekonstruktion einer potentiell von vielen Frauen geteilten Lebensweise wird die königliche Polygynie nicht berücksichtigt.

Eine Untersuchung zur Polygynie im alten Mesopotamien steht vor dem Problem, daß nur eine geringe Anzahl von Dokumenten explizit von polygynen Ehen spricht. Oftmals wird lediglich aus nebensächlichen Bemerkungen ersichtlich, daß eine Person in polygyner Ehe lebt[91]. Es ist wahrscheinlich, daß eine Reihe von Texten Polygynien zum Hintergrund haben, ohne daß dies

---

[90] Vgl. Kap. 2.2.

[91] So sind in einer aB Prozeßliste die beiden Ehefrauen (*aššatu*) eines Mannes erwähnt (*CT 2 46*). Zu nA Haushaltslisten vgl. Anm. 55.

ausdrücklich erwähnt wird[92]. Auf Grund dieser Beobachtung und wegen der insgesamt geringen Quellenbasis zum Thema lassen sich weder absolute Zahlen noch prozentuale Schätzungen über die Verbreitung polygyner Ehen im alten Mesopotamien nennen. Ausführlich thematisiert sind polygyne Verbindungen vor allem im Zusammenhang mit Ehe- und Erbregelungen. Daher beziehe ich mich bei der folgenden Darstellung altmesopotamischer Polygynien auf entsprechende Bestimmungen in den Kodizes sowie in privaten Verträgen.

Bei der Darstellung polygynen Zusammenlebens wird versucht, den Gebrauch wenig eindeutiger oder schlecht definierter Begriffe zu vermeiden. Für unterschiedliche polygyne Konstellationen wird allgemein der Begriff *Polygynie*[93] verwendet. Der Terminus umfaßt zeitgleiche eheliche Verbindungen mindestens zweier Frauen mit demselben Mann, die einschneidende rechtliche und soziale Konsequenzen für die Beteiligten haben. Unter *ehelich* werden damit auch Beziehungen erfaßt, die trotz des Fehlens ehelicher Terminologie Merkmale einer Ehe aufweisen[94]. Diese weite Fassung des Begriffs Ehe ist notwendig, da in den altmesopotamischen Gesellschaften fließende Übergänge zwischen verschiedenen Formen des Zusammenlebens von Frauen und Männern bestehen, die sich mit monogamen Vorstellungen von Ehe schwer fassen lassen[95].
Die Frauen, die in einer polygynen Ehe leben, werden in dieser Arbeit *erste Frau* und *zweite Frau* genannt[96]. In Ermangelung eines entsprechenden deutschen Wortes werden die Frauen einer polygynen Ehe auch als *Co-Frauen* bezeichnet[97]. Infolge ökonomischer und sozialer Umstände ist die am häufigsten anzutreffende Form der Polygynie die Verbindung nur *zweier* Frauen mit einem Mann, die *Bigynie*. Da keine generelle gesetzliche Beschränkung der Polygynie auf zwei Frauen bekannt ist, im KH die Vielehe mit mehr als zwei Frauen ausdrücklich in Betracht gezogen wird[98] und solche Ehen in vielen Fällen nicht ausgeschlossen werden können, wird die Bigynie hier lediglich als eine besonders häufige Form der Polygynie angesehen.

---

[92] Bsp. widmen sich Ehe- und Scheidungsabsprachen in der Regel nur einer zu schließenden oder zu scheidenden Ehe; handelt es sich dabei um eine weitere polygyne Ehe, muß dies aus dem Text nicht unbedingt ersichtlich werden.

[93] Zum allgemein gebräuchlichen Ausdruck *Polygamie* vgl. Einleitung..

[94] Zu den Merkmalen einer Ehe vgl. Kap. 3.2.2.1 und Kap. 3.3.2.1.

[95] Vgl. Kap. 1.3 mit Anm. 59-63.

[96] Wo die Begriffe DAM/ *aššatu* (*Ehefrau*) in der Quelle Verwendung finden, ist auch von *erster Ehefrau* und *zweiter Ehefrau* die Rede.

[97] Der Begriff wurde der englischsprachigen Literatur aus dem Bereich der Sozialanthropologie entnommen. Vgl. bsp. Douglas R. WHITE (1988) zum Stand der sozialanthropologischen Forschung zur Polygynie.

[98] KH § 144

2.2 Rechtliche Belege

2.2.1 Altbabylonische Periode

Die Quellen der aB Periode[99] werden in Kapitel 3 ausführlich analysiert und seien daher an dieser Stelle nur kurz erwähnt. Es lassen sich unterschiedliche polygyne Eheformen aufzeigen. In der Mehrzahl handelt es sich um Verbindungen, an denen eine freie erste und eine unfreie zweite Frau beteiligt sind. Bei einer zweiten Frau mit geringerem sozialen Status kann es sich auch um eine KARKID/ *harimtu* (*Alleinstehende*) handeln. Zudem gibt es Ehen unter Beteiligung freier Frauen. Bei diesen handelt es sich in einigen Fällen um (Adoptiv-) Schwestern. Die polygyne *nadītu*-Ehe ist eine Besonderheit, die nur in aB Zeit belegt ist. Auch hier sind die Zweitfrauen unfrei oder frei. Sie können leibliche Schwestern der ersten Frau sein oder durch die Adoption zu Verwandten der Frau werden. Ehen mit mehr als zwei Frauen sind grundsätzlich möglich[100].

2.2.2 Mittelassyrische Periode

Auskunft über die mA Periode gibt vor allem das MAG[101]. Gemeinsam ist den Bestimmungen des MAG und den aB Regelungen, daß zwei oder mehrere freie Frauen mit demselben Mann verheiratet sein können. Von den Frauen einer geringeren sozialen Klasse werden sowohl Sklavinnen als auch *harimtu* als mögliche Partnerinnen polygyner Ehen genannt. Im MAG werden im Unterschied zu den aB Quellen weitere Gruppen von Frauen unterschieden[102]: Die *qadištu* und die *esirtu* haben einen Zwischenstatus zwischen freien und unfreien Frauen inne. Sie können den Rang einer Ehefrau in Anspruch nehmen; ihre Kinder scheinen aber nur im Falle der Kinderlosigkeit der ersten Frau erbberechtigt zu sein. Ob eine *qadištu* oder eine *esirtu* auch die erste oder alleinige Ehefrau eines Mannes sein kann, geht aus dem MAG nicht hervor. Eine weitere Besonderheit des MAG ist die häufige Erwähnung des getrennten Wohnortes von Eheleuten[103]. Es muß offen bleiben, ob das getrennte Wohnen

---

[99] KL §§ 24, 25, 27, 28, KH §§ 119, 137, 141, 144, 145, 146, 147, 148, 149, 163, 170, 171, 172, aB Privatdokumente *BIN 173, CT 2 44, CT 4 39a, CT 8 2a, CT 8 22b, CT 8 37d, CT 45 119, CT 48 48, CT 48 57, CT 48 67, Meissner BAP 89, TIM 4 46, TIM 4 47, TIM 4 49, TIM 5 1, UET 5 87, Waterman 39.* Ähnlich aus der Ur III-Zeit KU §§ 25 und 26.

[100] KH § 144

[101] MAG §§ 33, 40, 41, 43, 46, 55.

[102] MAG §§ 40 und 41; vgl. zu *harimtu* in diesen Paragraphen Julia ASSANTE (1998, 31ff).

[103] Vgl. Anm. 39.

und die damit einhergehende Gütertrennung polygyne Ehen begünstigt. Konflikte zwischen den an der polygynen Ehe beteiligten Personen, die sich nach aB Quellen aus dem engen Zusammenleben ergeben, lassen sich durch diese Form getrennten ehelichen Lebens weitgehend vermeiden[104]. Das vergleichsweise einfache Scheidungsrecht des MAG deutet ebenfalls auf ein durch die Gütertrennung unkompliziertes Eherecht hin[105].

Eine Regelung, die im aB Recht keine Parallele findet, jedoch ersttestamentlichen Bestimmungen ähnelt, betrifft die Leviratsehe[106]. Laut MAG kann eine Frau nach dem Tod ihres Mannes ihren Schwiegervater heiraten. Da dieser in der Regel bereits verheiratet ist, hat diese Verbindung eine polygyne Konstellation zur Folge. Zweck der weiteren Ehe ist die Versorgung der verwitweten Frau durch die Familie ihres verstorbenen Mannes und möglicherweise auch die Geburt weiterer Kinder. Ein ähnliches Ziel verfolgt eine strafrechtliche Bestimmung. Sie hält fest, daß der Vergewaltiger einer unverheirateten Frau diese heiraten muß, wenn ihr Vater darauf besteht[107]. Dies gilt auch, wenn der Vergewaltiger bereits verheiratet ist. Andererseits hat der Vater der vergewaltigten Frau das Recht, die Ehefrau des Vergewaltigers zur weiteren Frau zu nehmen. Weder die Belange der vergewaltigten Frau noch die der unbeteiligten Ehefrau des Vergewaltigers werden bei dieser Regelung berücksichtigt.

Zeitgleich mit der mA Periode, jedoch aus einem anderen Kulturraum stammen die Quellen aus dem hurritischen Nuzi[108]. Es handelt sich dabei um private Dokumente. In Ehe-, Erb- und Adoptionsverträgen finden sich Klauseln, die polygyne Ehen verbieten bzw. erschweren und unter Strafe stellen[109]. So kann ein Mann zu Strafzahlungen an die (erste) Frau verpflichtet sein, wenn er eine weitere Ehe eingeht. Aus den Regelungen läßt sich schließen, daß polygyne Verbindungen eingegangen wurden. Genauere Hinweise auf die Form der Ehen geben die Quellen nicht.

---

[104] Die örtliche Trennung von Co-Frauen geht aus dem Hethitischen Gesetz hervor. Nach § 191 ist die Verbindung eines Mannes mit verwandten Frauen nur dann möglich, wenn diese *nicht* am selben Ort wohnen.

[105] Bsp. MAG § 37.

[106] MAG § 33 (vgl. auch § 46, anders bsp. Hethitisches Gesetz § 193). Zur Leviratsehe vgl. Teil II, Kap. 3.3.2.3.ff.

[107] MAG § 55.

[108] Das nordmesopotamische Nuzi (um 1450-1350 v.Chr.) gehört zum Königreich Arrapha, das wiederum Teil des hurritischen Staates Mitanni ist. Bei den genannten Quellen aus Nuzi handelt es sich um Verträge.

[109] Vgl. *HSS 5 24, G 22; HSS 5 67; HSS 5 80; HSS 9 24, G 12; HSS 13 363; HSS 13 471;* HSS 19 51; HSS 19 778; HSS 19 84; HSS 19 85; *Nuzi V Nr.434; Nuzi V Nr.435, G 51.*

2.2.3 Neu- und spätbabylonische Periode

In der nB Periode geben private Eheverträge Hinweise auf polygyne Ehen[110]. Die Ehe mit einer weiteren Frau wird in nur einem Dokument explizit festgehalten[111]. Der niedrige eheliche Status der zweiten Frau ist an dem geringeren Erbrecht ihrer Kinder erkennbar. Sie erhalten nur 1/3 des väterlichen Erbes, sofern die erste Frau eigene Kinder hat. Acht Verträge enthalten eine Klausel, die eine Regelung für den Fall festhält, daß der Mann eine Frau zur ersten hinzuheiratet. Auf die polygyne Ehe wird durch die Worte *ana muḫḫi* (*hinzu*) hingewiesen[112]. Meiner Ansicht nach dient *ana muḫḫi* der Unterscheidung polygyner und sukzessiver Ehen. Im Sinne von *hinzu heiraten*, weist die Wendung auf die Gleichzeitigkeit der ersten und der zweiten Ehe. Der Mann kann verpflichtet werden, eine Strafzahlung an die erste Frau zu leisten. Der ersten Frau ist freigestellt, in der Ehe zu verbleiben oder das Haus zu verlassen; nicht immer wird Scheidung als Reaktion auf eine weitere Ehe genannt. Die in den nB Eheverträgen erwähnten ersten und zweiten Frauen scheinen in ihrem gesellschaftlichen Status frei zu sein. Ob es auch Polygynien mit unfreien Frauen gibt, geht aus diesen Quellen nicht hervor. Möglich ist, daß für derartige Ehen seltener Verträge abgefaßt wurden. Weitere Eheformen, wie die schwesterliche Polygynie oder die Leviratsehe, werden nicht erwähnt. Das Neubabylonische Gesetz (NBG) beinhaltet keine Bestimmungen für polygyne Verbindungen.

2.2.4 Ergebnis

Insgesamt zeigt dieser kurze Überblick, daß polygyne Eheformen in verschiedenen Regionen des alten Mesopotamiens und zu verschiedenen Zeiten unterschiedliche Ausprägungen hatten. Die aB Belege und das MAG unterscheiden sich inhaltlich stark voneinander. Beide weisen eine große Vielfalt an polygynen Formen des Zusammenlebens auf. Dagegen ist den nB Ehedokumenten und

---

[110] So die nB Dokumente *BM 50149, BM 61434+, BM 65149, BM 66005, Cyr. 183, L 1634, TBER 93f, VAS 63, YOS 6 188.*

[111] *VAS 63.*

[112] Martha T. ROTH (1989A, 37ff) übersetzt *ana muḫḫi* mit "*in preference to*" und nimmt an, daß einem Mann damit untersagt wird, eine weitere Frau zu heiraten, die im ehelichen Rang *über* der ersten steht (ebd. 13).

denen aus Nuzi lediglich *eine* Form der Polygynie unter Beteiligung freier Co-Frauen zu entnehmen. Die beiden letzten Quellen weisen überwiegend durch Polygynieverbote auf die Existenz polygyner Ehen hin.

2.3 Terminologie

Alle rechtlichen Bestimmungen zur Polygynie im alten Mesopotamien zielen darauf, die eheliche Position der Co-Frauen festzuhalten. Nur selten werden die unspezifischen Begriffe SAL/ *sinništu*[113] *(Frau)* für in polygyner Ehe lebende Frauen verwendet. In allen untersuchten Quellen zur Polygynie ist die Erstfrau eines freien Mannes eine freie Frau[114]. Weitere Frauen des Mannes können dagegen sowohl freie als auch unfreie Frauen sein. Diese Beobachtung kann als Kriterium für eine grundsätzliche Unterscheidung verschiedener Formen von Vielehe genutzt werden.

2.3.1 Unfreie Co-Frauen

Polygynien mit Frauen mit einem geringeren sozialen Status sind in den Rechtskodizes mit Abstand am häufigsten belegt[115]. Die unfreien Frauen werden meist als GEME₂/ *amtu*[116] bezeichnet. Seltener wird eine KARKID/ *ḫarimtu* *(Alleinstehende)*[117] in einer ähnlich niederen Stellung erwähnt. Sklavinnen haben deutlich weniger Rechte als freie Zweitfrauen. Das hängt damit zusammen, daß unfreie Frauen keine sie unterstützende Familie besitzen[118].

Eine unfreie Frau kann ihrem Mann LUGAL/ *bēlu*[119] *(Herr)* gehören oder die Sklavin ihrer freien Co-Frau *bēltu*[120] *(Herrin)* sein. Eine unfreie Frau bringt in der Regel wenig oder gar kein Eigentum in die Ehe mit. Entsprechend ist auch ihre Zukunft für den Fall einer frühzeitigen Beendigung der Ehe ungewiß.

2.3.2 Freie Co-Frauen

Grundsätzlich genießt eine zuerst geheiratete Frau mehr Rechte als eine später geehelichte. Eine zuerst Geheiratete wird in der Regel einfach als DAM/ *aššatu*[121]

---

[113] KH § 141, MAG § 33, *YOS 6 188*.
[114] Zumindest kann dies infolge der finanziell meist umfangreichen Abmachungen so angenommen werden; nirgends sagen die Quellen etwas Gegenteiliges aus.
[115] Vgl. zu unfreien Frauen Kap. 1.1 und 1.3.
[116] Bsp. KU § 25, KL § 25, KH § 119, *CT 4 39a*, MAG § 40.
[117] Bsp. KL § 25, MAG § 40.
[118] Das kann mit dem eingeschränkten Sorgerecht unfreier Eltern und allgemein mit dem fehlenden Schutz unfreier Familien begründet werden. Die Familien ausländischer Frauen befinden sich zudem häufig wohl nicht in der Nähe.
[119] Bsp. KL § 25, KH § 119.
[120] Bsp. KU § 25, KH § 146, *CT 8 22b*, MAG § 40.
[121] Bsp. KL § 25, KH § 148, *BIN 7 173*, MAG § 41, *BM 50149*.

(*Ehefrau*) bezeichnet, seltener auch als *aššatu maḫrītu*[122] (*frühere Ehefrau*). Damit wird sie von einer weiteren Frau unterschieden, die ebenfalls DAM/ *aššatu*[123] genannt werden kann, im Unterschied zur ersten aber auch *šanītu*[124] (*zweite/ andere*) oder EGIRRA/ (*w*)*arkītu*[125] (*spätere*) heißt. Die Reihenfolge von zuerst und später geheirateten Frauen ist nicht umkehrbar. Da auch polygyne Ehen einzeln und nacheinander geschlossen werden, ist diese Rangfolge eindeutig[126]. In aB und mA Gesetzestexten kann der Status der ersten Frau besonders hervorgehoben werden, indem sie als DAM NITALAM/ *ḫīrtu*[127] (*Ausgewählte*) bezeichnet wird. Der Begriff macht den besonderen Charakter der ersten Ehe und die Vorrangstellung der ersten Frau deutlich.

Eine Untersuchung polygyner Eheformen wird durch die Wortwahl der Quellen erschwert. Die keilschriftlichen Texte weisen in ihrer Terminologie keine Trennung zwischen Polygynien im eigentlichen Sinne und zeitlich aufeinanderfolgenden monogamen Ehen auf. Bei letzteren sind mehrere Frauen nacheinander mit ein und demselben Mann verheiratet, ein Vorgang, der als *sukzessive* Ehe bezeichnet werden kann[128]. Der entscheidende Unterschied der sukzessiven Ehe zur Polygynie im eigentlichen Sinn ist, daß zwischen zeitlich aufeinanderfolgenden Frauen eines Mannes kein zwingender Kontakt besteht. Sie müssen nie zusammen gewohnt und sich nicht einmal gekannt haben. Im eigentlichen Sinne polygyn lebende Ehefrauen wohnen dagegen in der Regel auf engem Raum und über längere Zeit zusammen[129].

2.3.3 Verwandte Co-Frauen

In aB Privatdokumenten werden vor allem Ehen genannt, an denen ausschließlich freie Frauen beteiligt sind. In vielen Fällen sind die Frauen durch verwandtschaftliche Beziehungen miteinander verknüpft. Die Co-Frauen werden mit *aḫātu*[130] (*Schwester*) bezeichnet. Nicht verwandte Co-Frauen können die Verwandtschaft durch Adoption herstellen.

---

[122] NB Eheverträge *VAS 63*, anders *YOS 6 188*. Im MAG § 46 wird dafür der Begriff *panītu* verwendet.

[123] *CT 45 119*, MAG § 41, *VAS 63*.

[124] Bsp. KL § 24, KH § 148, *G 12*, MAG § 46, *BM 50149*.

[125] Bsp. KL § 24, MAG § 46.

[126] Vgl. Kap. 3.4.1.1.

[127] Bsp. KL § 24, KH § 170.

[128] Im Gegensatz zur Polygamie, die im alten Mesopotamien nur für Männer belegt ist, führen auch Frauen sukzessive Ehen. Sie sind dann mit verschiedenen Männern nacheinander verheiratet. Der neue Mann wird im Unterschied zum ersten Ehemann *šanû* (*anderer/ zweiter*) Mann genannt (bsp. *BM 54158*). Dies entspricht der Bezeichnung von weiteren Frauen in sukzessiver oder polygyner Ehe mit einem Mann (bsp. KE § 59).

[129] Zu Abweichungen von dieser Tendenz vgl. MAG in Kap. 2.2.2.

[130] Bsp. *BIN 7 173*.

Exkurs 1: Der Sprachgebrauch zur Polygynie in der Fachliteratur

In älteren und neueren Arbeiten der Fachliteratur ist von Polygynie in unterschiedlicher Weise die Rede. Zur Darstellung polygyner Konstellationen werden viele Begriffe gebraucht, die kaum definiert sind und daher unterschiedlich verwendet werden. Im folgenden werden die Termini untersucht, die in der modernen Fachliteratur am häufigsten zur Darstellung polygyner Konstellationen im alten Mesopotamien verwendet werden. Es wird gezeigt, was die jeweiligen AutorInnen darunter verstehen. Ich beschränke mich in diesem Exkurs auf eine Auswahl bedeutender Arbeiten. Der chronologische Aufbau des Exkurses zeigt eine Entwicklung des Sprachgebrauchs. Tendenziell werden anstelle von Begriffen, die aus anderen Kontexten stammen - wie bsp. *Konkubinat* oder *Ehe minderen Rechts*[131]-, heute zunehmend beschreibende Ausdrücke für die Darstellung polygyner Konstellationen gebraucht.

Ehe minderen Rechts und *Nebenehe*

Die Bezeichnung sowohl polygyner als auch monogamer Verbindungen als *Ehen minderen Rechts* hat viel Verwirrung ausgelöst. Drei unterschiedliche Definitionen der Wendung seien hier genannt.

- Paul KOSCHAKER benutzt diese Bezeichnung bereits 1917, und zwar im Zusammenhang mit der Interpretation der aB polygynen *nadītu*-Ehe[132]: Ein Mann heiratet zu seiner ersten Frau, einer *nadītu*, eine weitere Frau, nämlich eine *šugītu*. Letztere bezeichnet Koschaker als *Nebenfrau*[133]. Was die Merkmale einer soge-nannten Nebenfrau sind, wird nicht deutlich. Für die *nadītu* und für die *šugītu* gelten dieselben Scheidungsrechte. Koschaker kommt daher zu dem Schluß, daß die *nadītu* denselben geringen ehelichen Rang habe muß wie die sogenannte Nebenfrau, die *šugītu*. Deshalb bezeichnet er die *nadītu*-Ehe als *Ehe minderen Rechts*[134]. Nach Koschaker zeichnet sich diese Ehe durch Sonderbestimmungen aus, die einer *nadītu* dieselben geringen Scheidungsrechte einräumen wie ihrer sogenannten Nebenfrau. Daß Koschakers Interpretation insgesamt nicht zutrifft, wird unten deutlich[135].

- Bei Adam FALKENSTEIN (1956B) hat die *Ehe minderen Rechts* nichts mit Polygynie zu tun[136]. Die Wendung bezeichnet die erneute Heirat einer Witwe[137] in

---

[131] Vgl. Anm. 134.

[132] Zu den im folgenden erwähnten akkad. Begriffen *šugītu* und *nadītu* vgl. Exkurs 2.

[133] Paul KOSCHAKER (1917, 190f); es handelt sich um KH § 137.

[134] Paul KOSCHAKER hat den Begriff der *Ehe minderen Rechts* aus der germanischen Rechtsgeschichte entlehnt, die zu Beginn dieses Jahrhunderts die altorientalische Rechtsge-schichte beeinflußte. Vgl. Josef KOHLER (1897 und mit Felix Ernst PEISER 1904-1911).

[135] Paul KOSCHAKERs These des geringen gesellschaftlichen Status von *nadītu* und *šugītu* wird heute bestritten. Auch kann *šugītu* nicht mehr als Bezeichnung einer *Nebenfrau* gelten; vgl. Exkurs 2.

[136] Adam FALKENSTEIN (1956B, 9 mit Anm. 2).

[137] Adam FALKENSTEIN betont, daß es sich bei der angesehenen Tochter eines Priesters (GUDU₄, ein Reinigungspriester, ebd.) ausnahmsweise um *keine* Ehe minderen Rechts

der *monogamen* Ur III-Zeit[138]. Falkenstein nimmt auf die gesellschaftliche Stellung der Frau Bezug. Nach Falkenstein zeichnet sich die *Ehe minderen Rechts* in der Regel durch den im allgemeinen geringen Witwenstatus der Frau aus. Eine solche Ehe liegt nicht vor, wenn die sich verheiratende Witwe einen hohen gesellschaftlichen Rang besitzt.

- Godfrey Rolles DRIVER und John C. MILES (1955) gebrauchen die Wendung wie Paul Koschaker für eine polygyne *nadītu*-Ehe[139]. Während Koschaker den Begriff mit Minderungen im Scheidungsrecht begründete, verweisen Driver und Miles auf Regelungen, die das Erbrecht der Kinder der Frauen betreffen. Ihrer Meinung nach geht mit der *Ehe minderen Rechts* eine besondere erbrechtliche Stellung der Kinder von *nadītu*-Frauen oder *šugītu*-Frauen einher[140]. Insgesamt ist die *Ehe minderen Rechts* nach Driver und Miles eng mit der Polygynie verbunden und auf den besonderen Kreis freier Frauen beschränkt, die an einer *nadītu*-Ehe beteiligt sind.

Erich EBELING (1938) spricht bei der polygynen *nadītu*-Ehe von einer *Nebenehe*. Sie liegt vor, wenn ein Mann in erster Ehe mit einer *nadītu* verheiratet ist und eine zweite Ehe mit einer *šugītu* eingeht. Es bleibt unklar, ob Ebeling die *šugītu* als freie oder unfreie Frau ansieht. Die grundsätzliche Aufteilung in *Nebenehe* und *Hauptehe* ist darin begründet, daß Ebeling die aB Gesellschaften als *monogam* versteht. Monogame (Haupt-) Ehen sind demnach die Norm, denen andere Ehen untergeordnet werden. Überraschend ist, daß Ebeling von dem Begriff der *Nebenehe* keinen Gebrauch macht, wenn er die polygyne Ehe unter Beteiligung von zwei freien Co-Frauen darstellt, die keine *nadītu*-Ehe ist (s.u.)[141].

Monogame Ehe mit Konkubinat

Mehrfach wird die Ehe zwischen einer unfreien Frau und einem freien Mann als *Konkubinat* bezeichnet. Solche *Konkubinate* können nach Ansicht mancher AutorInnen auch in einer vermeintlich monogamen Gesellschaft verbreitet sein.

- Erich EBELING (1938) spricht von der aB Periode als einer Zeit, in der die vorherrschende Eheform *monogam* sei, *Konkubinate mit Sklavinnen* aber nicht ausgeschlossen seien[142]. Unter *Konkubinat* scheint Ebeling die Verbindung eines

---

handle.

[138] Ebd., 98f.

[139] *"Marriage of an inferior type"*; Godfrey Rolles DRIVER und John C. MILES (1955, 292, mit Verweis auf Paul KOSCHAKER).

[140] Die Frauen selbst werden im Fall der *nadītu* als "*superior*", im Fall der *šugītu* als "*inferior*" bezeichnet. Diese Begriffe betonen den über- und untergeordneten Charakter der Position der Co-Frauen (ebd., 304).

[141] Eine vierte Variante zur Verwendung des Terminus *Ehen minderen Rechts* findet sich bei H.P.H. PETSCHOW (1968, 7). Er versteht darunter polygyne Verbindungen, die keinen schriftlichen Ehevertrag aufweisen. Damit kommt er dem Verständnis von Adam FALKENSTEIN nahe. Die *Ehe minderen Rechts* scheint für Petschow keine spezifische Bezeichnung für Polygynien zu sein.

[142] Erich EBELING (1938, 284).

freien Mannes mit einer Sklavin zu verstehen. Ob es sich dabei grundsätzlich um eine polygyne Konstellation handeln muß, bleibt offen.

- Godfrey Rolles DRIVER und John C. MILES (1955) nehmen keine Einteilung der aB Gesellschaft in monogam oder polygyn vor; sie vermeiden diese Begriffe. Bei der Ehe zwischen einem Mann und einer versklavten zweiten Frau bezeichnen sie die unfreie Frau als *Sklavin-Konkubine*[143]. An anderer Stelle wird festgestellt, daß der Status einer solchen *Konkubine* geringer sei als der einer *minderen Ehefrau*, einer *šugītu*[144]. Die Unterscheidung von *Sklavin-Konkubine* und *minderer Ehefrau* wird jedoch nicht durchgehalten; eine Sklavin kann nach Driver und Miles denselben Status haben wie eine *mindere Ehefrau oder Konkubine*[145].

- Die Archäologin Julia Maria ASHER-GREVE (1985) stellt die Ur III-Gesellschaft als *monogam* dar[146]; bei den Ehen von Königen sei häufig nur je eine Ehefrau genannt. Zugleich nimmt sie mit Ignace J. GELB an, daß die hohe Kinderzahl der Machthaber auf deren zusätzliche Verbindung mit *Konkubinen* zurückführen sei[147]. *Konkubinate* sind nach Asher-Greve die polygynen Beziehungen, die einzelne Herrscher neben der Ehe mit der ersten oder eigentlichen Ehefrau unterhalten. Asher-Greves Schluß von königlichen Ehen auf allgemein verbreitete Eheformen ist nicht überzeugend.

- Hans NEUMANN (1987) folgt bei seiner Darstellung der Ur III-Zeit der Wortwahl Ebelings. So bezeichnet er die Ehen dieser Zeit zwar als *monogam*, weist aber zudem auf *Konkubinate* hin. Darunter versteht Neumann die Verbindung zwischen Freien und "*Sklaven*"[148]. Mit Sklaven meint Neumann wohl vor allem Sklavinnen. Ob er an dieser Stelle ferner die Verbindung eines männlichen Sklaven mit einer freien Frau im Blick hat und auch diese Beziehung als *Konkubinat* bezeichnen würde, muß offen bleiben. Wie schon für Ebeling und Asher-Greve können auch für Neumann Monogamie und *Konkubinat* gleichzeitig bestehen[149].

- Raymond WESTBROOKs (1998 und 1988B) Darstellung der aB Ehe ähnelt der von Driver und Miles. Er vermeidet es, die aB Ehe als monogam zu bezeichnen, auch er spricht vom *Konkubinat*[150]. Anders als Driver und Miles grenzt Westbrook den Terminus nicht auf Sklavinnen ein, im bezug auf unfreie Frauen spricht auch er

---

[143] "*Slave-concubine*"; Godfrey Rolles DRIVER und John C. MILES (1955, 295).

[144] "... *šugetum is an inferior wife and not a mere concubine*"; ebd. (304). Zum Begriff der *minderen Ehefrau* siehe weiter im Text.

[145] "...*she appears in the position of an inferior wife or concubine*"; ebd. (305). An dieser Stelle ist von KH § 147 die Rede.

[146] Julia Maria ASHER-GREVE (1985, 166).

[147] Ebd. (Anm. 182). Verwiesen wird dort auf Ignace J. GELB (1979, 61f und 65ff). Gelb schreibt: "...*beside the reigning wife, the rulers of the Ur III dynasty had several concubines*" (66). Interessant ist die Untersuchung administrativer Quellen, die Auskunft über die Zusammensetzung nichtköniglicher Familien geben. An einer Stelle ist eine polygyne Ehe mit zwei freien Frauen genannt (*MAD I, 207* und *255*; vgl. Ignace J. GELB, 1979, 63-65); jedoch gehen eheliche Verbindungen mit Sklavinnen aus diesen Listen nicht hervor.

[148] Hans NEUMANN (1987, 132-134, Zitat 134).

[149] So auch Jean-Jacques GLASSNER (1989, 80).

[150] "*Concubinage*"; Raymond WESTBROOK (1988B, 103).

von *Sklavin-Konkubine*[151]. Seine Definition des Begriffes ist jedoch präziser als die von Driver und Miles. Eine *Sklavin-Konkubine* ist nach Westbrook eine *nicht geehelichte* Sklavin, die in eheähnlicher Verbindung zu einem freien Mann steht, aber weniger Rechte genießt als eine Ehefrau[152]. Der Kern seiner Definition ist, daß zwischen der unfreien Frau und dem Mann *keine* Ehe besteht. *Daß keine* Ehe besteht, schließt Westbrook aus dem Fehlen ehelicher Terminologie. Damit weist er darauf hin, daß neben dem gesellschaftlichen Status der zweiten Frau als frei oder unfrei auch das Vorliegen oder Fehlen einer Ehe zur Definition der Verbindung herangezogen werden kann[153].

Ehe des Mannes mit einer *zweiten Frau*

Polygyne Ehen unter Beteiligung freier Co-Frauen werden in der älteren und neueren Fachliteratur von den meisten AutorInnen vorsichtig beschrieben.

- Erich EBELING (1938) nennt für die aB Periode neben dem Konkubinat und der Nebenehe (s.o.) eine dritte Form der polygynen Ehe: die Ehe eines Mannes mit zwei freien Frauen. Dieser Eheform gibt er keinen Namen. Vielmehr beschreibt er die Konstellation lediglich, indem er von einer Ehe des Mannes mit einer *zweiten Frau*[154] spricht.

- Adam FALKENSTEIN (1956B) erwähnt ebenfalls polygyne Ehen mit zwei freien Frauen. Wie Ebeling stellt er diese dar, indem er die Ehe des Mannes mit einer *zweiten Frau* nennt[155].

- Ähnlich auch M.A. DANDAMAEV (1984): Er bezeichnet die nB Ehen zwar allgemein als *monogam*. Zugleich nimmt er an, daß die Ehe mit einer *zweiten Frau* - gegen eine Strafzahlung an die erste Frau des Mannes - möglich war, selbst dann, wenn Kinder der ersten Frau bereits vorhanden waren[156].

- Amélie KUHRT (1989) stimmt mit Dandamaev überein, wenn sie die Ehe eines Mannes mit einer *zweiten Ehefrau*[157] als eine seltene Abweichung von der eigentlich *monogamen* nB Gesellschaft darstellt. Auch sie benennt diese Form der polygynen Ehe nicht weiter.

- Anders Martha T. ROTH (1989A): Die Bearbeiterin einer Sammlung nB Eheverträge betont bei der Interpretation dieser Dokumente, daß eine *zweite Ehe*[158] grundsätzlich erlaubt ist. Lediglich die Überordnung der *zweiten Ehefrau*[159]

---

[151] *"Slave-concubines"*, ebd. Die Erweiterung des Konkubinats für Freie nimmt WESTBROOK später vor (1998, 214); auch dort spricht er von *"slave-concubinage"* (217ff).

[152] Ebd. (105). Raymond WESTBROOK (1998) liefert keine Definition für „*concubinage*", obwohl der Begriff als Gegensatz zu „*marriage*" das Zentrum seiner These darstellt.

[153] Zu meiner Kritik an Westbrooks Verständnis von Ehe vgl. Kap. 3.3.2.1.1.

[154] Erich EBELING (1938, 284).

[155] Adam FALKENSTEIN (1956A, 9).

[156] M.A. DANDAMAEV (1984, 48f).

[157] *"Secondary wife"*; Amélie KUHRT (1989, 225).

[158] *"Second marriage"*; Martha T. ROTH (1989A, 13).

[159] *"Second wife"*; ebd.

über die erste sei verboten. Auch sie benennt die untersuchte Eheform nicht
präzise; wo sie dies versucht, bleiben ihre Formulierungen unklar (s.u.).

- Vorsichtig umschreibt auch Marc van de MIEROOP (1989) den Befund polygyner
Konstellationen in der Ur III-Zeit. Er stellt fest, daß es Ehen mit *mehr als einer
Ehefrau*[160] gibt, wiederum ohne der Eheform einen Namen zu geben.

Polygamie und *Bigamie*

Zuletzt wird die differenzierte Verwendung der Begriffe *Polygamie* und *Bigamie*
dargestellt. Für deren Definition spielt bei den drei genannten AutorInnen das Vorliegen
einer vertraglichen Ehe eine Rolle.

- Raymond WESTBROOK (1988B und 1998) gehört zu den ersten, die für aB Ehen
vom Begriff der *Polygamie*[161] Gebrauch machen. Mit *Konkubinat* bezeichnet er die -
seiner Ansicht nach nur eheähnliche Verbindung - meist zwischen einer Sklavin
und einem freien Mann (s.o.). Aus seiner Darstellung kann gefolgert werden, daß er
dagegen mit *Polygamie* die Ehe eines Mannes mit mindestens zwei Frauen meint,
wobei unerheblich ist, ob die Frauen frei oder versklavt sind. Entscheidend scheint
vielmehr zu sein, daß ausdrücklich eine eheliche Terminologie vorliegt. Die weitere
Frau einer solchen polygynen Verbindung nennt er *zweite Ehefrau*[162]. Für Westbrook ist das ausdrückliche Vorliegen einer ehelichen Verbindung das hauptsächli-
che Unterscheidungskriterium zwischen *Konkubinat* und *Polygamie*.

- Hans NEUMANN (1987) benutzt bei seine Darstellung der Ur III-Zeit eine andere
Begrifflichkeit. Mit *Konkubinat* betitelt er die Verbindung zwischen Freien und
Sklavinnen (s.o.). Neumann weist zudem auf die Möglichkeit der Freilassung einer
hinzugeehelichten Sklavin hin. Sie kann zur *zweiten Frau* neben der *ersten Frau*
aufsteigen[163]. Diese Konstellation bezeichnet Neumann als *legale Bigamie*. Es ist
anzunehmen, daß er damit eine grundsätzlich andere Form polygyner Ehen
bezeichnen will als das eingangs genannte *Konkubinat*. Offen bleibt, ob er das
Konkubinat im Unterschied zur *legalen Bigamie* als eine Form illegaler Vielehe
ansieht. Anders als für Westbrook ist für Neumann nicht das formale Bestehen
einer Ehe, sondern der Status der zweiten Frau - als Sklavin oder Freigelassene -
ausschlaggebend dafür, ob ein *Konkubinat* oder aber eine *legale Bigamie* vorliegt.

- Auch Martha T. ROTH (1989B) macht vom Begriff der *Bigamie*[164] Gebrauch. Oben
wurde bereits gezeigt, daß sie davon ausgeht, daß ein Mann in nB Zeit eine zweite
Ehe eingehen kann; Roth benennt diese Eheform zunächst nicht. An anderer Stelle
spricht sie von einem einzigen nB Ehedokument, das einen Fall der *Bigamie* belegt;
diese sei mit der Kinderlosigkeit des Ehepaares begründet[165]. Unklar bleibt, was

---

[160] "*More than one wife*"; Marc van de MIEROOP (1989, 58).
[161] "*Polygamy*"; Raymond WESTBROOK (1988B, 103ff und ders. 1998, 234).
[162] "*Second wife*"; ebd. (103ff).
[163] Hans NEUMANN (1987, 135f).
[164] "*Bigamy*"; Martha T. ROTH (1989B, 251).
[165] "*In fact, in the only certain case of bigamy, the husband states his reason for the second
marriage: 'I have no child; I desire a child. Please give me your daughter in marriage.'*"
(ebd.). Das zitierte Dokument ist *VAS 6 3*.

diese *bigyne Ehe* von den anderen Ehen des Mannes mit einer zweiten Frau (s.o.) unterscheidet. Roths Kriterium für die *bigyne Ehe* scheint ein vorliegender Ehevertrag zu sein. Bei dieser Definition klingen sowohl Neumanns *legale Bigamie* als auch Westbrooks Verständnis von *Polygamie* als ausdrücklich eheliche Verbindung an.

Zusammenfassung

Insgesamt läßt sich sagen, daß die meisten der hier genannten AutorInnen die Monogamie für die Eheform halten, die in den mesopotamischen Gesellschaften des 2. und 1.Jt. vorherrschend war. Entsprechend schwer scheint die Einordnung und Definition von polygynen Ehemustern zu fallen. Die aufgezeigte sprachliche Uneinheitlichkeit macht dies deutlich[166]. Allgemein ist in der genannten Fachliteratur ein Desinteresse an der Klärung der Fragen der Polygynie zu beobachten. Lediglich Raymond Westbrook gibt dem Thema in seiner Darstellung breiteren Raum[167]. Westbrook und Driver und Miles sind zudem die einzigen, die zumindest die aB Gesellschaft nicht als monogam bezeichnen. Alle übrigen Darstellungen behandeln polygyne Ehen nur am Rande.

EXKURS Ende

Die Beobachtungen der genannten Fachliteratur lassen drei Problemfelder polygyner Ehen erkennen:

1. Immer wieder wird eine Form der Ehe erwähnt, bei der der gesellschaftliche Rang der zweiten Frau unter dem des Mannes steht. Diese Eheform wird als *Konkubinat* (Ebeling, Driver und Miles, Gelb, Neumann) oder *Ehe minderen Rechts* (Koschaker) bezeichnet. Der Gebrauch dieser Wendungen soll zeigen, daß der unterschiedliche Rang der Eheleute als besondere Abweichung von der sonst üblichen Form der Ehe gesehen wird. Die Autoren nehmen unausgesprochen an, daß Eheleute im alten Mesopotamien in der Regel einen gleichen sozialen Status innehaben bzw. aus derselben Gesellschaftsschicht stammen[168].

---

[166] Es wird der Eindruck erweckt, als versuchten einzelne AutorInnen, die Polygynien des alten Mesopotamien im Rückgriff auf Institutionen aus Kulturen, die ihnen stärker vertraut sind, zu benennen. So erinnert die *monogame Ehe einschließlich Konkubinat* beispielsweise an absolutistische Machthaber im christlich-monogamen Europa. Der Rückgriff erweist sich jedoch als wenig hilfreich, da er die Wahrnehmung der Unterschiede zu den altorientalischen Gesellschaften verstellt.

[167] Raymond WESTBROOK (1988B, 103-111). Der Grund für die Behandlung des Themas ist wohl der, daß die von ihm untersuchten aB Privatverträge in besonderem Maße polygyne Ehen thematisieren.

[168] In der sozialanthropologischen Literatur wird hierfür der Begriff *Homogamie* verwendet.

2. Erwähnt wird das Problem von eheähnlichen Verbindungen, die keine eheliche Terminologie aufweisen. Auch sie werden als *Konkubinate* (Westbrook) bezeichnet. Es stellt sich die Frage, ob dieses enge Verständnis von Ehe den altorientalischen Gesellschaften angemessen ist, d.h., ob eine Ehe nur dann vorliegt, wenn entsprechende eheliche Termini darauf hinweisen.

3. Bei der Ehe eines Mannes mit einer weiteren freien Frau wird in der Regel beschreibend von einer *zweiten Frau* oder einer *zweiten Ehe* gesprochen. (Ebeling, Falkenstein, Dandamaev, Westbrook, Neumann, Kuhrt, Roth, van de Mieroop). In neueren Arbeiten ist zudem von *Polygamie* (Westbrook) oder *Bigamie* (Neumann, Roth) die Rede. Wo die so bezeichneten polygynen Ehen vom *Konkubinat* unterschieden werden, geschieht dies in unterschiedlicher Weise - nämlich entweder mit Verweis auf den gesellschaftlichen Status der zweiten Frau (Neumann) oder mit Blick auf das Vorhandensein oder Fehlen ehelicher Termini für die zweite Verbindung (Westbrook, ähnlich Roth).

Die hier deutlich gewordenen Problemfelder beim Verständnis verschiedener Formen polygyner Ehen werden im folgenden wiederholt zur Debatte stehen.

Kapitel 3:

Polygynie in rechtlichen Quellen des alten Babylonien

Die aB Rechtsquellen gehören zwei unterschiedlichen Textgattungen an. Zum einen handelt es sich um Gesetzessammlungen, zum anderen um Privatdokumente. Der Charakter dieser Quellen und ihr Verhältnis zueinander wird eingangs dargestellt (Kap. 3.1). Die Quellenanalyse beginnt dann mit dem Kodex Lipit-Ischtar (KL) (Kap. 3.2). Es handelt sich um eine Sammlung gesetzlicher Bestimmungen, die um 1930 v.Chr. unter dem König Lipit-Ischtar von Isin eingerichtet wurde. Neben dem Sitz des Königs in Isin lagen noch andere südmesopotamische Städte im Machtbereich dieser Dynastie, darunter Nippur, der derzeitige Hauptfundort dieser Bestimmungen[169]. Der KL ist der jüngste erhaltene Gesetzeskodex in sum. Sprache und einer der Vorläufer des Kodex Hammurapi. Mit dem Kodex Hammurapi (KH) (um 1750 v.Chr.) wird ein zentraler akkad. Rechtstext aus dem alten Babylonien zum Thema Polygynie untersucht (Kap. 3.3). Weitere Auskunft über die Vielehe im alten Babylonien bieten 1850-1650 v.Chr. verfaßte aB Privatdokumente (Kap. 3.4). Sie stellen die bisher ausführlichste Beleggruppe zu polygynen Eheverträgen des alten Orients dar. Dem KH und den Privatdokumenten ist ein Exkurs vorangestellt, der eine Besonderheit der aB Gesellschaft näher beleuchtet: die polygyne *nadītu*-Ehe (Exkurs 2).

Insgesamt werden 17 Gesetzesparagraphen und 17 Privatdokumente für die Untersuchung der aB Polygynie herangezogen. Die behandelten Quellen sind in den Fußnoten in englischer Übersetzung nachzulesen[170]. Wichtige sum. und akkad. Begriffe habe ich in Klammern ergänzt.

---

[169] Nippur besaß bis ins 1.Jt. hinein eine aktive Schreiberschule; vgl. Martha T. ROTH (1995, 24).

[170] Die englische Übersetzung des KL und KH stammt von Martha T. ROTH (1995, 23-35, 71-142). Die aB Privatdokumente hat Raymond WESTBROOK (1988B, 112-138) übersetzt. Zu beachten ist, daß eckige Klammern auf Textlücken in der Quelle hindeuten, die im Zuge der Übersetzung häufig ergänzt werden. Bei Wörtern in runden Klammern handelt es sich um Hinzufügungen der BearbeiterInnen, die dem besseren Verständnis dienen, bzw. um den von mir jeweils hinzugefügten sum./ akkad. Begriff. Die Übersetzungen von Roth und Westbrook sind jüngeren Datums und berücksichtigen neueste Forschungsergebnisse. Sie zeichnen sich zudem durch die einheitliche Wiedergabe der in dieser Arbeit zentralen ehelichen Terminologie aus. Die deutschen Übersetzungen sind in der Reihe TUAT Bd.I,1 (1982, 23-31, 39-80) erschienen. Auf markante Abweichungen zwischen verschiedenen Übersetzungen wird jeweils hingewiesen.

3.1 Quellen und Quellengattungen

3.1.1 Rechtssammlungen

Der Gattung der Rechtssammlung gehören der KL und KH an. Andere Kodizes tragen zur Klärung der Fragen polygyner Verbindungen wenig bei[171]. Es ist unklar, zu welchen Zwecken die gesetzlichen Bestimmungen im alten Mesopotamien schriftlich festgehalten wurden. Daß die Kodizes als Gesetze, d.h. vor Gericht als Grundlage der Rechtsprechung verwendet wurden, wird heute stark bezweifelt[172]. Sicher scheint, daß sie unter anderem zur Einübung in die Rechtsprechung schriftlich fixiert wurden[173]. Vielleicht stellen sie auch eine Mischung aus damals aktuell geltendem Recht und Ehrfurcht vor der alten Tradition des Überlieferten dar, oder es handelt sich um Rechtssätze, die zu intellektuellen und schulischen Übungszwecken abgeschrieben wurden[174]. Repräsentative Darstellungen der Kodizes, wie bsp. die Stele des KH, die heute im Louvre steht, dienten dagegen der königlichen Propaganda. Sie sollten die gerechte Regentschaft des Königs unterstreichen. Die literarische Gattung der Rechtssammlung hat sich bis zur aB Zeit in ganz Mesopotamien verbreitet. Dazu trug die Existenz der gemeinsamen akkadischen Handels- und Gesetzessprache bei. Vor allem der KH war weithin bekannt und wurde noch im 1. Jt. v.Chr. studiert.

Allen mesopotamischen Rechtssammlungen ist das Schema der Auflistung von Beispielfällen gemeinsam[175]. Eine vorgegebene Situation wird dabei variiert, indem verschiedene Faktoren nacheinander verändert werden. So kann bsp. eine eheliche Bestimmung im Hinblick auf eine freie verheiratete Frau verfaßt worden sein. In der Variation kann derselbe Fall für eine unverheiratete Frau, für eine Witwe oder für eine Sklavin festgehalten werden. Der Status der Frau bewirkt, daß dieselben Umstände zu unterschiedlichen Rechtsfolgen führen. Wahrscheinlich liegt den einzelnen Paragraphen die Entscheidung eines individuellen Falls zugrunde, aus dem dann die verallgemeinerten Rechtssprüche und deren Varia-

---

[171] So KU, KE, Hethitisches Gesetz, MAG. Auf das MAG und das NBG wird am Rande verwiesen.
[172] Literatur zur Diskussion um die Funktion von Rechtssammlungen nennt John H. WALTON (1989, Kap.3).
[173] Vgl. Martha T. ROTH (1995, 1-7).
[174] Vgl. Martha T. ROTH (1995, 4).
[175] Die behandelten Bereiche umfassen Boden-, Handels- und Familienrecht, insofern sie in die Belange des Staates hineinreichen. Strafrechtsbestimmungen sind kaum anzutreffen (außer Körperverletzung und Totschlag), da solche Fälle in den Familien selbst geregelt werden.

tionen abgeleitet wurden[176]. Die gesetzlichen Bestimmungen zur Polygynie
bedienen sich desselben Schemas. Eine Ausgangssituation wird variiert, indem
vor allem zwei Faktoren verändert werden: der Status der Frauen - als freie oder
unfreie, als erste oder zweite Frau - und das Vorhandensein oder Fehlen von
eigenen Kindern. Beide Variablen wirken sich deutlich auf die rechtlichen Folgen
aus[177].
Wichtig ist die Frage, inwieweit rechtliche Bestimmungen überhaupt geeignet
sind, soziale Gegebenheiten zu erhellen. Die Kodizes stellen die Gesellschaft
nicht einfach dar und geben daher nur begrenzt Auskunft darüber, wie eine
Gesellschaft tatsächlich funktionierte. Der Vorgang der Verallgemeinerung
ehemals konkreter Fälle macht die Erschließung des gesellschaftlichen Kontextes
der einzelnen Regelungen sehr schwer. Eine rechtliche Bestimmung besagt noch
nicht, für wen sie in der Regel gilt oder wie häufig sie zur Anwendung kam.
Auch über die Umsetzung der Regelungen und deren Wirkung im Alltag läßt
sich allein von den Kodizes her kaum eine Aussage machen. Der direkte
Rückschluß von den Bestimmungen auf die aB Gesellschaft ist also nicht oder
nur bedingt möglich. Obwohl Rechtssammlungen keine einfache Wiedergabe des
Alltags sind, läßt sich aus den Bestimmungen teilweise erschließen, wie die
Gesellschaft nach Ansicht der VerfasserInnen sein sollte. Sie sagen etwas über
die geltenden Normen und Ideale einer Kultur aus, wenn auch nur aus dem
Blickwinkel derer, die die Bestimmungen verfaßten. Aus Gesetzestexten lassen
sich nicht nur für eine Gesellschaft wichtige Ideale ersehen. Sie weisen auch auf
reale Probleme hin, die entsprechende Regelungen notwendig machten, sei es,
daß sie häufig Anlaß zu Auseinandersetzungen gaben, sei es, daß sie gesell-
schaftspolitisch von besonderem Interesse waren. Daß ein Thema in rechtlichen
Bestimmungen überhaupt Erwähnung findet, beweist seine Relevanz für einen
Teil der Gesellschaft, insbesondere für Gruppen, die dadurch in erster Linie
geschützt wurden (bsp. *nadītu*-Frauen, HändlerInnen, Soldaten u.a.). Trotz
dieser Erkenntnis ist die umgekehrte Schlußfolgerung, daß die überlieferten
Kodizes alle wichtigen Fragen des Zusammenlebens regelten, nicht zutreffend,
denn viele Alltagsfragen bleiben unberücksichtigt. Denkbar wäre, daß der beste-
hende mündliche Verhaltenskodex ausreichend Möglichkeit zur Regelung bot.
Die Bestimmungen schweigen aber auch zu Themen, die nach Ansicht ihrer
VerfasserInnen für die Gesellschaft nicht von Interesse waren. So fällt auf, daß
Belange sozial weniger angesehener Gruppen - wie die von Frauen oder von
unfreien Menschen - in gesetzlichen Bestimmungen kaum berücksichtigt wurden.

---

[176] Die hier gebotene Darstellung folgt der von Raymond WESTBROOK (1988A, 3-6). Zum
Verhältnis einzelner Rechtssammlungen zueinander vgl. auch John H. WALTON (1989,
Kap.3) und Raymond WESTRBOOK (1988B, 2-6).

[177] Der variierende Status des Mannes - bsp. als freier oder unfreier - ist in diesem
Zusammenhang nicht anzutreffen, wäre aber ebenso vorstellbar.

Aus der Thematisierung polygyner Ehen in Gesetzessammlungen lassen sich verschiedene Schlüsse ziehen: Zunächst weist deren Behandlung auf die Existenz polygyner Ehen im alten Babylonien hin. Diese Ehen verlangten nach Verhaltensvorschriften. Ein polygynes Eheideal ist dabei ebensowenig erkennbar wie ein monogames. Die allgemeine Verbreitung der Polygynie kann angenommen werden, denn die Bestimmungen haben allgemeingültigen Charakter, wenn sie in der Regel auch im Hinblick auf freie Männer (LÚ/ *awīlu*) verfaßt wurden. Anhand der Texte läßt sich im Zusammenhang der Analyse zeigen, an welchen Punkten rechtliche Entscheidungen fixiert wurden und welche weiteren Fragen keine Erwähnung fanden.

3.1.2 Privatdokumente

An privaten Verträgen, die das Eherecht betreffen, liegen Heiratsurkunden und Prozeßprotokolle vor[178]. Im Gegensatz zu gesetzlichen Texten, die einen Vorgang verallgemeinern und so zur Regel machen, haben die privaten Verträge konkrete Fälle zum Inhalt. Deren Regelungen weichen oft von den zeitgleichen Gesetzesbestimmungen ab. Wahrscheinlich diente das Aufsetzen solcher Verträge gerade Abmachungen, in denen einer anders gestalteten Variante der Vorzug gegeben wurde. Im Unterschied zu den Kodizes spiegeln die privaten Verträge die Transaktionen und Absprachen vornehmlich wohlhabender BürgerInnen wieder; erst in diesen Fällen wurde die schriftliche Fixierung für unabdingbar gehalten[179]. Die privaten Verträge geben einerseits stärker als die gesetzlichen Vorschriften Einblick in die tatsächlichen sozialrechtlichen Zusammenhänge. Auf der anderen Seite haftet ihnen der Ausnahmecharakter an. Für sozialgeschichtliche Fragestellungen bieten Rechtssammlungen und Verträge eine gegenseitige Korrektur und Ergänzung: Die Privatdokumente beinhalten tatsächlich geschlossene, gültige Verträge und Absprachen, die sich durch Kodizes rechtlich einordnen lassen. Durch die Privatdokumente wird zugleich deutlich, daß das praktisch Machbare weit über die in den gesetzlichen Bestimmungen festgehaltenen Normen hinausgehen kann.

Auffällig ist, daß Frauen in den privaten Verträgen eine weitaus größere Rolle spielen als in den Rechtsbestimmungen. Das liegt vor allem daran, daß in den Rechtsbestimmungen stark aus männlicher Sicht und in verallgemeinernder Weise über Menschen - Frauen wie Männer - gesprochen wird. Die Privatdokumente dagegen nennen konkrete Personen und machen damit die höhere Zahl der

---

[178] Die nB Eheverträge werden bei Bedarf zum Vergleich mit herangezogen.
[179] Häufiger als die schriftliche Fixierung sind mündliche Vereinbarungen vor ZeugInnen.

in den Verhandlungen involvierten Frauen sichtbar[180]. Diese Beobachtung stützt ebenfalls die Annahme, daß die Verträge der gelebten Realität näher stehen als die Gesetze - zumindest, was das Leben einer wohlhabenden Bevölkerungsgruppe betrifft, die vor allem in den Verträgen sichtbar wird. Über polygyne Ehen geben die privaten Verträge in anderer Weise Auskunft als die Kodizes. Die teilweise detailliert beschriebenen möglichen Konfliktsituationen, denen sie vorzubeugen suchen, geben einen aufschlußreichen Einblick in die oft komplizierten zwischenmenschlichen Beziehungen, in die die Beteiligten eingebunden waren.

---

[180] In den Privatdokumenten werden Frauen im Zusammenhang mit unterschiedlichen Anliegen genannt: Freie Frauen lassen ihre Ehe-, Erb- oder Adoptionsvorgänge und andere Transaktionen von Gütern vertraglich festhalten oder treten als Zeuginnen von Verträgen auf. Ebenfalls häufig und teilweise namentlich erwähnt sind Sklavinnen, die bei diesen Transaktionen vererbt, verschenkt oder verkauft werden und so ihren Eigentümer oder ihre Eigentümerin wechseln; vgl. Raymond WESTBROOK (1988B).

3.2 Kodex Lipit-Ischtar

Der KL umfaßt etwa fünfzig Bestimmungen zu zivilrechtlichen Fragen, die Besitz, Sklaverei, Familie, Ehe und Erbe betreffen. Da es sich um allgemein formulierte Rechtssätze handelt, wird nicht immer ersichtlich, in welchem Bereich des Lebens die Regelungen jeweils angesiedelt sind[181]. Ein Hinweis darauf, daß bei Abfassung der Texte verstärkt freie Bevölkerungsgruppen im Blick sind, ist die durchgängige Verwendung von LÚ für (freier) Mann. Der (freie) Mann stellt den Normadressaten dar.

Vier Paragraphen des KL widmen sich polygynen Verbindungen; zwei weitere Bestimmungen werden als Vergleichstexte herangezogen und sind in eckigen Klammern genannt. Der Inhalt der Bestimmungen wird an dieser Stelle kurz zusammengefaßt. Eine englische Übersetzung steht in den Anmerkungen, auf die jeweils verwiesen wird.

§ 24: **Erbrecht der Kinder einer *ausgewählten Ehefrau* (DAM NITALAM) und einer *späteren Ehefrau* (DAM EGIRRA).**

vgl. Anm. 201

§ 25: **Erbrecht der Kinder einer Ehefrau (DAM) und einer unfreien Frau (GEME$_2$).**

vgl. Anm. 182

[§ 26: Erbrecht der Kinder einer verstorbenen *ausgewählten Ehefrau* (DAM NITALAM) und einer geehelichten unfreien Frau (GEME$_2$ und DAM).

vgl. Anm. 188]

§ 27: **Erbrecht der Kinder einer *ausgewählten Ehefrau* (DAM und DAM NITALAM) und einer *Alleinstehenden* (KARKID). Versorgungspflicht des Mannes gegenüber der *Alleinstehenden*; getrenntes Wohnen der Frauen.**

vgl. Anm. 192

§ 28: **Erlaubnis der weiteren Ehe eines Mannes mit einer *späteren Ehefrau* (DAM EGIRRA) bei Krankheit der ersten *ausgewählten Ehefrau* (DAM NITALAM). Versorgungspflicht des Mannes der *ausgewählten Ehefrau* gegenüber.**

vgl. Anm. 203

[§ 30: Verbot des Umgangs und der Ehe eines Mannes mit einer *Alleinstehenden* (KARKID), wenn er bereits mit einer *ausgewählten Ehefrau* (DAM NITALAM) verheiratet ist.

vgl. Anm. 194]

---

[181] So bsp. im landwirtschaftlichen Bereich (§§ 7-10) oder dem des Tempels (§ 22).

3.2.1 Rechtlicher Kontext

Innerhalb der Rechtssammlung sind die Rechtssätze im Kontext zweier unterschiedlicher Themenkreise angesiedelt, dem Erb- und dem Eherecht. Drei der vier Paragraphen fallen unter Bestimmungen zu Erbangelegenheiten (§§ 24, 25 und 27). Während die vorausgehenden Regelungen das Erbrecht für Töchter behandeln (§§ 22 und 23), gilt das Interesse §§ 24ff Frauen in polygynen Ehen und dem Erbrecht ihrer Kinder. Zur Klärung der Erbrechtsfragen spielt der Status der Frauen eine entscheidende Rolle: Aus ihrer ehelichen Rangordnung leitet sich das Erbrecht ihrer Kinder ab.

Zum Eherecht gehören im alten Babylonien u.a. Fragen der Versorgung der Frau und ihrer Kinder, sofern eine der Co-Frauen nicht dem gemeinsamen Haushalt angehört oder zu diesem nicht durch Beteiligung am Wirtschaften beitragen kann. Sie muß in diesem Fall aus Mitteln des Haushalts, dem der Mann angehört, unterhalten werden. Zudem regelt das Eherecht Scheidungsfragen und das Recht auf weitere polygyne Ehen des Mannes.

§ 27 macht Aussagen zum Erbrecht von Kindern, leitet aber zugleich zu einem eherechtlichen Thema über: Es geht um das Versorgungsrecht der zweiten Frau durch den Vater ihres Kindes. Die zweite Frau ist eine rechtlich an keinen Mann gebundene KARKID und lebt mit diesem nicht im selben Haushalt. § 28 führt die Versorgungsfrage von Frauen in polygynen Ehen fort und erwähnt weitere eherechtliche Regelungen.

3.2.2 Formen von Polygynie

Die vier Bestimmungen des KL weisen zwei Grundformen polygyner Ehen im alten Mesopotamien auf: In §§ 25 und 27 sind die Erstfrauen frei, die Zweitfrauen können dagegen zu Bevölkerung mit einem geringerem Status gerechnet werden. So ist in § 25 von einer GEME₂ und in § 27 von einer KARKID *(Alleinstehende)* als zweiter Frau die Rede. §§ 24 und 28 nennen freie Frauen als Co-Frauen. Zwischen diesen beiden Eheformen bestehen fließende Übergänge.

3.2.2.1 Polygynie mit unfreien Co-Frauen

Eine Eheform, die den vier Bestimmungen des KL entnommen werden kann, ist die Verbindung eines Mannes mit einer freien und einer unfreien Frau. Das Verhältnis zwischen Co-Frauen mit unterschiedlicher gesellschaftlicher Stellung kann von einer stark hierarchischen Ordnung geprägt sein, muß es jedoch nicht zwingend. So reicht die Palette der Beziehungsmöglichkeiten von der Subordination der zweiten Frau unter die Vorherrschaft der ersten Frau und die des Mannes bis hin zu einer annähernd gleichen Stellung der Co-Frauen zueinander und zum gemeinsamen Mann. Der Rangunterschied zwischen einer freien Erstfrau und einer unfreien Zweitfrau wird im KL auf verschiedene Weise betont.

DAM und GEME₂

In § 25[182] behandelt die Ehe unter Beteiligung einer DAM und einer GEME₂. Der Paragraph regelt Fälle, in denen beide Frauen Kinder vom gemeinsamen Mann haben. Die durchgängige Bezeichnung der zweiten Frau als GEME₂ deutet darauf hin, daß sie in einem deutlichen Abstand zur ersten freien Frau steht. Sie nimmt im täglichen Zusammenleben eine untergeordnete Position ein. Andere Bestimmungen zeigen, daß selbst eine freigelassene Sklavin als untergeordnete Angestellte im Haus ihrer ehemaligen EigentümerInnen verbleiben kann[183]. Die unfreie Frau scheint Eigentum des Mannes und damit also *seine* Sklavin zu sein. Im Verhältnis zu ihr wird der Mann zweimal als LUGAL *(Herr)* bezeichnet[184]. Da die unfreie Frau von ihm gezeugte Kinder geboren hat, wird der Mann zudem AD *(Vater)* genannt. Für das rechtliche Verhältnis zwischen der Sklavin und dem Mann ist die Geburt gemeinsamer Kinder ausschlaggebend: Die damit erworbenen Rechte der Sklavin - ihre Freilassung und die ihrer Kinder - basieren auf der Vaterschaft dieses Mannes. Das Wort *Vater* kann als Hinweis auf das Verhältnis zwischen der Sklavin und dem Mann fungieren. Die Erwähnung der Vaterschaft führt jedoch noch nicht zur erbrechtlichen Einsetzung der Kinder; dafür wäre ein eigener Rechtsakt notwendig, der in § 25 nicht vorliegt[185].

Die Freilassung der GEME₂ erfolgt durch den Mann. Weder bei dem Entschluß, Kinder mit einer Sklavin zu haben, noch im Zusammenhang mit dem Akt deren

---

[182] **§ 25** lautet:
> *"If a man marries a wife (DAM) and she bears him a child and the child lives and a slave woman (GEME₂) also bears a child to her master, the father shall free the slave woman (GEME₂) and her children; the children of the slave woman (GEME₂) will not divide the estate with the children of the master."* (Martha T. ROTH, 1995, 31)

Nach der Übersetzung von Heiner LUTZMANN (1982, 28) ist der Ausschluß der Kinder der GEME₂ vom väterlichen Erbe eine Folge der bereits erfolgten Freilassung. Das Resultat ist nach beiden Interpretationen dasselbe: Der GEME₂ und ihren Kindern steht nur die Freiheit, nicht aber das Erbe zu.

[183] Einem Privatdokument aus der Ur III-Zeit ist zu entnehmen, daß eine Sklavin, die sich selber freikauft, bis zum Tod ihrer Dienstgebenden als Arbeitskraft im Haus verbleibt(*UET 3 51*). KL § 26 sieht diese Regelung für eine geehelichte Sklavin vor (vgl. auch KU § 4 und *UET 5 87*).

[184] Hier im Sinne von *Eigentümer*.

[185] Erläuterungen zur erbrechtliche Anerkennung s.u.

Freilassung spielt die erste Frau eine Rolle. Das einzige, was von ihr gesagt wird, ist, daß sie mit dem Mann verheiratet ist und eigene Kinder hat. Wenn sie auch keine aktive Entscheidungsgewalt im Hinblick auf die zweite Verbindung ihres Mannes hat, so wird mit der Bestimmung zumindest das Erbrecht ihrer Kinder gegenüber denen der unfreien Frau festgehalten.

Von einer unfreien Frau wird in § 25 weder gesagt, daß sie eine *Ehefrau* ist, noch, daß sie *geheiratet* wurde *(TUKU)*. Es stellt sich die Frage, ob die unfreie Position der Frau und das Fehlen einer ehelichen Terminologie so zu deuten sind, daß kein eheliches Verhältnis zwischen ihr und dem Mann besteht[186]. Der KL scheint nicht klar zwischen ehelichen und nicht-ehelichen Beziehungen zu unterscheiden[187]. Der Vergleich mit einer anderen Bestimmung macht dies deutlich: In § 26[188] wird eine unfreie Frau nach dem Tod der ersten Frau zur neuen Frau eines Mannes[189]. Es wird ausdrücklich gesagt, daß der Mann (LÚ) die unfreie Frau heiratet (TUKU) und sie seine Ehefrau (DAM) ist. Auch nach der Eheschließung werden die unfreie Frau und Mann weiterhin als GEME₂ und ihr LUGAL *(Herr)* bezeichnet. Was eine unfreie Frau laut § 26 tatsächlich von einer laut § 25 unterscheidet, ist, daß ihre Kinder erbberechtigt sind[190]. Andere aB Rechtssätze belegen das Erbrecht der Kinder unfreier Frauen, auch ohne daß sie

---

[186] In der Fachliteratur werden Beziehungen mit unfreien Frauen und solche, die keine eheliche Terminologie aufweisen, häufig als *Konkubinate* bezeichnet; vgl. Exkurs 1.

[187] Was den Gebrauch ehelicher Termini betrifft, sind auch andere Kodizes widersprüchlich oder nicht eindeutig. Ein Beispiel ist die ältere Sammlung KU. Aus KU §§ 9 und 10 geht hervor, daß eine Ehe *mit* oder *ohne* Ehevertrag bestehen kann; in beiden Fällen ist von Scheidung die Rede. Die Frau wird jedoch weder in dem einen noch in dem anderen Paragraphen als Ehefrau (DAM) bezeichnet. Anders wird im KE § 27 einer Frau, die ohne Absprache der elterlichen Parteien, ohne Hochzeitsfeier und Ehevertrag heiratet, der Titel der Ehefrau (DAM) abgesprochen. Es ist zu beachten, daß es sich dabei wohl um die erste Ehe der Frau handelt. Zu *Ehefrau* vgl. Kap. 1.3.

[188] **§ 26** lautet:
"If his first-ranking wife (DAM NITALAM) dies and after his wife's (DAM) death he marries the slave woman (GEME₂; er nimmt die Sklavin zur Ehefrau, DAM, Einfügung C.F.) (who had borne him children), the child of his first-ranking wife (DAM NITALAM) shall be his (primary) heir; the child whom the slave woman (GEME₂) bore to her master is considered equal to a native freeborn son and they shall make good his (share of the) estate." (Martha T. ROTH, 1995, 31)

[189] § 26 läßt offen, ob schon vor dem Tod der ersten Frau eine polygyne Verbindung zwischen GEME₂ und Mann besteht und ob die Kinder der Sklavin zu diesem Zeitpunkt bereits geboren sind. Martha T. ROTH legt diesen Schluß mit ihrer Übersetzung nahe. Der Paragraph wäre dann so zu verstehen, daß eine bereits bestehende eheliche Beziehung nach dem Tod der ersten Frau eine soziale Aufwertung durch den Akt der Heirat erfährt.

[190] Einen anderen Sinn ergibt die Übersetzung von Heiner LUTZMANN: "...*(dann) [sind die Kinder seiner ebenbürtigen] Ehefrau [seine] Er[ben]; die Kinder (die) [die Sklavin] ihrem Herrn geboren hat, werden wie Kinder einer bedingt Freigelassenen seinen Hausstand vergrößern*" (1982, 28). Anders als nach ROTH sind hier die Kinder der geehelichten Sklavin und die der freien Frau nicht gleichgestellt.

als Ehefrauen bezeichnet werden[191]. Die Position einer GEME₂ in § 25 und in § 26 scheint sich gesellschaftlich kaum zu unterscheiden. Trotz des Gebrauchs des Begriffs GEME₂ kann eine eheliche Verbindung vorliegen. Es muß daher offen bleiben, ob die fehlenden ehelichen Termini im KL, anders als in anderen aB Bestimmungen, als Unterscheidung von ehelicher und nicht-ehelicher Verbindung zu deuten sind.

DAM NITALAM und KARKID

In § 27[192] behandelt Beziehungen, in denen eine zweite Frau keine GEME₂, sondern eine KARKID *(Alleinstehende)* ist[193]. Ist die erste Frau kinderlos, kann ein Mann die Kinder, die er mit einer KARKID hat, als ErbInnen einsetzen. Dies kann nachträglich erfolgen. Das heißt, daß eine KARKID die Möglichkeit der Partnerwahl besitzt und auch Kinder mit einem Mann haben kann, ohne daß sich daraus rechtliche Ansprüche oder eine eheliche Statusveränderung ergeben müssen. Sie und ihre Kinder behalten den *ehelosen* und *vaterlosen* Status bei, der für eine KARKID und ihre Kinder charakteristisch ist[194]. Die Wendung *Alleinstehende von der Straße* (TILLA A[195]) betont, daß die Familie der KARKID nicht den wohl gängigen Strukturen eines Haushalts mit einem männlichen Familienoberhaupt entspricht; der Begriff *Straße* könnte auf die wirtschaftliche Aktivität der KARKID außer Hause hinweisen[196].

Erfolgt eine erbrechtliche Anerkennung der Kinder einer KARKID, so geschieht dies in einem eigenen Rechtsakt. Dabei bezeichnet der Mann die Kinder ausdrücklich als *seine* eigenen. Der Status der *vaterlose* Kinder wird dadurch wohl aufgehoben. Die Kinder können ihre Mutter durch das väterliche Erbe im Alter versorgen. Die KARKID erhält Unterhaltszahlungen, die denen einer geehelichten Frau gleichen. Es muß offen bleiben, ob auch ihr rechtliche Status sich durch die Anerkennung der Kinder und die Unterhaltsansprüche verändert. Ihre Zustimmung und ihr Interesse an der rechtlichen Absicherung durch die

---

[191] KH § 170

[192] **§ 27** lautet:

> *"If a man's wife (DAM) does not bear him a child but a single woman (KAR.KID) from the street does bear him a child, he shall provide grain, oil, and clothing rations for the single woman (KAR.KID), and the child whom the single woman (KAR.KID) bore him shall be his heir; as long as his wife (DAM) is alive, the single woman (KAR.KID) will not reside in the house with his first-ranking wife (DAM NITALAM)."* (Martha T. ROTH, 1995, 31, wobei Roths Übersetzung von KAR.KID mit *prostitute* - dem Vorschlag von Julia ASSANTE, 1998, folgend - durch *single woman* ersetzt wurde.)

[193] Vgl. Kap. 1.1.

[194] Julia ASSANTE (1998) betont in ihrer Studie die Selbstbestimmungsmöglichkeiten einer KARKID als *single women*.

[195] Derselbe Terminus steht bsp. auch in KL §§ 30 und 21

[196] So interpretiert Julia ASSANTE (1998,47).

Anbindung der Kinder an deren Vater wird in der Bestimmung vorausgesetzt. Die erste, kinderlose Frau bleibt im Hinblick auf die Anerkennung der Kinder einer KAR.KID passiv (ähnlich § 25).

Zu einer ehelichen Verbindung zwischen einem Mann und einer KAR.KID kann es nicht kommen, wenn Kinder einer ersten Frau vorhanden sind. Dies zeigt § **30**[197]: Einem jung verheirateten Mann wird die (grundlose) Verstoßung seiner Frau zugunsten der Ehe mit einer KAR.KID untersagt. Eine KAR.KID hätte ihren rechtlichen Status als *Alleinstehende* durch die Ehe wohl aufgehoben. Interessanterweise wird eine polygyne Verbindung nicht erwogen; sie wird auch in § 27 erst nach mehreren Jahren eingegangen, denn die erwiesene Kinderlosigkeit der Erstfrau dient als Begründung. Da es sich in § 30 um ein frisch verheiratetes Paar handelt, kann vom Problem der Kinderlosigkeit noch nicht die Rede sein. Das Verbot der Ehe des Mannes mit der KAR.KID soll der Ehefrau die Möglichkeit der Geburt eigener Kinder einräumen. Es entsteht der Eindruck, daß die Beziehung von verheirateten Männern mit einer *alleinstehenden* Frau einen besonderen Reiz darstellte, der auch eine neu eingegangene Ehe gefährden konnte. Die größere Selbständigkeit und die möglicherweise größere sexuelle Erfahrenheit einer KAR.KID können dazu beigetragen haben. Die Ehefrau wird vor Beendigung ihrer Ehe geschützt.

Sowohl in § 27 als auch in § 30 wird die erste Frau einer KAR.KID gegenüber als *ausgewählte Ehefrau* (DAM NITALAM) besonders hervorgehoben[198]. Der Begriff des *Auswählens* deutet darauf hin, daß die Familien der heiratenden Parteien bei der ersten Ehe an der Partnerwahl beteiligt sind und daß damit eheliche Transaktionen einhergehen. Er betont den Rangunterschied zwischen dieser Frau und der *Alleinstehenden*, die ihre Partner aller Wahrscheinlichkeit nach alleine wählt, ohne daß die Beziehung oder die Geburt von Kindern rechtlichen Folgen für sie haben muß.

Vergleich

Der Vergleich von § 25 und § 27 zeigt, daß die erste freie Frau in beiden Fällen eine sozial und ökonomisch sicherere Position hat und eine zweite Frau (GEME₂

---

[197] § **30** lautet:

> *"If a young married man has sexual relations with a single woman (KAR.KID) from the street, and the judges order him not to go back to the single woman (KAR.KID), (and if) afterwards he divorces his first-ranking wife (DAM NITALAM) and gives the silver of her divorce settlement to her, (still) he will not marry the single woman (KAR.KID)."*
> (Martha T. ROTH, 1995, 32, wobei Roths Übersetzung von KAR.KID mit *prostitute* - dem Vorschlag von Julia ASSANTE, 1998, folgend - durch *single woman* ersetzt wurde.)

[198] Vgl. Kap. 2.1.

oder KARKID). Die exponierte Stellung der ersten Frau als DAM NITALAM wird aber nur gegenüber der *Alleinstehenden* betont (§ 27).

Ein weiterer Unterschied zwischen § 25 und § 27 betrifft den Wohnort der Co-Frauen. Während die GEME₂ aus § 25 im gemeinsamen Haushalt lebt und diesem sowohl als allgemeine Arbeitskraft als auch in ihrer Funktion als Mutter zur Verfügung steht, ist der KARKID laut § 27 der Einzug nicht möglich. Ob die Kinder der KARKID bei ihr leben oder beim Vater und dessen erster Frau aufwachsen, wird nicht klar. Erst nach dem Tod der ersten Frau darf die KARKID mit dem Mann unter einem Dach wohnen. Dreierlei ist daran bemerkenswert:

1. Zum einen macht diese Bestimmung die weiterhin selbständige Lebensweise der KARKID deutlich; Die Versorgungs- und Erbansprüche gegenüber dem Mann ändern nichts daran.

2. Das Verbot des Zuzugs der KARKID in das eheliche Haus zu Lebzeiten der ersten Frau kann als Schutzmaßnahme für die erste Frau verstanden werden. Ihr Aufenthaltsrecht im Hause des Mannes wird festgehalten - dies gilt auch für den Fall, daß der Mann vor ihr sterben sollte. Da sie keine eigenen Kinder hat, wäre andernfalls ein Wohnvorrecht der KARKID und deren Kinder denkbar. Der räumliche Abstand zwischen den Co-Frauen ist auch ein Zeichen für den gesellschaftlichen Unterschied zwischen einer *ausgewählten* und einer *alleinstehenden* Frau[199].

3. Zieht die KARKID schließlich doch zum Mann, lebt sie wie eine verheiratete Frau ohne daß eheliche Termini verwendet werden. Der Bestand einer ehelichen Verbindung ist nicht zwingend an die Erwähnung entsprechender Begriffe gebunden.

Zusammenfassend läßt sich sagen, daß in §§ 25 und 27 von zweiten Frauen die Rede ist, die Kinder mit einem freien Mann haben und damit soziale Verbesserungen erfahren. Infolge der Geburt bzw. der erbrechtlichen Anerkennung der Kinder erhalten sie die erwähnten Rechte: Freilassung im Falle der GEME₂, Erbrechte, Ehe- und schließlich auch Wohnrechte im Falle der KARKID. Wie § 27 zeigt, hat die erbrechtliche Anerkennung der Kinder einer KARKID eherechtliche Folgen ohne daß ehelicher Termini gebraucht werden. Eine KARKID nimmt nach § 27 rechtlich eine höhere Position ein als eine GEME₂, deren Kinder nicht erben (§ 25). Die erste Frau wird von einer KARKID besonders abgesetzt, indem sie als DAM NITALAM hervorgehoben wird. Eine KARKID hat gleichzeitig eine niedrigere Position als eine freie Frau, der von Beginn der Ehe an Wohnrechte im ehelichen Haushalt und die erbrechtliche Anerkennung ihrer Kinder durch deren Vater zustehen.

---

[199] KL § 30 deutet ähnliches an.

3.2.2.2 Polygynie mit freien Co-Frauen

Freie Co-Frauen werden im KL unterschieden, indem die erste Frau als DAM NITALAM *(ausgewählte Ehefrau)* und die zweite als DAM EGIR.RA *(spätere Ehefrau)* bezeichnet wird (§§ 24 und 28). Die später geheiratete Frau ist auch in ihrem Rang die zweite[200].

§ 24[201] regelt die Erbrechte von Kindern freier Co-Frauen. Die Kinder erben vom gemeinsamen Vater zu gleichen Teilen. Die *ausgewählte Ehefrau* hat im Erbrecht ihrer Kinder keinen Vorteil gegenüber einer weiteren Frau. Aus dem Paragraphen geht weiterhin hervor, daß auch die freie Zweitfrau Eigentum in die Ehe einbringt. Mütterlicherseits können die Kinder daher jeweils von ihrer leiblichen Mutter erben. Keine der aB Kodizes erwähnt demgegenüber den Fall, in dem eine unfreie Frau ihr Eigentum an ihre Kinder vererbt[202]. Die Regelung ist daher typisch für die Ehe mit freien Frauen, die mit einer umfangreicheren Mitgift ausgestattet werden.

In § 28[203] steht die Versorgung freier Co-Frauen durch den Mann im Vordergrund: Eine erkrankte erste Frau muß zusammen mit einer weiteren geehelichten unterhalten werden. Vielleicht hat die erste Frau es ihrem Status als DAM NITALAM zu verdanken, daß ihr Mann sich nicht von ihr trennen kann. Sie ist auf Lebzeiten versorgt, muß aber eine zweite Ehe des Mannes hinnehmen[204]. DAM

---

[200] Obwohl das akkad. Äquivalent von EGIR.RA eigentlich *(w)arkitu* (von *(w)arkû, später)* lautet, entspricht die Bezeichnung einer DAM EGIR.RA eher dem Gebrauch von *aššatu šanītu (zweite/ andere Frau)* in akkad. Texten (CAD, Bd. Š, 396 und Bd. A[II], 287). Der Gebrauch von DAM NITALAM und DAM EGIR.RA ist insofern mehrdeutig, als in den aB Kodizes dieselben Wörter gebrauchen werden können, wenn von sukzessiven Ehen die Rede ist. So ist DAM NITALAM beispielsweise auch in KL §§ 26 und 30 und in KU § 9 erwähnt.

[201] § 24 lautet:
"*If the second wife (DAM EGIR.RA) whom he marries bears him a child, the dowry which she brought from her paternal home shall belong only to her children; the children of the first-ranking wife (DAM NITALAM) and the children of the second wife (DAM EGIR.RA) shall divide the property of their father equally.*" (Martha T. ROTH, 1995, 30-31)

[202] Vgl. Kap. 1.3.

[203] § 28 lautet:
"*If a man's first-ranking wife (DAM NITALAM) loses her attractiveness or becomes a paralytic, she will not be evicted from the house; however, her husband may marry a healthy wife (DAM GALAM), and the second wife (DAM EGIR.RA) shall support the first-ranking wife (DAM NITALAM).*" (Martha T. ROTH, 1995, 31-32)

[204] Der Paragraph bietet Schwierigkeiten bei der Übersetzung. Nach Martha T. ROTH (s.o.) dient die weitere Ehe den Interessen der ersten Frau. Die Zweitfrau, die auch als DAM GALAM bezeichnet wird, übernimmt demnach die Unterstützung der kranken Frau. Das mit

NITALAM spielt auf die Art des Zustandekommens der ersten Ehe an und ist im Kontext polygyner Verbindungen eine gängige Bezeichnung für die Erstfrau[205]. In §§ 24 und 28 hebt der Terminus die erste gegenüber einer zweiten freien Frau hervor.

Es ergibt sich die Frage, warum DAM NITALAM auch in § 27 gewählt wird, behandelt dieser Paragraph doch die Verbindung mit einer zweiten Frau von deutlich niedrigerem gesellschaftlichen Rang als dem der ersten. Die Analyse von § 27 hat gezeigt, daß die als KARKID arbeitende Frau durch Versorgungs- und Erbansprüche annähernd die Rechte einer Ehefrau genießt, obwohl sie nicht als solche bezeichnet wird. Dennoch wird die erste Frau zunächst lediglich als DAM von ihr unterschieden. Der gesellschaftliche Abstand zwischen den Frauen scheint so groß zu sein, daß dessen besondere Hervorhebung unnötig ist. Erst zu dem Zeitpunkt, da das Zusammenwohnen der beiden Frauen im selben Haushalt zur Debatte steht, wird die exponierte Stellung der ersten Frau durch den Gebrauch von DAM NITALAM hervorgehoben. Dies bestärkt die Schlußfolgerung, daß der Terminus der Unterscheidung von Frauen dient, deren sozialer und ehelicher Rang sehr ähnlich ist. Nicht immer muß es sich dabei um zwei freie

---

DAM GALAM wiedergegebene Logogramm kann auch als DAM SUKUD gelesen werden. DAM GALAM bedeutet wörtlich *kunstvolle Ehefrau* (GALAM/ akkad. *nakālu, kunstvoll sein*, vgl. AHw, Bd. M-S, 717). DAM SUKUD kann als *hohe Ehefrau* verstanden werden (SUKUD/ akkad. *mēlû, Höhe*, vgl. CAD, Bd. M^{II}, 13f). Der Begriff kommt so nur an dieser Stelle vor. Vielleicht weist er im Sinne von *fähige Ehefrau* auf die Tätigkeiten der zweiten Frau gegenüber der ersten hin.

Anders ist die Interpretation von Heiner LUTZMANN (1982, 28). Er übersetzt die schwierige Passage folgendermaßen: "*Wenn jemandes ebenbürtige Ehefrau* BLIND *oder gelähmt wurde, kann er sie nicht aus dem Haus wegschicken; ihr Ehemann wird, (falls) er eine zweite Ehefrau genommen hat, die spätere (und) die ebenbürtige Ehefrau unterhalten.*" Nach Lutzmann ist die Versorgung der Erstfrau allein die Aufgabe des Mannes. Entsprechend übersetzt er DAM GALAM einfach mit *zweite Frau*.

Eine dritte Interpretation bietet Francis Rue STEELE (1948, 442). Er versteht DAM GALAM als die Lieblingsfrau ("*favorite wife*") des Mannes.

[205] DAM NITALAM wird in den sum. Rechtssammlungen KL und KU verwendet. Der Begriff wird in der deutschen Übersetzung auf fünf verschiedenen Arten wiedergegeben:

- KU § 9:   "*ebenbürtige Gemahlin*"   (Willem H. Ph. RÖMER, 1982., 21)
- KL § 24:   "*erste Frau*"   (Heiner LUTZMANN, 1982., 28)
- KL § 26:   "*ebenbürtige [Ehefrau]*"/ "*(erste) Ehefrau*"   (ebd.)
- KL § 27:   "*ebenbürtige Ehefrau*"   (ebd.)
- KL § 28:   "*ebenbürtige Ehefrau*"   (ebd.)
- KL § 30:   "*Ehefrau*"   (ebd., 29)

Martha T. ROTH (1995) übersetzt DAM NITALAM durchgängig mit "*first-ranking wife*" und betont damit die hervorgehobene Position, die mit dem Begriff einhergeht. Dem entspricht der Gebrauch im KL zur Unterscheidung zweier Frauen. Drei Bestimmungen haben eine polygyne Ehe zum Hintergrund (KL §§ 24, 27, 28); auch die Verwendung von DAM NITALAM in § 26 könnte auf einen polygynen Hintergrund hindeuten. Zum akkad. Äquivalent *ḫīrtu* vgl. Kap. 3.3.2.2.1.

Frauen handeln (vgl. § 26). Der Vergleich mit zwei weiteren Texten, die jedoch keinen polygynen Hintergrund zu haben scheinen, bestätigt diese Annahme:

In **§ 26** werden Fälle geregelt, bei denen ein Mann nach dem Tod seiner ersten Frau seine Sklavin heiratet. Sowohl DAM als auch GEME₂ bezeichnen im weiteren diese neu geehelichte Frau. Von ihr wird die verstorbene erste Ehefrau als DAM NITALAM unterschieden. Es wird damit betont, daß die Kinder der Verstorbenen weiterhin ErbInnen des väterlichen Besitzes sind, selbst dann, wenn weitere ErbInnen der später geehelichten Frau hinzukommen sollten[206]. Auch § 30[207] kann für einen Vergleich herangezogen werden. Hier wird einem Mann untersagt, seine Frau zu verlassen, um eine KARKID zu heiraten. Da ausdrücklich von einer ehelichen Beziehung zu der KARKID die Rede ist (TUKU), besteht die Gefahr, daß die eheliche Stellung der KARKID die der ersten Frau bedroht. Erst die begriffliche Hervorhebung der ersten Ehefrau (DAM NITALAM) weist auf den niedrigeren Rang der KARKID hin. Ziel auch dieser Bestimmung ist es, die Rechte der *ausgewählten Ehefrau* festzuhalten.

Zusammenfassend läßt sich sagen, daß der Gebrauch von DAM NITALAM zum einen den besonderen Charakter der Erstehe betont. Er dient weiter als Unterscheidungsmerkmal für Frauen, die einen vergleichbaren sozialen und ehelichen Status haben. Ferner ist die eheliche Position einer Frau nicht zwingend an die Erwähnung ehelicher Termini (vgl. § 27) oder an ihren Status als freie oder unfreie Frau gebunden (vgl. § 26). Obwohl besondere Aufmerksamkeit auf die Unterscheidung des Ranges der Frauen gelegt wird, kann den Bestimmungen des KL kaum entnommen werden, wie sich der hervorgehobene Status einer DAM NITALAM in deren Alltagsleben auswirkte.

---

[206] Unklar bleibt, was Martha T. ROTH meint, wenn sie das Kind der ersten Frau als "*(primary) heir*" bezeichnet (vgl. Anm. 188).

[207] Vgl. Anm. 194.

3.2.3 Gründe für Polygynie

3.2.3.1 Kinderlosigkeit

Nur in einem der vier Paragraphen wird die Kinderlosigkeit der Erstfrau als Grund für eine weitere Ehe angeführt: In § 27 geht ein Mann eine eheähnliche Verbindung mit einer *KARKID (Alleinstehenden)* ein, nachdem die Erstfrau keine Kinder bekommen hat. Es muß offen bleiben, ob die erbberechtigten Kinder der zweiten Frau die leiblichen Kinder des Mannes sind. Vielleicht war die Anerkennung der Kinder einer *KARKID* für unfruchtbare Männer ein Weg Kinder zu erhalten, die als die eigenen gelten konnten. Fraglich ist, welchen Einfluß die erbrechtliche Einsetzung der Kinder auf die Versorgung der Erstfrau im Alter oder im Falle des Todes des Mannes hat. Sorgen die erwachsenen Kinder der Zweitfrau auch für die erste Frau, oder muß sie Hilfe bei ihren Verwandten suchen?

Während Männer ein Recht auf eigene Kinder zu haben scheinen, sei es von einer ersten oder einer weiteren Frau, können Frauen von einem solchen Recht nicht Gebrauch machen. Für Frauen kommt in der Regel kein anderer Erzeuger ihrer Kinder in Frage als der eigene Mann. Interessant ist die Frage, unter welchen Bedingungen bei einer kinderlosen Ehe von einer weiteren Ehe des Mannes abgesehen und von einer Alternative Gebrauch gemacht wird, wie bsp. der Adoption eines Kindes[200].

3.2.3.2 Krankheit

Nach § 28 darf ein Mann einer kranken Frau eine weitere Frau heiraten. Kinder werden in diesem Zusammenhang nicht erwähnt. Der Hinweis auf fehlende Kinder der ersten Ehe wäre wahrscheinlich gewesen, hätte es sich dabei um den Grund für die weitere Verbindung gehandelt. Es gibt verschiedene Möglichkeiten, den Paragraphen zu interpretieren. 1. Den sexuellen Bedürfnissen des Mannes soll Rechnung getragen werden, denn von der kranken Frau heißt es zunächst, daß sie gelähmt sei[201]. Unklar ist der zweite erwähnte Sachverhalt: Der schwierige Passus beinhaltet eine Aussage über die kranke Frau, die in der Fachliteratur unterschiedlich interpretiert wird[202]. Ob die Frau blind ist oder körperliche Veränderungen erfährt, die

---

[200] Anm. 46.

[201] Vgl. die Übersetzungen von Martha T. ROTH und Heiner LUTZMANN in Anm. 204.

[202] Die unklare Zeile 30 beinhaltet den Begriff *Auge*. Martha T. ROTH übersetzt, die Frau habe ihre Attraktivität verloren, ähnlich meint Francis Rue STEELE (1948, 442), der Mann wende seine Augen von ihr ab; Heiner Lutzmann ist der Ansicht, sie habe das

aus der Sicht des Mannes als schwindende Attraktivität bezeichnet werden, bleibt unklar. Letzteres würde dafür sprechen, daß die weitere Ehe den Bedürfnissen des Mannes dient, die aufgrund der Krankheit der ersten Frau nicht abgedeckt werden. Umgekehrt besteht das Recht der Frau auf einen körperlich intakten und attraktiven Mann anscheinend nicht. 2. Eine anderer Interpretation ist, daß die Frau so stark erkrankt ist, daß die Ehe mit der zweiten Frau auch den Bedürfnissen der kranken Frau dient. Denn es ist wohl die zweite Frau, die die erste Frau pflegt. Diese Art einer polygynen Verbindung käme sowohl dem Mann als auch der ersten Frau zugute.

3.2.3.3 Keine Angabe von Gründen

In §§ 24 und 25 werden keine Gründe für das Zustandekommen polygyner Ehen erwähnt. Aus den Bestimmungen ist zu erfahren, daß jeweils beide Co-Frauen Kinder haben. Die Kinderlosigkeit einer Erstfrau scheint nicht das Motiv der weiteren Verbindung zu sein. Viele Umstände sind denkbar, die zu der vorliegenden Konstellation führen können. So ist beispielsweise nicht auszuschließen, daß eine Erstfrau zunächst kinderlos ist und erst, nachdem ihr Mann eine zweite Frau hinzu geheiratet hat, Kinder gebiert. Möglicherweise deuten diese Texte auch darauf hin, daß weitere polygyne Ehen nicht grundsätzlich einer Begründung bedürfen.

Insgesamt fällt auf, daß nur die Bestimmungen, die sich eherechtlichen Fragen widmen, Gründe für polygyne Verbindungen des Mannes nennen (§§ 27 und 28). Zum Eherecht zählt die einklagbare Versorgung der Frauen durch den Mann, der den Familienbesitz maßgeblich verwaltet. Das Eingehen weiterer Ehen hat versorgungsrechtliche Konsequenzen für die beteiligten Personen, vor allem für die erste Frau. Daher ist die Erlaubnis begründeter Polygynien, bzw. das mögliche Verbot unbegründeter Verbindungen, im Kern ein Problem des Eherechts und wird deshalb nur in diesem Zusammenhang genannt. In §§ 24 und 25 steht dagegen das Erbrecht von Kindern im Vordergrund. Für dessen Regelung ist eine Erklärung über das Zustandekommen der Ehen nicht nötig[203]. Es geht in den Bestimmungen um den Status der Mütter, aus dem das Recht ihrer Kinder resultiert. Wichtig ist nicht, warum die Ehen zustande kamen, sondern ob es sich bei der Mutter um eine zuerst oder später geheiratete Frau, um eine freie Ehefrau oder um eine GEME₂ handelt.

Augenlicht verloren und sei erblindet (vgl. Anm. 204).

[203] In § 27 gehen Erb- und Eherechtsfragen ineinander über: Die *KAR.KID* erhält eheliche, ihre Kinder erhalten erbliche Rechte, da die erste Ehe kinderlos geblieben ist.

3.2.4 Zusammenfassung

Die vier Paragraphen des KL zu polygynen Beziehungen zeigen, daß die Grenze zwischen verschiedenen Formen von Polygynie fließend verläuft. Zwar können Ehen mit freien (§§ 24 und 28) und solche mit unfreien zweiten Frauen (§§ 25) bzw. einer *KARKID* (§ 27) unterschieden werden. Jedoch können auch Sklavinnen oder *Alleinstehende* in den Genuß ehelicher Rechte kommen, die sie - unabhängig davon, ob eheliche Termini verwendet werden oder nicht - in eine Position versetzen, die der einer freien Zweitfrau gleicht (§§ 26 und 27, anders § 25). Je näher die Co-Frauen in ihrer sozialen und ehelichen Stellung zueinander stehen, desto wahrscheinlicher ist, daß die erste Frau durch die Bezeichnung als *ausgewählte Ehefrau* (DAM NITALAM) besonders hervorgehoben wird. Dies ist in drei Regelungen der Fall (§§ 24, 27 und 28). Die Bestimmungen haben gemeinsam, daß die zweite Frau keine GEME₂, sondern eine freie Frau oder eine *KARKID* ist.

Das folgende Diagramm ist eine graphische Darstellung der Beziehungsstruktur von Ehen mit freien Co-Frauen im KL. Dicke Linien weisen auf eine enge, gestrichelte Linien weisen auf lockere oder nicht näher bezeichnete Bindungen zwischen den beteiligten Personen hin.

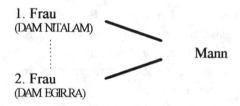

Es wird nicht deutlich, wie sich die hervorgehobene Position einer Frau oder die Veränderung ihres ehelichen Ranges im täglichen Leben auswirkt. So bleibt unklar, was die freigelassene oder die geehelichte GEME₂ (§ 25, vgl. § 26) einer in Sklaverei lebenden Frau voraus hat. Genießt die Freigelassene erst reale Vorteile, wenn der freie Status ihrer Kinder zum Tragen kommt, d.h. nachdem diese erwachsen sind? Unklar ist auch, ob eine *KARKID* nach dem Einzug in das Haus eines Mannes weiterhin den Status einer *alleinstehenden* Frau haben kann. Die Privilegien, die einer DAM NITALAM zukommen, können ebenfalls nicht genau ermittelt werden.

Für das Entstehen polygyner Ehen werden nur dann Gründe genannt, wenn deren Erwähnung für eherechtliche Versorgungsfragen von Belang sind: Angeführt werden die Kinderlosigkeit (§ 27) oder die Krankheit (§ 28) der zuerst geheirateten Frau. Es wird nicht deutlich, aus welcher Veranlassung heraus die übrigen polygynen Verbindungen entstanden sind. Die Entscheidung, Kinder mit einer GEME$_2$ zu haben (§ 25) oder die mit einer *KARKID* gezeugten Kinder als ErbInnen einzusetzen (§ 27), scheint nur dem Mann zuzustehen. Ein Mitbestimmungsrecht der ersten Frau bei der Entscheidung für eine polygyne Ehe kommt im KL nirgends in den Blick.

Exkurs 2: Die polygyne *nadītu*-Ehe

Aus der aB Zeit sind Quellen überliefert, die sich inhaltlich von den Bestimmungen im KL unterscheiden. Sie zählen zu den ausführlichsten Belegen polygyner Ehen im alten Orient. Die besondere Eheform, die sie aufweisen, kehrt weder in Quellen aus früheren noch in denen aus späteren Perioden wieder. Was diese Gruppe von Eheregelungen von anderen unterscheidet, ist, daß die Erstfrau hier einem speziellen Berufsstand angehört; sie ist eine *nadītu* (sum. LUKUR) [204].

Die etymologische Bedeutung des Wortes *nadītu* [205] ist umstritten. In der Regel wird *nadītu* mit *Brachliegende* übersetzt [206], was auf den Umstand hindeuten soll, daß eine *nadītu* keine Kinder gebiert. Obwohl die Lebensweise der einzelnen *nadītu*-Frauen sehr unterschiedlich sein kann, ist diese Eigenschaft allen gemeinsam. Ein weiteres allgemeingültiges Merkmal einer *nadītu* ist ihre Anbindung an eine bestimmte männliche Gottheit, wie Schamasch, Marduk oder Ninurta. Häufig wird die Gottheit im Titel der *nadītu* mit erwähnt.

Die Quellenlage bringt es mit sich, daß besonders viele Informationen zu den *nadītu*-Frauen des Schamasch aus Sippar vorliegen [207]. Zwischen 100 und 200 *nadītu*-Frauen [208] des Gottes Schamasch sowie Bedienstete und SklavInnen lebten gleichzeitig in Sippar in einem abgeschlossenen, von einer Mauer umgebenen Komplex, dem *gagû* [209]. Der *gagû* steht in enger Verbindung zum Schamasch-Tempel [210]. Möglicherweise durfte eine *nadītu* die Anlage gewöhnlich nicht verlassen [211]. *nadītu*-Frauen, die oft aus reichen, manchmal aus königlichen Familien stammten [212], bewohnten im *gagû* zusammen mit Verwandten, Angestellten und SklavInnen private Häuser. Hunderte von überlieferten Ge-

[204] Zu anderen Frauenklassen, wie *qadištu* oder *kulmašitu*, vgl. die grundlegende Arbeit von Johannes RENGER (1967).

[205] Der Begriff besteht aus den Zeichen SAL (Frau) und ME (göttliches Element). Er begegnet bereits in frühdynastischer Zeit; in der Ur III-Periode werden Frauen, die mit dem König in Verbindung stehen, als LUKUR bezeichnet; vgl. Marc van de MIEROOP (1989, 62).

[206] Vom Verb *nadû* (AHw, Bd. M-S, 705). Da *nadītu*-Frauen schon im Kindesalter zu dieser Lebensweise bestimmt werden konnten, ist auszuschließen, daß es sich um von Natur aus unfruchtbare Frauen handelt.

[207] Die große Bedeutung des Gottes Schamasch im aB Sippar geht aus dessen häufiger Erwähnung hervor. Keine andere Gottheit ist in den Quellen so präsent. Der Schamasch-Tempel gilt als reichster Tempel von Sippar; vgl. Rivkah HARRIS (1975, 144f).

[208] Die Zahl ist mit ca. 140 *nadītu*-Frauen zur Zeit Hammurapis vergleichsweise hoch; vgl. Johannes RENGER (1967, 157f und 168).

[209] Zum *gagû* vgl. Rivkah HARRIS (1963). Es sollte vermieden werden, die *nadītu* als "Priesterin" zu bezeichnen und den *gagû* als "Kloster" (so Rivkah HARRIS, 1975, 302), da diese Wörter falsche Assoziationen mit dem mittelalterlichen Klosterwesen wecken könnten.

[210] Johannes RENGER (1967, 156-158).

[211] Rivkah HARRIS (1975, 303).

[212] Rivkah HARRIS (1989, 152).

schäftsverträgen und Korrespondenzen belegen die wirtschaftliche und gesellschaftliche Aktivität von *naditu*-Frauen. Da sie keine eigenen Kinder hatten, adoptierten viele *naditu*-Frauen freie oder unfreie, verwandte oder nicht verwandte Personen als Nachkommen und schafften damit Vorkehrungen für ihre eigene Pflege und Betreuung im Alter[213]. Die Adoptierten waren in der Mehrzahl Frauen und wurden meist zu ihren (Adoptiv-) Töchtern. Während freie Adoptivtöchter einer *naditu* gegenüber erbberechtigt waren, erbten unfreie nicht[214]; ihnen stand jedoch die Freiheit zu, und zwar spätestens zum Zeitpunkt des Todes der *naditu*[215]. *naditu*-Frauen des Schamasch haben mit den *naditu*-Frauen fast aller anderen Gottheiten gemeinsam, daß sie nicht heirateten.

Anders verhält es sich mit den *naditu*-Frauen des Gottes Marduk[216]. Nur von ihnen ist bekannt, daß sie Ehen eingingen[217]. Dennoch gebar auch eine *naditu* des Marduk keine Kinder. Es muß offen bleiben, ob sie auf schwangerschafts-verhütende Weise mit ihrem Mann verkehrte oder keinen sexuellen Kontakt mit ihm unterhielt. Anders als eine *naditu* des Schamasch lebte sie anscheinend in keinem abgegrenzten Bezirk[218]. Um ihrer Ehe zu Nachwuchs zu verhelfen, wurde eine polygyne Konstellation geschaffen. Diese ist in zwei grundsätzlichen Variationen anzutreffen. 1. Eine *naditu* konnte ihrem Mann ihre Sklavin zur zweiten Frau geben. Deren Kinder galten dann als die der *naditu*. 2. Eine *naditu* konnte ihren Mann eine weitere freie Frau heiraten lassen. Die weitere Frau konnte eine Schwester der *naditu* sein. In der Regel wird die zweite freie Frau in einer polygynen *naditu*-Ehe als *šugitu* bezeichnet. Die Kinder einer *šugitu* galten als die gemeinsamen Kinder beider Co-Frauen.

---

[213] Vgl. *Waterman 42.*

[214] Vgl. Rivkah HARRIS (1975, 347).

[215] In diesem Punkt ähnelt die Regelung den Bestimmungen der Kodizes für Sklavinnen, die von freien Männern geheiratet werden, vgl. KL § 25 und KH §§ 119, 146, 170. In *Meissner BAP 48 53* heiratet die (Adoptiv-) Tochter einer *naditu* einen Sklaven (*wardu*). Der gesellschaftliche Status der Tochter scheint sehr niedrig zu sein, denn die Kinder der Ehe gelten als Eigentum der Sklavenhalterin und sind unfrei.

[216] Der Gott Marduk spielt vor der Regierungszeit Hammurapis keine zentrale Rolle. Seit Hammurapis Regierungsantritt wird er häufiger erwähnt. In Sippar kommt Marduk nie dieselbe Bedeutung wie Schamasch (vgl. Rivkah HARRIS, 1975, 146f) zu, in Babylon ist Marduk die wichtigste Gottheit. Ein großer Tempel des Marduk, in dessen Umfeld Marduks *naditu*-Frauen tätig sind, befindet sich in Babylon. Die Existenz der *naditu*-Frauen des Marduk läßt sich auf Grund der Quellenlage bisher jedoch nur außerhalb Babylons nachweisen, bsp. in Quellen aus Sippar oder Kisch; vgl. Johannes RENGER (1967, 174f). *naditu*-Frauen des Marduk kommen sowohl im KH als auch in Privatdo-kumenten vor. An Stellen, an denen im KH keine genauere Bezeichnung erfolgt, spricht die dargestellte Lebensweise dafür, daß es sich um eine *naditu* des Marduk handelt, so in KH §§ 144-146.

[217] Auch unverheiratete *naditu*-Frauen des Marduk sind bekannt (bsp. *CT 8 49b*). Sie können, wie die *naditu*-Frauen des Schamasch, durch Adoption für eigene Nachkom-men sorgen (bsp. *Meissner BAP 94* und *Meissner BAP 95*).

[218] So Rivkah HARRIS (1975, 303 und 309), anders Johannes RENGER (1967, 175).

Die etymologische Bedeutung des Wortes *šugītu* ist nicht eindeutig[219]. Claus WILCKE hält für möglich, daß der Begriff keine eigene Frauenklasse bezeichnet, sondern allgemein eine zweite (freie) Ehefrau meint[220]. Dagegen betont Benno LANDSBERGER, daß *šugītu* sowohl eine besondere Frauenklasse als auch speziell die zweite Frau neben einer *nadītu* meinen kann[221]. Quellen, in denen eine *šugītu* alleine und nicht als Frau in einer polygynen Verbindung auftritt, sprechen für Landsbergers Interpretation[222].

In den aB Privatdokumenten ist mehrfach belegt, daß eine *nadītu* des Marduk ihre Co-Frau adoptierte. Die zweite Frau wurde damit zur (Adoptiv-) Schwester der *nadītu*. Adoptiert werden konnten freie wie unfreie Frauen. Unklar ist, welchen gesellschaftlichen Stand die adoptierte Frau hatte, wenn sie zuvor unfrei war.

Fraglich ist, was in aB Zeit dazu führte, eine kinderlose Frauenklasse zu etablieren oder eine Eheform zu entwickeln, in der eine Frau zwar heiratet, mit ihrem Mann aber grundsätzlich keine eigenen Kinder hat. Die Gründe für die besondere Lebensweise von *nadītu*-Frauen werden kontrovers diskutiert.

1. Überzeugend erscheint die Vermutung von Rivkah HARRIS. Sie nimmt an, daß der Stand der *nadītu* eine Funktion innerhalb des patrilinearen Erbsystems hatte. Die Frauen stammten tendenziell aus wohlhabenden Familien. Mit dem Eintritt in den *gagû* oder mit der Weihung zur *nadītu* wurden ihnen bewegliche und unbewegliche Güter oder die lebenslange Versorgung durch ihre Familie zugesagt[223]. Infolge der Kinderlosigkeit ging ein großer Teil dieses Besitzes nach dem Tod der *nadītu* an deren Familie zurück. Die Einrichtung einer kinderlosen Gruppe von Frauen verhalf reichen Familien dazu, ihren Besitz zu konzentrieren[224].

2. Einer anderen Interpretation zufolge stehen religiöse Funktionen im Vordergrund. Aus Briefen geht hervor, daß *nadītu*-Frauen für ihre Familien religiöse Aufgaben, wie das Beten und das Darbringen von Opfern, erfüllten[225].

---

[219] Trotz der sumerographischen Schreibung ^{SAL}*ŠU-GI* gibt es möglicherweise kein sum. Äquivalent, so Claus WILCKE (1984, 175), der die Ableitung von *šegû*, (*wild/ aggressiv*) erwägt; vgl. AHw (Bd. S-Z, 1208).

[220] Claus WILCKE (1984, 175). Schon Paul KOSCHAKER (1917, 190, vgl. Exkurs 1) hatte die Übersetzung mit *Nebenfrau* erwogen, ähnlich Piotr STEINKELLER, (1981, 81f).

[221] Benno LANDSBERGER (1935/36, 146). Rivkah HARRIS' Vermutung, die *šugītu* sei in der Regel die Schwester der *nadītu* (1975, 321), widerspricht dem Ergebnis meiner Quellenanalyse (vgl. Kap. 3.3.2.2.2 und 3.4.2.2f).

[222] Bsp. KH § 184, *CT 48 84, BE 6/1 95, BE 6/1 101.*

[223] Vgl. Claus WILCKE (1982, 440-450).

[224] Ein Teil des Besitzes wird freien adoptierten Frauen vermacht. Fraglich ist, warum diese Form, den Familienbesitz zusammenzuhalten, ausgerechnet über die Töchter und nicht über die Söhne einer Familie ausgeübt wird; vgl. zur Diskussion Barbara S. LESKO (1989, 157-165).

[225] Vgl. Johannes RENGER (1967, 155f).

Kultische Aufgaben wurden auch von *nadītu* und *šugītu* gemeinsam ausge-führt[226].

3. Was das Leben als *nadītu* neben den aufgezählten Gründen attraktiv machen könnte, ist ihre Kinderlosigkeit. Obwohl der Nachkommenschaft eine große Bedeutung zukam, gingen Frauen mit der Geburt von Kindern auch die Gefahr von Krankheit und Tod ein. Die Bedeutung von religiösen Praktiken und von speziellen Gottheiten, die die Frauen in der Zeit von Schwangerschaft und Geburt beschützen und unterstützen sollten, macht dies deutlich[227]. *nadītu*-Frauen scheinen die einzige Gruppe von Frauen zu sein, deren Kinderlosigkeit gesellschaftlich nicht als Makel angesehen wurde.

Die drei genannten Annahmen sind ernstzunehmende Interpretationsmöglichkeiten, von denen keine ohne Widersprüche ist. Sie schließen einander nicht aus, sondern beleuchten die zur Verfügung stehenden Quellen aus unterschiedlichen Perspektiven. Unter den ökonomischen Ursachen spielten erbrechtliche Überlegungen sicherlich eine Rolle. Unklar bleibt nach dem Modell von Harris, warum eine *nadītu* Adoptivkinder haben und ihren Besitz an diese vererben konnte. Ihre Familie hatte in diesem Fall keine direkten erblichen Vorteile. Für die Einrichtung eines *gagû* sind neben religiösen auch weitere wirtschaftliche Überlegungen denkbar, so bsp. die Vorteile, die sich aus der Art des Zusammenlebens und der wirtschaftlichen Aktivität der Frauen ergaben. Daß *nadītu*- und *šugītu*-Frauen auch religiöse Aufgaben innehatten, ist aus ihrer Anbindung an einen Tempel ersichtlich. Aus kultur-gesellschaftlicher Sicht könnte der Bedarf an von Frauen geleiteten religiösen Zentren die Einrichtung dieser Institutionen erklären. Die begründete Angst vor einer Schwangerschaft und eventuell auftretenden Komplikationen könnte für Frauen in aB Zeit das Leben als *nadītu* attraktiv gemacht haben. Allerdings mutet es unwahrscheinlich an, daß allein dieser Grund zur Einrichtung der Berufsgruppe der *nadītu*-Frauen geführt hätte.

EXKURS Ende

---

[226] Vgl. Kap. 3.4.2.2.

[227] Zur Schwangerschaft im alten Mesopotamien vgl. Irmtraut SEYBOLD (1988).

3.3 Kodex Hammurapi

König Hammurapi gehörte im 18. Jh. v.Chr. der ersten Dynastie von Babylon an. Geographisch lag das unter Hammurapi regierte Gebiet hauptsächlich im südlichen Mesopotamien. Unter Hammurapi erfuhr das alte Babylonien durch Eroberungen eine Zeit großer politischer Expansion. Der KH ist mit nahezu 300 Bestimmungen die größte bisher publizierte Gesetzessammlung des alten Mesopotamien. Die Bestimmungen zum Zivilrecht umfassen die Themen (Schuld-) Sklaverei, Ehe und Scheidung, Erbe, Besitz und Adoption. Wie groß das Ansehen und die Verbreitung dieses Kodexes war, zeigt die Tatsache, daß sich über einen Zeitraum von 1000 Jahren Abschriften durch Schreibschulen in Babylonien, Assyrien und Elam nachweisen lassen[228]. Manche Regelungen können einem bestimmten gesellschaftlichen Umfeld zugeordnet werden[229]. Bestimmungen für polygyne *nadītu*-Frauen kommen im KH besonders zum Tragen. Wie schon im KL steht auch im KH der freie, männliche Teil der Bevölkerung im Zentrum des Interesses; die behandelten Gesetze weisen die durchgängige Verwendung von *awīlu* für den (freien) Mann auf.

Dreizehn Paragraphen des KH widmen sich polygynen Verbindungen. Nur in einem Fall ist ausdrücklich von Polygynie mit mehr als zwei Frauen die Rede (§ 144). Paragraphen, die zum Vergleich dienen, sind in eckigen Klammern angeführt.

[§ 117:   Schuldversklavung von Frau, Sohn oder Tochter eines schuldverpflichteten Mannes. Verpflichtung, sie nach drei Jahren freizulassen.
                vgl. Anm. 240]

[§ 118:   Pfandgabe eines Sklaven oder einer Sklavin durch einen schuldverpflichteten Mann. Keine Freilassung.
                vgl. Anm. 241]

§ 119:   **Pfandgabe einer unfreien Frau (GEME$_2$) durch einen schuldverpflichteten Mann, der Kinder von ihr hat. Verpflichtung, sie später freizukaufen.**
                vgl. Anm. 238

---

[228] Vgl. Josef KLÍMA (1972, 298).

[229] Regelungen für den ländlichen Bereich (wie § 42), spezielle Paragraphen für Palastangehörige (wie § 175f) sowie das Leben im Bereich des Tempels (§§ 144ff, 178ff) können beispielsweise unterschieden werden.

§ 137: Scheidung eines Mannes von einer *šugītu*, die von ihm Kinder hat, oder von einer *nadītu*, die ihn Kinder hat bekommen lassen.

vgl. Anm. 275

§ 141: Scheidung oder Versklavung einer nachlässigen Ehefrau (*aššatu*) durch den Ehemann. Im letzteren Fall darf er eine zweite/ andere Frau (SAL/ *šanītu*) heiraten, während die erstgenannte Frau (SAL) als unfreie Frau (GEME₂) im Haus verbleibt.

vgl. Anm. 268

§ 144: Verbot der Ehe eines Mannes mit einer *šugītu*, wenn die *nadītu*, mit der er verheiratet ist, ihm eine unfreie Frau (GEME₂) gegeben hat und so Kinder hat bekommen lassen.

vgl. Anm. 271

§ 145: Erlaubnis der Ehe eines Mannes mit einer *šugītu*, wenn er mit einer *nadītu* verheiratet ist, die ihn keine Kinder hat bekommen lassen. Verbot der Gleichstellung der *šugītu* mit der *nadītu.*

vgl. Anm. 276

§ 146: Verbot des Verkaufs einer unfreien Frau (GEME₂), die durch eine *nadītu* ihrem Mann gegeben wurde und die von ihm Kinder bekommen hat. Verbot der Gleichstellung der unfreien Frau (GEME₂) mit ihrer Herrin (*bēltu*).

vgl. Anm. 272

§ 147: Erlaubnis des Verkaufs der unfreien Frau (GEME₂) durch die Herrin (*bēltu*), wenn die unfreie Frau keine Kinder bekommen hat.

vgl. Anm. 284

§ 148: Erlaubnis für den Mann einer kranken Ehefrau (*aššatu*), eine weitere Ehe mit einer zweiten/ anderen (*šanītu*) Frau einzugehen; er muß die kranke Ehefrau zeitlebens im Haus versorgen.

vgl. Anm. 295

§ 149: Erlaubnis des Auszugs der kranken Frau (SAL) mit ihrer Mitgift aus dem Haus des Ehemannes.

vgl. Anm. 296

§ 163: Rückgabe der Mitgift einer verstorbenen Ehefrau (*aššatu* und SAL) an deren Familie, wenn sie den Mann keine Kinder hatte bekommen lassen.

vgl. Anm. 279

§ 170: Erbrecht der Kinder einer *Ausgewählten* (*ḫirtu*) und der anerkannten Kinder einer unfreien Frau (GEME₂). Primogenitur des Sohnes der *Ausgewählten.*

vgl. Anm. 242

§ 171: Erbrecht der Kinder einer *Ausgewählten* (*ḫirtu*) und der nicht anerkannten Kinder einer unfreien Frau (GEME₂). Freilassung der unfreien Frau (GEME₂) und ihrer Kinder.

Wohn- und Nutzungsrecht des ehelichen Hauses für die
verwitwete *Ausgewählte* (*ḫirtu*).
vgl. Anm. 243

§ 172:   Wohnrecht und Erlaubnis des Auszugs der letztgenannten
            Frau (SAL) mit ihrer Mitgift und einem Erbanteil aus dem
            Haus des Ehemannes.
            vgl. Anm. 253

3.3.1 Rechtlicher Kontext

Die Regelungen für polygyne Ehen sind im KH in drei Themenkreisen
angesiedelt: Eherecht, Erbrecht und Pfandzahlungen. Die Mehrzahl der
Belege (§§ 137 und 141, 144-149) befindet sich in einem Abschnitt, der sich
mit Ehe und Scheidung befaßt. Es werden eheliche Transaktionen und
Zahlungen geregelt. In den Abschnitt fallen auch Bestimmungen zur Erlaubnis und zum Verbot polygyner Ehen. Die meisten Regelungen befassen
sich mit Ehen von *naditu*-Frauen (§§ 137, 144-147). Deren Einbettung in
den Gesamtkontext ehelicher Regelungen zeigt, wie wenig sie von anderen
ehelichen Bestimmungen abweichen. Unterschiede ergeben sich aus der
grundsätzlichen Kinderlosigkeit der *naditu*-Frauen.

Von den Ehebestimmungen leiten Paragraphen zu Erbregelungen über, die
Vorkehrungen für den Fall des Todes einer Ehepartnerin oder eines Ehepartners treffen: In § 163 wird der Verbleib der Mitgift einer kinderlos
verstorbenen Ehefrau geregelt, die keine weitere Ehe ihres Mannes gestiftet
hat. §§ 171 und 172 regeln das Erbrecht von verwitweten Frauen in polygynen Ehen, §§ 170 und 171 zudem das von ihren Kindern. Alle vier
Regelungen beziehen sich ausschließlich auf Ehen, an denen eine freie erste
und eine unfreie zweite Frau beteiligt sind (zu § 163 s.u.). Keine Bestimmung für Ehen mit freien Co-Frauen oder *naditu*-Frauen befaßt sich mit
Fragen des Erbrechts.
§ 119 steht im Zusammenhang mit Pfandzahlungen durch Verkauf von
Angehörigen oder SklavInnen. Nur am Rande wird deutlich, daß eine
polygyne Konstellation vorliegen kann. Die Bestimmung hat ein anderes
Thema als die polygyne Verbindung im Blick.

3.3.2 Formen von Polygynie

In zwei Drittel der Bestimmungen zur Polygynie des KH ist die erste Frau eine freie, die zweite eine unfreie Frau (Kap. 3.3.2.1). Den 11 Bestimmungen stehen nur fünf gegenüber, in denen beide Frauen frei sind (Kap. 3.3.2.2).

3.3.2.1 Polygynie mit unfreien Co-Frauen

Im folgenden können zwei Varianten der Polygynie mit unfreien Frauen unterschieden werden. Zunächst werden Ehen mit unfreien Zweitfrauen untersucht, die dem Mann unterstehen, das sind §§ 119, 141, 163, 170, 171, 172. Bei diesen Bestimmungen handelt es sich *nicht* um *nadītu*-Ehen (Kap. 3.3.2.1.1). Eine andere Variante weisen die sechs Regelungen §§ 137, 144, 145, 146, 147, 163 auf. Hier ist die unfreie Zweitfrau Besitz einer *nadītu* und dieser unterstellt (Kap. 3.3.2.1.2).

3.3.2.1.1 Variante mit unfreien Co-Frauen, die dem Mann unterstehen

Rechte einer GEME₂

§ 119[230] macht Aussagen zur Position einer unfreien Frau. Die Frau wird von ihrem verschuldeten Eigentümer als Pfand gestellt. Sie wird als GEME₂ ihres *bēlu* (*Herr*) bezeichnet. Auf Grund gemeinsamer Kinder mit dem Eigentümer hat die Frau Anspruch auf Freilassung. Dieses Recht wird trotz des hierarchischen Eigentumsverhältnisses geschützt. Eine erste Ehefrau des Mannes kommt nicht in den Blick. Von deren Existenz kann ausgegangen werden, da unwahrscheinlich ist, daß der Eigentümer einer Sklavin ein noch junger, unverheirateter Mann ist[231]. Unklar bleibt, ob die Kinder der unfreien Frau mit ihr zusammen das Haus verlassen oder aber beim Vater und der evt. vorhandenen ersten Frau verbleiben.

---

[230] § 119 lautet:
"If an obligation is outstanding against a man and he therefore sells his slave woman (GEME₂) *who has borne him children, the owner of the slave woman* (GEME₂) *shall weigh and deliver the silver which the merchant weighed and delivered (as the loan) and he shall thereby redeem his slave woman* (GEME₂).*"* (Martha T. ROTH, 1995, 103f)

[231] Söhne erben in der Regel erst nach dem Tod ihres Vaters (vgl. Kap. 1.2). § 119 schließt nicht aus, daß der Mann verwitwet oder geschieden ist, legt dies aber auch nicht nahe.

Aus dem Text zum Thema Pfandzahlung wird ersichtlich, daß die soziale Position einer Frau Auswirkungen auf deren rechtliche Stellung in anderen Bereichen hat. Die GEME₂ ist eherechtlich einerseits eine Sklavin, andererseits stehen ihr infolge der Vaterschaft des Mannes Rechte einer freien Person zu, nämlich die Freiheit. Ähnlich verhält es sich im Pfandrecht. Im alten Babylonien können neben SklavInnen auch freie Familienangehörige, so z.B. die Ehefrau, in die Schuldsklaverei gegeben werden. § 117[232] besagt, daß freien Familienangehörigen nach drei Jahren Schuldsklaverei die Freiheit zusteht; diese Zeitspanne wird in § 119 nicht genannt. Aus der Bestimmung § 118[233] wird andererseits ersichtlich, daß eine unfreie Person in der Regel *ohne* Anspruch auf spätere Freilassung verpfändet wird und vom Leihbesitzer verkauft werden kann. Das Recht auf Freilassung hebt die GEME₂ in § 119 von einer unfreien Person ab (§ 118). Das Fehlen einer Frist für den Zeitpunkt der Freilassung unterscheidet sie zugleich von einer freien (§ 117). Ihre Freilassung aus der Pfandstellung basiert ausdrücklich auf ihrer Mutterschaft.

Wie im KL wird auch im KH zwischen *Vaterschaft* und *erbrechtlicher Anerkennung* unterschieden. Nach § 170[234] und § 171[235] kann der Mann im

---

[232] **§ 117 lautet:**

"*If an obligation is outstanding against a man and he sells or gives into debt service his wife (aššatu), his son, or his daughter, they shall perform service in the house of their buyer or of the one who holds them in debt service for three years; their release shall be secured in the fourth year.*" (Martha T. ROTH, 1995, 103)

[233] **§ 118 lautet:**

"*If he should give a male or female slave (GEME₂) into debt service, the merchant may extend the term (beyond the three years), he may sell him; there are no grounds for a claim.*" (Martha T. ROTH, 1995, 103)

[234] **§ 170 lautet:**

"*If a man's first-ranking wife (ḫirtu) bears him children and his slave woman (GEME₂) bears him children, and the father during his lifetime then declares to (or: concerning) the children whom the slave woman (GEME₂) bore to him, "My children," and he reckons them with the children of the first-ranking wife (ḫirtu) - after the father goes to his fate, the children of the first-ranking wife (ḫirtu) and the children of the slave woman (GEME₂) shall equally divide the property of the paternal estate; the preferred heir is a son of the first-ranking wife (ḫirtu), he shall select and take a share first.*" (Martha T. ROTH, 1995, 113-114)

[235] **§ 171 lautet:**

"*But if the father during his lifetime should not declare to (or: concerning) the children whom the slave woman (GEME₂) bore to him, "My children," after the father goes to his fate, the children of the slave woman (GEME₂) will not divide the property of the paternal estate with the children of the first-ranking wife (ḫirtu). The release of the slave woman (GEME₂) and her children shall be secured; the children of the first-ranking wife (ḫirtu) will not make claims of slavery against the children of the slave woman (GEME₂). The first-ranking wife (ḫirtu) shall take her*

Zusammenhang mit der Vaterschaft als *abu*[236] (*Vater*) bezeichnet werden[237]. Er übernimmt damit keine Versorgungspflichten für die Kinder und deren Mutter[238]. In §§ 170 und 171 liegt ein anderer Rechtsakt vor, nämlich die *erbrechtliche Anerkennung* der Kinder einer unfreien Frau[239]. Der Mann bezeichnet die Kinder als seine ErbInnen, indem der die Worte "*es sind meine Kinder*" (im Sinne von "*es sind meine ErbInnen*") spricht. Die Kinder der freien Erstfrau und die der Sklavin erben den väterlichen Besitz nun zu gleichen Teilen. *Nicht* anerkannte Kinder einer unfreien Frau werden nie als Kinder ihres Vaters bezeichnet[240]. Im Gegensatz zum KL (§ 27) werden im KH für die Mutter anerkannter Kinder keine Versorgungsansprüche oder spezielle Wohnrechte festgeschrieben. Die Frau lebt bereits im Haushalt des Mannes und der ersten Frau und hat an der Versorgung des Haushalts teil. Fraglich ist, ob sie dann, wenn ihr Mann stirbt, weiterhin Wohnrechte genießt. Ihrer freien Co-Frau werden diese ausdrücklich garantiert (§ 171f). Wie im KL wird eine unfreie Co-Frau im KH weder als *aššatu* (*Ehefrau*) bezeichnet[241], noch ist ausdrücklich von einer Eheschließung (*aḫāzu/*

> dowry and the marriage settlement which her husband awarded to her in writing, and she shall continue to reside in her husband's dwelling; as long as she is alive she shall enjoy the use of it, but she may not sell it; her own estate shall belong (as inheritance) only to her own children." (Martha T. ROTH, 1995, 114)

[236] Sonst ist vom Mann als *awilu* die Rede, so in §§ 137, 141, 146, 149, 163, 171, in § 172 auch von *mutu* (*Ehemann*).

[237] Vgl. KL § 25: Während der Begriff *Vater* dort für das Verhältnis zwischen der unfreien Frau selber und dem Mann gebraucht ist, wird er im KH ausschließlich für die Beziehung zwischen dem Mann und den Kindern der freien *und* der unfreien Frau verwendet.

[238] In § 171 werden die Worte des Mannes "*es sind meine Kinder*" ausdrücklich *verneint*. Der Mann erkennt in dieser Bestimmung zwar die *Vaterschaft* als solche an, setzt seine Kinder aber nicht als seine erbberechtigten Nachkommen ein. Auf Grund der Vaterschaft des freien Mannes steht der unfreien Frau und ihren Kindern die Freiheit zu, ohne daß die Kinder von ihrem Vater erben.

[239] Daß die Kinder der ersten Frau keiner erbrechtlichen Anerkennung bedürfen, ergibt sich aus der Tatsache, daß diese schon durch die förmliche Eheschließung ihrer Eltern Erbrechte besitzen. Die Bezeichnung der ersten Frau als *Ausgewählte* deutet in §§ 170 und 171 auf eine Heirat hin; vgl. KH §§ 165, 167.

[240] Im KL können die erbberechtigten Kinder der ersten Frau die "*Kinder des Herrn*" genannt werden, wogegen seine nicht erbberechtigten Kinder mit der unfreien Frau die "*Kinder der Sklavin*" heißen (KL § 25). Die erbrechtlich eingesetzten Kinder einer anderen, weiteren Frau, einer *KARKID*, werden im KL als "*seine (des Mannes) ErbInnen*" bezeichnet, ohne daß die Worte "*es sind meine Kinder*" genannt werden (KL § 27). Wie im KL werden auch im KH nur solche Kinder ausdrücklich als die eigenen des Mannes bezeichnet, die auch seine ErbInnen sind.

[241] Godfrey Rolles DRIVER und John C. MILES (1955, 246f) nehmen an, daß *aššatu* im KH nicht überall dort, wo eine Ehe vorliegt, gebraucht wird. Bei einer polygynen Ehe mit *nadītu* und *šugītu* wird der Begriff bsp. nicht benutzt (KH § 137). Auch bei Ehen, die keinen Vertrag aufweisen, wird die Frau oft nicht als *aššatu* bezeichnet (KH §

nadānu) die Rede[242]. Es ist unwahrscheinlich, daß eine Sklavin schon mit der Geburt von Kindern den Status einer Ehefrau besitzt. Die Freiheit können unfreie Frauen und Männer im alten Babylonien auch aus anderen Gründen erhalten, so für die Leistung bestimmter Aufgaben[243]. Die erbrechtliche Anerkennung der Kinder stellt - mehr als die Freilassung - ein Merkmal der ehelichen Verbindung dar. Die Kinder der Sklavin erben nun zusammen mit denen der ersten Frau. Die Stellung der unfreien Frau gleicht rechtlich der Position einer ausdrücklich geehelichten Frau. Es besteht eine eheliche Verbindung, die wie im KL nicht an die Erwähnung ehelicher Termini gebunden ist.

Rechte einer *ḫirtu*

§§ 170 und **§ 171** geben Auskunft über die Rolle der ersten Frau bei der Einrichtung der polygynen Verbindung. Sowohl auf den Entschluß des Mannes, Kinder mit seiner Sklavin zu haben, als auch auf den, diese Kinder erbrechtlich anzuerkennen, scheint die erste Frau keinen Einfluß zu haben. Dies ist um so verwunderlicher, als sie von deren Freilassung direkt betroffen ist: Die Sklavin und deren Kinder gehen ihr und ihren Nachkommen als wertvoller Familienbesitz verloren. Die erbrechtliche Anerkennung hat noch nachteiligere Folgen. Sie bedeutet für die erste Frau große finanzielle Einbußen. Wenn sie im Alter vom Besitz und der Unterstützung durch ihre Kinder abhängig ist, kann das geteilte Erbe für sie zu einer existentiellen Bedrohung führen[244]. Aus der Machtlosigkeit der ersten Frau läßt sich schließen, daß zwischen Erstfrau und Ehemann ein Machtgefälle besteht. Der Mann entscheidet allein über die soziale Stellung der unfreien Frau. Ob die erbrechtliche Anerkennung ihrer Kinder auf subjektiven Vorteilen für den Mann oder auf Sympathie beruht oder ob dieser Akt dem üblichen Verhaltenskodex entspricht, geht aus den Texten nicht hervor.

---

166). Driver und Miles unterscheiden zudem den Status der *aššat awīlim*, der Ehefrau eines (freien) Mannes, von dem der *aššatu* (KH § 135). Doch bleibt diese Unterscheidung unklar. Raymond WESTBROOK (1988B, 10-28) behandelt den Begriff der *aššatu*/ DAM in seiner Studie zum aB Eherecht überhaupt nicht. Das Wort für Ehefrau ist in seiner Liste rechtlicher Termini nicht erwähnt (ebd., 148). Dies muß ebenfalls als Hinweis für die Schwierigkeit bei der Definition gedeutet werden.

[242] Zur Definition der aB Ehe anhand von *aḫāzu* und *nadītu* vgl. Raymond WESTBROOK (1988B, 10-16).

[243] Vgl. Kap. 1.1.

[244] Die Verbindung ist für die soziale Stellung der Sklavin und die ihrer Nachkommen von erheblichem Vorteil. Ein solidarisches Verhältnis der Co-Frauen scheint bei dieser Konstellation durch die Verschiedenheit der Interessen erschwert zu sein.

In § 170, § 171 und § 172[245] wird die freie Erstfrau als *ḫīrtu (Ausgewählte)* von einer GEME₂ unterschieden. Der Begriff *ḫīrtu* geht auf das Verb *ḫiāru (auswählen)* zurück[246]. Das sum. Äquivalent DAM NITALAM wird im KL vornehmlich für die Unterscheidung freier Co-Frauen verwendet[247]. Im KH kommt *ḫīrtu* im Kontext polygyner Ehen dagegen ausschließlich für Erstfrauen mit unfreien Co-Frauen vor.

In der deutschsprachigen Fachliteratur wird *ḫīrtu* oft mit *ebenbürtige Gattin* übersetzt[248]. Der Ausdruck soll deutlich machen, daß die Absprachen beim Zustandekommen der Ehe die gesellschaftliche Gleichrangigkeit *der Ehefrau* mit ihrem Ehemann gewährleisten. Zu Recht hat Raymond WESTBROOK an dieser Interpretation die einseitige Bezogenheit der Frau auf den gesellschaftlichen Status des Mannes kritisiert[249]. Er versteht *ḫīrtu* als die freie Frau eines freien Mannes und damit als einen Begriff, der dem der *aššatu* sehr nahe kommt. Ergänzt werden muß, daß die Betonung auf der *ersten* Ehe der Frau liegt; verwitwete und geschiedene Frauen sind von der Bezeichnung als *ḫīrtu* ausgeschlossen[250]. Sie können sich ihren Ehemann selbst auswählen[251].

---

[245] § 172 lautet:
"If her husband does not make a marriage settlement in her favor, they shall re-store to her in full her dowry, and she shall take a share of the property of her husband's estate comparable in value to that of one heir. If her children pressure her in order to coerce her to depart from the house, the judges shall investigate her case and shall impose a penalty on the children; that woman (SAL) will not depart from her husband's house. If that woman (SAL) should decide on her own to de-part, she shall leave for her children the marriage settlement which her husband gave to her; she shall take the dowry brought from her father's house and a hus-band of her choice shall marry her." (Martha T. ROTH, 1995, 114-115)

[246] Das Verb kommt im KH an nur einer weiteren Stelle vor (§ 138), dort jedoch ohne deutlichen polygynen Kontext. Das männliche Äquivalent ist *ḫāwiru* (bsp. §§ 135, 174) und wird für die Unterscheidung eines in erster und zweiter sukzessiver Ehe verheirateten Ehemannes verwendet (anders interpretiert Raymond WESTBROOK, 1988B, 20, der diesen Mann als Ehemann in der ersten Ehe *der Frau* versteht). Ein aB Privatdokument nennt zudem das Verb *ḫiāru* für den Vorgang der Auswahl der Braut (*CT 8 7b*).

[247] Vgl. Kap. 3.2.2.2.

[248] So bsp. Rykle BORGER (1982, 63f), der darin dem AHw (Bd. A-L, 348) folgt. Ähnlich wird der Begriff im CAD (Bd. Ḫ, 200) als *"wife of equal status with the husband"* verstanden; vgl. Anm. 205.

[249] Raymond WESTBROOK (1988B, 19).

[250] André FINET (1973, 138) nennt in diesem Zusammenhang die Jungfräulichkeit der Frau vor der Ehe als Bedingung für die spätere Bezeichnung als *ḫīrtu*. Die Darstellung aB Eherechts durch Raymond WESTBROOK (1988B, 10ff, bes. 19) hat dagegen gezeigt, daß die Jungfräulichkeit der Ehefrau in erster Ehe allenfalls eine periphere Rolle spielt.

[251] Vgl. Kap. 1.3.

§§ 170, 171 und 172 widmen sich den ehelichen Rechten einer als *ḫīrtu* bezeichneten ersten Frau. Sie genießt Vorteile, die der unfreien Frau nicht zustehen. Hat die erbrechtliche Anerkennung der Kinder einer unfreien Co-Frau stattgefunden, kann eine *ḫīrtu* den Erbteil ihres Erbsohnes vorwegnehmen (§ 170). Sie besitzt auch nach dem Tod des Ehemannes Wohnrecht im ehelichen Haus (§§ 171 und 172). Dieser Tatbestand wird nicht festgehalten, um ihre Rechte gegenüber einer unfreien Zweitfrau zu wahren[252]. Vielmehr werden damit die Rechte einer Erstfrau gegenüber ihren eigenen erwachsenen Kindern fixiert. Im Falle des von ihr selbst gewünschten Auszugs kann eine *ḫīrtu* auch erneut heiraten - ihre Mitgift dient ihr dann als finanzieller Grundstock für die neue Ehe[253].

Die Bestimmungen zeigen, daß das oben dargestellte Verständnis einer *ḫīrtu* als der freien Frau eines freien Mannes zutrifft. Raymond WESTBROOKs Vermutung, auch eine geehelichte Sklavin könne als *ḫīrtu* bezeichnet werden, ist wenig wahrscheinlich und widerspricht seiner eigenen Definition der *ḫīrtu* als *freier* Frau[254]. Er begründet seine These mit einer Beobachtung aus §§ 170 und 171: *ḫīrtu* sei gebraucht, um die erste Frau von einer *Sklavin, die nicht einmal eine Ehefrau sei*[255], zu unterscheiden. Da die erste Frau einen nur wenig höheren gesellschaftlichen Status aufweisen müsse, um den der zweiten zu übertreffen, nimmt er weiter an, die als *ḫīrtu* bezeichnete erste Frau sei möglicherweise *nur* eine geehelichte Sklavin gewesen.

Auf Grund eines zu engen Eheverständnisses unterschätzt Westbrook die Position einer GEME$_2$ in polygyner Ehe. Aus dem Fehlen ehelicher Termini schließt er, der Unterschied zwischen einer unfreien Co-Frau und einer ausdrücklich geehelichten Frau sei sehr groß[256]. Die obige Analyse hat jedoch gezeigt, daß einer unfreien Frau spätestens mit der erbrechtlichen Anerkennung ihrer Kinder eine Anzahl ehelicher Rechte zustehen, die denen

---

[252] Über den Verbleib einer unfreien Frau und ihrer nicht erbberechtigten Kinder erfahren wir an dieser Stelle nichts. Der Hinweis, daß die Nachkommen einer *ḫīrtu* eine unfreie Frau - und ihre Kinder - nicht als Sklavin beanspruchen dürfen, spricht jedoch dafür, daß sie als Angestellte der ersten Frau im Haushalt verbleibt.

[253] Vgl. dazu Kap. 1.3.

[254] Raymond WESTBROOK (1988B, 19) scheint anzunehmen, daß der vor allem in mythischen Erzählungen gebrauchte Begriff der *ḫīrtu* keine klare Option in gesetzlichen Texten habe (in Epen bezeichnet *ḫīrtu* die Begleiterin eines Gottes). Der Fall, daß ein freier Mann eine GEME$_2$ zur ersten Ehefrau nimmt, mag durchaus vorgekommen sein; sollten damit eheliche Transaktionen sowohl von seiten des Mannes als auch von seiten der Frau einhergehen, wäre auch die Bezeichnung der Frau als *ḫīrtu* denkbar. Allerdings ist von besitzenden Sklavinnen im alten Babylonien wenig bekannt.

[255] "*... a slave who is not a wife at all, merely a concubine*" (ebd.).

[256] Raymond WESTBROOK (1998 und 1988A); vgl. auch Exkurs 1.

einer freien Ehefrau weithin ähneln. Die weitreichenden - und nicht, wie Westbrook annimmt, die geringen - Rechte der unfreien Frau machen es nötig, den deutlich höheren Status der ersten Ehefrau als *Ausgewählte*, *ḫīrtu*, zu betonen. Vielleicht weist der Gebrauch des Begriffs *ḫīrtu* darauf hin, daß die gesellschaftliche Stellung einer GEME₂ im KH höher ist als die einer GEME₂ im KL. Dort hatte der Begriff DAM (§ 25) ausgereicht, um die Vorrangstellung der ersten Frau gegenüber einer GEME₂ hervorzuheben.

Zuletzt stellt sich die Frage, ob *ḫīrtu* im KH ein terminus technicus für die Erstfrau einer polygynen Ehe ist. In eine solche Richtung weisen Auslegungen, die das Wort mit *erste Ehefrau* übersetzen. Damit wird dem polygynen Kontext, in dem *ḫīrtu* im KH steht, Rechnung getragen[257]. Auf Grund des geringen Umfangs an Quellen, die diese Auslegung belegen, und wegen der Bedeutung, die der Begriff der *Ausgewählten* auch abgesehen von einem polygynen Zusammenhang macht, folge ich diesem Vorschlag nicht[258].

Neben *ḫīrtu* kann eine erste Frau als *aššatu* von einer GEME₂ unterschieden werden[259]. § 141[260] schildert eine Konstellation, die nur an dieser Stelle auftritt und zu der es keine Parallelen gibt. Wie bei den vorangegangenen Bestimmungen ist die unfreie Frau Eigentum des Mannes. Eine *aššatu* wird in einem Strafakt zur GEME₂ und für unfrei erklärt. Sie muß in der untergebenen Position die zusätzliche Ehe ihres Mannes mit einer weiteren Frau dulden, die zudem im Status über ihr steht. Die zur Sklavin gewordene Frau wird nicht mehr als *aššatu* bezeichnet; eine Scheidung hat nicht stattgefunden. Diese besondere Bestimmung zu einer Ehe mit einer unfreien und einer freien Frau weist eine Terminologie auf, die teilweise der von Ehen mit

---

[257] So übersetzen Godfrey Rolles DRIVER und John C. MILES (1955, 55,65f) mit *"first wife"*. § 138 könnte damit als Scheidungsregelung für eine Erstfrau in polygyner Ehe verstanden werden.

[258] Die Beobachtung, daß im KL auch die erste Frau einer sukzessiven Ehe als *ausgewählte Ehefrau* (*DAM NITALAM*, § 26) bezeichnet wird, spricht ebenfalls dagegen.

[259] Vgl. KL § 25. Manche Paragraphen nennen nur eine der Parteien, so daß sich das polygyne Verhältnis erst aus dem Zusammenhang ergibt (KH §§ 119, 163, 172).

[260] § 141 lautet:
    "If the wife (aššatu) of a man who is residing in the man's house should decide to leave, and she appropriates goods, squanders her household possessions, or disparages her husband, they shall charge and convict her; and if her husband should declare his intention to divorce her, then he shall divorce her; neither her travel expenses, nor her divorce settlement, nor anything else shall be given to her. If her husband should not declare his intention to divorce her, then her husband may marry another woman (SAL šanītu) and that (first) woman (SAL) shall reside in her husband's house as a slave woman (GEME₂)." (Martha T. ROTH, 1995, 107-108)

freien Co-Frauen entspricht. § 141 soll daher weiter unten[261], zusammen mit Regelungen polygyner Ehen mit freien Co-Frauen, behandelt werden.

3.3.2.1.2 Variante mit unfreien Co-Frauen, die der ersten Frau unterstehen

Bei fünf der folgenden sechs Paragraphen - §§ 137, 144, 145, 146, 147 und 163 - handelt es sich um *nadītu*-Ehen. Merkmal dieser Variante ist, daß eine unfreie Co-Frau Eigentum einer ersten Frau ist[262].

Zustandekommen der polygynen Ehe

In § 144[263] und § 146[264] wird eine GEME₂ durch eine *nadītu* selbst an den eigenen Ehemann in die Ehe *gegeben* (*nadānu*); *nadānu* ist ein terminus technicus, der die eheliche Übergabe der Ehefrau durch ihre Eltern bezeichnet[265]. Unfreie konnten in Ermangelung rechtsfähiger Eltern auch von ihren EigentümerInnen in die Ehe gegeben werden[266]; dies ist hier der Fall. Die zweite Ehe wird durch die erste Frau gestiftet. Sie ist es, die ihre eigene Sklavin zur Partnerin des Mannes macht. Ziel dieser Handlung ist, die unfreie Frau anstelle der kinderlosen *nadītu* Kinder gebären zu lassen, die als Nachkommen des Ehepaares gelten sollen.

In § 137[267], § 144 und § 145[268] wird derselbe Vorgang auf andere Weise dargestellt. Das *in die Ehe Geben* der unfreien Frau ist nun nicht mehr er-

---

[261] Vgl. Kap. 3.3.2.2.1.

[262] In §§ 137 und 145 wird die unfreie Zweitfrau nicht direkt genannt. Der Kontext weist aber auf eine GEME₂ in einer polygynen *nadītu*-Ehe hin, s.u.

[263] § 144 lautet:
"If a man marries a nadītu (LUKUR), and that nadītu (LUKUR) gives a slave woman (GEME₂) to her husband, and thus she provides children (bašû Š), but that man then decides to marry a šugītu (SAL šugītu), they will not permit that man to do so, he will not marry the šugītu (SAL šugītu)." (Martha T. ROTH, 1995, 108)

[264] § 146 lautet:
"If a man marries a nadītu (LUKUR), and she gives a slave woman (GEME₂) to her husband, and she (the slave) then bears children, after which that slave woman (GEME₂) aspires to equal status with her mistress (bēltu) - because she bore children ((w)alādu), her mistress (bēltu) will not sell her; she shall place upon her the slave-hairlock, and she shall reckon her with the slave women (GEME₂)." (Martha T. ROTH, 1995, 109)

[265] Vgl. Raymond WESTBROOK (1988B, 11f).

[266] Vgl. Kap. 1.3.

[267] § 137 lautet:
"If a man should decide to divorce a šugītu (SAL šugītu) who bore him children, or a nadītu (LUKUR) who provided him with children (rašû Š), they shall return to that woman (SAL) her dowry and they shall give her one half of (her husband's)

wähnt. Stattdessen wird auf verkürzte Weise nur noch gesagt, daß die Sklavin anstelle der ersten Frau die Kinder gebiert. Wörtlich heißt es, daß die *nadītu* ihren Mann durch eine GEME₂ *Kinder bekommen läßt (rašû Š)*[269] oder ihm durch eine GEME₂ *Kinder entstehen läßt (bašû Š)*[270]. Auch diese Terminologie macht deutlich, daß die Verbindung der unfreien Frau mit dem Mann von der *nadītu* initiiert wird. Die *nadītu* ist die aktiv Handelnde. Das Ausmaß der Macht der *nadītu* über die zweite Frau kommt darin zum Ausdruck. Hinter der arrangierenden *nadītu* kann die unfreie Frau so sehr verschwinden, daß sie als Person gar nicht mehr genannt werden muß. So heißt es in §§ 137 und 145 nur noch, daß die *nadītu* ihren Mann Kinder bekommen läßt. Die unpersönliche Formulierung reduziert die nicht mehr erwähnte unfreie Frau ganz auf ihre Funktion als Ersatz-Gebärerin für die erste Frau.

§ 163[271] stellt eine Parallele zu den Bestimmungen für *nadītu*-Ehen mit dem Wortgebrauch *rašû Š* dar. Von einer Frau wird gesagt, daß sie kinderlos stirbt, da sie (ihren Mann) keine Kinder hat *bekommen lassen (rašû Š)*; sie wird nicht als *nadītu* sondern als *aššatu* bezeichnet. Die zweite Frau, die anstelle der ersten Frau Kinder gebären soll, ist auch hier als Person nicht

---

field, orchard, and property, and she shall raise her children; after she has raised her children, they shall give her a share comparable in value to that of one heir from whatever properties are given to her sons, and a husband of her choice may marry her." (Martha T. ROTH, 1995, 107)

[268] § 145 lautet:
"If a man marries a nadītu (LUKUR), and she does not provide him with children (rašû Š), and that man then decides to marry a šugītu (SAL šugītu), that man may marry the šugītu (SAL šugītu) and bring her into his house; that šugītu (SAL šugītu) should not aspire to equal status with the nadītu (LUKUR)." (Martha T. ROTH, 1995, 109)

[269] §§ 137, 145. *rašû* meint in der Grundbedeutung *bekommen, erhalten, erwerben. rašû Š* wird im Sinne von *Nachkommen bekommen lassen* verwendet, vgl. AHw (Bd. M-S, 961f).

[270] § 144 erwähnt sowohl die Einsetzung der Zweitehe durch die Erstfrau als auch *bašû Š* (*Kinder entstehen lassen*). *bašû* meint in seiner Grundbedeutung *(vorhanden) sein, existieren.* Dagegen wird *bašû Š* mit *ins Dasein rufen* übersetzt; für Gottheiten kann das Verb den Akt der göttlichen Schöpfung meinen, bei Menschen dagegen das *Hervorbringen* und speziell das *in die Welt setzen* von Kindern, vgl. AHw (Bd. A-L, 113). Ähnlich wird in CAD *bašû* mit *to make come into existence* wiedergegeben und *bašû Š* mit *to provide with* (Bd. B, 155f).

[271] § 163 lautet:
„If a man marries a wife (aššatu) but she does not provide him with children (rašû Š), and that woman (SAL) goes to her fate - if his father-in-law then returns to him the bridewealth that that man brought to his father-in-law's house, her husband shall have no claim to that woman's (SAL) dowry; her dowry belongs only to her father's house." (Martha T. ROTH, 1995, 112)

mehr genannt. Das führt dazu, daß der Paragraph auf den ersten Blick nicht als Darstellung einer polygynen Konstellation gedeutet werden muß. Wird *rašû Š* als zufällige Variante zum sonst gebräuchlichen (*(w)alādu* (*Kinder gebären*) angesehen, muß keine polygyne Eheform vorliegen. Die Regelung kann dann so verstanden werden, daß die Frau keine Kinder bekommen hat und diesem Umstand keine Abhilfe verschafft hat, etwa durch schwangerschaftsfördernde Maßnahmen oder durch die Adoption eines Kindes. Gegen dieses Verständnis spricht, daß die beiden Termini *(w)alādu* und *rašû Š* in anderen Bestimmungen des KH bewußt zur Unterscheidung von zwei voneinander verschiedenen Vorgängen gebraucht werden: dem eigenen Gebären von Kindern (*(w)alādu*) und dem Ersatzgebären von Kindern durch eine Sklavin der Frau (*rašû Š*)[272].

§ 163 steht außerhalb der Abschnitte zu Bestimmungen für eine *nadītu*[273]; er nennt keine auf den Lebenskontext einer *nadītu* hinweisenden Begriffe[274]. Wahrscheinlich ist an dieser Stelle von keiner *nadītu*-Ehe die Rede, sondern von einer anderen polygynen Verbindung, in der eine kinderlose Erstfrau Kinder erhalten kann, indem sie die Ehe ihres Mannes mit ihrer Sklavin vorantreibt. Da die freie Frau in § 163 aber weder eigene Kinder noch Kinder von einer unfreien Frau hat, kommt ihre Mitgift nach ihrem Tod ihren Eltern zu. Interpretiert man den Paragraph 163 auf diese Weise, dann ist es die einzige Stelle im KH, an der erwähnt wird, daß eine polygyne Ehe nicht nur von einer *nadītu* initiiert werden kann. Zugleich wäre die Zweitfrau nur in diesem einen Fall Eigentum einer ersten Frau, die keine *nadītu* ist[275].

Verhältnis von *nadītu* und GEME₂

Die starke Hierarchie in der Beziehung von *nadītu* und GEME₂ wird auf unterschiedliche Weise betont. **§ 146** und **§ 147**[276] thematisieren das

---

[272] So heißt es in § 137: "*If a man should decide to divorce a šugītu who bore him children ((w)alādu), or a nadītu who provided him with children (rašû Š) ...*" Ebenso genau unterscheiden §§ 144, 145, 146, u.a. § 162, der § 163 direkt vorausgeht, nennt den Fall einer Frau, die selbst Kinder geboren hat und gebraucht dafür das Wort (*(w)alādu*. Das zeigt, daß beabsichtigt wurde, in § 163 einen davon verschiedenen Sachverhalt darzustellen, für den entsprechend ein anderer Terminus gewählt wurde: Die kinderlose Frau aus § 163 hat ihren Mann (durch eine GEME₂) *keine* Kinder *bekommen lassen.*

[273] Solche Abschnitte sind: KH §§ 144-147 und §§ 178-184. Bestimmungen für *nadītu* oder *šugītu* begegnen aber auch vereinzelt, so in §§ 40 und 137.

[274] Zu solchen Termini vgl. Kap. 3.4.2.2.

[275] § 163 könnte auch eine polygyne *nadītu*-Ehe zum Hintergrund haben. Aufgrund fehlender Hinweise darauf habe ich den Paragraphen dem vorhergehenden Abschnitt von Ehen ohne Beteiligung einer *nadītu* zugeordnet.

[276] § 147 lautet:
   "*If she does not bear children ((w)alādu), her mistress (bēltu) shall sell her.*"

unmittelbare Verhältnis zwischen den Frauen[277]. Sie gehören zu den wenigen eherechtlichen Bestimmungen des KH, die die Beziehung zwischen Co-Frauen zu regeln suchen. In Bezug auf die unfreie Frau wird die *nadītu* als *bēltu* (*Herrin*) bezeichnet. Einen vergleichbaren Ausdruck bieten die Paragraphen, in denen der männliche Eigentümer der unfreien Frau ihr LUGAL/ *bēlu* (*Herr*) genannt wird[278]. Daß andere Bestimmungen von der *nadītu* nicht als Herrin sprechen, liegt daran, daß dort nicht das Verhältnis zwischen den Co-Frauen behandelt wird.

§ 146 thematisiert ein Problem zwischen einer *nadītu* und deren GEME₂. Nachdem die unfreie Frau Kinder bekommen hat, wird ihr zur Last gelegt, Anspruch auf den ehelichen Rang der ersten Frau zu erheben. Der dafür benutzte Begriff ist *mahāru Št*[279] (*sich gleichstellen*)[280]. Mit der Gleichstellung der Sklavin kann die Verdrängung der ersten Frau aus ihrer ehelichen Vorrangstellung oder die Einnahme einer ähnlichen Position gemeint sein, bsp. die als freie Zweitfrau. § 146 verbietet eine Umkehrung der ehelichen Rangordnung zugunsten der zweiten Frau. Dies zeigt, daß solche Veränderungen möglich sind[281]. In § 146 ist es die gesellschaftlich hoch angesehene Geburt von Kindern, die zu einer starken Aufwertung der unfreien Co-Frau beiträgt. In einer verwandtschaftlich organisierten Gesellschaft wie der altbabylonischen, in der Nachwuchs eine zentrale Rolle spielt, bedeutete die Geburt von Kindern durch die zweite Frau für eine *nadītu* eine große Bedrohung. Daher ist anzunehmen, daß sie die zweite Ehe ihres Mannes ohne einen rechtlichen Schutz ihrer ehelichen Stellung nicht initiieren würde.

---

[277]　(Martha T. ROTH, 1995, 109). Der Paragraph schließt direkt an KH § 146 an. So auch § 145, s.u.

[278]　Vgl. KH § 119 und KL § 25.

[279]　*mahāru* meint in der Grundbedeutung *gegenübertreten, empfangen*. *mahāru* Št bedeutet in diesem Zusammenhang *sich gleichstellen mit*; vgl. AHw (Bd. M-S, 577 und 579f). In CAD wird *mahāru* mit *to accept valuables, staples, persons* (Bd. MI, 50) übersetzt und *mahāru* Št mit *to assure the same rank as someone else, to rival, to compete with someone* (ebd., 70).

[280]　Der Begriff kommt ein zweites Mal im Zusammenhang mit freien Co-Frauen vor (§ 145, s.u.). Im KU §§ 25 und 26 findet sich eine Parallele, die in der Fachliteratur kontrovers diskutiert wird. Es geht um die Frage, ob es hier die unfreie Frau ist, die sich selber *wie ihre Herrin* macht (DÍM), oder ob sie infolge einer mit der polygynen Verbindung einhergehenden gesellschaftlichen Aufwertung *wie ihre Herrin* gemacht wird. Letzterer Variante gibt Willem H. Ph. RÖMER (1982, 22) in seiner Übersetzung den Vorrang. Hans NEUMANN (1987, 136) untermauert dieses Verständnis. Er weist darauf hin, daß DÍM auch in anderen Quellen im Sinne von *Versetzen einer Person in einen höheren sozialen Status* gebraucht wird (bsp. Freilassung).

[281]　Ein Verbot der Umkehr der ehelichen Ordnung kommt auch in nB Zeit vor, vgl. Kap. 2.2.3.

An dem Konflikt der Gleichstellung sind nur die beiden Frauen beteiligt. Der gemeinsame Ehemann spielt bei der ehelichen Konstellation von *nadītu* und deren Sklavin nirgends eine zentrale Rolle.

Nicht nur die Terminologie der Bestimmungen zu polygynen *nadītu*-Ehen weist auf das starke Machtgefälle zwischen der ersten und der zweiten Frau hin. Die Ehen zeichnen sich durch weitere eherechtliche Besonderheiten aus, die die hervorgehobene Stellung der *nadītu* ebenfalls belegen. Die Sklavin einer *nadītu* bleibt dieser auch nach der Verehelichung mit dem gemeinsamen Mann direkt unterstellt. Da die Sklavin Eigentum der *nadītu* ist, kann sie, trotz bestehender Ehe, unverändert zu Arbeiten herangezogen werden; aus § 147 wird ersichtlich, daß einer *nadītu* sogar der Verkauf einer unfreien Frau im Falle von deren Kinderlosigkeit möglich ist. Die Bindung der unfreien Zweitfrau an eine *nadītu* ist folglich stärker als ihre eheliche Bindung an einen Ehemann. Von einem Mitspracherecht des Mannes im Falle des Verkaufs der unfreien Frau ist nicht die Rede. Dies ist erstaunlich, da mit dem Verkauf zwangsläufig auch seine Trennung von der Zweitfrau einhergeht. Nach § 146 ermöglicht der Einfluß der Erstfrau sogar die Unterbindung der Freilassung einer unfreien Frau, die Kinder geboren hat. Voraussetzung dafür ist, daß der Sklavin vorgeworfen werden kann, daß sie sich mit der freien Erstfrau gleichstellen wollte.

Eine *nadītu*, die ihrem Mann eine unfreie Frau zur zweiten Frau gegeben hat, genießt weitreichende eheliche Rechte, die sich von denen anderer, in polygyner Ehe lebenden Frauen, unterscheiden. In § 137 sind Scheidungsrechte einer *nadītu* erwähnt. Aus ihnen wird ersichtlich, daß die grundlose Verstoßung einer *nadītu* - die ihren Mann also Kinder durch eine unfreie Frau hat bekommen lassen - nicht ohne weiteres möglich ist. Ihr stehen in diesem Fall die meist umfangreiche Mitgift sowie die Hälfte des ehelichen Besitzes zu; dieser umfaßt auch unbewegliche Güter, wie Felder und Gärten. Wie ihre Kinder erbt auch sie selbst zudem einen Anteil aus dem Besitz des Mannes[282]. Angesichts des umfangreichen Anrechts war eine Scheidung für die Kinder der unfreien Zweitfrau möglicherweise als ihre eigenen ErbInnen einsetzen[283].

3.3.2.1.3 Ergebnis

Ein Vergleich der beiden Varianten polygyner Ehen mit unfreien Co-Frauen zeigt, daß die Bestimmungen auffällige Gemeinsamkeiten aufweisen. Sie zeichnen sich durch die exponierte Stellung des Ehemannes bzw. der *naditu* aus. Im ersten Fall konnte die ausgesprochen mächtige Position des Ehemannes beobachtet werden (§§ 119, 141, 170 und 171). Der Mann kann über die Art der Beziehung zu seiner Sklavin und über das Ausmaß ihrer ehelichen Rechte durch Zusage oder Vorenthaltung der erbrechtlichen Anerkennung ihrer Kinder alleine entscheiden. Ein Einspruchsrecht steht keiner der Co-Frauen zu. Für die unfreie Frau bringt die Geburt von Kindern mit ihrem freien Eigentümer einen gesellschaftlichen Aufstieg mit sich. Die erste Frau muß durch die weitere Verbindung finanzielle und eventuell auch soziale oder persönliche Einbußen hinnehmen.

In Ehen mit Zuordnung der unfreien Frau zur Erstfrau - in der Regel *naditu*-Ehen - scheint die erste Frau alleine über das Zustandekommen und in besonderen Fällen sogar über die Beendigung der Ehe zwischen ihrer Sklavin und ihrem Ehemann verfügen zu können (§§ 137, 144, 145, 146, 147 und 163). Dabei besitzen weder der betroffene Mann noch die unfreie Zweitfrau ein Mitspracherecht. Die unfreie Frau kann auch nach ihrer Vereheligung von der ersten Frau verkauft werden, sollte sie keine Kinder mit dem gemeinsamen Ehemann haben. In besonderen Fällen kann die erste Frau sogar einer unfreien Frau mit Kindern die ihr zustehende Freiheit verweigern. Es kommt ein Machtgefälle zwischen der *naditu* und dem Ehemann zum Ausdruck. Für ihn beinhaltet die zusätzliche Ehe jedoch keine ökonomischen Nachteile; das unterscheidet ihn von der ersten Frau der zuerst genannten Ehevariante. Vor der Scheidung durch den Ehemann ist die *naditu* durch ein strenges Scheidungsrecht geschützt, das für den Mann große finanzielle Einbußen mit sich bringen könnte.

---

[283] *CT 48 67*, vgl. Kap. 3.4.2.1.2

3.3.2.2 Polygynie mit freien Co-Frauen

In fünf Paragraphen sind freie Co-Frauen die Ehepartnerinnen eines Mannes, nämlich in §§ 141, 144, 145, 148 und 149. Es werden ausschließlich eherechtliche Fragen geklärt. Im folgenden werden zunächst die Paragraphen untersucht, bei denen es sich *nicht* um Bestimmungen zu *nadītu*-Ehen handelt.

3.3.2.2.1 Freie Co-Frauen

In den drei Paragraphen §§ **141**, **148** und **149** ist im Fall der ersten Frau von *aššatu*[292], im Fall der zweiten von *šanītu* bzw. SAL *šanītu* (*zweite/ andere* Frau) die Rede[293]. Die Übersetzung von *šanītu* als *zweite* Frau kann zeitlich verstanden werden und spielt dann auf den späteren Eintritt in die Ehe an; dies entspricht dem sum. DAM EGIRRA (*spätere Ehefrau*). Eine später geheiratete Frau ist auch im ehelichen Rang die zweite. Wenn eine sukzessive Ehe gemeint ist, wird auf den Tod der ersten Frau/ des ersten Mannes bzw. die vorausgegangene Scheidung hingewiesen[294].

§ **148**[295] und § **149**[296] stellen den Übergang einer monogamen in eine polygyne Ehe dar. Es handelt sich um seltene Fälle, in denen eine Ehefrau aktiv und aus eigenem Antrieb auf die Trennung von ihrem Mann dringen kann[297]. Dafür ist ausschlaggebend, daß sie als schuldlos angesehen wird. In § **148** hat eine kranke

---

[292] In § 141 lebt die Frau zunächst in monogamer Ehe und heißt noch *aššatu*, erst später wird sie als GEME₂ von einer zweiten Frau (SAL *šanītu*) unterschieden. In § 149 wird auf die vorher als *aššatu* bezeichnete Frau mit SAL Bezug genommen, s.u.

[293] In § 141 ist von SAL *šanītu* (*zweite/ andere* Frau), in § 148 nur kurz von *šanītu* (*Zweite/ Andere*) die Rede.

[294] So lautet die Darstellung einer sukzessiven Ehe in § 167 "*Wenn ein Bürger eine Ehefrau (aššatu) nimmt (...), wenn diese Frau (SAL) das Zeitliche segnet, er nach ihrem Tod eine andere Frau (SAL šanītu) heiratet...*" (Rykle BORGER, 1982, 63; sum./ akkad. Begriffe von mir hinzugefügt). Ein *zweiter* Mann wird im Fall einer sukzessiven Beziehung ebenfalls als *šanî* (*Zweiter/ Anderer*) bezeichnet (bsp. §§ 134-136); auch hier wird ausdrücklich darauf hingewiesen, daß der erste Mann nicht mehr mit der Frau zusammen-lebt.

[295] § **148** lautet:
  "*If a man marries a woman (aššatu), and later la'bum-disease seizes her and he de-cides to marry another woman (šanītu), he will not divorce his wife (aššatu) whom la'bum-disease seized; she shall reside in quarters he constructs and he shall continue to support her as long as she lives.*" (Martha T. ROTH, 1995, 109)

[296] § **149** lautet:
  "*If that woman (SAL) should not agree to reside in her husband's house, he shall re-store to her dowry that she brought from her father's house, and she shall depart.*" (Martha T. ROTH, 1995, 109)

[297] Vgl. zum Scheidungsrecht Kap. 1.3.

Frau die Wahl, in der Ehe, die durch das Hinzunehmen einer Zweitfrau polygyn wird, zu verbleiben. Wenn sie bleibt, muß ihr Ehemann sie zusammen mit einer zweiten Frau versorgen. Vielleicht bietet die zusätzliche Ehe der erkrankten Frau die nötige Pflege[298]. Eine kranke Frau wird eindeutig als Opfer der Krankheit gesehen und daher vor den negativen sozialen Folgen geschützt. Dazu zählt, daß ihr Mann sie nicht verstoßen kann. Nach § 149 kann eine erkrankte Frau auch auf Trennung dringen. Diese geht dann auf Kosten des Mannes, so als habe er seine Frau *grundlos* verstoßen. Die Bedingungen im Falle einer Scheidung sind so gestaltet, daß die Frau das Haus mitsamt der Mitgift verlassen und ihren weiteren Aufenthaltsort selber wählen kann.

Die weitere Ehe eines Mannes kann für eine Frau ein Grund sein, sich von ihrem Mann zu trennen. Hier kommt die negative Bewertung einer polygynen Verbindung aus der Sicht einer ersten Frau in den Blick. Zugleich wird deutlich, daß eine zweite Ehe nicht zwingend zu Ungunsten einer ersten Frau geschlossen werden muß (§ 148).

Dem bereits erwähnten **§ 141**[299] ist ebenfalls eine Bewertung der polygynen Ehe vom Standpunkt der ersten Frau aus zu entnehmen. Eine *aššatu* in wohl monogamer Ehe soll zur zweiten Frau und GEME$_2$ gemacht oder vom Mann geschieden werden und ohne Rückgabe der Mitgift oder Scheidungszahlungen das Haus verlassen. Ihr wird das vorsätzliche Unterlassen ihrer Pflichten als Ehefrau vorgeworfen[300]. Die Position der ersten Frau soll eine später geheiratete SAL *šanītu* (*zweite Frau*) einnehmen. Die Termini, mit denen die beiden Frauen bezeichnet werden, finden auch an anderer Stelle für polygyne Ehen Verwendung[301]. Die Rangordnung, auf die die Wörter *aššatu* und *šanītu* sonst hinweisen, wird in § 141 umgekehrt. Die später geheiratete Frau nimmt nun die Position der (ersten) Ehefrau ein. § 141 ist die einzige aB Bestimmung, in der die Positionen von erster und zweiter Frau nachträglich vertauscht werden[302].

---

[298] Martha T. ROTH geht in ihrer Übersetzung davon aus, daß die Frau an einer Hautkrankheit leidet und nun in einer separaten Wohneinheit untergebracht wird. Vgl. auch KL § 28.

[299] Anm. 268

[300] Im einzelnen wird dieser Frau vorgeworfen, daß sie "*ihren Sinn darauf setzt, aushäusig zu sein, Privateigentum erwirbt, ihren Haushalt verschlampt und ihren Mann vernachlässigt*" (Rykle BORGER, 1982, 59f). Anders übersetzt Martha T. ROTH: "*If the wife of man (...) should decide to leave, and she appropriates goods, squanders her household possessions, or disparages her husband...*" (dies., 1995, 107f). Daß ein Teil dieser Vorwürfe auch einen Mann treffen kann, der seinen Pflichten als Ehemann nicht nachkommt, zeigt KH § 142. Dort heißt es, daß der Mann "*aushäusig ist und sie* (seine Ehefrau) *schwer vernachlässigt*" (Rykle BORGER, 1982, 59). Dieses Verhalten hat ebenfalls die Scheidung zur Folge, bei der der Mann die Schuld trägt.

[301] KH § 148

[302] Vgl. KH §§ 145 und 146; zu KU §§ 25 und 26.

Das Versetzen einer freien Erstfrau in den Stand einer versklavten Zweitfrau stellt die Alternative zur schuldhaften Scheidung dar. Anders als im Falle der Kranken (§ 149) kann die Frau nicht zwischen den beiden Varianten Scheidung oder polygyne Ehe wählen. Es bleibt dem Mann vorbehalten, über die Art der Strafe zu entscheiden[303].

3.3.2.2.2 *nadītu*-Ehen

Es gibt im KH zwei Bestimmungen, bei denen die erste Frau eine *nadītu* und die zweite Frau eine freie Frau ist, nämlich §§ **144** und **145**[304]. Die *nadītu*-Ehe bietet auch im Falle der Beteiligung von freien Co-Frauen eine eigene Terminologie. Die *nadītu* ist immer die erste Frau[305], bei der freien Co-Frau handelt es sich immer um eine *šugītu* (SAL *šugītu*)[306]. Im Unterschied zur GEME₂ wird die *šugītu* nicht durch die *nadītu* in die Ehe mit ihrem Ehemann gegeben; die Initiative geht vom Mann aus. Damit entspricht diese Eheform der herkömmlichen Polygynie, wie sie oben bereits beschrieben wurde. Die mächtige Position der *nadītu*, die durch die Verehelichung ihrer GEME₂ mit ihrem Mann entsteht, scheint hier nicht vorzuliegen.

In § **144** wird eine *nadītu* genannt, die ihre Kinderlosigkeit durch die gemeinsamen Kinder, die ihr Ehemann mit ihrer Sklavin zeugte, ausgeglichen hat. Sie ist vor einer dritten Ehe ihres Mannes mit einer *šugītu* geschützt. Die Kinderlosigkeit der ersten *und* der zweiten Frau hätte den Mann zu einer weiteren Ehe berechtigt[307]. § 144 ist der einzige Paragraph des KH, in dem ausdrücklich von einer Ehe des Mannes mit mehr als zwei Frauen zur selben Zeit die Rede ist. Die angestrebte Ehe wird nicht mit dem Argument untersagt, daß lediglich bigyne Ehen zugelassen seien; eine solche Aussage kann keiner Quelle des alten Mesopotamien entnommen werden.

§ **145** schließt inhaltlich an § 144 an. Die hier genannte *nadītu* hat ihren Mann keine *Kinder bekommen lassen* (*rašû* Š)[308]. Damit ist ihm aus eigener Initiative die Heirat einer *šugītu* erlaubt. Ob die *nadītu* ihrem Mann die Verbindung mit ihrer Sklavin zuvor verweigerte, um dadurch eine polygyne Beziehung zu vermeiden, ob eine von der *nadītu* in die Ehe gegebene unfreie Frau kinderlos

---

[303] Auch andere Bestimmungen des KH zeigen, daß der Ehemann in manchen Fällen als richterliche Instanz gegenüber seiner Frau auftreten und über deren Bestrafung selber bestimmen kann, bsp. KH § 129.

[304] Anm. 271 und 276

[305] Vgl. Exkurs 2.

[306] Vgl. Exkurs 2.

[307] Dies besagt auch der sich anschließende § 145, vgl. weiter im Text.

[308] Vgl. Anm. 277.

blieb oder ob es andere Gründe für das Ausbleiben der Verbindung des Mannes mit einer unfreien Frau gibt, wird nicht deutlich.

Zur Frage, ob *šugītu* grundsätzlich die zweite Frau in einer *nadītu*-Ehe bezeichnet, gibt der Vergleich mit einem weiteren Paragraphen Auskunft. § 137[309] erwähnt die Scheidung eines Mannes von einer *šugītu* mit eigenen Kindern. Ihr stehen dieselben umfangreichen Scheidungsgelder zu, wie einer *nadītu*, die Kinder von ihrer Sklavin hat. Es wird nicht gesagt, ob die *šugītu* die einzige Ehefrau oder die zweite Frau eines Mannes in einer *nadītu*-Ehe ist. Es gibt jedoch starke Argumente dafür, in der *šugītu* die einzige oder erste Ehefrau zu sehen. Als zweite Frau einer *nadītu*-Ehe würde sie das Haus des Mannes nach der Scheidung wohl kaum mit ihren Kindern verlassen können, denn ihre Kinder würden auch als die der *nadītu* gelten. Unwahrscheinlich ist auch, daß einer Zweitfrau eine so reiche Scheidungszahlung zustehen würde. § 137 zeigt, daß *šugītu* kein Begriff ist, der ausschließlich die zweite Frau einer polygynen *nadītu*-Ehe bezeichnen muß; die *šugītu* in § 137 ist keine Zweitfrau einer polygynen Ehe.

Verhältnis zwischen *nadītu* und *šugītu*

§ 145 widmet sich dem eherechtlichen Verhältnis zwischen *nadītu* und *šugītu*. Es handelt sich um ein Verbot der Gleichstellung der Zweitfrau mit der *nadītu*. Dafür wird der Begriff *maḫāru* Št[310] (*sich gleichstellen*) verwendet. Das Verbot der Gleichstellung kommt im KH nur im Kontext von *nadītu*-Ehen vor. Es wird sowohl für Ehen mit freien (§ 145) als auch mit unfreien Zweitfrauen (§ 146) erwähnt[311]. In § 146 erhebt eine GEME₂ auf Grund der Geburt von Kindern Anspruch auf Gleichstellung mit einer *nadītu*. Ob die Gefahr der Gleichstellung auch in § 145 erst durch die Geburt von Kindern der *šugītu* besteht, bleibt unklar; Kinder sind in diesem Zusammenhang nicht erwähnt. Es wird ebenfalls nicht deutlich, ob der *šugītu* bei Zuwiderhandlung dieselbe Strafe droht, wie der unfreien Zweitfrau in § 146, nämlich die Versklavung.

Die Veränderung der ehelichen Rangordnung wird *nur* in Bestimmungen zu polygynen *nadītu*-Ehen ausdrücklich verboten. In Regelungen, die *keine nadītu*-Ehen behandeln, wird eine erste Frau als *ḫīrtu* von einer GEME₂ unterschieden (§§ 170 und 171). Der betonte Abstand zwischen den Frauen beugt einer Infrage-stellung ihrer ehelichen Position bereits vor. Bestimmungen zu Ehen mit freien Co-Frauen (§§ 141, 148 und 149) zeigen, daß eine Umkehrung oder Verschie-bung der ehelichen Rangordnung tatsächlich stattfinden kann: in § 141 bedingt durch die Bestrafung der ersten Frau, in §§ 148 und 149 bedingt durch den

---

[309] Anm. 275
[310] Vgl. Anm. 287.
[311] Zu § 146 vgl. Kap. 3.3.2.1.2.

Auszug einer erkrankten Erstfrau. Ein Verbot scheint in diesen Paragraphen nicht sinnvoll; es gibt Umstände, unter denen eine Umkehr der ehelichen Positionen von erster und zweiter Frau für richtig gehalten wird. Die Beobachtung kann folgendermaßen interpretiert werden:

1. Die eheliche Stellung einer *nadītu* als erster Frau ist so instabil, daß sie eines besonderen Schutzes durch ein Verbot der Gleichstellung der zweiten Frau mit ihr bedarf (§§ 145 und 146). Der Grund dafür könnte sein, daß die (grundsätzliche) Kinderlosigkeit einer Frau in einer verwandtschaftlich organisierten, patrilinearen und -lokalen Gesellschaft stärkere Auswirkungen auf deren sozialen Rang hat als ihre Herkunft oder ihre ökonomischen Möglichkeiten (§ 146). Ihre eheliche Stellung kann durch die Geburtsfähigkeit einer Co-Frau leicht bedroht werden.

2. Eine andere Deutung ist die, daß nur eine Frau in der exklusiven Stellung einer *nadītu* die Möglichkeit besitzt, ihre eheliche Stellung durch ein Verbot der Gleichstellung der zweiten Frau zu schützen. Die in § 141 beobachteten Veränderungen in den ehelichen Positionen könnten ein Indiz dafür sein, daß die Vorrangstellung einer ersten Frau in polygyner Ehe kaum geschützt ist, wenn es sich bei dieser *nicht* um eine *nadītu* handelt.

Insgesamt bieten die aB Regelungen den Eindruck einer streng einzuhaltenden ehelichen Ordnung. Die erste Deutungsvariante ist daher die plausiblere.

Zusammenfassend läßt sich sagen, daß *nadītu*-Ehen mit freien Co-Frauen und solche mit unfreien Frauen als Gemeinsamkeit das Verbot der Gleichstellung (*maḫāru* Št) der zweiten Frau mit der *nadītu* aufweisen. Die *nadītu*-Ehen mit freien Co-Frauen besitzen nicht das Hauptmerkmal der Ehen mit Sklavinnen, nämlich die Zuordnung der zweiten Frau zur *nadītu*,. Der Mann hat für den Fall, daß die *nadītu* ihm keine zweite Frau gibt, das Recht, sich selber eine freie zweite Frau zu wählen. Die Regelungen stimmen in diesem Punkt mit denen für Ehen ohne *nadītu*-Frauen überein.

3.3.3 Gründe für Polygynie

3.3.3.1 Kinderlosigkeit

Die Kinderlosigkeit der Erstfrau stellt in den meisten Fällen den Grund für eine weitere Ehe dar. Obwohl nicht immer ausdrücklich erwähnt, kann die Kinderlosigkeit als das ausschlaggebende Moment angesehen werden, wenn eine *nadītu* ihren Mann eine weitere Frau (GEME₂) heiraten läßt oder wenn dieser sich eine *šugītu* zur zweiten Frau wählt (§§ 137, 144-147). *nadītu*-Ehen sind streng auf Nachkommenschaft ausgerichtet[312]. Es wird kein anderes Argument für das Eingehen einer polygynen Beziehung genannt als die Kinderlosigkeit der Ehe. Hinzu kommt § 163, der auf Grund seiner sprachlichen Nähe zu den *nadītu*-Regelungen dieselbe Motivation vermuten läßt. Bemerkenswert ist, daß bci keiner der polygynen Ehebestimmungen, die *keine nadītu*-Ehen regeln, der Wunsch nach Kindern eine Rolle spielt. Polygyne Ehen werden zwar auch hier teilweise begründet, dann jedoch mit anderen Argumenten (§§ 141, 148 und 149).

Die Beobachtung findet eine Entsprechung im KL. Auch dort wurde die Kinderlosigkeit einer Frau lediglich in einem besonderen Fall als Begründung für die polygyne Verbindung angeführt (§ 27, *KARKID* als zweite Frau).

3.3.3.2 Strafe

Einen Sonderfall stellt § 141 dar. Die Behandlung einer Erstfrau als *zweite* und zusätzlich als *unfreie* Frau führt zu einer doppelten Unterdrückung und ist als eine harte Strafe anzusehen. In keiner anderen Bestimmung fungiert eine polygyne Konstellation als Strafmittel. Dagegen stellt die Alternative, Polygynie oder Scheidung, die in § 141 ebenfalls genannt wird, ein wiederkehrendes Motiv polygyner Bestimmungen dar.

3.3.3.3 Krankheit

Wie im KL § 28 handelt es sich im KH §§ 148 und 149 um den Fall einer kranken Erstfrau. Im KH steht der Frau frei, sich in der nun polygynen Ehe weiterhin versorgen zu lassen oder aber die veränderten Verhältnisse durch ihr Weggehen zu meiden. Eine polygyne Ehe kann von den beteiligten Frauen als ein nachteiliges Verhältnis empfunden werden. Eine erwünschte Vielehe wird jedoch

---

[312] Ein Verbot einer auf Zuneigung gegründeten weiteren Heirat liegt bsp. in KL § 30 vor.

nicht ausgeschlossen. Wie im KL finden auch im KH an dieser Stelle Kinder oder die mögliche Kinderlosigkeit der kranken Frau keine Erwähnung.

3.3.3.4 Keine Angabe von Gründen

Nur ein kleiner Teil der Regelungen läßt die Frage nach Gründen für die polygyne Konstellation unbeantwortet. Es handelt sich dabei um Bestimmungen, in denen die zweite Frau eine unfreie Frau ist (§§ 119, 170, 171 und 172). § 119 regelt den Anspruch auf Freilassung, den eine gepfändete unfreie Frau, die Kinder von ihrem Herren hat, besitzt. Das Zustandekommen der Beziehung spielt dabei keine Rolle. Die Paragraphen §§ 170, 171 und 172 behandeln Erbregelungen. Schon im KL konnte beobachtet werden, daß Gründe für das Zustandekommen polygyner Konstellationen im Zusammenhang mit erbrechtlichen Fragen nicht von Bedeutung sind[313]. Wichtiger als die Frage des Zustandekommens der polygynen Ehe ist die soziale und eheliche Stellung der Mütter. Durch die Begriffe GEME₂ und *ḫirtu* werden die Positionen der Frauen in diesen Texten hinreichend beschrieben.

---

[313] Kap. 3.2.3.3

3.3.4 Zusammenfassung

Viele Beobachtungen aus dem KL bestätigen sich im KH, andere erfahren eine Veränderung. Deutlicher tritt im KH das Übergewicht von Ehen mit unfreien Frauen (2/3) gegenüber solchen mit freien Co-Frauen (1/3) hervor.

Die Regelungen des KH zu Ehen mit unfreien Frauen zeigen, wie unterschiedlich der Status einer GEME₂ sein kann. Wie im KL erhält eine unfreie Frau auch im KH durch die Geburt von Kindern mit einem freien Mann Freilassungsrechte (§§ 119 und 171). Doch erst mit der ausdrücklichen erbrechtlichen Anerkennung ihrer Kinder stehen ihr weiterreichende Rechte zu, die denen einer geehelichten Frau ähneln (§ 170); eine eheliche Terminologie liegt dabei im KH ebensowenig vor wie im KL. Die unfreie Frau ist Eigentum des Mannes. Eine freie Erstfrau hat keinen Einfluß auf das Zustandekommen der weiteren Ehe; sie genießt aber besondere Rechte, die sich von denen der unfreien Frau unterscheiden. Darauf weist ihre Bezeichnung als *Ausgewählte* (*ḫīrtu*) hin (§§ 170, 171 und 172). Im Unterschied zum KL (DAM NITALAM) wird der Begriff der *ḫīrtu* im KH im Kontext polygyner Verbindungen nur für Ehen mit unfreien Zweitfrauen verwendet. Möglicherweise macht die höhere soziale Stellung, die eine GEME₂ im KH genießen kann, eine besondere Hervorhebung der ersten Frau notwendig.

In den folgenden Diagrammen sind die Beziehungsstrukturen graphisch wiedergegeben. Neben dicken Linien für enge und schmalen Linien für lockere Bindungen zwischen den beteiligten Personen, stehen gestrichelte Linien (---) für sehr schwache Bindungen. Ein Pfeil (➜) steht für den rechtlichen Einfluß einer Person über eine andere.

Die Bestimmungen des KH für *nadītu*-Ehen mit freien Co-Frauen ähneln den übrigen Regelungen für freie Co-Frauen. Die erste Frau ist stets eine *nadītu*, die zweite dagegen eine *šugītu* (§§ 137, 144 und 145). In anderen Ehen werden die freien Co-Frauen als *aššatu* und *šanītu* voneinander unterschieden (§§ 141, 148 und 149) und entbehren damit einer besonderen Hervorhebung der ersten Frau.

Die polygyne Konstellation mit freien Co-Frauen wird immer begründet. Die Initiative für die Verbindung geht stets vom Mann aus. Liegen Gründe für eine weitere Ehe vor, kann er ohne das Einverständnis der ersten Frau erneut heiraten. Nur in einem Fall wird der ersten Frau ein aktives Scheidungsrecht eingeräumt, mit dessen Hilfe sie sich der polygynen Konstellation entziehen kann (§ 149).

Eine Eheform des KH kommt in älteren Kodizes nicht vor: die Ehe mit einer Sklavin, die einer ersten Frau/ *nadītu* gehört. Mit dieser Eheform geht die weitreichende Macht der *nadītu* einher. Ihre Stellung ähnelt der eines Mannes in anderen polygynen Ehen. Sie kann die unfreie Zweitfrau ihres Ehemannes bestimmen (§§ 137, 144, 146). In begründeten Fällen kann sie diese Ehe selber beenden (§ 147). Gegenüber ihrer Sklavin besitzt eine *nadītu* Eigentumsrechte; sie kann eine kinderlose Sklavin auch nach der Verheiratung mit ihrem Mann verkaufen (§ 147). Einer unfreien Co-Frau mit Kindern kann sie in bestimmten Fällen die Freiheit verweigern (§ 146). Auch vor dem Versuch der Gleichstellung (*maḫāru Št*) der unfreien Zweitfrau ist eine *nadītu* gesetzlich geschützt (§ 146). Diesen exklusiven Anspruch hat sie mit einer *nadītu* gemeinsam, deren Co-Frau eine *šugītu* ist (§ 145).

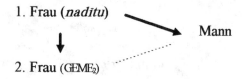

3.4 Altbabylonische Privatdokumente

Die aB Privatdokumente können zeitlich im Umfeld des KH angesiedelt werden. Die hier behandelten Dokumente werden zwischen 1850 und 1650 v.Chr. datiert[314]. Anders als bei den allgemein gehaltenen rechtlichen Bestimmungen handelt es sich bei diesen Quellen um Einzelverträge, die konkrete Fälle regeln. Jede Urkunde ist ein in sich geschlossener und eigenständiger Text. Die Verträge sind die Fixierung mündlicher Abmachungen zwischen privaten Personen, die vor ZeugInnen geschlossen wurden[315].

Obwohl alle im folgenden untersuchten Texte eheliche Klauseln aufweisen, können andere Vertragsthemen im Vordergrund stehen - so bsp. die Eheausstattung einer Frau, die Adoption oder der Kauf einer Person. Die Verträge stammen aus verschiedenen aB Städten. Das starke Übergewicht von Verträgen aus Sippar ist markant. Fast zwei Drittel der Abmachungen für polygyne Ehen kommen aus dieser Stadt[316].

Insgesamt geben 17 private Dokumente aus dem alten Babylonien Auskunft zu polygynen Ehen. Im folgenden Überblick sind Anmerkungen genannt, die auf die englische Übersetzung verweisen[317]. Die Texte aus Sippar sind mit (S) gekennzeichnet[318]. Wiederkehrende Vertragsklauseln sind kursiv geschrieben. Was darunter verstanden wird, ist unten ausführlich dargestellt. In Klammern werden die vorliegenden Eheformen genannt; diese Zuteilung soll den Überblick über die Verträge erleichtern.

BIN 7 173:
(Ehe mit adoptierter Zweitfrau)

Adoption einer Frau durch die erste Frau als deren Schwester (aḫātu);
Bestätigung des Brautgeschenks;
Verheiratung der zweiten durch die erste Frau;
Eheliche Verbundenheitsformel der Co-Frauen;
Scheidungsworte zwischen Mann und erster Frau (aššatu).
vgl. Anm. 486

---

[314] Die Datierungsangaben können den einzelnen Dokumenten entnommen werden; vgl. Raymond WESTBROOK (1988B, 112-138).

[315] Die meisten der hier behandelten aB Privatdokumente hat Raymond WESTBROOK (1988B) übersetzt und interpretiert. Seine Untersuchung ist die ausführlichste Studie zu diesen Texten.

[316] Vgl. Exkurs 2.

[317] Die englische Übersetzung folgt Raymond WESTBROOK (1988B). Sum. und akkad. Begriffe sind von mir in Klammern hinzugefügt. Die in den Quellen genannten ZeugInnen, das Datum und der Eid werden in den Anmerkungen der Übersicht halber weggelassen.

[318] Die Herkunftsorte der übrigen Dokumente sind Isin, Ur, Dilbat oder aber unbekannt.

CT 2 44 (S):	*Eheschließung durch einen Mann mit zwei Frauen;*
(*naditu*-Ehe mit freier Zweitfrau)	*Scheidungsworte zwischen Mann und Frauen (aššatu);*
	Kultdienstformel zwischen Co-Frauen;
	Verhaltensformel zwischen Co-Frauen.
	vgl. Anm. 322
CT 4 39a (S):	*Eheschließung durch einen Mann mit einer (zweiten) Frau;*
(*naditu*-Ehe mit freier Zweitfrau)	*Bestätigung des Brautgeschenks;*
	Positionsformel für die zweite Frau (Sklavin/ aššatu);
	Kultdienstformel zwischen Co-Frauen;
	Eheliche Verbundenheitsformel der Co-Frauen.
	vgl. Anm. 389
CT 8 2a (S):	**Eheausstattung einer** naditu **des Marduk, zu deren Mitgift**
(naditu-Ehe m. leiblichen Schwestern)	**auch ihre Schwester (aḫātu), eine šugītu, gehört.**
	vgl. Anm. 420
CT 8 22b (S):	*Kauf einer Frau durch ein Ehepaar;*
(Ehe mit unfreier Zweitfrau)	*Positionsformel für die zweite, gekaufte Frau (aššatu/ amtu);*
	Trennungsworte zwischen Co-Frauen (bēltu);
	Bestätigung der Kaufzahlung.
	vgl. Anm. 393
CT 8 37d (S):	*Eheschließung durch einen Mann mit einer Frau;*
(Ehe mit unfreier Zweitfrau)	**Adoption des ältesten (Sohnes) von fünf gemeinsamen**
	Kindern durch den Mann.
	vgl. Anm. 401
CT 45 119:	**Eheausstattung einer** *naditu* **des Marduk;**
(*naditu*-Ehe m. adoptierter Zweitfrau)	*Eheliche Verbundenheitsformel der* naditu *mit einer als*
	Schwester (aḫātu) adoptierten šugītu;
	Positionsformel für die zweite Frau (aššatu/ amtu).
	vgl. Anm. 423
CT 48 48 (S):	*Adoption einer Frau durch die erste Frau;*
(*naditu*-Ehe m. adoptierter Zweitfrau)	*Positionsformel für die zweite, adoptierte Frau (SAG*
	GEME₂/ aššatu);
	Verhaltensformel zwischen Co-Frauen:
	Verbot für die zweite Frau, die erste zu quälen;
	Strafandrohung;
	Bestätigung des Brautgeschenks.
	vgl. Anm. 443
CT 48 57 (S):	*Adoption einer Frau durch die erste Frau;*
(*naditu*-Ehe m. adoptierter Zweitfrau)	*Verheiratung der zweiten durch die erste Frau;*
	Bestätigung des Brautgeschenks;
	Kultdienstformel zwischen Co-Frauen;
	Verbot für zweite Frau, sich dem Mann in Gegenwart der
	ersten zu nähern;
	Verhaltensformel zwischen Co-Frauen.
	vgl. Anm. 434
CT 48 67 (S):	*Schenkung einer Frau durch einen Mann an seine*
(*naditu*-Ehe m. unfreier Zweitfrau)	*Schwester;*

Eheliche Verbundenheitsformel der Co-Frauen;
Verhaltensformel zwischen Co-Frauen;
Kultdienstformel zwischen Co-Frauen;
Zugehörigkeit der Kinder der zweiten Frau zur ersten.
vgl. Anm. 397

Meissner BAP 89 *(S):*   *Schwesternschaft (aḫātu) zweier Frauen;*
(*nadītu*-Ehe m. adoptierter Zweitfrau) *Eheschließung durch den Mann mit diesen Frauen;*
Verhaltensformel zwischen Co-Frauen;
Kultdienstformel zwischen Co-Frauen;
Geltung der Kinder als gemeinsame der Frauen;
Trennungsworte zwischen Co-Frauen (aḫātu);
Scheidungsworte zwischen Mann und Frauen (aššatu).
vgl. Anm. 323

[TCL I 61 (S):   *Eheschließung durch einen Mann mit einer Frau;*
Scheidungsworte zwischen Mann und Frau (aššatu).
vgl. Anm. 321]

TIM 4 46:   *Bestätigung des Brautgeschenks;*
(Ehe mit leiblichen Schwestern) *Scheidungsworte zwischen Mann und Frauen* **(DAM).**
vgl. Anm. 459

TIM 4 47:   *Eheschließung durch einen Mann mit einer* nadītu *des*
(*nadītu*-Ehe m. adoptierter Zweitfrau) *Marduk und deren Schwester (aḫātu);*
Dienst der zweiten Frau für ihrer Schwester (aḫātu);
Verhaltensformel zwischen Co-Frauen;
Kultdienstformel zwischen Co-Frauen;
Scheidungsworte zwischen Mann und erster Frau (aššatu);
Bestätigung des Brautgeschenks.
vgl. Anm. 418

TIM 4 49:   *Eheschließung durch einen Mann mit zwei Schwestern*
(Ehe mit adoptierter Zweitfrau) *(aḫātu);*
Eheliche Verbundenheitsformel der Co-Frauen;
Positionsformel für die zweite Frau (aššatu/ **SAG GEME₂);**
Bestätigung des Brautgeschenks;
Scheidungsworte zwischen Mann und erster Frau.
vgl. Anm. 475

TIM 5 1:   *Schwesternschaft (aḫātu) zwischen zwei Frauen;*
(Ehe mit adoptierter Zweitfrau) *Trennungsworte zwischen Co-Frauen (aḫātu).*
vgl. Anm. 473

UET 5 87:   *Eheschließung durch einen Mann mit einer Frau* **(DAM)**
(Ehe mit adoptierter Zweitfrau) *oder Adoption von einer Frau durch die erste Frau* **(DAM);**
Verheiratung der zweiten durch die erste Frau (Schwester);
Eheliche Verbundenheitsformel der Co-Frauen.
vgl. Anm. 502

Waterman 39 *(S):*   *Bestätigung des Brautgeschenk für (zweite) Frau;*
(Ehe mit freier Zweitfrau) **Bezeichnung der ersten Frau als Ehefrau (aššatu);**
Verbot für zweite Frau, die erste zu *ärgern;*
Strafandrohung.
vgl. Anm. 414

3.4.1 Besondere Merkmale der Privatdokumente

Die Verträge zur Polygynie weisen Merkmale auf, die sie teils von den gesetzlichen Bestimmungen, teils von anderen aB Verträgen unterscheiden. Einige dieser inhaltlichen, sprachlichen und formalen Besonderheiten werden im folgenden dargestellt.

3.4.1.1 Vertragsziel

Ein inhaltliches Merkmal der Verträge ist, daß mehrere Themen in ein und demselben Vertrag abgehandelt werden können. Abmachungen zum Ehe-, Adoptions- oder Kaufrecht kommen innerhalb eines Vertrages vor[319]. Am häufigsten ist die Kombination von Ehe und Adoption. Da die ehelichen Bestimmungen und die zur Adoption zwischen Co-Frauen inhaltlich zusammenhängen und ineinander übergehen, ist meist schwer zu entscheiden, ob es sich bei einem Vertrag in erster Linie um einen Ehe- oder einen Adoptionsvertrag handelt. Zu weiteren Unklarheiten kommt es, wenn bereits erfolgte Vertragsabschlüsse nochmals erwähnt werden, um damit den Rahmen für den neuen Vertrag abzustecken. Oft ist nicht erkennbar, ob ein genannter Vertragsabschluß zeitlich zurückliegt oder Gegenstand des aktuellen Dokuments ist. Das Beispiel dreier Verträge, die nacheinander durch dieselben Personen geschlossen wurden, soll das Problem verdeutlichen[320]:

TCL I 61[321] ist ein Ehevertrag, der die Verbindung zwischen einem freien Mann und *einer freien Frau* festhält und Bedingungen im Falle der Scheidung nennt.
CT 2 44[322] ist ein später geschlossener Ehevertrag. Er besagt im ersten Satz, daß der Mann *zwei Frauen* geheiratet hat, von denen die eine mit der im ersten

---

[319] Kauf- und eherechtliche Bestimmungen überschneiden sich in *CT 8 22b*, Adoptions- und Ehebestimmungen in *BIN 7 173, CT 48 48, CT 48 57* und möglicherweise in weiteren Verträgen, vgl. weiter im Text.

[320] Zur folgenden Darstellung der aB Privatdokumente *TCL 1 61, CT 2 44* und *Meissner BAP 89* vgl. Rivkah HARRIS (1974).

[321] *TCL I 61* lautet:
"Warad-Shamash, son of Ili-ennam has taken Taram-Sagila daughter of Shamash-nasir and Rishatum from [her father] Shamash-nasir and [her mother] Rishatum for marriage.
(If) Warad-Shamash son of Ili-ennam says to his wife (aššatu) Taram-Sagila "[(You are) n]ot [my wife]", he shall pay half a mina of silver..." (Raymond WESTBROOK, 1988B, 130)

[322] *CT 2 44* lautet:
"Warad-Shamash has taken Taram-Sagila and Iltani daughter of Sin-abushu for marriage.

Vertrag genannten Frau identisch ist. Die zweite Frau scheint - wie die erste - eine freie Frau zu sein. Die frühere Heirat (*TCL I 61*) und eine zweite Heirat werden nun zusammenfassend als zeitgleicher Eheakt dargestellt. Nur durch die Kenntnis des früheren Vertrages wird deutlich, daß die zweite Frau erst *nach* der ersten Frau und nicht gleichzeitig mit ihr geheiratet wurde. Die Eltern der zweiten Frau werden als die Eltern *beider* Frauen genannt, denn die Eheschließung der zweiten Frau ist die aktuell zu regelnde. Vielleicht handelt es sich bei *CT 2 44* um die Ergänzung zu einem nicht bekannten Vertrag zur Ehe des Mannes mit der zweiten Frau. *CT 2 44* enthält Bestimmungen für das Verhältnis zwischen den Co-Frauen der jetzt polygynen Konstellation. Die genannten Scheidungsbestimmungen weichen von denen des ersten Vertrages (*TCL I 61*) ab und betreffen nun beide Frauen.

In einem dritten Dokument, ***Meissner BAP 89***[323], werden die in *CT 2 44* genannten Co-Frauen als Schwestern bezeichnet. Es heißt zu Beginn, die Frauen seien *Schwestern* und der Mann habe *sie* geheiratet. Das Dokument faßt die erste und die zweite Ehe sowie die Adoption der zweiten Frau durch die erste auf diese Weise zusammen. Nur aus Kenntnis der älteren Verträge wird ersichtlich, daß die Frauen keine leiblichen Schwestern sind und zwischenzeitlich per Adoption eine schwesterliche Beziehung zueinander hergestellt haben müssen. Für die elterliche Vertragspartei der beiden *Schwestern* wird an dieser Stelle der

---

(If) Taram-Sagila and Iltani say to their husband Warad-Shamash "You are not my husband", they shall cast them from a tower.

And (if) Warad-Shamash says to his wives (aššatu) Taram-Sagila and Iltani "You are not my wife (case: wives) (aššatu)", he shall forfeit house and furniture.

Furthermore, Iltani shall wash the feet of Taram-Sagila (and) carry her chair to the temple of her god.

"Whenever Taram-Sagila is angry, Iltani will be angry; whenever she is friendly, she will be friendly..." (Raymond WESTBROOK, 1988B, 116-117)

[323] ***Meissner BAP 89*** lautet:

"Iltani is the sister (aûátu) of Taram-Sagila.

Warad-Shamash son of Ili-ennam has taken them from their father Shamash-TA-tum for marriage.

As for Iltani, her sister (aḫātu),

"Whenever she is angry she shall be angry, whenever she is friendly, she shall be friendly".

She shall carry her chair to the temple of Marduk.

As many children as she has borne and will bear are their children, but

(if) she (T.) says to her sister (aḫātu) Iltani "You are not my sister (aḫātu)",

[she will take the hand of her] son [and leave].

[(And) if Iltani s]ay[s to her sister Taram-Sagila] "Y[ou are not my sister"] she will shave her and sell her.

And (if) Warad-Shamash says to his wives (aššatu) "You are not my wives (aššatu)", he shall pay 1 mina of silver.

And (if) they say to their husband Warad-Shamash "You are not our husband", they will bind them and cast them into the river..." (Raymond WESTBROOK, 1988B, 127)

Vater der ersten Frau genannt. Das ist damit zu begründen, daß die zuerst geehelichte Co-Frau einen hervorgehobenen ehelichen Rang einnimmt und daß die von ihr vorgenommene Adoption der zweiten Frau der Grund für den neuen Vertragsabschluß ist. Vielleicht ist es das Ziel des dritten Dokuments, die rechtlichen Folgen der Adoption festzuhalten. Der Vertrag wiederholt die Regelungen zwischen den Co-Frauen und erweitert sie um solche für den Fall der Trennung. Trennungsbestimmungen sind typisch für Adoptionsurkunden[324]. Zudem bietet der Vertrag eine ratifizierte Scheidungsregelung, die wiederum beide Frauen betrifft.

Aus dieser kurzen Darstellung der drei zusammenhängenden Verträge wird zweierlei deutlich:

1. Es kann ein verzerrtes Bild entstehen, indem zurückliegende Vertragsab- schlüsse nicht in chronologischer Abfolge dargestellt werden. Aus *Meissner BAP 89* wird bsp. nicht ersichtlich, daß folgende Ereignisse dem Vertrag vorausgegangen sind: die Ehe mit der ersten Frau, die Ehe mit der zweiten Frau und die Adoption der zweiten Frau durch die erste.
2. Die fehlende Kenntlichmachung zurückliegender Absprachen trägt dazu bei, daß in den Verträgen unterschiedliche Themen ineinander übergehen. *Meiss- ner BAP 89* fungiert als Adoptionsvertrag. Das Wort Adoption und der eigentliche Adoptionsvorgang werden jedoch nicht genannt. Das Dokument stellt zugleich einen polygynen Ehevertrag dar, indem es Bestimmungen zu eherechtlichen Fragen bietet.

Zur beschriebenen Mischung zwischen Adoptions- und Eheregelungen führt die inhaltliche Nähe, die die Adoption einer Co-Frau mit ehelichen Abmachungen hat: Infolge der Adoption der zweiten Frau durch die erste ist es notwendig, die dadurch veränderten ehelichen Rechte neu zu klären.

Zusammenfassend läßt sich sagen, daß für die Mehrzahl der aB Privatdoku- mente zur Polygynie offen bleiben muß, aus welchem aktuellen Anlaß sie verfaßt wurden - ob zum Festhalten der Eheausstattung[325], der ersten[326] oder zweiten[327] Eheschließung, der Adoption[328] oder des Kaufes einer Person[329]. In der Regel werden in den Verträgen mindestens zwei dieser Themen genannt. Zur ver-

---

[324] Vgl. Anm. 51.

[325] So in *CT 8 2a* und möglicherweise in *CT 45 119*.

[326] *TCL 1 61*

[327] So in *CT 2 44, CT 4 39a, Waterman 39* und möglicherweise in *BIN 7 173, CT 8 22b, CT 45 119, CT 48 48, CT 48 57, CT 48 67, TIM 4 46, TIM 4 47, TIM 4 49, UET 5 87*.

[328] So in *Meissner BAP 89* und möglicherweise in *BIN 7 173, CT 45 119, CT 48 48, CT 48 57, TIM 4 47, TIM 5 1, UET 5 87*.

[329] So möglicherweise in *CT 8 22b*.

wandtschaftlichen Beziehung zwischen den Co-Frauen ist folgendes festzuhalten: Zwar werden die Frauen oft als *Schwestern* bezeichnet. *Meissner BAP 89* zeigt aber, daß die Frauen auch infolge einer Adoptionsverbindung so benannt werden können. Leiblich miteinander verwandte Co-Frauen und durch Adoption verbundene werden in den Verträgen nicht unterschieden. Es kann nicht ausgeschlossen werden, daß einem Vertrag, in dem die Frauen als *Schwestern* bezeichnet werden, eine Adoption vorausgegangen ist.

3.4.1.2 Personbezeichnungen

In den aB Kodizes werden Personen mit Termini bezeichnet, die es ermöglichen, den rechtlichen Status der Personen zu bestimmen. Solche Termini sind beispielsweise GEME$_2$/ *amtu*, DAM/ *aššatu*, DAM NITALAM/ *ḫīrtu*, LUKUR/ *nadītu* oder LÚ/ *awīlu*. Mit Hilfe dieser Begriffe können die Rechtssätze verallgemeinert werden.

Die privaten Dokumente nennen anstelle solcher Termini die Namen der Personen, die am Vertrag beteiligt sind. Andere Bezeichnungen sind nicht notwendig, denn den Vertragschließenden ist bekannt, ob es sich beispielsweise bei einer heiratenden Frau um eine *nadītu* oder um eine GEME$_2$ handelt. Das hat zur Folge, daß der rechtliche Status der genannten Personen häufig unklar bleibt. Er muß aus dem Zusammenhang ermittelt werden, kann aber in manchen Fällen gar nicht festgestellt werden.

3.4.1.3 Vertragsklauseln

Die privaten Verträge beinhalten eine Anzahl stereotyp wiederkehrender Wendungen. Neun dieser Vertragsklauseln spielen für polygyne Verbindungen eine zentrale Rolle. Sie werden auf Grund ihres Inhalts wie folgt paraphrasiert: 1. Eheschließung durch den Mann, 2. Adoption der zweiten durch die erste Frau, 3. Verheiratung der zweiten durch die erste Frau, 4. Positionsformel für die zweite Frau, 5. Eheliche Verbundenheitsformel der Co-Frauen, 6. Kultdienstformel zwischen Co-Frauen, 7. Verhaltensformel zwischen Co-Frauen, 8. Trennungsworte zwischen Co-Frauen und 9. Scheidungsworte zwischen Mann und Frau/en.

Die Klauseln können drei Textgruppen zugeordnet werden, die jeweils am Anfang, in der Mitte oder am Ende eines Vertrages stehen:
1. Am Anfang stehen Klauseln, die das Thema des Vertrages angeben[330]. Die Verträge beginnen in der Mehrzahl mit einem Aussagesatz, der die *Eheschließung durch den Mann* oder die *Adoption der zweiten durch die erste*

---

[330] Dies gilt für 14 der 17 hier behandelten Belege.

Frau festhält. Anschließend folgt ein Satz, der die damit einhergehenden Zahlungsleistungen bestätigt. Dieser Satz kann den Vertrag auch abschließen und am Ende stehen. Ehe, Adoption oder Kauf sind damit komplett[331]. Adoptionsverträge weisen häufig einen weiteren Aussagesatz auf. Er hält die zukünftige *Verheiratung der zweiten durch die erste Frau* fest. Damit wird die Adoption in den ehelichen Kontext der Polygynie gestellt.

2. Im Mittelteil der Verträge stehen Klauseln, die die Beziehungen der Co-Frauen zum Thema haben. Insgesamt gibt es fünf solcher festen Wendungen: *Verheiratung der zweiten durch die erste Frau, Positionsformel für die zweite Frau, eheliche Verbundenheitsformel der Co-Frauen, Kultdienstformel zwischen Co-Frauen* und *Verhaltensformel zwischen Co-Frauen*. Sie können in ein und demselben Vertrag zusammen auftreten. Nur wenige der polygynen Verträge erwähnen keine derartigen Bestimmungen[332].

3. Am Ende eines Vertrages stehen Formulierungen, die das Auseinandergehen der an einer Ehe beteiligten Personen regeln[333]. Zusammen mit diesen Wendungen werden Strafen genannt. Mit *Trennung* wird im folgenden das Auseinandergehen von Co-Frauen bezeichnet; entsprechend sind die Passagen, die dafür in wörtlicher Rede Regelungen treffen, *Trennungsworte zwischen Co-Frauen*. Mit *Scheidung* wird das Auseinandergehen von Mann und Frau(en) bezeichnet. Entsprechend sind die Wendungen, die dafür Vorkehrungen treffen, *Scheidungsworte zwischen Mann und Frau(en)*.

Die neun standardisierten Vertragsklauseln kommen in unterschiedlicher Zusammensetzung vor. Es gibt keinen Vertrag, der alle Wendungen nennt und nur wenige, in denen lediglich der Einleitungssatz eine feste Formulierung benutzt[334]. Bei der folgenden Besprechung der Wendungen wird die Reihenfolge eingehalten, in der die Klauseln in den Verträgen stehen.

---

[331] Vgl. zu diesem Verständnis der *terḫatu* Raymond WESTBROOK (1988B, 55-60).

[332] So *CT 8 2a* (Eheausstattung der ersten Frau), *CT 8 37d* (Anerkennung des Kindes der zweiten Frau), *TIM 4 46, Waterman 39* (Eheschließung).

[333] Am Vertragsabschluß können auch die oben bereits erwähnten Bestätigungen über erfolgte Zahlungen stehen. So in *CT 8 22b* (Kaufpreis), *CT 48 48* (Adoption), *TIM 4 47* (Eheschließung). Diese Dokumente sind vom Einleitungssatz, der das Vertragsthema angibt, und der Nennung der dazugehörigen Zahlungen am Ende eingerahmt. In *TIM 4 49* (Eheschließung) steht die Zahlungsbestätigung ebenfalls gegen Ende, jedoch noch vor der Scheidungsklausel.

[334] In *CT 8 2a, CT 8 37d, Waterman 39* erfolgen alle weiteren Bestimmungen in Form freier Formulierungen.

3.4.1.3.1 Vertragsklausel 1: *Eheschließung durch den Mann*

In der Hälfte der polygynen Verträge wird zu Beginn eine erfolgte Eheschließung festgehalten[335]. Sie ist eine Abmachung zwischen dem Ehemann und den Eltern der Frau[336]. Es kann sich um die Ehe des Mannes mit einer ersten[337] oder um die mit einer weiteren Frau[338] handeln. Die Eheschließung lautet sinngemäß[339]:

> *Der Mann (PN), Sohn seiner Eltern (PN), hat die zwei Frauen (PN), Töchter des Vaters (PN) und der Mutter (PN), von deren Vater (+ PN) und deren Mutter (+ PN) in die Ehe (ana aššūtī[340]) genommen (aḫāzu).*

Anschließend oder am Ende des Dokuments wird bestätigt, daß der Mann das Brautgeschenk (*terḫatu*) an die Eltern der Frau/en gegeben hat. Dafür heißt es sinngemäß[341]:

> *Der Vater (PN) und die Mutter (PN) der Frauen haben Silber von dem Mann (PN) erhalten, das Brautgeschenk (terḫatu) ihrer Töchter. Ihre Herzen sind zufrieden.*

Wo dieser zweite Satz fehlt, besteht möglicherweise ein zusätzlicher Ehevertrag, der die ehelichen Transaktionen bereits festhält[342]. Die zuvor genannte Eheschließung ist dann nicht Thema des Vertrages, sondern fungiert nur als Hinweis auf den ehelichen Kontext, in dem die weiteren Bestimmungen stehen.

3.4.1.3.2 Vertragsklausel 2: *Adoption der zweiten durch die erste Frau*

Die Adoption der zweiten durch die erste Frau wird in einem Viertel der untersuchten Dokumente am Anfang ausdrücklich erwähnt[343]. Ein weiterer

---

[335] *CT 2 44, CT 4 39a*, Meissner *BAP 89, TIM 4 46, TIM 4 47, TIM 4 49, TIM 5 1, UET 5 87*, Waterman 39; Für *TIM 5 1* und *UET 5 87* ist der Anfang schwer lesbar.

[336] Nur die Mutter wird genannt in *CT 4 39a* (*naditu* des Schamasch) und *TIM 4 46*. Nur der Vater wird genannt in *CT 2 44*, *Meissner BAP 89*. Gar keine Eltern werden erwähnt in *CT 8 37d, Waterman 39*.

[337] Bsp. *TCL 1 61*.

[338] *CT 4 39a, CT 8 37d, Waterman 39*

[339] Wo in den Quellen Personennamen genannt sind, steht dafür im folgenden (PN). Wo in den Quellen sowohl rechtliche Termini als auch Personennamen erwähnt sind, steht im folgenden (*Terminus* + PN).

[340] Vgl. Anm. 403.

[341] Der Passus fehlt in *CT 2 44, Meissner BAP 89, TIM 5 1, UET 5 87*.

[342] So in *CT 2 44* (Eheschließung) und *Meissner BAP 89* und *TIM 5 1* (Adoption steht im Vordergrund).

[343] *BIN 7 173, CT 48 48, CT 48 57*, ähnlich *Meissner BAP 89* und *UET 5 87*. *UET 5 87* ist ein schwer zuzuordnendes Dokument. Der Anfang des Vertrags ist nicht zu entziffern. Der dann folgende Satz enthält eine Mischung aus ehe- und adoptionsrechtlichen Termini. Es heißt, eine Frau habe eine Ehefrau (SALDAM) adoptiert (ŠU BA.AN.TI) oder sei durch eine Ehefrau (SALDAM) adoptiert worden. Im folgenden ist von einer weiteren Frau die Rede, die die Erstgenannte ihrem Mann als ihre eigene Schwester in die Ehe gibt.

Vertrag nennt die Adoption an späterer Stelle[344]. Andere Verträge zur Polygynie widmen sich ebenfalls der Regelung der Adoptionsbeziehung der Co-Frauen, ohne die Adoption jedoch zu nennen[345]. Ähnlich wie bei der Eheschließung lautet der Satz, der die Adoption festhält, sinngemäß:

> *Die Frau (PN), Tochter ihrer Eltern (PN), hat die andere Frau (PN), Tochter ihres Vaters (PN) und ihrer Mutter (PN), von deren Vater (+ PN) und Mutter (+ PN) zur Schwester (aḫātu) adoptiert (leqû).*

Der adoptierenden Frau wird bestätigt, daß sie Zahlungen an die Eltern der Adoptierten geleistet hat. Interessanterweise handelt es sich dabei um das Brautgeschenk (*terḫatu*). Damit wird der eheliche Zweck dieser Adoption bereits angedeutet. Der Passus lautet sinngemäß:

> *Der Vater (PN) und die Mutter (PN) der zweiten Frau (PN) haben Silber von der ersten Frau (PN) erhalten, das Brautgeschenk (terḫatu). Ihre Herzen sind zufrieden.*

Es scheint, als sei es die erste Frau, die die zweite heiratet - wären nicht der Adoptionsvorgang (*leqû*) und die Adoption zur Schwester (*aḫātu*) genannt. Daß die erste Frau bei der Eheschließung die Rolle des Ehemannes übernimmt, deutet auf langfristige Bindung zwischen den Co-Frauen hin, die im Hinblick auf die rechtlichen Folgen mit einer Eheschließung verglichen werden kann. Andere Vertragsbestimmungen werden diese Beobachtung im folgenden noch bestätigen. Der Passus, der die finanzielle Leistung (*terḫatu*) der ersten Frau festhält, kommt in allen Dokumenten, die sich in ihrem ersten Satz als Adoptionsverträge darstellen, vor.

3.4.1.3.3 Vertragsklausel 3: *Verheiratung der zweiten durch die erste Frau*

Die *Verheiratung der zweiten durch die erste Frau* ist inhaltlich eng mit der *Adoption der zweiten durch die erste Frau* verbunden[346]. In drei der fünf Adoptionsverträge steht die Formel direkt im Anschluß an die einleitende Feststellung der Adoption[347]: Sinngemäß lautet der Satz:

> *Die erste Frau (PN) wird die zweite Frau (PN) ihrem Ehemann (PN) in die Ehe geben (nadānu).*

---

[344] In *CT 45 119* ist die Adoption einer weiteren Frau erst im Anschluß an die eheliche Ausstattung der ersten Frau erwähnt.

[345] In *Meissner BAP 89* und *TIM 5 1* nehmen die Adoptionsregelungen den breitesten Raum ein.

[346] *BIN 7 173, CT 48 57, UET 5 87*

[347] In *CT 48 48* steht dafür die unten dargestellte *Positionsformel für die zweite Frau*. Ähnlich wie diese stellt auch die Erwähnung der Übergabe der adoptierten Frau in die Ehe eine Positionsbestimmung der zweiten Frau als Ehefrau des Mannes dar; vgl. weiter im Text.

Wie bei den *nadītu*-Ehen mit unfreien Frauen des KH, tritt die erste Frau als Ehestifterin für die weitere Verbindung auf. Im Unterschied zum KH muß es sich bei der Zweitfrau jedoch um keine Sklavin handeln.

3.4.1.3.4 Vertragsklausel 4: *Positionsformel für die zweite Frau*

Im Mittelteil eines Vertrages wird das Verhältnis der Co-Frauen zueinander bestimmt. Die erste dieser Klauseln ähnelt inhaltlich der *Verheiratung der zweiten durch die erste Frau*[348]. Sie steht nur einmal in einem ausgesprochenen Adoptionsvertrag[349]. Sonst kommt die Wendung in Eheverträgen[350], Kaufverträgen[351] oder Verträgen zur Eheausstattung[352] vor. Immer dient sie dazu, das Verhältnis der Beteiligten einer polygynen Ehe zueinander zu klären. Die *Positionsformel für die zweite Frau* ist unpersönlich formuliert. Der Passus lautet sinngemäß:

> *Die zweite Frau (PN) ist eine Sklavin ((SAG) GEME₂/ amtu) für die erste Frau (PN) und eine Ehefrau (aššatu) für den Mann (PN).*

Die Formel bestimmt die eheliche Position der zweiten Frau im Beziehungsgeflecht zwischen dem Ehemann *und* der ersten Frau. Diesen beiden Personen gegenüber nimmt sie eine je unterschiedliche Position ein. Sie wird der ersten Frau gegenüber als eine Sklavin ((SAG) GEME₂/ amtu), dem Mann gegenüber dagegen als eine Ehefrau (*aššatu*) bezeichnet.

3.4.1.3.5 Vertragsklausel 5: *Eheliche Verbundenheitsformel der Co-Frauen*

Zwei ähnliche Wendungen regeln das Verhältnis der Co-Frauen gegenüber dem Mann im Falle einer Scheidung; sie werden als *eheliche Verbundenheitsformel der Co-Frauen* bezeichnet.

1. Variante:

Die erste Formel lautet sinngemäß[353]:

> *Derjenige, der die eine Frau in die Ehe nimmt (aḫāzu[354]), nimmt auch die andere in die Ehe, derjenige, der die eine Frau verläßt (ezēbu[355]), verläßt auch die andere.[356]*

---

[348] *Die Positionsformel für die zweite Frau* kommt mit leichten Abweichungen in folgenden Verträgen vor: *CT 4 39a, CT 8 22b, CT 45 119, CT 48 48, TIM 4 49.*

[349] *CT 48 48.* Die Klausel scheint hier stellvertretend für die *Verheiratung der zweiten durch die erste Frau* gebraucht zu werden.

[350] *CT 4 39a, TIM 4 49*

[351] *CT 8 22b*

[352] *CT 45 119*

[353] *BIN 7 173, TIM 4 49* und *UET 5 87*

[354] Vgl. Kap. 1.3.

Der Satz besagt, daß die Frauen gemeinsam mit dem Mann verheiratet sind und die Ehe - im Falle der Scheidung - nur gemeinsam verlassen. Er schützt die *einzelne* Frau vor der Scheidung, denn die Verstoßung einer der beiden Frauen würde für den Mann zugleich den Verlust der anderen zur Folge haben[357].

2. Variante

Derselbe Sachverhalt kann auf andere Weise ausgedrückt werden und heißt dann sinngemäß[358]:

> *Wenn die eine Frau eintritt (erēbu), tritt auch die andere ein, wenn die eine Frau herausgeht (waṣû), geht auch die andere heraus.*

Der Begriff *erēbu*[359] meint *eintreten* im Sinne von hineingehen (bsp. in einen Raum). Im Kontext der Ehe bezeichnet er den Einzug einer der EhepartnerInnen in das Haus des/ der anderen. Der Begriff *waṣû*[360] drückt *herausgehen* im Sinne vom weggehen aus (bsp. aus einem Raum). Da *waṣû* kein typischer ehelicher Terminus ist, ist umstritten, ob es sich bei der Klausel um eine Regelung zum Thema Ehe und Scheidung handelt. Auf Grund des Gebrauchs von *erēbu*[361] wird der Passus im CAD als Eherechtsbestimmung verstanden[362]. Raymond WESTBROOK nimmt dagegen an, die Formel regle das tägliche Verhalten der Co-Frauen untereinander[363]. Er versteht *erēbu* und *waṣû* als Handlungen, die sich aus dem Zusammenleben der Frauen ergeben. Der Satz würde dann

---

[355] Vgl. Kap. 1.3.

[356] Zur Begründung dieser Übersetzung vgl. Raymond WESTBROOK (1988B, 109f).

[357] Es gibt zwei Verträge, in denen die erste *eheliche Verbundenheitsformel* zusammen mit den üblichen Scheidungsworten erwähnt wird, und zwar einmal direkt vor dieser und somit gegen Ende des Dokuments (*BIN 7 173*) und einmal fast zu Anfang eines Vertrags, dessen Schluß die Scheidungsworte bilden (*TIM 4 49*). Vielleicht wird die Scheidung damit aus zwei Perspektiven dargestellt: Aus der Sicht der Frauen wird deren Verbundenheit betont, aus der Sicht des Mannes werden die Bedingungen für die Scheidung (von beiden Frauen!) geregelt.

[358] *CT 4 39a, CT 45 119* (hier ist nur von *erēbu, eintreten*, die Rede), *CT 48 67.*

[359] Vgl. Kap. 1.3.

[360] *waṣû* kann mit *herausgehen, fortgehen* übersetzt werden (AHw, Bd. S-Z, 1475) entspricht hebr. יצא; vgl. Teil II, Kap. 3.2.1.1.

[361] Vgl. CAD (Bd. E, 264).

[362] In CAD (ebd.) heißt es: "... *she (the future wife) enters (the house of the husband) voluntarily and she may leave (it) whenever she wishes*".

[363] Raymond WESTBROOK (1988B, 109) bespricht die *eheliche Verbundenheitsformel der Co-Frauen* sowie die weiter unten genannte *Verhaltensformel zwischen Co-Frauen* in einem Abschnitt des Kapitels zur Polygamie, den er mit "*Legal maxims*" überschreibt. Im ersten Satz dieses Abschnitts äußert er die Vermutung, daß es sich bei diesen sehr eigenen Formulierungen um altertümliche Überlieferungen handelt: "*Three different clauses to be found in the polygamy contracts have in common a pithy, idiomatic mode of expression, which suggests that they are legal maxims of some antiquity*". Die Besonderheit der Sprache muß meiner Ansicht nach kein Hinweis auf deren hohes Alter sein, zumal ähnliche Formulierungen auch in älteren Quellen nicht belegt sind. Die oben gebotene Übersetzung folgt Raymond WESTBROOKs Argumentation (1988B, 110).

bedeuten, daß die eine Frau der anderen folgen muß, wenn diese einen Raum betritt oder verläßt.

Die Terminologie und der vertragliche Kontext des Passus sprechen dafür, die Wendung als eherechtliche Klausel zum Thema Scheidung zu verstehen. Westbrooks Hauptargument ist nicht zutreffend: Er stellt fest, daß die Formel in den drei Verträgen, in denen sie auftritt, im Zusammenhang von allgemeinen Regelungen zwischen den Co-Frauen steht und nicht im Zusammenhang von Scheidungsbestimmungen[364]. Dagegen kann ich eine solche Anordnung nicht ausmachen[365]: Die Klausel steht zweimal im vorderen Mittelteil[366] und einmal am Schluß eines Vertrages[367]. Die Scheidungsworte werden in derselben Weise angeordnet (s.u.). Die drei Verträge, die diese Variante der *ehelichen Verbundenheitsformel* beinhalten, weisen im Unterschied zu den meisten anderen Verträgen keine weiteren Scheidungsbestimmungen auf. Damit liegt der Rückschluß nahe, daß die Wendung die sonst üblichen Scheidungsworte ersetzt. Ein weiterer Grund spricht dafür, daß diese Klausel ebenso einen Beitrag zum Thema Ehe und Scheidung darstellt, wie die zuerst genannte Variante der *ehelichen Verbundenheitsformel*. In keinem der Texte werden beide Varianten zusammen erwähnt - dies würde eine Doppelung bedeuten. Bei allen anderen Formeln kommt es dagegen in der Regel zu Überschneidungen. Westbrooks These kann daher nicht bestätigt werden.

3.4.1.3.6 Vertragsklausel 6: *Kultdienstformel zwischen Co-Frauen*

Die *Kultdienstformel zwischen Co-Frauen* bezeichnet eine Klausel, die ein bestimmtes Verhalten zwischen den Co-Frauen vertraglich festhält[368]. Die zweite Frau wird der ersten untergeordnet und soll ihr Dienste leisten. Wie bei allen Bestimmungen des vertraglichen Mittelteils wird auch hier keine Sanktion für den Fall der Nichteinhaltung genannt. Es heißt sinngemäß:

Die zweite Frau (PN) soll der ersten Frau (PN) die Füße waschen und ihren Stuhl zum Tempel ihres Gottes tragen.

---

[364] "*.... it occurs in the context of the relations of the wives themselves, and not between them and their husband ...*" Raymond WESTBROOK (1988B, 110).

[365] Der obigen Kurzfassung der Texte (Kap. 3.3.1.3) kann die Reihenfolge der Regelungen entnommen werden.

[366] In *CT 48 67* geht die Feststellung voran, daß ein Mann seiner Schwester eine andere Frau geschenkt hat. Die sich an die *eheliche Verbundenheitsformel der Co-Frauen* anschließende Bestimmung ist die *Verhaltensformel zwischen Co-Frauen*. Im letzten Dokument, *CT 45 119*, schließt sich die Wendung direkt an die Aufzählung der Eheausstattung einer Frau an und wird gefolgt von einer Bestimmung, die das Verhältnis von Ehemann und Ehefrauen betrifft.

[367] *CT 4 39a*; die *Kultdienstformel zwischen Co-Frauen* geht der Bestimmung voraus.

[368] *CT 2 44, CT 4 39a, CT 48 57, CT 48 67, Meissner BAP 89, TIM 4 47*

Das Waschen der Füße zusammen mit der Erwähnung des Tempels, zu dem der Stuhl der ersten Frau getragen werden soll, lassen auf einen kultischen Kontext der Klausel im Bereich des Tempels schließen. Die erste Frau wird in einem Vertrag als *nadītu* bezeichnet[369]; in zwei weiteren kann auf Grund des erwähnten Tempels angenommen werden, daß es sich bei ihr ebenfalls um eine *nadītu* handelt[370]. Ein dienendes Verhalten der zweiten Frau wird auch in anderen Verträgen genannt, jedoch nicht in Form einer standardisierten Klausel und ohne Hinweise auf kultische Handlungen.

3.4.1.3.7 Vertragsklausel 7: *Verhaltensformel zwischen Co-Frauen*

Die letzte Formel des Mittelteils ist die *Verhaltensformel zwischen Co-Frauen*[371]. Es handelt sich um eine schwer interpretierbare, eigentümlich erscheinende Wendung[372]. Die folgende Lesart folgt der Übersetzung von Westbrook[373] und heißt dann sinngemäß:

Wenn die erste Frau (PN) ärgerlich ist (zenû), wird auch die zweite Frau (PN) ärgerlich sein, und wenn die erste Frau (PN) friedlich ist (salāmu), wird auch die zweite Frau (PN) friedlich sein.

Zwei Möglichkeiten des Verständnisses der Klausel können in Erwägung gezogen werden:

1. Die Übersetzung im CAD legt eine Interpretation nahe, bei der die Wendung als gleichförmiges Verhalten der Frauen gegenüber dem gemeinsamen Ehemann verstanden wird[374]. Die zweite Frau muß sich dem wohlgesinnten oder zornigen Verhalten der ersten Frau dem Mann gegenüber anpassen. Damit entstünde bei Konflikten mit dem Mann eine gemeinsame Front der Ehefrauen. Das Ziel dieser Regelung könnte dasselbe sein, wie das der *ehelichen Verbundenheitsformel*; sie würde die Solidarität der Frauen fördern - und zwar bereits im Vorfeld einer möglichen Scheidung[375].

---

[369] *TIM 4 47*

[370] Vgl. zu *CT 2 44* und *Meissner BAP 89* Rivkah HARRIS (1974, 363-369). Dasselbe könnte für *CT 4 39a* angenommen werden. In *TIM 4 47* ist kein Tempel genannt - allerdings ist der Text an dieser Stelle beschädigt und nicht sicher zu entziffern; vgl. Raymond WESTBROOK (1988B, 131).

[371] *CT 2 44, CT 48 48, CT 48 57, CT 48 67, Meissner BAP 89, TIM 4 47*

[372] Vgl. Anm.370.

[373] Raymond WESTBROOK (1988B, 109).

[374] Es heißt dort: "... PN₂ *(the second wife) will side with PN (the first wife) whether she (PN) is on bad or good terms (with her husband)*" (CAD, Bd. Z, 85f).

[375] Auch eine frei formulierte Regelung in *CT 48 57* trifft Vorkehrungen für das Verhältnis der Co-Frauen zum Ehemann. Sie verbietet der Zweitfrau, sich dem Mann in Gegenwart der ersten Frau zu nähern.

2. Nach einem anderen Verständnis sucht der Vertrag den alltäglichen Umgang der Co-Frauen miteinander zu regeln. Die zweite Frau soll sich solange freundlich verhalten, solange die erste Frau sie gut behandelt. Wenn die erste Frau unfreundlich ist, hat sie das Recht, sich ihr gegenüber ebenfalls verärgert zu zeigen. Die Regelung würde auf diese Weise ein ungerechtfertigt aggressives Verhalten der zweiten Frau gegenüber der ersten verbieten. Die zweite Frau könnte sich mit Hilfe dieser Regelung bei schlechter Behandlung zur Wehr setzen. Träfe diese Interpretation zu, so würde es sich um die einzige Vertragsregelung handeln, die der zweiten Frau ein Widerstandsrecht gegenüber der ersten Frau zugesteht. Der Text würde zeigen, daß das Verhältnis zwischen den Frauen sehr angespannt sein konnte, da es einer solchen Regelung bedurfte[376].

Für die zweite Interpretation der *Verhaltensformel* im Sinne einer Bestimmung zum gegenseitigen Umgang der Co-Frauen miteinander spricht, daß die Klausel in der Regel zusammen mit der *Kultdienstformel* vorkommt[377]. Beide widmen sich dem Verhältnis zwischen den Co-Frauen im täglichen Zusammenleben. Eine frei formulierte Bestimmung, die der *Verhaltensformel* inhaltlich ähnelt, verbietet der zweiten Frau, die erste zu *ärgern*[378]; sie schließt sich direkt an die *Verhaltensformel* an.

3.4.1.3.8 Vertragsklausel 8: *Trennungsworte zwischen Co-Frauen*

Die Klauseln am Ende eines Vertrages regeln das Auseinandergehen der beteiligten Personen. Die festgelegten Strafmaße können von Vertrag zu Vertrag verschieden sein. Die *Trennungsworte zwischen Co-Frauen* schließen einen Vertrag ab, sofern keine weiteren Scheidungsbestimmungen genannt sind[379]. In zwei Verträgen stehen die *Trennungsworte* für die Auflösung einer schwesterlichen Adoptionsbindung[380]. Im dritten Vertrag kündigt eine Sklavin mit dieser Formel das Untergebenenverhältnis zu ihrer Eigentümerin und Co-Frau auf[381]. Sinngemäß lauten die *Trennungsworte zwischen Co-Frauen*:

Wenn die erste Frau (PN) zu ihrer Schwester (aḫātu + PN) sagt: "Du bist nicht meine Schwester (aḫātu)", wird die zweite Frau die Hand ihres Kindes nehmen und gehen.

---

[376] Nicht verklausulierte Vertragsbestimmungen weisen in eine ähnliche Richtung, vgl. *CT 48 48, CT 48 57, Waterman 39.*

[377] Anders nur *CT 48 48.*

[378] *CT 48 48*, ähnlich *Waterman 39.*

[379] *Meissner BAP 89*

[380] *Meissner BAP 89, TIM 5 1*

[381] *CT 8 22b*

*Und wenn die zweite Frau (PN) zu ihrer Schwester (aḫātu + PN) sagt: "Du
bist nicht meine Schwester (aḫātu)", wird die erste Frau die zweite Frau
scheren und verkaufen.*

Die zweite Frau trifft die härtere Strafe. Ob die Trennung von der ersten oder
der zweiten Frau ausgeht - die zweite Frau muß in jedem Fall das Haus
verlassen. In einem Vertrag wird ihr erlaubt, ihr Kind mitzunehmen[382]; bei
eigenem Trennungswunsch droht ihr dagegen die Sklaverei.

3.4.1.3.9 Vertragsklausel 9: *Scheidungsworte zwischen Mann und Frau(en)*

Die *Scheidungsworte zwischen Mann und Frau(en)* sind die letzten der hier
besprochenen verklausulierten Formulierungen[383]. Auf zwei verschiedene Arten
werden die Scheidungskonditionen mit Hilfe der Scheidungsworte geregelt.

1. Variante

Die verba solemnia *"Du bist nicht mein Ehemann/ meine Ehefrau"* können
zwischen der ersten Frau und dem Ehemann gewechselt werden. Es gibt keinen
Text, in dem nur die zweite Frau angesprochen wird. Von den Folgen ist aber
auch sie betroffen. Die zweite Frau wird unter die erste subsumiert[384]. Der Text
lautet sinngemäß:

*Wenn der Mann (PN) zur ersten Ehefrau (DAM/ aššatu + PN) sagt: "Du bist
nicht meine Ehefrau (DAM/ aššatu)", wird sie die Hand der zweiten Frau
(PN) nehmen und gehen. Wenn die erste Frau (PN) zu ihrem Ehemann (+
PN) sagt: "Du bist nicht mein Ehemann", werden sie gebunden und ins
Wasser geworfen.*

Die Co-Frauen sind durch eine vom Mann ausgehende Scheidung nicht
auseinanderzubringen. Sie treten gegenüber dem Ehemann als untrennbar auf.

2. Variante

Die verba solemnia können auch zwischen beiden Frauen und dem Ehemann
gewechselt werden[385]. In der Folge betreffen sie ebenfalls beide Frauen. Der Text
lautet dann sinngemäß:

*Wenn die erste (PN) und die zweite Frau (PN) zu ihrem Ehemann (+ PN)
sagen: "Du bist nicht unser Ehemann", werden sie gebunden und ins
Wasser geworfen. Wenn der Mann (PN) zu seinen Ehefrauen (DAM/ aššatu),*

---

[382] *Meissner BAP 89*
[383] *BIN 7 173, CT 2 44, Meissner BAP 89, TIM 4 46, TIM 4 47, TIM 4 49.* Nur in einem
Vertrag schließen die Scheidungsbestimmungen sich direkt an das Eingangsthema an, so in
CT 2 44.
[384] So in *BIN 7 173, TIM 4 47* und *TIM 4 49.* In allen Verträgen sind die Co-Frauen (Adoptiv-)
Schwestern.
[385] *CT 2 44, Meissner BAP 89, TIM 4 46*

zur ersten (PN) und zur zweiten Frau (PN), sagt: "Ihr seid nicht meine Ehefrauen (DAM/ aššatu)", soll er Silber zahlen.

Daß es in manchen Fällen reale Scheidungsmöglichkeiten für Frauen gab, zeigt ein Vertrag, der den Frauen im Falle der Scheidung *nicht* mit dem Tod droht[386]. Für scheidungswillige Männer sind neben dem Verlust der zweiten Frau Straf-zahlungen in teilweise erheblicher Höhe belegt[387].

3.4.2 Formen von Polygynie

Alle aB Privatdokumente zur Polygynie weisen, soweit sie dazu Aussagen machen, bigyne Ehen auf. Im folgenden wird untersucht, wie die aus den Kodizes schon bekannten Eheformen in den Verträgen vorkommen. Eine bisher nicht erwähnte Form kommt bei den privaten Dokumenten hinzu: die Polygynie mit verwandten Co-Frauen.

3.4.2.1 Polygynie mit unfreien Co-Frauen

In fünf aB Privatdokumenten zur Polygynie heißt es von der zweiten Frau, daß sie eine (SAG)GEME₂/ *amtu* ist, so in *CT 4 39a, CT 8 22b, CT 45 119, CT 48 48, TIM 4 49.* Die so bezeichneten Frauen scheinen in der Regel keiner unfreien Gesellschaftsgruppe anzugehören (Kap. 3.4.2.1.1). Zwei weitere Verträge erwähnen Zweitfrauen, die ihrem sozialen Rang nach unfrei sind, ohne daß sie unfrei genannt werden, nämlich *CT 8 37d* und *CT 48 67* (Kap. 3.4.2.1.2). Diesen schwierigen Sachverhalt gilt es zu klären. Anschließend wird untersucht, was (SAG) GEME₂/ *amtu* in der *Positionsformel* über eine zweite Frau aussagt (Kap. 3.4.2.1.3). Ein Ergebnisteil faßt die Beobachtungen zu unfreien Co-Frauen in polygynen Ehen zusammen (Kap. 3.4.2.1.4).

---

[386] *BIN 7 173*; vgl. KH § 149 (kranke Frau), § 142 (Ehemann kommt seinen Pflichten nicht nach).

[387] So in *CT 2 44* (Mann verliert Haus und Hausrat), *Meissner BAP 89, TIM 4 46* und *TIM 4 49.*

3.4.2.1.1 Bezeichnung einer Co-Frau als (SAG) GEME₂/ *amtu*

Fünf Dokumente nennen die zweite Frau in der *Positionsformel für die zweite Frau* eine Sklavin. Es heißt, daß die zweite Frau gegenüber der ersten eine (SAG) GEME₂/ *amtu*[388] ist, gegenüber dem Mann dagegen eine DAM/ *aššatu*.

Bei der Frau in *CT 4 39a*[389] handelt es sich um die Adoptivtochter einer *nadītu* des Schamasch[390]. Offen ist, ob die adoptierte Frau ursprünglich eine unfreie oder eine freie Frau ist. War sie vor der Adoption unfrei, so steht ihr die Freiheit spätestens nach dem Tod ihrer Adoptivmutter zu[391]. *CT 45 119, CT 48 48* und *TIM 4 49* sind nicht weniger überraschend. Auch hier ist die (SAG) GEME₂/ *amtu* eine (adoptierte) Verwandte der ersten, freien Frau[392]. In *CT 45 119* ist die zweite Frau selber frei, sie ist nämlich eine *šugītu*. Aus dem Kontext der Verwandtschaft/ Adoption wird in allen vier Verträgen deutlich, daß die zweite Frau ihrem sozialen Status nach wahrscheinlich frei ist. Dem widerspricht die Bezeichnung als Unfreie durch die *Positionsformel*.

---

[388] Der Terminus für eine unfreie Frau ist in den zwei Belegen *CT 48 48* und *TIM 4 49* (SAG) GEME₂. Der sum. Begriff SAG meint eine Stückzahl, wörtlich *ein Kopf*. Zwei weitere Verträge *CT 8 22b* und *CT 45 119* machen vom akkad. Äquivalent Gebrauch und nennen die zweite Frau im Verhältnis zur ersten eine *amtu*. In der letzten Bestimmung *CT 4 39a* ist das Dokument an der ausschlaggebenden Stelle gebrochen, so daß der dort verwendete Begriff nicht deutlich entziffert werden kann. Vielleicht kann auch die freie Formulierung in *TIM 4 47* als Hinweis auf die untergeordnete Stellung der zweiten Frau gesehen werden. Das hier verwendete Verb *(w)arādu* könnte auf dieselbe Wurzel zurückgehen wie das Wort für einen männlichen Sklaven (*wardu*) und damit das *Dienen* der zweiten gegenüber der ersten Frau ausdrücken.

[389] *CT 4 39a* lautet:
   "*Nur-ilishu son of Puzur-DN has taken Tasah-ana-alisha daughter of Amat-Shamash nadītum of Shamash daughter of Shubula- ... from her mother Amat-Shamash nadītum of Shamash for marriage.*
   Her mother Amat-Shamash has received 5 shekels of silver; her heart is satisfied.
   Tasah-ana-alisha [(is a] sl[ave)] to Belessunu,
   [she is a wife to] Nur-[ilishu.]
   She shall carry her chair to the [temple of Shamash], she shall wash [her feet], ... she shall put ... (a garment??) ... upon them.
   "*Whenever she (B) enters, she (T) shall enter, whenever she goes out, she shall go out...*" (Raymond WESTBROOK, 1988B, 117).

[390] Da eine *nadītu* des Schamasch weder heiratet noch Kinder gebiert, ist anzunehmen, daß es sich bei der Tochter um eine adoptierte Frau handelt.

[391] Vgl. Exkurs 2. Es sind Fälle von zeitlich früher freigelassenen SklavInnen belegt; vgl. Rivkah HARRIS (1975).

[392] In *CT 45 119* und *TIM 4 49* sind die Co-Frauen wohl Adoptivschwestern; in *CT 48 48* wird nicht gesagt, welche verwandtschaftliche Beziehung die adoptierte zweite Frau zur ersten Frau unterhält. Fraglich ist, ob auch Sklavinnen zu Schwestern adoptiert werden konnten und welchen gesellschaftlichen Rang sie dadurch erhielten.

Der fünfte Vertrag *CT 8 22b*[393] unterscheidet sich von den vorhergegangenen. Ein Ehepaar *kauft (šâmu)* eine Sklavin zum Zweck der Ehe mit dem Mann. Der Kauf weist deutlich auf den unfreien Status der Frau hin. Entsprechend wird im Vertrag anstelle eines im ehelichen Kontext üblichen Brautgeschenkes (*terḫatu*) die Zahlung des Kaufpreises (ŠÁM) für die gekaufte Frau erwähnt. Es handelt sich in *CT 8 22b* um einen freien Mann, der seine Tochter verkauft. Wäre er unfrei, könnte er den Verkauf nicht vornehmen. Auch dieser Vertrag weist wohl auf die freie Herkunft der zweiten Frau hin. Möglich ist, daß es sich bei ihr um eine Adoptivtochter des Mannes handelt. Der Verkauf von Adoptivverwandten stellt einen häufig erwähnten Strafakt dar, der die Folge der Infragestellung der Adoptivbindung durch die adoptierte Person sein kann. Es kann sich bei der Transaktion auch um den Verkauf der Tochter in die Schuldsklaverei handeln[394]. Gründe für den Verkauf werden nicht genannt. Daß die zweite Frau auf Dauer im Haushalt des kaufenden Ehepaares bleibt, geht aus der Ehe mit dem Mann hervor.

Das Verhältnis zwischen erster und zweiter Frau wird als das zwischen *amtu* und *bēltu* (*Herrin*) bezeichnet. Darin wird das Untergebenenverhältnis deutlich. Einer Zweitfrau, die diese Zuordnung in Frage stellt, droht der Weiterverkauf als Sklavin[395], der sicherlich zu einer Verschlechterung ihrer Situation führen würde[396]. Anders als in den Kodizes sind es im vorliegenden Vertrag ausdrücklich der Mann *und* die erste Frau, die die weitere Frau erwerben. Die erste Frau scheint als Eigentümerin Vorrang vor dem gemeinsamen Ehemann zu haben; darauf weisen die Bezeichnungen Sklavin und Herrin und das Verbot der Infragestellung dieses Verhältnisses hin.

---

[393] *CT 8 22b* lautet:

> "*Bunene-abi and Belessunu have purchased (šamû) Shamash-nuri daughter of Ibbi-Shahan from her father Ibbi-Shahan.*
> *To Bunene-abi she is a wife (aššatu), to Belessunu she is a slave (amtu).*
> *The day that Shamash-nuri says to her mistress (bēltu) Belessunu "You are not my mistress (bēltu)", she will shave her and sell her.*
> *He/she has paid 5 shekels of silver for her full purchase-price (ŠÁM)...*" (Raymond WESTBROOK, 1988B, 119).

[394] KH § 117, vgl. Kap. 3.3.2.1.1.

[395] So die Strafdrohung, die mit diesen *Trennungsworten der Co-Frauen* einhergeht.

[396] KL § 25, KH §§ 119, 170f

3.4.2.1.2 Keine Bezeichnung einer Co-Frau als (SAG) GEME₂/ *amtu*

In zwei Verträgen ohne *Positionsformel* wird (SAG) GEME₂/ *amtu* nicht genannt, obwohl die Zweitfrau unfrei ist. Nach **CT 48 67**[397] gibt (*nadānu*) ein Mann seiner Schwester eine Frau. Es scheint sich dabei um eine Schenkung zu handeln, da keine Zahlung und kein Preis erwähnt sind. Die übergebene Frau muß zuvor im Besitz des Mannes und damit unfrei gewesen sein. Auf den geringen gesellschaftlichen Rang der zweiten Frau weist eine Vertragsregelung hin, die mit der Schenkung einhergeht: Die Kinder der unfreien Frau werden rechtlich ausschließlich der beschenkten Frau zugeschrieben. Diese ist wahrscheinlich kinderlos. Eine *Positionsformel* wird nicht genannt, denn ein Ehemann, dem die Zweitfrau als *Ehefrau* damit zugeordnet worden wäre, kommt nicht in den Blick. Lediglich drei Bestimmungen für das Verhältnis zwischen den Co-Frauen[398] und die genannte Regelung für die Kinder weisen auf den ehelichen Kontext des Vertrages hin. Der gemeinsame Ehemann tritt hinter seiner Funktion als Erzeuger der Kinder zurück[399]; er wird selbst nicht genannt[400]. Vielleicht ist dies ein Hinweis auf den getrennten Aufenthalt von Co-Frauen und Ehemann. Die Erstfrau ist wohl eine *nadītu* (s.u.).

CT 8 37d[401] regelt die Adoption (*leqû*) eines Kindes durch dessen Vater. Weitere vier Geschwister des Kindes werden *nicht* adoptiert. Die Adoption entspricht

---

[397] **CT 48 67** lautet:

> "*Ahum-waqar son of Ilshu-ibni has given (nadānu) PN daughter of PN₂ to his sister Erish-Sagila and*
> "*whenever she (E) enters, she (PN) shall enter, whenever she goes out, she shall go out*".
> "*Whenever she is angry, she will be angry, whenever she is friendly, she will be friendly*".
> *She (PN) shall carry (E's) chair to the temple of...*
> *She shall wash her feet.*
> *(If) she bears ten children, they are the children of Erish-Sagila...*" (Raymond WESTBROOK, 1988B, 125).

[398] *Eheliche Verbundenheitsformel der Co-Frauen, Verhaltensformel zwischen Co-Frauen* und *Kultdienstformel zwischen Co-Frauen*. Vgl. dagegen die Adoption einer Frau zur Tochter/ Schwiegertochter einer *nadītu* des Schamasch in CT 47 40 oder *Waterman 72.*

[399] Auf die Heirat der Frauen weist die Sollbestimmung der *ehelichen Verbundenheitsformel der Frauen* hin.

[400] Ähnlich die Bestimmungen des KH zur Polygynie mit unfreien Zweitfrauen, die der ersten Frau zugeordnet sind. Dort kommt die Zweitfrau nur noch unpersönlich und in einer Wendung vor, die besagt, daß die erste Frau/ *nadītu* ihren Mann Kinder hat *bekommen lassen*, vgl. zum KH §§ 137, 145 und 163 Kap. 3.3.2.1.2.

[401] **CT 8 37d** lautet:

> "*Shahira son of Belessunu took Azatum (as a concubine) and she bore him five sons.*
> *Among the five sons whom Azatum bore to Shahira, Shahira has adopted Yakunum his eldest son.*
> *In the future Azatum's brothers shall not raise claims against Shahira...*" (Raymond WESTBROOK, 1988B, 120).

einer *erbrechtlichen Anerkennung*[402]. Das Kind wird mit der Adoption als "*sein
(des Mannes) Sohn*" bezeichnet. Ihm stehen Erbrechte zu, die die übrigen Kinder
nicht genießen; deren mögliche Ansprüche werden ausdrücklich zurückgewiesen.
Der Vorgang der erbrechtlichen Anerkennung weist auf die Unfreiheit der
Mutter des Kindes hin. Dafür spricht auch, daß in *CT 8 37d* keine Eltern der
Braut genannt werden. Die zu Anfang des Vertrages erwähnte Eheschließung
liegt in verkürzter Form vor: *aḫāzu* weist auf die Ehe hin, ohne daß der neue
Status der Frau als *Ehefrau* genannt wird[403]. Raymond WESTBROOK gibt den
Vertrag deshalb mit einem erklärenden Zusatz wieder, der besagt, daß der Mann
die Frau zur *Konkubine* genommen habe. Seiner Definition nach ist eine
Konkubine eine unfreie Frau, die mit einem freien Mann verbunden ist, ohne daß
eine Eheschließung vorliegt[404]. Mit *aḫāzu* wird jedoch sehr wohl ein Ehetermi-
nus verwendet. Davon abgesehen sind weder das Vorhandensein noch das Fehlen
von ehelichen Begriffen ein sicherer Hinweis auf eine Eheschließung. Festgehalten werden kann, daß die im Vertrag genannte Zweitfrau den sozialen Status
einer unfreien Frau hat. Der Vertrag erwähnt keine Erstfrau, weil das Erbrecht
des Kindes der unfreien Co-Frau im Zentrum steht[405].

Zusammenfassend läßt sich sagen, daß bei insgesamt drei aB Dokumenten aus
den Vorgängen des Kaufes (*CT 8 22b*), der Übergabe/ Schenkung einer Frau
(*CT 48 67*) und aus der Adoption eines Kindes (*CT 8 37d*) ersichtlich wird, daß
die genannte Zweitfrau unfrei ist. Der Begriff *amtu* wird in nur einem Fall
ausdrücklich genannt - und zwar im Zusammenhang mit der *Positionsformel*
(*CT 8 22b*).

---

[402] Vgl. KL §§ 25-27 und KH §§ 170f.

[403] In der Regel besagt die volle Wendung, daß der Mann die Frau *ana aššatim* (*zur
Ehefrauschaft*, bsp. *TIM 4 47*) oder *ana aššūti u mutūti* (*zur Ehefrauschaft und Ehemann-
schaft*, bsp. *CT 2 44*) genommen hat (*aḫāzu*). Die verkürzte Formulierung tritt auch in den
Kodizes mehrfach auf und ist für einen Rechtssatz nicht ungewöhnlich. So heißt es im KH,
ein Mann habe eine *nadītu* genommen (*aḫāzu*), ohne daß die Ehe ausdrücklich erwähnt
wird; in ähnlicher Weise ist davon die Rede, daß eine *nadītu* ihrem Ehemann eine Sklavin
gibt (*nadānu*),.

[404] Vgl. Exkurs 2.

[405] Es bleibt offen, welche Folgen die Geburt von Kindern und die erbrechtliche Anerkennung
für die unfreie Frau haben. Erhält sie, wie die Sklavin im KL § 25 und KH §§ 119 und 171,
die Freilassung oder darüber hinaus Versorgungsrechte, wie die *KARKID* im KL § 27? Offen
bleibt auch, ob die Frau im Haushalt des Mannes lebt und wie das erbrechtliche Verhältnis
zwischen dem anerkannten Kind und etwaigen Kindern einer ersten, freien Frau geregelt
ist.

3.4.2.1.3 Interpretation der *Positionsformel für die zweite Frau*

Wenn (SAG) GEME₂/ *amtu* in der *Positionsformel für die zweite Frau* nicht den sozialen Rang der zweiten Frau bezeichnen, müssen sie auf einen anderen Aspekt der polygynen Konstellation hinweisen. Aus dem Vergleich mit anderen aB Verträgen und den Kodizes lassen sich drei Schlüsse ziehen[406]:

1. IM KH und in den Privatverträgen weist (SAG) GEME₂/ *amtu* auf eine Subordination der zweiten unter die erste Frau hin[407]. Im KH gibt es nur ein Beispiel für eine ähnlich untergeordnete freie Co-Frau. In § 141 wird eine freie Frau im Zuge eines Strafaktes wie eine GEME₂ behandelt[408]. Der Paragraph stützt das Verständnis der *Positionsformel* als Aussage über das Verhältnis zwischen den Co-Frauen.

2. Der Begriff (SAG) GEME₂/ *amtu* könnte in der *Positionsformel* ein Hinweis auf eine besondere ehe- und erbrechtliche Regelung sein, nämlich auf die rechtliche Zugehörigkeit der Kinder einer Zweitfrau zur ersten Frau[409]. *CT 48 67*[410] ist zu entnehmen, daß die Kinder einer unfreien Zweitfrau als die der ersten Frau gelten; die besagte Sklavin ist Eigentum der ersten. Möglicherweise meint (SAG) GEME₂/ *amtu* in der *Positionsformel* etwas ähnliches: Die Kinder der Zweitfrau gelten als die der ersten Frau[411]. Aus Mangel an Vergleichstexten muß es bei einer Vermutung bleiben.

3. KH §§ 146f räumen einer *nadītu* Versklavungs- und Verkaufsrechte gegenüber ihrer GEME₂ ein; Voraussetzung dafür ist ein Vergehen der Zweitfrau oder ihre Kinderlosigkeit[412]. Verschiedene Privatdokumente halten ebenfalls ein Verkaufsrecht der ersten Frau gegenüber einer freien oder unfreien Zweitfrau fest[413], so bsp. *Waterman 39*[414]. Zwei Dokumente mit

---

[406] Im KL gibt es keine unfreie Co-Frau, die gegenüber der ersten Frau deren Sklavin ist. Auch über das Verhältnis einer freien und einer unfreien Co-Frau, die Eigentum des Mannes war, läßt sich aus dem KL nicht viel in Erfahrung bringen. Es wird lediglich festgehalten, daß die Kinder einer unfreien Frau im Gegensatz zu denen einer freien kein automatisches Erbrecht besitzen; vgl. KL §§ 25 und 27.

[407] KH §§ 137 und 144-147, anders wohl § 163.

[408] Vgl. Kap. 3.3.2.1.

[409] Die Regelungen des KH zu Polygynien mit unfreien Co-Frauen, die der ersten Frau zugeordnet sind, sagen über die rechtliche Zugehörigkeit der Kinder der Sklavinnen nichts aus. Für unfreie Zweitfrauen, die Eigentum des Mannes sind (KH §§ 119, 141, 163, 170f), ist ein annähernd gleiches Erbrecht der Kinder erwähnt (KH §§ 170f).

[410] Vgl. Anm. 397. Der Terminus *GEME₂/ amtu* wird dort nicht verwendet.

[411] Vgl. dazu Anm. 431. Umgekehrt zeigt ein Vertrag, in dem zwei freie Co-Frauen einander nicht mit Hilfe der *Positionsformel* zugeordnet werden, daß ihre Kinder ihnen gemeinsamen gehören (*Meissner BAP 89*).

[412] So in KH § 146 (*maḫāru* Št) und § 147; vgl. Kap 3.3.2.2.2.

[413] Die *Trennungsworte zwischen Co-Frauen* besagen, daß die erste Frau die zweite in die Sklaverei verkaufen kann, wenn diese das Adoptivverhältnis (*Meissner BAP 89, TIM 5 1*) oder das Gefüge von *Herrin* und *Sklavin* (*CT 8 22b*) in Frage stellt - letzteres käme einer

Positionsformel erwähnen ausdrücklich ein solches Recht der ersten Frau[415]. Möglicherweise spielt die *Positionsformel* auf ein Versklavungs- und Verkaufsrecht an, das die erste Frau sonst nur gegenüber einer Sklavin innehatte[416].

3.4.2.1.4 Ergebnis

Zusammenfassend kann festgestellt werden, daß die aus den Gesetzessammlungen bekannte klare Unterscheidung zwischen Ehen mit unfreien Zweitfrauen und solchen mit freien Co-Frauen aus den aB Privatdokumenten nicht hervorgeht. Die Bezeichnung als (SAG) GEME₂/ *amtu* wird in den Verträgen vor allem in übertragener Weise verwendet.

Im Rahmen der *Positionsformel für die zweite Frau* drückt (SAG) GEME₂/ *amtu* einen Machtanspruch der ersten Frau über ihre Co-Frau aus. Dieser besteht auch dann, wenn die zweite Frau frei und nicht Eigentum der ersten ist. Die erste Frau kann die zweite *wie* eine unfreie Frau, d.h. im täglichen Leben *wie* ihre Sklavin oder Bedienstete behandeln. Genauer genommen könnte die Klausel darauf hinweisen, daß die erste Frau die Kinder der zweiten als ihre eigenen beansprucht oder die Zweitfrau unter bestimmten Voraussetzungen versklaven oder verkaufen kann.

Gleichstellung im Sinne des KH wohl nahe (*maḫāru Št*, vgl. KH §§ 145f). Der Verkauf durch die erste Frau droht in zwei anderen Fällen Zweitfrauen, die ihre Co-Frau *quälen* (*CT 48 48*) oder *ärgern* (*Waterman 39*); auch hier könnte an den Versuch der Gleichstellung der zweiten mit der ersten Frau gedacht sein. Bemerkenswerterweise besteht das Verkaufsrecht der ersten Frau gegenüber der zweiten in diesen Verträgen, obwohl die Zweitfrau in nur einem Fall ausdrücklich als Eigentum der ersten Frau bezeichnet wird (*CT 8 22b*).

[414] *Waterman 39* lautet:

> "*Ahuni, son of Sin-pilah has paid one third of a mina silver (as) the terhatum of Ishtar-ummi daughter of Ṣalilum to her father Ṣalilum.*
> *Qadimatum is the wife (aššatu) of Ahuni. The day Ishtar-ummi makes Qadimatum angry, Qadimatum will sell Ishtar ummi...*" (Raymond WESTBROOK, 1988B, 136).

[415] *CT 8 22b* und *CT 48 48*.

[416] Im Gegensatz zum KH weist (SAG) GEME₂/ *amtu* in der *Positionsformel* nicht auf eine aktive Beteiligung der ersten Frau beim Zustandekommen der zweiten Ehe hin. Keines der genannten Dokumente enthält die Vertragsklausel *Verheiratung der zweiten durch die erste Frau*, die darauf hindeuten würde.

3.4.2.2 Polygyne *naditu*-Ehe

In drei privaten Dokumenten wird eine *naditu* erwähnt, nämlich in *CT 8 2a, CT 45 119* und *TIM 4 47*[417] (Kap. 3.4.2.2.1). Sechs Dokumente deuten auf andere Weise auf *naditu*-Ehen hin, so *CT 2 44, CT 4 39a, CT 48 48, CT 48 57, CT 48 67, Meissner BAP 89* (Kap. 3.4.2.2.2). Insgesamt weisen damit neun aB Privatdokumente polygyne *naditu*-Ehen auf (Kap. 3.4.2.2.3).

3.4.2.2.1 Bezeichnung einer Frau als *naditu*

Drei Verträge erwähnen eine *naditu* des Marduk als Erstfrau:

1. In *TIM 4 47*[418] wird festgehalten, daß ein Mann eine *naditu* des Marduk und deren Schwester geehelicht hat. Das Dokument widmet sich Scheidungsregelungen und Bestimmungen zum Verhältnis der Co-Frauen. Die ausführlichen Regelungen für die Frauen sprechen dafür, daß es sich um Adoptivschwestern handelt[419]. Daß die Co-Frau einer *naditu* sowohl eine echte als auch eine adoptierte Schwester sein kann, zeigen die folgenden Verträge.

2. In *CT 8 2a*[420] wird die Eheausstattung einer *naditu* des Marduk[421] aufgelistet. Ihre (leibliche) Schwester, eine *šugitu*, ist Teil ihrer Mitgift. Die *naditu*

---

[417]   Weitere aB Verträge nennen andere Frauenklassen aus dem kultischen Bereich. Es handelt sich dabei um Mütter geheirateter oder adoptierter Frauen, die in den Verträgen als elterliche Partei genannt sind. In *CT 4 39a* wird eine *naditu* des Schamasch erwähnt; bei den Müttern der Frauen, die in *CT 48 57* eine Adoptivverbindung eingehen, handelt es sich um eine *qadištu* und um eine *kulmašitu;* siehe Johannes RENGER (1967, 179-187); vgl. Exkurs 2.

[418]   *TIM 4 47* lautet:
   "Ishum-nasir son of Iddin-Nabium has taken Nuttuptum, naditum of Marduk, and her sister Shima-ahati, the daughters of Nur-ilishu and Dashuratum, for marriage.
   Shima-ahati is subordinate ((w)arādu) to her sister Nuttuptum.
   "Whenever she is angry she shall be angry, whenever she is friendly she shall be friendly."
   She shall wash her feet, carry her chair, (and)...(take) (?) ...
   [The day] that Ishum-nasir says to Nuttuptum "(You are) not my wife", she will take the hand of Shima-ahati and leave.
   The day that Nuttuptum says to Ishum-nasir "(You are) not my husband", they will bind her and cast her into the river.
   Nur-ilishu has received 10 shekels of silver, the terhatum of his daughters, from Ishumnasir..." (Raymond WESTBROOK, 1988B, 131)

[419]   So die Festsetzung, daß die zweite Frau sich der ersten unterordnen soll und die *Kultdienstformel.*

[420]   *CT 8 2a* lautet:
   "...1 woman, Surratum the šugitum her sister,
   all this is what her father Sin-eribam son of Awil-Sin had made known to his daughter Lamassani naditum of Marduk and kulmašitum in the temple of

siedelt ausdrücklich in das Haus ihres Ehemannes über. Dasselbe wird für ihre Schwester gelten. Wahrscheinlich ist, daß die Schwester später die Zweitfrau der sonst kinderlosen Ehe werden soll[422]. Die Kinder der *naditu*, von denen das Dokument sagt, daß es ihre späteren ErbInnen sein werden, sind biologisch wohl die der zweiten Frau. Auch wenn die zukünftige Bestimmung der *šugītu* zur Co-Frau bereits zum Zeitpunkt der ersten Heirat feststeht, ist der Mann zunächst nur mit einer *naditu* verheiratet. Die zweite Ehe ist ein eigener rechtlicher Akt.

3. In *CT 45 119*[423] wird im Anschluß an die Auflistung der Mitgift einer *naditu* des Marduk festgehalten, daß die *naditu* eine andere Frau zur Schwester (*aḫātu*) adoptiert. Die *Verbundenheitsformel* und die *Positionsformel* weisen auf die zukünftige Ehe der zweiten Frau mit dem Mann der *naditu* hin - und darauf, daß sie der *naditu* untergeordnet ist (*amtu*). Die zweite Frau ist eine *šugītu*. Sie ist weder durch ihre gesellschaftliche Freiheit als *šugītu* noch durch die (Adoptiv-) Verwandtschaft mit der Erstfrau vor der Subordination geschützt.

In *CT 2 8a* und *CT 45 119* ist die weitere Ehe bereits zum Zeitpunkt der ersten im Blick. Alle drei Verträge zeigen, daß eine *naditu* schon zum Zeitpunkt ihrer Heirat die weitere Ehe ihres Mannes im Auge haben kann. Bei der zweiten Frau handelt es sich in allen drei Fällen um eine echte oder adoptierte Schwester der *naditu*.

Annunitum at her dedication, and (which) afterwards
her mother Shubultum (and) her brothers Qishat-Sin, Imgil-Sin and Sippar-
lisher the sons of Sin-eribam gave her, and
then caused to enter the house of her husband Ilshu-bani son of Sin-iddinam
and has (thus) been given to him.
After one-third of a mina of silver, her terhatum, has been bound in her hem
and returned to her husband Ilshu-bani, thenceforth her children are her
heirs..." (Raymond WESTBROOK, 1988B, 118f)

[421] Die *naditu* ist zudem eine *kulmašitu* im Tempel von Annunitum.

[422] Eine ähnliche Konstellation wird in *BE 6/1 84* erwähnt, ohne daß die Schwester der *naditu* des Marduk hier als *šugītu* bezeichnet wird. Vgl. auch *CBS 1214* und den folgenden Vertrag *CT 45 119*.

[423] *CT 45 119* lautet:
"...*[All dies ist die Aussteuer der Bēletum, der naditum des (Gottes) Marduk,*
der Tochter des..., die ihr Vater...]
[Bēlet]um, der n[aditum] des (Gottes) [Mar]duk, gegeben und ihrem Schwie-
gervater ... ihr anvertraut hat.
...laltum, die šugītum,
- sie wird eintreten, wo sie eintritt (??) -
hat sie als ihre Schwester (aḫātu) genommen (aḫāzu).
Sîn-b_l-il_ wird sie eine Ehefrau (aššatu) sein;
ihrer Schwester (aḫātu) Bēletum wird sie eine Sklavin (amtu) sein..." (Claus WILCKE, 1984, 178; akkadische Begriffe von mir ergänzt).

3.4.2.2.2 Keine Bezeichnung einer Frau als *nadītu*

Sechs Dokumente erwähnen Vertragsklauseln und freie Formulierungen, die ebenfalls auf *nadītu*-Ehen hindeuten.

Hinweis 1: *Kultdienstformel zwischen Co-Frauen*

Die *Kultdienstformel zwischen Co-Frauen* hält in sechs Verträgen das Tragen des Stuhles zum Tempel und das Waschen der Füße der ersten Frau durch die zweite Frau fest, so in *CT 2 44, CT 4 39a, CT 48 57, CT 48 67, Meissner BAP 89* und *TIM 4 47*. Nur im letzten Dokument *TIM 4 47* wird die Erstfrau ausdrücklich als *nadītu* bezeichnet. Die Erwähnung des Tempels deutet auf das kultische Umfeld hin, in das diese Frauen eingebunden sind. Sie verrichten Aufgaben am Tempel. Wo der Name des Tempels erwähnt ist, handelt es sich um den Tempel des Marduk[424] und in einem Fall um den Tempel des Adad[425]. Die *Kultdienstformel* ist ein Hinweis darauf, daß es sich bei der ersten Frau jeweils um eine *nadītu* des Marduk handelt[426].

Die genannten Zweitfrauen haben ebenfalls kultische Aufgaben inne; sie erfüllen entsprechende Dienste gegenüber der ersten Frau. Die Annahme liegt nahe, es könne sich bei den Zweitfrauen um *šugītu*-Frauen handeln, wie dies im KH der Fall ist. Der Begriff *šugītu* wird im Zusammenhang mit der *Kultdienstformel* nicht genannt[427]. Aus der verwandtschaftlichen Beziehung zwischen einer *nadītu* und ihrer Co-Frau läßt sich in vier Verträgen vermuten, daß die Zweitfrau eine freie Frau ist[428]. In einem fünften Vertrag ist dies ebenfalls wahrscheinlich[429]. Lediglich ein Vertrag regelt die *nadītu*-Ehe mit einer unfreien Co-Frau: In *CT 48 67*[430] schenkt ein Mann seiner Schwester eine Sklavin zwecks polygyner Ehe. Daß die *Kultdienstformel* auch hier erwähnt wird, zeigt, daß sie nichts über den

---

[424] Nur *Meissner BAP 89* nennt ausdrücklich den Tempel des Marduk. Damit ist auch der zugehörige Vertrag *CT 2 44* dort anzusiedeln, der nur allgemein vom Tempel spricht. *TIM 4 47* nennt eine *nadītu* des Marduk als Erstfrau. An der Stelle, an der der Name des Tempels genannt wird, ist das Dokument gebrochen und der Name daher nicht mehr zu entziffern. Ähnliche Bruchstellen weisen *CT 4 39a* und *CT 48 67* auf.

[425] *CT 48 57*

[426] Es gibt keinen Vertrag, in dem eine *nadītu* des Schamasch in monogamer oder polygyner Ehe lebt. Wo eine *nadītu* des Schamasch eine Frau im Kontext der Ehe adoptiert, wird die Adoptierte zu ihrer Tochter/ Schwiegertochter (*CT 47 40, Waterman 79*). Ein Brautge-schenk (*terḫatu*) ist dann ebenfalls erwähnt. Die Adoptierte wird auch hier an einen Mann verheiratet, der jedoch nicht der Ehemann der (unverheirateten) *nadītu* ist; Vgl. Exkurs 2.

[427] Wieder wird die geringe Bedeutung ersichtlich, die Rechtstermini und Standesbezeichnun-gen in den aB Privatdokumenten spielen. Zu *šugītu* in *CT 8 2a* s.o.

[428] *CT 2 44, CT 48 57, Meissner BAP 89, TIM 4 47*, dasselbe gilt für *CT 8 2a* und *CT 45 119*, die keine *Kultdienstformel* aufweisen.

[429] In *CT 4 39a* ist die zweite Frau die Tochter einer *nadītu* des Schamasch.

[430] Anm. 397

gesellschaftlichen Status der zweiten Frau aussagt. Die geforderte Handlung kann von freien wie unfreien Zweitfrauen ausgeführt werden[431].

Zusammenfassend läßt sich sagen, daß die *Kultdienstformel zwischen Co-Frauen* auf Handlungen freier wie unfreier Frauen im Tempelbereich hindeutet. Ihre Aufgaben sind unterschiedlich, je nach ehelichem Rang der Frau. So verrichtet eine Zweitfrau Dienste für die erste, nicht aber umgekehrt. Daß es sich bei den freien Frauen um *naditu* und *šugitu* handelt, kann lediglich angenommen werden. Insgesamt kann die *Kultdienstformel* als Hinweis für eine polygyne *naditu*-Ehe dienen.

Hinweis 2: *Verhaltensformel zwischen Co-Frauen*

Eine zweite formelhafte Wendung stellt eine spezielle Bestimmung für die Co-Frauen der *naditu*-Ehen dar: Die *Verhaltensformel zwischen Co-Frauen* besagt, daß die zweite Frau sich gegenüber der ersten in derselben Weise verhalten soll, wie diese sich ihr gegenüber. Wenn die erste Frau *ärgerlich* ist (*zenû*), soll es auch die zweite sein, wenn die erste *friedlich* ist (*salāmu*), dann auch die zweite[432]. In fünf Verträgen wird die *Verhaltensformel* zusammen mit der *Kultdienstformel* genannt. In *CT 48 67, Meissner BAP 89* und *TIM 4 47* geht sie dieser direkt voraus, in *CT 2 44* und *CT 48 57* folgt sie ihr. In nur je einem Dokument treten die *Kultdienstformel* und die *Verhaltensformel* alleine auf[433]. Beide Wendungen weisen darauf hin, daß Co-Frauen in *naditu*-Ehen einen Teil ihrer Zeit gemeinsam verbringen. Ihre zusammen verrichtete kultische Tätigkeit wie auch ihre alltäglichen Begegnungen werden durch diese Wendungen geregelt.

Hinweis 3: Nicht standardisierte Regelungen für Co-Frauen

In drei Verträgen für *naditu*-Ehen werden frei formulierte Regelungen zum Verhalten der Co-Frauen genannt, die ebenfalls ihr tägliches Zusammenleben betreffen. In zwei Verträgen stehen die Bestimmungen zusammen mit der *Kultdienst-* und der *Verhaltensformel*, im dritten Vertrag nur mit der *Verhaltensformel*.

---

[431] Etwas unterscheidet dieses einzige Dokument einer polygynen *naditu*-Ehe mit unfreier Zweitfrau von denen mit freien Zweitfrauen: Die erste Frau beansprucht die Kinder der zweiten rechtlich als ihre eigenen. Das Dokument stimmt in diesem Punkt mit den Paragraphen des KH zur Polygynie mit Zweitfrauen, die der ersten Frau/ *naditu* unterstehen, überein. Dort wird für diesen Vorgang der Begriff *rašû* Št (*Kinder bekommen lassen*, KH §§ 137, 145, 163, ähnlich § 144) verwendet. Kodizes wie Verträge bestätigen damit die geringen Rechte, die einer unfreien Frau in einer *naditu*-Ehe zustehen. Kein anderes Privatdokument nennt eine derartige Vereinnahmung der Kinder einer Zweitfrau durch die erste.

[432] Vgl. zur Interpretation der Wendung Kap. 3.4.1.3.7.

[433] *Kultdienstformel* in *CT 4 39a* und *Verhaltensformel* in *CT 48 48*

In *CT 48 57*[434] wird die Regelung von den beiden standardisierten Klauseln eingeschlossen. Der Zweitfrau wird untersagt, sich dem gemeinsamen Ehemann in Gegenwart der ersten Frau zu *nähern* (*teḫû*). Bei Zuwiderhandlung droht der freien Zweitfrau der Verkauf durch die erste. Wahrscheinlich ist mit *sich nähern* eine sexuelle Annäherung gemeint. Vielleicht wird der Anblick erotischer Nähe zwischen der zweiten Frau und dem Mann von der ersten Frau als beleidigend oder verletzend empfunden. Die Vermeidung einer Schwangerschaft schränkt die Sexualität zwischen einer *nadītu* und ihrem Mann sehr ein, wenn sie sie nicht ganz ausschließt. Interessant ist das Verbot auch deshalb, weil es zeigt, daß die Co-Frauen und der Ehemann zumindest zeitweise zusammen leben und gemeinsam dieselben Räume nutzen. In ähnlicher Weise wird in *CT 8 2a* der Einzug einer *nadītu* in das Haus des Ehemannes erwähnt. Da die Wohnanlagen des *gagû* keine Ehemänner von dort ansässigen Frauen beherbergen, ist zu vermuten, daß der Aufenthaltsort der Angehörigen der polygynen Verbindung außerhalb dieser Anlage liegt[435].

In *TIM 4 47*[436] geht die frei formulierte Bestimmung der *Verhaltens-* und der *Kultdienstformel* voraus. Sie besagt, daß die zweite Frau zur ersten *hinuntergehen* bzw. ihr *dienen* soll (*(w)arādu*[437]). Welche der beiden Bedeutungen die richtige ist, bleibt unklar. Die erste entspricht dem gängigeren Verständnis des Wortes[438], wirft aber die Frage auf, was es heißt, wenn die eine Frau zur anderen *hinuntergeht*. Vielleicht ist damit ein Bild für ihre Unterordnung gegeben. Es würde dann einem Verständnis von *(w)arādu* im Sinne von *dienen* nahekommen[439]. Für die zweite Bedeutung des Wortes finden sich kaum Parallelen in aB Texten[440]. Das Gebot für die zweite Frau, der ersten zu *dienen*, korrespondiert

---

[434] *CT 48 57* lautet:

> *"Ahatum, daughter of Musallimum, the qadištum, has adopted Ahi-liburam from Sanakratum daughter of Musallimum, the kulmašītum, and given her to her husband.*
> *Sanakratum has received 10 shekels of silver, the terhatum (given by) Ahatum.*
> *She (Ahi-liburam) shall wash her (Ahatum's) feet, she shall carry (her) chair after her to the temple of Adad, she shall not be forward.*
> *Ahi-liburam shall not approach (tehû) her husband in the presence of Ahatum.*
> *The day Ahatum is angry,... Ahi-liburam..."* (Raymond WESTBROOK, 1988B, 124)

[435] Vgl. Exkurs 2.

[436] Anm. 418

[437] Vgl. Anm. 388.

[438] Zu *arādu^I*, *heruntergehen*, vgl. AHw (Bd. A-L, 63) und CAD (Bd. A^{II},212ff: *to go or come down to lower ground from high authority*).

[439] Auf denselben Wortstamm geht im Akkadischen das männliche Wort *wardu* (Sklave) zurück.

[440] *(w)arādu* wird in diesem Sinn vor allem in Texten aus Amarna verwendet; vgl. AHw (Bd. A-L, 1462) und CAD (Bd. A^{II}, 220: *to serve*). Zu einer aB Parallele vgl. Thomas FISH

aber mit der *Kultdienstformel*. Während diese der Zweitfrau kultische Dienste abverlangt, kommen mit dem *Dienen* andere Leistungen in den Blick. Das Verständnis von *(w)arādu* als *dienen* entspricht auch der Bezeichnung der zweite Frau als SAG GEME2/ *amtu* in der *Positionsformel*[441]. Insgesamt ist dieses Verständnis von *(w)arādu* schlüssiger. Der zweiten Frau werden in *TIM 4 47* in einem thematischen Block drei verschiedene Verhaltensweisen der ersten Frau gegenüber vorgeschrieben: eine dienende Handlung, ein Verhalten, das dem der ersten Frau entsprechen soll (*Verhaltensformel*) und kultische Dienste (*Kultdienstformel*). In allen drei Bestimmungen wird das hierarchische Verhältnis zwischen den freien Co-Frauen herausgekehrt. Die Unterordnung der zweiten Frau scheint der Tatsache, daß die Frauen (Adoptiv-) Schwestern sind, nicht zu widersprechen.

Die *Verhaltensformel* steht in nur einem Dokument ohne die *Kultdienstformel*[442], nämlich in *CT 48 48*[443]. Ihr folgt eine freie Formulierung, die besagt, daß die zweite Frau die erste nicht *quälen* darf (*marāṣu Š*)[444]. Wieder scheint es sich um eine Regelung für den Alltag der beiden Co-Frauen zu handeln. Es muß offen bleiben, was unter *quälen* zu verstehen ist. Vielleicht ist ein Verhalten gemeint, das der Gleichstellung der Zweitfrau im KH nahekommt (*maḫāru Št*)[445]. Es könnte auch an ein Annäherung an den gemeinsamen Mann gedacht sein[446].

(1936, 11 und 41, Brief 6 (890)), wo es heißt, daß ein Bruder dem anderen *dient* (*(w)arādu*).

[441] Die *Positionsformel* ist in *TIM 4 47* nicht enthalten. Das spricht für das hier dargestellte Verständnis von *(w)arādu* als *dienen*.

[442] Umgekehrt kommt auch die *Kultdienstformel* nur einmal ohne die *Verhaltensformel* vor, nämlich in *CT 4 39a*.

[443] *CT 48 48* lautet:
"*Ahassunu has adopted Sabitum daughter of Arushina and Ahatani from her father Arushina and her mother Ahatani.*
Sabitum is a slave (amtu) to Ahassunu, a wife (aššatu) to Warad-Sin.
"*Whenever she (Ahassunu) is angry, she (Sabitum) will be angry, whenever she is friendly, she will be friendly.*"
The day she distresses (marāṣu Š) Ahassanu, she will shave her and sell her.
Ahushina and Ahatani have received her terhatum in full; their heart is statisfied..." (Raymond WESTBROOK, 1988B, 121f).

[444] Wörtlich heißt es *das Herz krank sein lassen* (*libbu marāṣu Š*).

[445] KH §§ 145f

[446] *CT 48 57*

3.4.2.2.3 Ergebnis

Zusammenfassend läßt sich sagen, daß über die Hälfte der aB Privatdokumente zur Polygynie Ehen von *nadītu*-Frauen regeln[447]. Es werden kultische Funktionen der Co-Frauen erwähnt[448]. Selten wird eine *nadītu*[449] und/ oder eine *šugītu*[450] genannt. Meist sind spezielle Verhaltensweisen zwischen den Frauen in standardisierten Klauseln festgehalten, die nur im Kontext von tempelangehörigen Frauen vorkommen[451]. Drei Dokumente machen zudem von freien Formulierungen Gebrauch[452]. Alle Verträge stammen, soweit bekannt, aus Sippar, dem Ort, an dem ein Tempel des Marduk angesiedelt ist, in dessen Bereich *nadītu*-Frauen tätig sind.

Lediglich in einem Vertrag ist die Zweitfrau eine unfreie Frau[453]. Das muß keinen Widerspruch zum KH darstellen, in dem diese Eheform überwiegt. Ehen mit Sklavinnen werden im alten Babylonien nur selten mit einem schriftlichen Vertrag fixiert. Die Privatverträge weisen allgemein nicht die starke Unterscheidung zwischen freier und unfreier Zweitfrau auf, die für den KH typisch ist. In den Privatdokumenten entbehrt die *nadītu* der machtvollen Position dem Ehemann gegenüber, die sie nach dem KH innehat. Ihr steht weder die Stiftung der weiteren Ehe zu, noch kann auf andere Weise ein besonderer Einfluß einer *nadītu* auf ihren Mann ausfindig gemacht werden. Vom hierarchischen Gefälle, das im KH zwischen einer *nadītu* und ihrer unfreien Co-Frau besteht, sind in den Privatdokumenten auch freie Co-Frauen betroffen.

---

[447] Die Verträge seien an dieser Stelle noch einmal aufgezählt: *CT 2 44, CT 4 39a, CT 8 2a, CT 45 119, CT 48 48, CT 48 57, CT 48 67, Meissner BAP 89, TIM 4 47.*

[448] *CT 2 44, CT 4 39a, CT 48 57, CT 48 67, Meissner BAP 89, TIM 4 47*

[449] *CT 8 2a, CT 45 119, TIM 4 47*

[450] *CT 8 2a, CT 45 119*

[451] *CT 2 44, CT 48 48, CT 48 57, CT 48 67, Meissner BAP 89, TIM 4 47*

[452] *CT 48 57, TIM 4 47, CT 48 48*

[453] *CT 48 67*

3.4.2.3 Polygynie mit verwandten Co-Frauen

Mit elf Verträgen regeln die meisten aB Privatdokumente Ehen mit verwandten Co-Frauen. Bei den Co-Frauen in *CT 8 2a* und *TIM 4 46* handelt es sich um leibliche Schwestern. (Kap. 3.4.2.3.1). In der Mehrzahl der Verträge sind die Frauen Adoptivschwestern, so in *BIN 7 173, CT 45 119, Meissner BAP 89, TIM 4 47, TIM 4 49, TIM 5 1, UET 5 87*. Ohne genauere Verwandtschaftsangabe werden in nur zwei Verträgen Zweitfrauen adoptiert, so in *CT 48 48, CT 48 57* (Kap. 3.4.2.3.2). Die Adoption zur Schwester ermöglicht es, die zweite Frau als Verwandte der ersten Frau anzusehen, ohne daß eine gleichzeitige Verwandtschaft mit dem Mann besteht; im Falle einer Adoptivtochter wäre dies anders. Die Schwesternschaft kann zudem auf den geringen Altersunterschied der Co-Frauen hinweisen.

3.4.2.3.1 Leibliche Schwestern

Schwestern sind die einzigen blutsverwandten Frauen, die mit demselben Mann verheiratet sind. Die polygyne Ehe unter Beteiligung von bsp. Mutter oder Tochter kommt nicht vor und würde als Inzest einem Tabu unterliegen[454]. In *CT 8 2a*[455] erhält eine *nadītu* ihre Schwester, eine *šugītu*, als Teil ihrer Mitgift zwecks einer späteren Ehe der Schwester mit dem Mann. Die Frauen werden bereits zu einem frühen Zeitpunkt als *aḫātu* bezeichnet. Eine Adoptionsverbindung könnte nur vorliegen, wenn diese noch vor der Heirat der *nadītu* stattgefunden hätte; ein solches Beispiel ist bisher nicht bekannt.

Als Vergleichstext kann der Eheausstattungsvertrag *CT 45 119*[456] dienen. Dort wird die Adoption einer *šugītu* zur Schwester der heiratenden *nadītu* erwähnt. Die Adoption erfolgt erst mit der Ausstattung der ersten Frau. Alle übrigen Dokumente, aus denen die Adoption der zweiten Frau hervorgeht, erwähnen den Vorgang zu einem noch späteren Zeitpunkt: Die Adoption der zweiten Frau wird in der Regel erst nach der ersten Eheschließung[457] oder sogar erst im Anschluß an die stattgefundene Heirat der zweiten Frau vollzogen[458]. Die frühe Erwähnung der Schwesternschaft in *CT 8 2a* kann daher als Hinweis auf eine biologische Verwandtschaft der Frauen gedeutet werden.

---

[454] Bsp. KH § 154; vgl. zur Diskussion H.P.H. PETSCHOW (1980, 145f) und Teil II, Kap. 3.4.3.

[455] Anm. 420

[456] Anm. 423

[457] *TIM 5 1*; mit dem Abschluß der zweiten Ehe wird die Adoptivverbindung in *CT 2 44, CT 48 48, CT 48 57* und *UET 5 87* erwähnt.

[458] *BIN 7 173, Meissner BAP 89*

TIM 4 46[459] erwähnt die Ehe eines Mannes mit zwei *Schwestern* (*aḫātu*) in zusammenfassender Weise am Anfang des Vertrages. Auffällig ist das Fehlen von Bestimmungen für die Beziehung zwischen den Co-Frauen. Das spricht dafür, daß sie keine Adoptionsverbindung eingehen, sondern bereits durch echte Schwesternschaft miteinander verbunden sind; das Verhältnis der Frauen bedarf keiner weiteren Regelungen, denn sie sind einander bekannt[460]. Umfangreiche Bestimmungen für die Co-Frauen sind nur in solchen Verträgen zu finden, in denen die Frauen durch die Adoption ein neues Verhältnis zueinander herstellen[461]. Zur Frage der biologischen Verwandtschaft der Co-Frauen lassen sich in diesen Fällen lediglich Vermutungen anstellen[462].

3.4.2.3.2 Adoptionsverbindungen

Die Mehrzahl der privaten Dokumente weist Merkmale auf, die eine Adoptionsverbindung zwischen den Co-Frauen belegen. Hinweise dafür bieten vor allem drei Vertragsklauseln.

Hinweis 1: *Adoption der zweiten durch die erste Frau*

Der deutlichste Hinweis auf eine erfolgte Adoption sind Verträge, die mit der Klausel der *Adoption der zweiten durch die erste Frau*[463] einsetzen, so *BIN 7 173, CT 48 48, CT 48 57, UET 5 87*[464], oder die Adoption an anderer Stelle ausdrücklich nennen, so *CT 45 119*. Mit dem Terminus ŠU.BA.AN.TI *leqû*[465]

---

[459] *TIM 4 46* lautet:

  "(Nabi-ilishu) has taken (Iltani and Naramtani) for marriage...
  Ebbet-Shamash has received 5 shekels of silver, the terhatum of her daugh-
  ter(s?).
  (If) Nabi-ilishu says to his wives (DAM) Iltani and Naramtani: "You are not
  my (!) wives (DAM)",
  he may keep everything that they brought into his house [(but)] he shall pay x
  mina of silver.
  [And] (if) Iltani and Naramtani, his wives (DAM), say to Nabi-ilishu: "You
  are not our (!) husband", they shall bind them and cast them into the water..."
  (Raymond WESTBROOK, 1988B, 131)

[460] Vgl. dagegen Text *CT 2 44*, der in derselben Weise beginnt, dann jedoch zahlreiche Regelungen für die neue Beziehung der Co-Frauen auflistet. Es ist andererseits möglich, daß die Adoption in *TIM 4 46* zu einem früheren Zeitpunkt stattgefunden hat. Entsprechende Adoptionsverträge könnten das Verhältnis der Co-Frauen bereits umfassend geregelt haben.

[461] So bsp. *CT 48 48, CT 48 57, Meissner BAP 89, TIM 4 47* und *TIM 4 49* - aber auch *CT 48 67*, in dem das Verhältnis von Co-Frauen, die keine Adoptivbindung eingehen, ausführlich geregelt wird.

[462] So bsp. *TIM 4 47*, s.u. im Text.

[463] Vgl. Kap. 3.4.1.3.2.

[464] Der Anfang des Dokuments ist unklar.

[465] Zu den folgenden Termini vgl. Kap. 1.3.

(*adoptieren*) wird die Zweitfrau zur Verwandten der Ersten gemacht. Den Eltern der Zweitfrau zahlt die erste Frau ein Brautgeschenk (*terḫatu*)[466]. Das Brautgeschenk kommt *nicht* in Adoptionsverträgen vor, die keinem ehelichen Zweck dienen[467].

Hinweis 2: *Verheiratung der zweiten durch die erste Frau*

Die *Verheiratung der zweiten durch die erste Frau* hält die Übergabe der Adoptierten in die Ehe fest[468]. Für die Einsetzung der Ehe durch die Erstfrau wird der eherechtliche Terminus *nadānu*[469] (in die Ehe *geben*) verwendet. Anders als im KH, wo eine *nadītu* ihre Sklavin in die zusätzliche Ehe gibt[470], geschieht dies in den Privatdokumenten im Rahmen einer Adoption. Die Zweitfrau wird nicht ungefragt zur Co-Frau ihrer Eigentümerin. Sie und ihre Familie haben durch die vorausgegangene Adoption ebensoviel Einfluß auf die angestrebte Ehe mit dem Mann, wie es bei einer unmittelbaren Verheiratung der Fall wäre.

Hinweis 3: *Trennungsworte zwischen Co-Frauen*

Mit der Adoption zieht die adoptierte Frau in den Haushalt, dem die Erstfrau angehört, und somit in deren Machtbereich. Darin ähnelt die Adoption einer Eheschließung. Die enge Verbindung der Co-Frauen bringt es mit sich, daß in manchen Fällen Regeln für deren Trennung genannt werden. Die *Trennungsworte zwischen Co-Frauen*[471] regeln in zwei Verträgen das Auseinandergehen von Adoptivschwestern. Echte Schwestern hätten einer solchen Vereinbarung nicht bedurft, denn die leibliche Verwandtschaft läßt sich auf diese Weise nicht aufkündigen. Die Möglichkeit der Beendigung der künstlich geschaffenen Verbindung hat die Adoption mit der Ehe gemeinsam. In **Meissner BAP 89**[472] wird außer den *Trennungsworten* der schwesterlichen Co-Frauen kein Begriff der Adoption genannt. Auch in *TIM 5 1*[473] wird vor allem aus den *Trennungs-*

---

[466] *terḫatu* ist in *CT 45 119* nicht erwähnt.

[467] Vgl. Raymond WESTBROOK (19988B, 36-39).

[468] So in *BIN 7 173, CT 48 57, UET 5 87*.

[469] In *CT 48 67* wird *nadānu* zudem für die Schenkung einer zukünftigen Co-Frau an die Erstfrau mit dem Ziel der späteren Ehe verwendet.

[470] KH §§ 144, 146 und indirekt in §§ 137, 145, 147, 163.

[471] Vgl. Kap. 3.4.1.3.8.

[472] Anm. 323

[473] *TIM 5 1* lautet:

> *"Ahu-waqar son of Za-x is the husband (?).*
> *Belessunu is the* **sister** *(aḫātu) of Ali-ahi.*
> *(If) Belessunu says to Ali-ahi "You are not my sister (aḫātu)", he will shave*
> *her and sell her.*
> *(If) Ali-ahi says to Belessunu "You are not my sister (aḫātu)", he will cause*
> *her to leave the house..."* (Raymond WESTBROOK, 1988B, 132)

worten deutlich, daß die *Schwestern* durch Adoption verbunden sind. Eine Besonderheit dieses Vertrages ist, daß die Zweitfrau bei der Trennung nicht der Erstfrau, sondern dem gemeinsamen Ehemann unterstellt ist. Er ist es, der die Adoptierte mit dem Verkauf bestrafen kann, falls sie sich von ihrer Co-Frau trennen möchte. Sollte die Erstfrau sich von der zweiten Frau trennen wollen, muß diese das Haus verlassen; auch das geschieht ausdrücklich auf Geheiß des Ehemannes.

Hinweis 4: Regelungen für Co-Frauen

Den letzten und weniger eindeutigen Hinweis auf eine erfolgte Adoption stellt die hohe Anzahl von Regelungen für Co-Frauen innerhalb *eines* Vertrages dar. Dieses Merkmal hilft, bei der verwirrenden Darstellung der Frauen als *aḫātu*, adoptierte oder leibliche Schwester zu unterscheiden. *TIM 4 47*[474] und *TIM 4 49*[475] sind zwei Beispiele. Zwar nennen die Verträge keine eindeutigen Merkmale für eine vollzogene Adoption; die Ehe eines Mannes mit zwei *Schwestern* wird jeweils zusammenfassend erwähnt. Die Dokumente beinhalten jedoch zahlreiche Regelungen für die neue verwandtschaftliche Bindung. Dies weist auf künstlich geschaffene Familienbande hin.

3.4.2.3.3 Ergebnis

Für die Hälfte der Privatdokumente steht fest, daß Co-Frauen ihre Verwandtschaft durch Adoption herstellen. In der Regel adoptiert die erste Frau mit oder nach ihrer eigenen Eheschließung eine zweite Frau, um sie ihrem Mann zur

---

Der Anfang dieses Vertrages ist schwer zu entziffern. Die Interpretation als polygynes Ehedokument setzt voraus, daß dort der gemeinsame Ehemann (DAM) genannt wird.

[474] Anm. 418

[475] *TIM 4 49* lautet:

"*Igibar-lusa has acquired(?) Mamatum and Arshi-ahatam the daughters of Iballuṭ and Inbatum from their father Iballuṭ and their mother Inbatum for marriage.*

"*The marrier of them marries them, the divorcer of them divorces them*".

Arshi-ahatam is a wife (aššatu) to Igibar-lusa, a slave (SAG GEME₂) to Mamatum.

Iballuṭ and Inbatum [(have received x shekels of silver, the terhatum of their daughters. Their hearts are satisfied)?].

[(If Igibar-lusa says to Mamatum "You are not my wife")?] he shall pay [x shekels of silver].

And (if) Mamatum says to Igibar-lusa "You are not my husband", they will bind her and cast her into the water..." (Raymond WESTBROOK 1988B, 132).

Ehefrau zu geben. Die Adoption kann auch im Anschluß an die zweite Ehe des Mannes erfolgen. Von diesem Zeitpunkt an werden die Co-Frauen als Verwandte angesehen und meist als *aḫātu* bezeichnet. Terminologisch lassen sie sich nicht mehr von blutsverwandten Schwestern unterscheiden. Die aB Privatdokumente legen keinen Wert darauf, leibliche und künstliche Schwesternschaft zu unterscheiden. Daher kann bei der anderen Hälfte der Verträge lediglich vermutet werden, daß sie teils adoptierte, teils echte Schwestern nennen. In allen 11 Verträgen kann der freie Status der verwandten Co-Frauen angenommen werden.[476]. Was die Überschneidung mit *nadītu*-Ehen betrifft, ergibt sich folgendes Bild: Bei der Hälfte der Verträge, die verwandte Co-Frauen nennen, handelt es sich um *nadītu*-Ehen[477]. Anders gesagt sind fünf von neun *nadītu*-Ehen zugleich Ehen mit (adoptiv-) verwandten Co-Frauen. Von einer sechsten *nadītu*-Ehe ist bekannt, daß die erste Frau die zweite später ebenfalls durch Adoption zu ihrer Schwester macht[478]. Für *nadītu*-Ehen wird die Verwandtschaft der Co-Frauen also deutlich bevorzugt.

---

[476] Es ergeben sich keine Überschneidungen mit den drei Verträgen für Ehen mit unfreien Zweitfrauen.

[477] *CT 8 2a, CT 45 119, CT 48 57, Meissner BAP 89, TIM 4 47*

[478] *CT 2 44*

3.4.3 Verhältnis zwischen den Co-Frauen

Bisher wurden die aB Privatdokumente zur Polygynie vor allem auf die Eheform hin untersucht. Im folgenden stehen die Gemeinsamkeiten im Zentrum. Unabhängig von der Eheform bestehen an vielen Punkten auffallende Übereinstimmungen. Dazu zählen die Untrennbarkeit der Co-Frauen und die Subordination zwischen Erst- und Zweitfrau. Klauseln, die auf Untrennbarkeit oder Subordination hindeuten, kommen in Verträgen zu jeder Form der Polygynie vor. Sie deuten auf einen gemeinsamen Charakter der privaten Dokumente hin. Raymond WESTBROOK unterscheidet in seiner Analyse der aB Privatdokumente *Schwesternschaft* und *Sklaverei* als zwei Grundmuster. Dabei assoziiert er Schwesternschaft mit Gleichheit und Sklaverei mit Unterordnung[479]. Die hier dargestellte Untersuchung zeigt dagegen, daß die Schwesternschaft der Frauen nicht mit Solidarität gleichzusetzen ist.

3.4.3.1. Untrennbarkeit

Die Untrennbarkeit der Co-Frauen kommt dort zum Ausdruck, wo sie gemeinsam dem Mann gegenüber auftreten, nämlich im Falle der Scheidung.

Scheidungsworte zwischen Mann und Frau(en)

Scheidungsworte stehen in Verträgen, die *nadītu*-Ehen[480] und Ehen mit verwandten[481] oder nicht-verwandten freien Co-Frauen[482] regeln. Lediglich die Verträge zu Ehen mit unfreien Zweitfrauen beinhalten keine Scheidungsregelungen[483]. Eine Erstfrau wird ihre Sklavin im Falle der Scheidung mit sich genommen haben, ohne daß es einer entsprechenden Regelung bedurfte[484]. Meist wird den Co-Frauen, die eine Scheidung wünschen, mit dem gemeinsamen Tod gedroht[485]. Ein Vertrag, der ein wirkliches Scheidungsrecht festhält, ist *BIN 7*

---

[479] Vgl. Raymond WESTBROOK (1988B, 103f). Dort heißt es: *"To summarize: the two main legal relationships that appear to have existed between the wives in a polygamous union are sisterhood and slavery. (...) The most obvious explanation is that sisterhood and slavery represented relationships respectively of equality and subordination"*, (ebd.).

[480] *CT 2 44, Meissner BAP 89, TIM 4 47*

[481] *BIN 7 173, Meissner BAP 89, TIM 4 46, TIM 4 47, TIM 4 49*

[482] *CT 2 44*

[483] Die Scheidung der ersten Frau ist wohl in dem separaten Ehevertrag zur ersten Ehe geregelt. Der Vertrag zur Zweitehe mit einer Sklavin beinhaltet kein modifiziertes Scheidungsrecht. Daraus ergibt sich, daß das Hinzukommen einer unfreien Zweitfrau keinen Einfluß auf das Scheidungsrecht der ersten Frau hat.

[484] Dafür spricht, daß die *eheliche Verbundenheitsformel* in Verträgen mit unfreien Zweitfrauen genannt wird, bsp. *CT 48 67*.

[485] Dafür heißt es in *CT 2 44* sinngemäß: *"sie werden sie vom Turm werfen"*. In *Meissner BAP*

173[486]. Der Preis dafür ist der Verlust aller Habe der Frau und die Zahlung einer Geldstrafe. Ein Mann muß als Strafe für seine grundlose Scheidung zumindest das Weggehen *beider* Frauen hinnehmen[487]. Die Abneigung des Mannes gegen *eine* der Frauen wird in den Verträgen nicht als Grund für eine Scheidung anerkannt. Die Ansprechpartnerin eines scheidungswilligen Mannes ist vor allem die erste Frau. Er kann die Scheidungsworte an sie oder an beide Co-Frauen richten, nicht aber an die Zweitfrau alleine. Umgekehrt kann eine Zweitfrau dem Mann gegenüber keinen Scheidungswunsch äußern; diese Handlung ist der Erstfrau vorbehalten - obwohl die Folgen auch die Zweitfrau betreffen.

Die Scheidungsregelungen beugen einer ungleichen Behandlung der Frauen durch den Mann auf Grund von Sympathie oder Antipathie vor. An Hand der Scheidungsbestimmungen verstärkt sich ein auch sonst beobachteter Eindruck: Die zweite Frau ist eherechtlich stärker der Erstfrau zugeordnet als dem Ehemann.

89, *TIM 4 46, TIM 4 47, Tim 4 49* heißt es dagegen: "*sie werden sie binden und in den Fluß/ in das Wasser werfen*".

[486] *BIN 7 173* lautet:

> "*Tayatum daughter of Enki-hegal has taken Ali-abi daughter of Urmashum-hazir and Sin-duri from her father Urmashum-hazir and her mother Sin-duri as a sister (aḫātu).*
>
> *Tayatum has given Urmashum-hazir and Sin-duri her mother 5 shekels of silver as her terhatum.*
>
> *Tayatum has given her to her (T's) husband Imgurrum for marriage.*
>
> "*The marrier of one marries the other, the divorcer of one divorces the other*".
>
> *If in future Imgurrum says to his wife (DAM) Tayatum "You are not my wife (DAM)", she shall take the hand of her sister (aḫātu) Ali-abi and leave.*
>
> *And if in the future Tayatum says to her husband Imgurrum "You are not my husband", she shall forfeit house, field (and) property, whatever there be, and pay one-third of a mina of silver...*" (Raymond WESTBROOK, 1988B, 116).

Nach *BIN 7 173* kann die erste Frau die Scheidung alleine aussprechen. Sie büßt dabei den gemeinsamen Besitz ein und muß zudem ein Strafgeld zahlen (1/3 Mine Silber, vgl. Anm. 487). Der Verlust des Hauses deutet auf ihren Auszug hin. Der Auszug der zweiten Frau zusammen mit der ersten wird nicht explizit genannt. Er ergibt sich aber aus der zuvor genannten Verbundenheitsformel. *CT 2 44* stellt das Gegenstück zu *BIN 7 173* dar. Hier wird dem scheidungswilligen Mann mit dem Verlust von Haus und Gütern gedroht. Auch er muß in diesem Fall also das Haus verlassen (vgl. KH § 137).

[487] Wo das gemeinsame Weggehen der Frauen bildlich ausgedrückt wird, heißt es sinngemäß: "*Die Erstfrau wird die Hand ihrer Schwester nehmen und gehen*" (*BIN 7 173, TIM 4 47*). Bei den Frauen handelt es sich um Adoptivschwestern. Weitere Strafzahlungen, die der Mann leisten muß, sind mit 1 Mine Silber recht hoch. Eine Mine entspricht 60 Schekel (vgl. Martha T. ROTH, 1995, xvi). Zum Vergleich: Die in verschiedenen Verträgen erwähnte *terḫatu*, wie auch der Kaufpreis für die Sklavin in *CT 8 22b* hatten im Durchschnitt 5 Schekel Silber betragen. Strafzahlungen sind in *Meissner BAP 89* (an beide Frauen), *TIM 4 46* (an beide Frauen) und *TIM 4 49* (Stelle schwer zu lesen) erwähnt.

Eheliche Verbundenheitsformel der Co-Frauen

Eine *eheliche Verbundenheitsformel* wird in Verträgen mit unfreien Zweitfrauen[488], *nadîtu*-Frauen[489] und verwandten Co-Frauen[490] verwendet, so daß sie für alle Eheformen eine Rolle spielt. Nach Aussage der Klausel gehen die Frauen die Ehe nur zusammen ein und verlassen sie auch gemeinsam; das solidarische Handeln der Frauen bei der Einsetzung der Ehe wird durch die *eheliche Verbundenheitsformel* übertrieben oder idealisiert. Dagegen entspricht die Darstellung der gleichzeitigen Beendigung der Ehe den Scheidungsbestimmungen: Gegenüber dem gemeinsamen Ehemann treten die Co-Frauen als untrennbar auf. Um dies zu betonen wird nachträglich auch die Eheschließung als gemeinsame Aktivität dargestellt. Die Solidarität zwischen den Co-Frauen wird durch die Klausel bestärkt. Im Gegensatz zu den Scheidungsbestimmungen wird mit der *ehelichen Verbundenheitsformel* nicht zwischen dem Rang einer ersten und zweiten, freien und unfreien Frau unterschieden. Sowohl der eheliche als auch der soziale Rang scheinen an dieser Stelle keine Rolle zu spielen. Nirgends sonst wird die Einheit der Co-Frauen so stark betont.

3.4.3.2 Subordination

Untrennbarkeit und Gleichheit sind aus dem Blickwinkel der Co-Frauen wichtige Strategien dem Ehemann gegenüber. Im Hinblick auf ihre eigene Beziehung zueinander sind umgekehrt Trennung und Hierarchie zentrale Merkmale. Ein Beispiel sind die *Trennungsworte zwischen Co-Frauen*[491]. Sie betonen den ehelichen Rangunterschied der Frauen, wie es auch die *Scheidungsworte*, die *Positionsformel*, die *Kultdienstformel* und die *Verhaltensformel* tun. Die zweite Frau ist der ersten in all diesen Bestimmungen deutlich untergeordnet, ganz gleich, ob sie eine freie oder eine unfreie Frau, eine adoptierte oder leibliche Schwester ist[492].

Trennungsworte und *Scheidungsworte* gleichen sich, was die eheliche Hierarchie betrifft, die darin zum Ausdruck kommt. Die *Scheidungsworte zwischen Mann und Frau/en* besiegeln die rechtlichen und ökonomischen Vorteile des Mannes gegenüber den Frauen. In den *Trennungsworten* nimmt die erste Frau gegenüber ihrer Adoptivschwester oder Sklavin eine rechtlich und

---

[488] *CT 48 67*

[489] *CT 4 39a, CT 45 119, CT 48 67*

[490] *BIN 7 173, CT 45 119, TIM 4 49, UET 5 87*

[491] *CT 8 22b, Meissner BAP 89, TIM 5 1*

[492] Eine zweite Frau wird an Stellen, die beide Frauen erwähnen, stets *nach* der ersten Frau genannt, so bsp. bei den *Scheidungsworten* in *CT 2 44, TIM 4 46*.

ökonomisch mächtige Stellung ein, die der des Mannes in den Scheidungsbestimmungen gleicht. Die Zweitfrau muß im Fall der Trennung das Haus
verlassen. Geht der Trennungswunsch von der zweiten Frau aus, droht ihr der
Verkauf in die Sklaverei. Einer Zweitfrau steht damit kein wirkliches Tren-
nungsrecht zu[493]. Durch die Strafandrohung wird die weitreichende Macht der
Erstfrau offensichtlich.[494]. In frei formulierten Bestimmungen können Verhaltensweisen der Zweitfrau zur Trennung der Co-Frauen führen. Der Zweitfrau
wird mit dem Verkauf in die Sklaverei gedroht. Damit verliert sie ihre Habe, ihre
eventuell vorhandenen Kinder, ihren Wohnort und ihre Freiheit. Verkauft werden
kann eine Zweitfrau, die die Erstfrau *quält* oder *ärgert*[495]. Nur die Erstfrau wird
vor Demütigungen geschützt[496]. Die Hierarchie zwischen den Co-Frauen ist in
den freien Formulierungen stark ausgeprägt.

Obwohl *aḫātu* die Untrennbarkeit und Gleichheit von Co-Frauen zu unterstreichen scheint, sind auch (Adoptiv-) Schwestern einander als erste und zweite
Frau über- bzw. untergeordnet. *Kultdienstformel* und *Verhaltensformel* werden
für Schwestern im Umfeld des Tempels genannt[497], *Trennungsworte* für
Adoptivschwestern[498] und die *Positionsformel*, die die zweite Frau zur Sklavin
der ersten erklärt, kommt ebenfalls in Verträgen für Schwestern vor[499]. Auch frei
formulierte Regelungen, die ausschließlich die Rechte der zweiten Frau
beschneiden, sind in Dokumenten zur schwesterlichen Polygynie enthalten[500].
Allerdings lassen sich zwei Beobachtungen machen, durch die sich schwesterliche Co-Frauen von den Co-Frauen der übrigen Verträge unterscheiden:

---

[493] Der Verkauf der Zweitfrau ist wohl eher als Drohung zu verstehen, nicht als alltägliche
Realität, wie auch die in Ehescheidungstexten genannten harten Bestrafungen scheidungs-
williger Ehefrauen eher der Abschreckung dienen sollen.

[494] Vor einer Trennung, die von der ersten Frau ausgeht, ist die zweite Frau nur geschützt,
indem sie ihr (eigenes) Kind mit sich nehmen kann, so in *Meissner BAP 89*. Es handelt sich
um eine *naditu*-Ehe, weshalb der Erstfrau auf diese Weise auch ihre Nachkommenschaft
verloren geht.

[495] *CT 48 48*, wo die Zweitfrau eine Sklavin genannt wird, *TIM 5 1*, wo der Mann die
Zweitfrau für ihr Verhalten der Erstfrau gegenüber bestraft und *Waterman 39*.

[496] Soweit ein Vertrag überhaupt geeignet ist, solchen negativen zwischenmenschlichen
Verhaltensweisen vorzubeugen.

[497] *Meissner BAP 89, TIM 4 47*

[498] *Meissner BAP 89, TIM 5 1*

[499] *TIM 4 49*

[500] *TIM 4 47*

1. Ein Übergewicht an Bestimmungen, das die Hierarchie zwischen den Co-Frauen festhält, ist in den Verträgen festzustellen, in denen die Frauen *nicht* als Schwester bezeichnet werden und die zudem *naditu*-Ehen sind[501].

2. Bei allen Verträgen, die *kein* hierarchisches Gefälle zwischen den Co-Frauen vorgeben, handelt es sich um Ehen mit Schwestern. Solche Verträge sind *BIN 7 173*, **UET 5 87**[502] und *TIM 4 46*[503]. Sie regeln die Ehen von freien Co-Frauen, die nicht mit dem Tempel assoziiert werden[504].

Auch die Schwesternschaft schließt das hierarchische Gefälle zwischen den Co-Frauen nicht aus. Sie läßt sich jedoch als leichte Tendenz hin zu einem gleichberechtigteren Verhältnis deuten.

3.4.3.3 Ergebnis

Verhältnis der Co-Frauen stellt sich in den aB Privatdokumenten als ausgesprochen hierarchisch dar. Zwar wird gegenüber dem Ehemann eine gemeinsame Position formuliert. Die Frauen treten dabei über eheliche, rechtliche und soziale Unterschiede hinweg als untrennbar auf. Je stärker sich die Verträge aber Fragen zuwenden, die das Verhältnis zwischen den Frauen regeln, desto deutlicher wird die mächtige Stellung der Erstfrau gegenüber der zweiten. Das Merkmal der hierarchischen Beziehung läßt sich für allen Eheformen beobachten. Verträge für schwesterliche Polygynien bilden zwar keine Ausnahme. Die wenigen Privatdokumente, die keine Über- oder Unterordnung der Co-Frauen festschreiben, beziehen sich jedoch ausschließlich auf Schwestern. Nur Schwestern, die in *keiner naditu*-Ehe leben, scheinen ein Verhältnis zueinander haben zu können, das weniger vom Machtgefälle geprägt ist.

---

[501] So bsp. in den Verträgen zu adoptivverwandten Frauen, *CT 48 48* und *CT 48 57* (*naditu*-Ehe), oder in *CT 48 67* (unfreie Zweitfrau). Dagegen weisen die *naditu*-Ehen mit (Adoptiv-) Schwestern, *Meissner BAP 89* und *TIM 4 47*, ebenfalls starke Hierarchien zwischen den Frauen auf.

[502] *UET 5 87* lautet:
> "Sha-Nanaya has taken [Mattu] from her father Nidnat-Sin and her mother Beltum-reminni as a sister (aḫātu).
> Her sister (aḫātu) Sha-Nanaya has given Mattu to her husband Mar-ersetim.
> "The marrier of one marries the other, the divorcer of one divorces the other..." (Raymond WESTBROOK, 1988B, 133).

[503] In *BIN 7 173* und *UET 5 87* sind die Frauen Adoptivschwestern, in *TIM 4 46* echte Schwestern; vgl. Kap. 3.4.2.3. Ähnlich *CT 8 2a*, wo die polygyne *naditu*-Ehe jedoch noch nicht eingegangen wurde. In *CT 8 37d* ist das Fehlen hierarchischer Bestimmungen für die Co-Frauen darauf zurückzuführen, daß die Erstfrau nicht genannt wird.

[504] Anders *TIM 5 1*.

3.4.4 Zusammenfassung

In den aB Privatdokumenten fällt die Unterscheidung verschiedener Formen polygyner Ehen schwer. Die Verträge machen kaum - oder in anderer Weise - von den rechtlichen Termini der Kodizes Gebrauch. Der Status der Frauen als freie oder unfreie, als *naditu*- oder *šugitu*-Frauen, verwandte oder nicht verwandte, muß in den Dokumenten meist durch die Analyse standardisierter Klauseln erschlossen werden.

Ehen mit unfreien Co-Frauen stellen die Minderheit dar (*CT 8 22b, CT 8 37d, CT 48 67.*). Schriftliche Verträge wurden vor allem abgefaßt, wenn die festgehaltenen Transaktionen einen gewissen ökonomischen Wert darstellten. Dies ist im Falle der ehelichen Verbindung mit unfreien Frauen selten der Fall. Die Begriffe GEME₂/ *amtu* bezeichnen in den Privatdokumenten meist *keine* unfreien Frauen. Die Termini werden im Zusammenhang mit der *Positionsformel für die zweite Frau* verwendet. Die Formel hält fest, daß die zweite Frau für die erste *wie* eine Sklavin ist. Die hierarchische Beziehung zwischen Erstfrau und Zweitfrau ist ein typisches Charakteristikum der Privatdokumente. Die Unterordnung der zweiten unter die erste Frau wird in nahezu jedem Vertrag festgeschrieben. Bei *naditu*-Ehen (*CT 2 44, CT 4 39a, CT 8 2a, CT 45 119, CT 48 48, CT 48 57, CT 48 67, Meissner BAP 89, TIM 4 47*) wird die dienende Position der Zweitfrau durch zusätzliche Forderungen verstärkt, indem von ihr kultische Dienste und andere Verhaltensweisen gefordert werden.

Die Mehrheit der Privatdokumente widmet sich freien, verwandten Co-Frauen (*BIN 7 173, CT 8 2a, CT 45 119, CT 48 48, CT 47 57, Meissner BAP 89, TIM 4 46, TIM 4 47, TIM 4 49, TIM 5 1, UET 5 87*). Selten beruht die Bindung auf leiblicher Verwandtschaft; häufiger liegt eine Adoptionsverwandtschaft vor, bei der die erste Frau die zweite zu ihrer Schwester macht. Die Verträge für schwesterliche Co-Frauen können dieselben hierarchischen Strukturen aufweisen wie die übrigen aB Dokumente. Diese Eheform scheint jedoch die einzige zu sein, bei der außer der hierarchischen auch eine gleichberechtigte Beziehung möglich ist. Die Schwesternschaft der Frauen wird in den Dokumenten stark hervorgehoben. Ihr liegt ein Ideal des solidarischen Einvernehmens zugrunde, das vor allem gegenüber dem Ehemann gilt. Je stärker die Privatdokumente Fragen behandeln, die ausschließlich das Verhältnis der Co-Frauen betreffen, desto stärker kommt deren hierarchische Rangordnung in den Blick.

Das folgenden Diagramm veranschaulicht die Beziehungsstrukturen polygyner Ehen mit verwandten Co-Frauen (zur Erklärung der Zeichen siehe Anhang).

1. Frau (PN/ *aḫātu*)

2. Frau (PN/ *aḫātu*)

Mann

In den Kodizes werden keine Polygynien mit verwandten Co-Frauen erwähnt. Sie unterscheiden sich rechtlich nicht von anderen Ehen mit freien Co-Frauen.

Teil II:

ALTES ISRAEL

Im zweiten Teil der Untersuchung zur Polygynie stehen die ersttestamentlichen Rechtstexte aus dem alten Israel im Vordergrund. Am Anfang befindet sich eine allgemeine Darstellung zum Leben von Frauen im alten Israel - vor allem des 1. Jahrtausends v.Chr. (Kap. 1). Aussagen über Freiheit und Unfreiheit (Kap. 1.1), über gesellschaftliche Aufgaben von Frauen (Kap. 1.2) und über ersttestamentliche Bestimmungen zum Eherecht (Kap. 1.3) sind von besonderem Interesse. Wichtige in den Quellen verwendete hebräische Begriffe werden diskutiert.

Im darauffolgenden Kapitel werden sämtliche ersttestamentlichen Belege zur Polygynie genannt und kurz charakterisiert (Kap. 2.1). Die hebräische Terminologie läßt unterschiedliche Formen polygyner Ehen im alten Israel erkennen (Kap. 2.2).

Während die ersten beiden Kapitel dem Überblick dienen, schließt sich im dritten und größten Kapitel die Einzelanalyse der sechs ersttestamentlichen Rechtsbestimmungen zur Polygynie an (Kap. 3). Sie stammen aus dem Bundesbuch (Kap. 3.2), dem deuteronomischen Gesetz (Kap. 3.3) und dem Heiligkeitsgesetz (Kap. 3.4). Die Quellen werden in ihrem jeweiligen Kontext dargestellt und auf die rechtliche und gesellschaftliche Position der genannten Personen hin untersucht. Im Rahmen der Analyse werden die Bestimmungen weiterer ersttestamentlichen Aussagen zur Polygynie gegenübergestellt (z.B. in Erzählungen). Zuletzt werden sie mit den in Teil I dargestellten altbabylonischen Rechtsquellen verglichen. Die Gemeinsamkeiten und die Besonderheiten einzelner Regelungen zur Polygynie können auf diese Weise herausgearbeitet werden.

Kapitel 1:

Frauen im alten Israel

Eine sozialgeschichtliche Untersuchung des alten Israel muß im Hinblick auf die zugrundeliegende textliche Quellenbasis von anderen Voraussetzungen ausgehen als eine Untersuchung des alten Babylonien. Während eine insgesamt große Zahl von Schriftfunden Auskunft über die Kulturen des alten Babylonien gibt, ist für das alte Israel die nahezu einzige textliche Quelle die Bibel[1]. Das Erste Testament beinhaltet viele unterschiedliche Textgattungen, die auch aus dem alten Babylonien überliefert sind, wie Rechtstexte, Sagen und Erzählungen, Darstellungen historischer Ereignisse, Auflistungen aus königlichen oder privaten Archiven, lyrische Texte wie Gebete oder Hymnen[2]. Textteile wurden miteinander kombiniert, so daß ist der ursprünglichen Zusammenhang einzelner Texte nicht immer zu erkennen ist. Ziel der heute vorliegenden Darstellung ist es, auf unterschiedliche Weise die Geschichte Gottes mit den Menschen - und im besonderen mit dem Volk Israel - festzuhalten und weiterzugeben. Über die ursprüngliche Herkunft, den historischen und den gesellschaftlichen Kontext vieler ersttestamentlicher Texte und Textteile lassen sich allenfalls Vermutungen anstellen[3]. Dieses Problem wird bei der Quelleninterpretation immer wieder eine Rolle spielen.

1.1 Freiheit und Unfreiheit

Wie im alten Mesopotamien spielen unfreie Frauen auch im alten Israel für polygyne Verbindungen eine besondere Rolle. Sowohl israelitische als auch ausländische Sklavinnen werden in polygynen Konstellationen erwähnt[4]. Unfreie Frauen werden im Ersten Testament zum einen durch den generischen Gebrauch von עבד für (Sklave/ unfreie Person) mitgenannt[5]. Es spricht für die historische

---

[1] Zu nicht biblischen Textfunden vgl. Johannes RENZ / Wolfgang RÖLLING (1995).

[2] Vgl. Klaus KOCH (1989[5]) und Georg FOHRER (1983[4]).

[3] Ein Grund dafür ist in dem langen Entstehungs-, Bearbeitungs- und Überlieferungsprozeß des Ersten Testaments zu finden, vgl. Ernst WÜTHWEIN (1988[5]).

[4] Vgl. Kap. 3.2.2.

[5] עבד kommt im Ersten Testament achtmal häufiger vor als die beiden weiblichen Äquivalente zusammengenommen. Zur ausdrücklichen Bezeichnung von Sklavinnen und Sklaven kann עבד sowohl mit אמה (so bsp. in Ex 21,20, Dtn 15,17 und 2.Sam 6,20) als auch mit שפחה (so bsp. in Gen 12,16, 1.Sam 8,16 und Jer 34,9) kombiniert werden. Im Singular bezeichnet עבד einen männlichen Sklaven oder allgemein eine unfreie Person. Im

Präsenz von Sklavinnen, daß sie mit zwei weiteren Begriffen erwähnt werden: אמה und שפחה. Beide Termini treten mit derselben Häufigkeit auf. Umstritten ist, ob sie Frauen mit verschiedenen Aufgaben und/ oder mit unterschiedlichen gesellschaftlichen Positionen bezeichnen. Es können drei verschiedene Zusammenhänge unterschieden werden, in denen אמה und שפחה vorkommen:

1. In einem Drittel aller Belege werden אמה und שפחה in der wörtlichen Rede von freien Frauen gebraucht. Es handelt sich um eine höfliche Wendung, mit der die jeweilige Sprecherin sich selbst bezeichnet, um ihren Respekt der angesprochenen Person gegenüber zu verdeutlichen[6]. Die sich als אמה oder שפחה bezeichnenden Frauen können arm oder reich und sozial mehr oder weniger angesehen sein[7]. Die Bevorzugung einer der beiden Termini und eine inhaltliche Unterscheidung zwischen den Begriffen sind nicht erkennbar[8].

2. In allen übrigen Texten werden אמה oder שפחה für unfreie Frauen gebraucht. Ein inhaltlicher Unterschied zwischen den Termini läßt sich auch hier kaum ausmachen. Jedoch wird in manchen Textgattungen einer der Begriffe bevorzugt verwendet: In rechtlichen Quellen wird für Sklavinnen durchgängig אמה gebraucht[9]. Dagegen kommt שפחה verstärkt in prophetischen Texten vor[10]. In erzählenden Passagen, die eine Zahl von nicht näher bestimmten SklavInnen aufzählen, steht für unfreie Frauen besonders dann שפחה[11], wenn ihr Besitzer ein Mann ist. Sklavinnen, die zum Besitz von wohlhabenden Frauen zählen, werden dagegen gleichermaßen als שפחה[12] oder אמה[13] bezeichnet.

Plural kann das Wort auf Grund des generischen Sprachgebrauchs Sklavinnen und Sklaven umfassen (bsp. in Ex 21,7). Das Verb עבד desselben Stammes bezeichnet unterschiedliche dienende Tätigkeiten und ganz allgemein das Arbeiten, das von Männern oder von Frauen ausgeführt werden kann. Es wird im Ersten Testament rund 300mal verwendet, so bsp. für das Bestellen des Bodens (Gen 2,2.15.23), für kultisches Dienen (Ex 4,23) und allg. für die Verrichtung von Arbeiten durch freie wie unfreie Frauen und Männer (Ex 20,9). Ähnlich bezeichnet der akkad. Begriff *wardu* einen unfreien Mann; das Verb *warādu* kann aber auch das von einer Frau geleistete Dienen meinen (bsp. *TIM 4 47*).

[6] Für das alte Babylonien vgl. Helmer RINGGREN (1986, 986).

[7] Bei der Aufzählung ersttestamentlicher Textstellen gehe ich in dieser Arbeit nach der Reihenfolge der biblischen Bücher vor. Hanna (1.Sam 1), Abigail (1.Sam 25), Totenbeschwörerin von Endor (1.Sam 28), Frau von Thekoa (2.Sam14), weise Frau (2.Sam 20), Bathseba (1.Kön 1), Prostituierte (1.Kön 3), arme Frau und reiche Witwe (2.Kön 4), Ruth (Ruth 2), .

[8] Häufig werden אמה und שפחה von ein und derselben Person im Wechsel benutzt. Vgl. die Tabelle bei Karen ENGELKEN (1990, 148).

[9] Bsp. Ex 21,7.32; Lev 25,44; Dtn 15,17; 16,18.

[10] Bsp. Jer 34,9ff; Jes 14,2.

[11] Bes. Gen 12,16; 20,14; 24,35; 30,43; 32,6, ebenso Ruth 2,13; 2.Kön 5,26; anders Hi 19,15; 31,13 und Ruth 3,9 (אמה).

[12] Jes 24,2; Ps 123,3; Pr 30,23

3. Eine deutlichere inhaltliche Unterscheidung von אמה und שפחה ergibt sich für eine weitere Gruppe unfreier Frauen. Gemeint sind Sklavinnen, die in einer polygynen Verbindung mit einem freien Mann und dessen freier Frau leben. Ist die freie Frau die Besitzerin der Sklavin, wird für die Sklavin an 16 Stellen שפחה gebraucht und nur einmal אמה[14]. Sämtliche Belege befinden sich im Rahmen zweier Erzählungen im Buch Genesis[15]. Ist die unfreie Frauen eine Sklavin des Mannes[16] oder ist sie weder dem Mann noch der Frau eindeutig als Besitz zugeordnet[17], kann sie gleichermaßen als אמה oder שפחה bezeichnet werden. Diesem auffälligen Gebrauch von שפחה wird bei der Textanalyse noch nachgegangen.

Der Überblick zeigt, daß die Begriffe אמה und שפחה im Ersten Testament - mit Ausnahme der zuletzt genannten Textgruppe - inhaltlich nicht unterschieden werden. Ich werde die beiden Termini im folgenden in gleicher Weise übersetzen und mit *unfreie Frau* oder *Sklavin* wiedergeben; der hebräische Begriff wird jeweils in Klammern genannt[18].

---

[13] Na 2,8 (Königin); Ex 2,5 (Pharaonentochter).

[14] Es handelt sich um die Erzählungen um Hagar und die um Silpa und Bilha und ihre jeweiligen Besitzerinnen.. אמה steht in Gen 16,1-3.5-6.8; 25,12; 29,29; 30,4.7.9-10.12.18; 35,25-26, שפחה in Gen 30,3.

[15] אמה wird nach GESENIUS mit *unfreie Frau, Sklavin, Nebenfrau* wiedergegeben (1987[18], 70f), nach dem HAL mit *Sklavin, Magd und Konkubine, urspr. unfreie Frau* (Bd. א-בט, 59). שפחה bezeichnet nach GESENIUS eine *Sklavin, bes. die Sklavin der Frau (...), die ihrem Manne ein Kebsweib* gegeben hat (1962[17], 856). Insgesamt sind die hebr. Begriffe nach GESENIUS und HAL nicht nach *Sklavin* einerseits und *unfreie Frau in polygyner Ehe* andererseits getrennt. Anders Karen ENGELKEN (vgl. Anm. 18).

[16] אמה wird in diesem Sinne fünfmal verwendet, nämlich in Gen 20,17; 21,12; Ri, 9,18; Ri 19,19; 2.Sam 6,22, שפחה steht viermal, nämlich in Gen 29,24.29; 32,23; 33,6.

[17] אמה steht in Gen 21,10.13; 31,33, שפחה in Gen 33,1.2.

[18] Zu einem anderen Schluß kommt Karen ENGELKEN (1990, 127-169) in ihrer Untersuchung der Begriffe אמה und שפחה. אמה steht demnach in engerer Zugehörigkeit zur besitzenden Person als שפחה (ebd., 144f). Engelken schlägt für אמה die Übersetzungen *Magd, Dienerin*, für שפחה dagegen *Sklavin* vor (ebd., 166); anders GESENIUS und HAL (vgl. Anm. 15). Aus drei Gründen kann dem Übersetzungsvorschlag Engelkens in dieser Arbeit nicht gefolgt werden: 1. Es gibt eine Reihe von Textstellen, die sich der genannten Zuordnung widersetzen. Gegen eine engere Zugehörigkeit von אמה zur besitzenden Person sprechen bsp. Hi 19,15 und Ex 2,5; umgekehrt wird שפחה bsp. in Ruth 2,13 und Ps 123,2 verwendet, obwohl eine Nähe zwischen Sklavin und besitzender Person besteht. (Engelken sieht Ruth 2,13 m.E. zu Unrecht als höfliche Redewendung an; dies., 1990, 147f). 2. Die enge Bindung zwischen einer שפחה und deren Besitzerin ist ein auffälliges Merkmal vieler polygyner Verbindungen (vgl. Anm. 13). Vor diesem Hintergrund ist nicht verständlich, daß Engelken eine Zuschreibung von שפחה zu „*den Aspekten Arbeitskraft und Versklavung*" und eine Zuschreibung von אמה zu „*den Aspekten der engen Zugehörigkeit und Vertrautheit zu ihrer Herrin bzw. ihrem Herren, der Mutterschaft, der sexuellen Attraktivität und Schutzbedürftigkeit*" vornimmt (ebd., 144f); sie folgt hier einer schon von Ingrid RIESENER (1979, 82f) vertretenen Interpretation.. Wie Riesener nennt Engelken die letztgenannten Eigenschaften „*weibliche Qualitäten*" (dies., 1990, 167). Dagegen stellt

Die Verbreitung und die wirtschaftliche und soziale Bedeutung der Sklaverei zu verschiedenen Zeiten der Geschichte Israels sind umstritten. So ist unklar, ob die Sklaverei schon in vorköniglicher Zeit eine nennenswerte Rolle spielte[19]. Es fehlt an Quellen, die sich diesem frühen Zeitraum mit Sicherheit zuordnen lassen. Weder anhand von Rechtsbestimmungen, die sich der Frage der Sklaverei widmen[20], noch anhand erzählender Texte, in denen SklavInnen als feste gesellschaftliche Größe genannt werden[21], lassen sich die Form und das Ausmaß der Versklavung erkennen. Nach Aussage prophetischer Kritik führt die Politik des 8. Jahrhunderts zu einer zunehmenden Verarmung der Landbevölkerung und einem Anwachsen der Zahl schuldversklavter Menschen[22]. Das Bild unfreier Bevölkerungsgruppen, das sich aus den Texten ergibt, bleibt aber undeutlich[23].

Die Schuldsklaverei ist eine besondere Form der Unfreiheit[24]. Sie ist auch in aB Quellen belegt[25]. Wie dort gibt es im Ersten Testament kein spezielles Wort für

---

Tikva E. FRYMER-KENSKY (1989B, 187) fest: *„In sum, the Bible presents no characteristics of human behavior as „female" or „male," no division of attributes between the poles of „feminine" and „masculine""*. 3. Engelkens Interpretation liegt eine Wertung zugrunde, derzufolge rein dienende Tätigkeiten weniger erstrebenswert sind als sexuelle Dienste: Die *„Position der* אמה *ist eindeutig besser gestellt als die der* שפחה*"* (dies., 1990, 166). Engelken läßt außer acht, daß der intime Kontakt mit einem freien Mann, der einer אמה angeblich zu einer besseren Position verhilft, für die Sklavin das bedrohliche Faktum der sexuellen Ausbeutung mit sich bringen kann. Ein gesellschaftlicher Vorteil läßt sich vor allem dann nicht ausmachen, wenn Engelken davon ausgeht, daß die Verbindung mit dem Mann einer Sklavin keine rechtlichen Vorteile, wie bsp. die einer Ehe, bietet (vgl. Anm. 167).

[19] Frank CRÜSEMANN (1992, 134, 279ff) nimmt zum einen an, daß das geringe Vorkommen von עבד in Quellen aus der frühen Zeit des Königtums die weite Verbreitung der Sklaverei in dieser Zeit ausschließt. Der dafür angeführte Konkordanzbefund ist wenig eindeutig: Viele Stellen lassen sich nicht sicher datieren - so eine der wichtigen Stützen seiner These Ex 21,2-11 (ebd., 180; vgl. Kap. 3.2.1). Für andere Stellen ist die Bedeutung von עבד als Bezeichnung einer unfreien Person unsicher (s.u. im Text). Crüsemann weist weiter darauf hin, daß die landwirtschaftliche Produktion nichtzentralisierter Stammesgesellschaften nicht auf abhängiger Arbeit beruhe (ebd., 180f). Sozialanthropologische Forschungen zeigen aber, daß die Sklaverei in solchen Gesellschaften eine wichtige wirtschaftliche Rolle spielen kann; vgl. bsp. Jeremy SWIFT (1974, bes. 230f), Goerge Peter MURDOCK (1981) und Douglas R. WHITE (1988, 535-540).

[20] Vgl. Kap. 3.2.

[21] Bsp. Gen 12,16; 16,1ff; 17,23.

[22] Im Nordreich Israel treten Amos und Hosea, im Südreich Juda die Propheten Jesaja und Micha gegen die sozialen und politischen Mißstände auf.

[23] Bsp. 1.Sam 8,13-17

[24] Dazu ausführlich Jer 34,8-22; Neh 5,1-13 und die sog. *Sklavengesetze* Ex 21,2-11; Dtn 15,12-18 und Lev 25,39-55 (vgl. Kap. 3.2.1.2.2) und in kurzen Bemerkungen bsp. Dtn 24,7; 28,68; 2.Kön 4,1; Esther 7,4; Hi 24,9; Am 2,6; 8,6.

[25] Bsp. KH § 117; zum Vergleich aB und ersttestamentlicher Schuldsklaverei die Studie von Gregory C. CHIRICHIGNO (1993).

freie Familienangehörige, die im Falle einer Schuldverpflichtung als Pfandzahlung befristet versklavt werden. Da sowohl dauerhaft Unfreie als auch zeitlich
begrenzte SchuldsklavInnen als שׁפחה/אמה oder עבד bezeichnet werden[26], ist
bei vielen ersttestamentlichen Texten unklar, ob es sich um dauerhaft oder
zeitweise unfreie Menschen handelt. In Texten, die eindeutig Aussagen zur
Schuldsklaverei machen, werden unterschiedliche Begriffe verwendet:

1. Für SchuldsklavInnen wird vom Terminus עברי Gebrauch gemacht. So ist
   von עבד עברי (*hebräischer/ hebräische SklavIn*)[27], עברי/עבריה
   (*HebräerIn*)[28] oder אחי העברי (*hebräischer Bruder/ hebräische Schwester*)[29]
   die Rede. Ob עברי eine ethnische oder eine soziale Bezeichnung ist, ist
   umstritten[30]. Als ethnische Zugehörigkeit ginge das Wort auf einen Vorfahren
   Abrahams, Eber, zurück[31]. Als soziale Bezeichnung für eine besitzlose oder
   gesellschaftlich gering geachtete Gruppe könnte es mit dem akkad. Wort
   ḫabiru verwandt sein, das in keilschriftlichen Quellen des 3. und 2. Jt.v.Chr.
   arme ImmigrantInnen bezeichnet[32]. Auch ohne diese Begriffsverwandtschaft
   deutet עברי im Ersten Testament auf eine untere soziale Klasse hin, der
   infolge ihrer Armut die Versklavung droht[33].
2. SchuldsklavInnen werden im Ersten Testament als unfrei gewordene *Kinder
   Israels* (בני־ישׂראל) bezeichnet[34].
3. Sie werden auch kurz *Geschwister* (אח) genannt[35]. Mit den beiden letzten
   Termini werden die SchuldsklavInnen betont als ein vollwertiger Teil der
   Gesellschaft gesehen. Der nur vorübergehende Charakter der Unfreiheit wird
   verdeutlicht.

---

[26] Für SchuldsklavInnen steht אמה und עבד bsp. in Dtn 15,12-18 und Ex 21,2-11, שׁפחה und
עבד in Jer 34,8-22.

[27] Bsp. Ex 21,2.

[28] Bsp. Dtn 15,12 und in Jer 34,9.

[29] Bsp. Jer 34,14.

[30] Bei der folgenden Darstellung folge ich Joe SPINKLE (1994, 62-64).

[31] Gen 11,14

[32] Vgl. Gregory C. CHIRICHIGNO (1993, 17-19 und 92-100).

[33] Joe SPINKLE (1994, 64) zeigt die Nähe des Begriff עברי zur Sklaverei Israels in Ägypten
im Buch Exodus auf. „*The Israelites, who were called 'Hebrews' by the Egyptians, were
reduced to servitude by them (ch.1). Moses was a 'Hebrew' (2.6). 'The God of the
„Hebrews"' demanded through Moses and Aaron that Paraoh 'let My people go' (3.18;
5.3; 7.16; 9.1,13; 10.3) as a part of the overall plan to deliver the Israelites from servitude
entirely.*"

[34] Bsp. Lev 25,25-55.

[35] Bsp. Jer 34,9.14 (אח/ אחיו העברי/ אחיך /יהודי), Lev 25,25.35.39 (אח) und in Neh 5,1.8 (אח/
אח יהודי).

Insgesamt scheint die Schuldsklaverei im Ersten Testament auf HebräerInnen beschränkt zu sein - im Unterschied zu in Israel lebenden oder dorthin verkauften SklavInnen, die nicht HebräerInnen, sondern Fremde sind[36]. Hebräische SchuldsklavInnen sollen im siebten Jahr wieder frei werden[37]. Im alten Babylonien darf die Schuldsklaverei dagegen nur drei Jahre anhalten; sie ist an keine nationale oder ethnische Zugehörigkeit geknüpft[38].

---

[36] Im HG werden *Fremde* (גר) als potentielle DauersklavInnen angesehen. Silvia SCHROER (1995, 136f) nimmt an, daß zumindest in der nachexilischen Zeit auch Teile der nicht-exilierten judäischen Bevölkerung Israels als nicht zum Volk gehörig angesehen werden. Auf diese Weise werden deren Religion und Sitten von den aus dem Exil Zurückgekehrten kritisiert. An anderen Stellen des Ersten Testaments werden Fremde unter einen besonderen Schutz gestellt (bsp. Ex 23,9; Lev 19,10). Dies kann mit dem Hinweis auf die Erinnerung an Israels eigenen Aufenthalt in Ägypten geschehen (Ex 22,20; 23,9; Lev 18,2). HebräerInnen können aber auch im eigenen Land als Fremde bezeichnet werden, denn das Land Israel ist Gottes Land (Lev 25,23). Ein ähnliches theologisches Argument fungiert als Begründung gegen die gegenseitige Versklavung unter IsraelitInnen, so im HG: Die Angehörigen des Volkes Israel sind SklavInnen Gottes (עבד), der sie aus der ägyptischen Sklaverei herausgeführt hat; daher sollen sie einander nicht als Eigentum in Anspruch nehmen (Lev 25,42.55).

[37] Ex 21,2-6; Dtn 15,12-18. Die Zahl sieben spielt auf den Sabbat an, den freien Tag für alle Schöpfung, den siebten Tag der Woche, in der Gott die Welt schuf. Dieser Bezug liegt in Ex 21,2 durch die Nähe zu Ex 23,10-12 nahe; vgl. Lev 25,2-7. Auch das ersttestamentliche Jobeljahr, das alle sieben mal sieben Jahre eintritt, hat u.a. die Funktion, die Unfreiheit für hebräische SklavInnen aufzuheben (Lev 25,8-16.39-55). Historische Überlieferungen über die Durchführung des Jobeljahres existieren nicht (vgl. Jer 34).

[38] KH §§ 117-119, vgl. Teil I, Kap. 3.3.2.1.1.

1.2 Gesellschaftliche Aufgaben

Wie schon im alten Mesopotamien, so gibt es auch im alten Israel nach Aussage der Quellen deutlich weniger Interesse an Fragen oder Begebenheiten, die Frauen betreffen, als an solchen, die für Männer von Bedeutung sind. Mit wenigen Ausnahmen treten Frauen im Ersten Testament vor allem dann in Erscheinung, wenn die Fortführung der männlichen Familienlinie thematisiert wird. Für die Fortpflanzung, für die ideale Abstammung, für den Erhalt der Familie und den des Volkes sind Frauen unverzichtbar[39]. Das Erste Testament berichtet daher vor allem von Frauen im gebärfähigen Alter. Mit die ausführlichsten Darstellungen weiblichen Lebens stehen vor dem Hintergrund polygyner Konstellationen, denen die Beteiligten angehören.

Der private Haushalt war im alten Israel zu allen Zeiten ein zentraler Arbeitsbereich für Frauen verschiedener sozialer Gruppen. Er wurde bei reichen Frauen verstärkt durch weibliches Hilfspersonal besorgt[40]. Die Mehrzahl der Menschen lebte in Siedlungen, in denen Drei- und Vierraumhäuser vorherrschten. Die Architektur zwischen Stadt und Land unterschied sich in dieser Hinsicht kaum[41]. In den in der Königszeit zunehmend entstehenden befestigten urbanen Zentren wohnten nur zwischen fünf und zehn Prozent der Bevölkerung[42]. Insgesamt behielten die Siedlungen ihren ländlich-dörflichen Charakter über die Jahrhunderte hinweg bei. Ackerbau und Viehzucht bildeten die wichtigste Lebensgrundlage[43]. Zum Haushalt zählte nicht nur die Kernfamilie[44]. Weitere

---

[39] Daß in der vornehmlich patrilinearen altisraelitischen Gesellschaft auch die Abstammungslinie von Seiten der Mutter eine wichtige Bedeutung hat, zeigt Naomi STEINBERG (1993) am Beispiel der Erzmütter Israels. Ihre Darstellung macht die zentrale Bedeutung von Verwandtschaftsmustern als inneres Handlungsmotiv der Erzählungen deutlich. Ohne Verständnis der von ihr aufgezeigten Muster bleiben weite Teile der Erzelterngeschichten unverständlich.

[40] Am Königshof werden Frauen für die Herstellung von Salben, als Bäckerinnen und Köchinnen für das Zubereiten von Speisen und als Sklavinnen zu weiteren Diensten herangezogen, so 1.Sam 8,13.16. Aus Jes 46,2 geht hervor, daß das Mehlmahlen eine körperlich anstrengende Arbeit ist, die Frauen aus königlichen Kreisen degradierte; vgl. Willy SCHOTTROFF (1989).

[41] So Helga WEIPPERT (1988, 449) über die Eisenzeit (1200-586/7 v.Chr.).

[42] Dies nimmt Carol MEYERS (1987, 267f) für die gesamte Eisenzeit an. Yigal SHILOH (1980, 32f) geht von einer höheren Zahl von BewohnerInnen in den urbanen Zentren aus.

[43] Vgl. Helga WEIPPERT (1988, 477-480). Zur geographischen Nähe von urbanen und ländlichen Siedlungen vgl. bsp. Ruth 3,14f.

[44] Lawrence E. STAGER (1985, 18) rechnet auf Grund archäologischer Funde aus vorköniglicher Zeit mit einer nur vierköpfigen Kernfamilie. Auch in der königlichen Zeit lassen Landknappheit und die Verarmung der ländlichen Bevölkerung eine nur geringe durchschnittliche Familiengröße vermuten; vgl. Carol MEYERS (1988, 189-196). In

Verwandte und Angestellte rechneten ebenfalls zum *erweiterten Familienhaus-halt*[45]. Die verwandtschaftlich organisierten altisraelitischen Gesellschaften folgten bei der Frage der Familienzugehörigkeit teils einem patrilinearen Muster[46]. Es gibt zudem eine Reihe von Hinweisen auf matrilokale Traditionen und auf über Frauen verlaufende Verwandtschaftslinien[47].

Im alten Israel waren Kinder und der damit garantierte Fortbestand der Familie von zentraler Bedeutung[48]. Viele Texte kreisen um das Problem der Kinderlosig-keit. Die Erweiterung der Verwandtschaft durch Adoption wird im Unterschied zum alten Babylonien nicht erwähnt[49]. Das Hebräische kennt keinen Begriff für *adoptieren*. Es gab lediglich das Einsetzen nicht-erbberechtigter, erwachsener Personen zu ErbInnen[50]. Die Probleme, die sich in altisraelitischen Familien durch Kinderlosigkeit oder fehlende männliche Nachkommen ergaben, wurden

---

manchen Landesteilen (Hügelland) verdoppelt sich die Bevölkerungszahl zu Beginn der Königszeit auf Grund neuer Anbaumethoden und Zuwanderung (Stager, 1985, 25).

[45] Zur Definition des Begriffs *extended family-household* vgl. Naomi STEINBERG (1993, 20-23). Für die vorkönigliche Eisen I-Zeit rechnet Carol MEYERS (1988, 136) mit einem erweiterten Familienhaushalt, dem mit der Kernfamilie, zusätzlichen Verwandten, Angestellten und SklavInnen zwölf bis vierzehn Personen angehören. Offen bleibt, ob sie davon ausgeht, daß alle diese Angehörigen gemeinsam ein Gebäude bewohnen. Die Größe der für die Eisenzeit typischen Drei- und Vierraumhäuser weicht stark voneinander ab (Helga WEIPPERT, 1988, 404). Es muß offenbleiben, ob ein größeres Haus auf eine größere Familie hinweist oder vielmehr auf vorhandenen Reichtum. Yigal SHILOH (1980, 27-30) errechnet, daß ein Haus durchschnittlich acht Personen Platz bietet und daher lediglich die Kernfamilie beherbergt. Lawrence E. STAGER (1985, 18-23) weist genauer auf die Existenz von Mehrfamilien-Siedlungen hin: Es handelt sich dabei um je zwei bis drei zusammenstehende Häuser mit einem gemeinsamen Hof. Solche Wohnanlagen könnten laut Stager verwandten Familien Platz bieten (vgl. Raymond WESTBROOK, 1991, 118-141). Meiner Ansicht nach ist das Bewohnen der zusammenstehenden Häuser durch nur eine einzige polygyne Familie vorstellbar. Von den genannten AutorInnen geht niemand der Frage nach den Wohnverhältnissen polygyner Familien nach. Unbeantwortet bleibt auch, wo die ebenfalls zum Haushalt gehörenden Angestellten oder SklavInnen gelebt haben.

[46] Der Haushalt kann aus der Sicht der Kinder als Vaterhaus (בית אב) bezeichnet werden (bsp. Gen 12,1; 31,14; Ri 19,2; aus Sicht des Kindes einer in polygyner Ehe lebenden Mutter: Ri 11,2). Gelegentlich wird ausdrücklich der Begriff Mutterhaus (בית אם) genannt (Gen 24,28; Ruth 1,8 - Moab).

[47] Bsp. Gen 2, 24 (Mann soll Frau anhängen); Gen 21,21 (Hagar und Ismael); Gen 24,8.39.58-61 (Rebekka); Gen 38 (Thamar und Juda, vgl. Kap. 3.2.2.2.3), Gen 29-31 (Jakob bei Lea und Rahel); Ex 2,15-22 (Moses bei seinem Schwiegervater Jethro); Num 27 und 36 (Töchter als Erbinnen), Dtn 25,5-10 (Leviratsehe, vgl. Kap. 3.2.2.2.3), Ri 8,31 (Gideons Frau in Sichem); Ri 9,1-3 (Abimelechs Mutter); Ri 11,1-3 (Jephtas Mutter).

[48] Eckart OTTO (1994, 58) weist auf die religiöse Bedeutung der Ahnen im alten Israel hin: *"Das Absterben einer Genealogie bedeutet den endgültigen Tod einer Familie einschließlich ihrer Verstorbenen"*.

[49] Vgl. Teil I, Kap. 1.2.

[50] Gen 15,2-5

mit Hilfe verschiedener Strategien angegangen, von denen die polygyne Ehe eine war:

1. Waren ausschließlich Töchter vorhanden, konnten sie anstelle von Söhnen zu Erbinnen auch unbeweglicher Güter eingesetzt werden. Daran wurde die Bedingung geknüpft, daß sie Männer aus der eigenen Verwandtschaft heirateten[51]. Nur auf diese Weise blieb das Erbe der Familie erhalten.

2. Töchter konnten indirekt über einen eingeheirateten Schwiegersohn wie Söhne erben. Dieses Vorgehen ähnelt in seinen Auswirkungen der aus anderen altorientalischen Gesellschaften bekannten Adoption des Schwiegersohns zum Sohn[52].

3. Waren keine eigenen Kinder vorhanden, konnte der Familienbesitz auf eine nahestehende, nicht-verwandte Person übergehen[53].

4. Da das Fehlen von Nachkommen im Ersten Testament häufig auf die Unfruchtbarkeit der Frau zurückgeführt wurde, konnte eine kinderlose Frau ihrem Mann ihre Sklavin zur Frau geben[54]. Die erste Frau konnte die Kinder der unfreien zweiten als ihre eigenen ansehen[55].

5. War der Mann einer noch kinderlosen Frau gestorben, konnte sie durch die Leviratsehe mit dessen Bruder Kinder bekommen, die als Nachkommen der ersten Ehe galten[56].

6. Es ist nicht bekannt, ob die anhaltende Kinderlosigkeit einer Frau ein Scheidungsgrund sein konnte. Sicher ist, daß es auch kinderlose Ehen gab, die langfristig Bestand hatten[57].

---

[51] Vgl. Num 27, 1-11; 36,1-12. Ähnliches ist aus nordmesopotamischen Quellen aus Nuzi bekannt. Danach können Töchter als *Söhne* eingesetzt werden. Möglicherweise werden deren Kinder später nach der Mutter benannt, so daß es sich um eine Form matrilokaler und matrilinearer Familienstruktur handelt; vgl. Katarzyna GROSZ (1989, 173-177). Nach Hiob 42,13-15 erben die Töchter zusammen mit den Söhnen auch unbewegte Güter. Wohlhabenden Familien ist eine solche erbrechtliche Gleichstellung der Kinder eher möglich als ärmeren; vgl. Raymond WESTBROOK (1991, 147f).

[52] Gen 29-31. Diese Regelung ähnelt der Adoption des Schwiegersohns, die in Quellen aus Nuzi belegt ist; vgl. Barry L. EICHLER (1989, 113-116). Mit den Nuzi-Texten hat der ersttestamentliche Text auch das damit einhergehende Verbot weiterer polygyner Eheschließungen durch den eingeheirateten Mann gemeinsam (Gen 31, 50). So soll verhindert werden, daß das über die Töchter weitergegebene Familienerbe auf andere nicht verwandte Personen verteilt wird.

[53] Gen 15,2-5.

[54] Anders bsp. Dtn 7,14, wo Männern und Frauen verheißen wird, daß sie nicht unfruchtbar sein werden. In Gen 38,9 (Thamar und Onan) wird ein Mann für die Kinderlosigkeit der Frau verantwortlich gemacht. In einer polygynen Erzählung macht eine Frau ebenfalls ihren Mann für ihre Kinderlosigkeit verantwortlich (Rahel, Gen 30,1f, anders Hanna 1.Sam 1; vgl. Exkurs 3).

[55] Vgl. Kap. 3.2.2.2.1 Eckart OTTO (1994, 51 m. Anm. 13) nimmt an, daß der Passus *auf den Knien gebären* in Gen 30,3 auf einen Adoptionsritus anspielt.

[56] Dtn 25,5-10, Gen 38,9-11.26.

Im Bereich arbeitsintensiver Agrarwirtschaft waren viele Arbeitskräfte nötig. Frauen wie Männer waren mit bäuerlicher Feldarbeit[58] und Viehzucht[59] beschäftigt. Freie Frauen und Sklavinnen verrichteten Arbeiten im weiteren und engeren Umfeld des Haushalts. Für die Herstellung und das Wirtschaften mit Nahrungsmitteln waren Frauen in besonderer Weise verantwortlich[60]. Eine in polygyner Ehe geheiratete zweite Frau war eine weitere Arbeitskraft. Es ist anzunehmen, daß die Arbeitsaufteilung zwischen Frauen in der Regel so vor sich ging, daß die Frauen mit geringerem sozialen Status die härteren, weniger organisatorischen und weniger anspruchsvollen Aufgaben übernahmen[61]. Das Erziehen und Unterrichten[62] von Kindern gehörte ebenso wie das Gebären[63] und Versorgen zur

---

[57] Sara läßt ihren Mann erst ihre Sklavin heiraten, als sie selbst bereits fast 80 Jahre alt ist (Gen 16,3; 17,25). Sie wird bis zum Alter von 90 Jahren als kinderlos beschrieben (Gen 17,17). Von Hannas Mann wird gesagt, daß er sie liebt, und zwar ausdrücklich trotz ihrer Kinderlosigkeit (1.Sam 1,5). Allerdings hat die Familie durch eine weitere polygyne Frau zu diesem Zeitpunkt bereits Nachkommen.

[58] Vgl. Ri 13,9; Ruth 2.

[59] In den Brunnenszenen (Gen 24; 29; Ex 2) sind Frauen mit dem Tränken von Schafen und Ziegen beschäftigt, während Männer die Aufgabe haben, den Stein über dem Brunnen zu entfernen (Gen 29, vgl. Kap. 2.4.3). Konflikte zwischen den tränkenden Frauen und Hirten werden in Ex 2,16-19 angedeutet. In halbseßhaften und nomadischen Gruppen sind vornehmlich Männer über längere Zeit mit Ziegen- und Schafherden unterwegs, während Frauen und weitere Familienangehörige verstärkt an einem Ort bleiben. In Gen 31,38-40 muß Jakob wie ein Angestellter Labans die körperlich harte Arbeit des tagelangen Hütens von dessen Schaf- und Ziegenherden übernehmen (ähnlich die Angestellten Abrahams und Lots in Gen 13,7f, Josephs Brüder in Gen 37,12 und Mose in Ex 3,1). In 1.Sam 25,7-8.15-16 üben die vom reichen Ehepaar Nabal und Abigail angestellten Hirten (und Hirtinnen?) die gefährliche Aufgabe der Herdenwacht aus (רעים; es ist wegen des generischen Sprachgebrauchs nicht auszuschließen, daß auch Hirtinnen zu diesen zählen. Rahel wird in Gen 29,9 als Hirtin, רעה, dargestellt). Nabal selbst ist zumindest während der Schafschur den Tag über auf den Feldern beschäftigt. Dasselbe wird von Laban gesagt (Gen 31,19): aus Gen 38,12 (Juda) geht hervor, daß die Schafschur mehrere Tage andauert, da sie auf entfernten Weiden stattfinden kann. Zu Formen nomadischen Lebens vgl. Walter GOLDSCHMIDT (1978).

[60] Vgl. Carol MEYERS (1988, 142-149).

[61] So werden in Spr 31,15.27 die Anweisungen einer Frau, die ein Gewerbe im Textilbereich leitet, an ihre weiblichen Angestellten (נערה) erwähnt.

[62] Vgl. Carol MEYERS (1988, 149-164).

[63] Der existentielle Charakter, den die Gebährfähigkeit für viele Frauen hat, kommt in den Erzählungen zur Polygynie Gen 29-30 und 1.Sam 1-2 deutlich zum Ausdruck (vgl. Exkurs 3). Andere Beispiele sind Gen 38 (Thamar) und prophetische Metaphern, in denen die Kinderlosigkeit einer Frau als zersetzender Makel, bzw. die Fruchtbarkeit aller Menschen als eschatologische Hoffnung (bsp. Jes 54,1-3; 66,7-13) dargestellt werden. Zum Problem der Kinderlosigkeit vgl. weiter Irmtraud FISCHER (1988, 116-126). Zu den wenigen Stellen des Ersten Testaments, an denen auch einer kinderlosen Frau ein sozial erfülltes Leben zugesprochen wird, zählen Koh 3,13-14; und Jes 54,1-3.

Tätigkeit von Frauen. Die Kinder verschiedener Frauen eines Haushalts - beispielsweise die von den Co-Frauen eines Mannes - wurden zusammen erzogen[64].
Kleinere Siedlungen waren Subsistenzwirtschaften, in denen Lebensmittel für
den eigenen Verbrauch hergestellt wurden. Auch Kleidung, Töpferware und
Werkzeug wurden dort gefertigt, wahrscheinlich von Männern und Frauen[65]. Mit
wachsender Größe der Siedlungen ging auch eine ökonomische Differenzierung
einher[66]. Was nicht selbst hergestellt wurde, wurde durch Handel erworben -
auch daran waren Frauen beteiligt[67]. Viele Einzelbelege und Randbemerkungen
zeigen, daß Frauen auf allen Ebenen der altisraelitischen Gesellschaft präsent
waren. Ihre Bedeutsamkeit beschränkte sich nicht auf den Familienalltag, wie
dies die Mehrzahl der Texte zu zeigen scheint. Zu verschiedenen Zeiten sind
Frauen auch in herausragenden Positionen erwähnt, sei es als Kriegerinnen[68], als
Empfängerinnen göttlicher Offenbarungen[69] und Prophetinnen[70], als Retterinnen
des Volkes[71], als politische Machthaberinnen, nämlich als Königin[72] oder als
regierende Stellvertreterin des zukünftigen Königs[73].

---

[64] Bsp. Gen 21,9; Ri, 11,2f.
[65] Vgl. Silvia SCHROER (1995, 147).
[66] Helga WEIPPERT (1988, 407)
[67] Eine Frau, die selbst hergestellte Textilware verkauft, wird in Spr 31,24 genannt. Zu
      Namenssiegeln mit israelitischen Frauennamen vgl. Nahman AVIGAD (1987B, 18f).
[68] Debora und Jael (Ri 4-5); vgl. Ulrike BECHMANN (1989).
[69] Hagar (Gen 16), Mirjam (Num 12), Mutter Simsons (Ri 13)
[70] Debora (Ri 4-5), Hulda (2.Kön 22), Frau des Jesaja (Jes 8,3), Prophetinnengruppe (Ez 13,
      17-23); vgl. Renate JOST (1994, 59-64).
[71] So bsp. Esther (vgl. Klara BUTTING, 1993, 49-86) und Rahab (Jos 2).
[72] Bsp. Isebel (1.Kön 18-21), Bathseba (1.Kön 1-2) und Esther (Buch Esther). Zu Frauen am
      Königshof vgl. Maria HÄUSL (1993) und Susan ACKERMAN (1993).
[73] Athalja (2.Kön 11).

1.3 Eherecht

Im Unterschied zum alten Mesopotamien wird die Frage der vollen Rechtsfähigkeit von Frauen für das alte Israel kontrovers diskutiert. Rechtsbestimmungen, Siegel von Frauen, Gerichts-, Kaufurkunden und andere Dokumente lassen keinen Zweifel daran, daß Frauen in altmesopotamischen Gesellschaften Verträge abschlossen, ihre Anliegen vor Gericht verteidigten oder in der Funktion als Zeuginnen auftraten[74]. Die vergleichsweise bescheidenen altisraelitischen Quellen und Funde weisen nur selten auf in dieser Weise agierende Frauen hin[75]. Die ersttestamentlichen Rechtsbestimmungen sprechen wie die aB in der Regel nur Männer an. Das hat für das alte Israel zur These von der eingeschränkten Rechtsfähigkeit von Frauen geführt[76].

Ich gehe davon aus, daß die sprachliche und inhaltliche Ausblendung von Frauen im Rechtsbereich kein Indiz für den Rechtsausschluß oder die grundsätzliche Rechtsminderung von Frauen ist - ebensowenig, wie die seltene Erwähnung von Frauen im Ersten Testament die historische und gesellschaftspolitische Absenz von Frauen im alten Israel beweist. Für die Rechtsfähigkeit von Frauen sprechen zwei Beobachtungen:

1. Ein Merkmal von Rechtsbestimmungen ist, daß sie bemüht sind, allgemein anwendbar zu sein. Sie sprechen als Normadressaten eine einzelne (männliche) Person an. Im Vergleich zu anderen Gattungen verstärken rechtliche Regelungen dadurch den Eindruck, Frauen seien nicht gemeint.
2. Die ersttestamentlichen Rechtssammlungen enthalten kaum Bestimmungen zum Ehe- und Familienrecht[77]. Dies sind die Bereiche, in denen Frauen in den altmesopotamischen Kodizes vor allem präsent sind. Das Fehlen der genannten Bestimmungen trägt dazu bei, daß exklusive Rechte von Frauen im Ersten Testament vergleichsweise selten behandelt werden.

Auf Grund dieser Beobachtungen kann davon ausgegangen werden, daß Frauen im alten Israel in vielen Bereichen dieselben Rechte besaßen wie Männer. Frank CRÜSEMANN stellt treffend fest: "Frauen sind nicht überall dort ausgeschlossen, wo nur von Männern die Rede ist, sondern sie sind vielmehr überall in der inklusiven Sprache der Rechts- und Kulttexte da mitgemeint und also eingeschlossen, wo sie nicht ausdrücklich ausgenommen sind oder durch andere Umstände nicht in Frage kommen"[78].

---

[74] Vgl. Teil I, Kap. 1.2.

[75] Vgl. Anm. 67.

[76] So bsp. Silvia SCHROER (1995, 120)

[77] Vgl. Kap. 3.1.1.

[78] Frank CRÜSEMANN (1992, 194)

Ehebestimmungen gehören zu dem Bereich, in dem die Rechte von Frauen und Männern ausdrücklich unterschieden werden, da sie voneinander abweichen. Im Unterschied zur Keilschrift gibt es im Hebräischen kein eigenes Wort für *Ehefrau*[79]. Das Bestehen einer ehelichen Verbindung kann aus der Bezeichnung der Frau nicht abgeleitet werden. Ist eine Frau verheiratet, wird sie einfach als אשה (*Frau*)[80] eines Mannes bezeichnet. Der Mann wird entsprechend איש (*Mann*)[81] einer Frau oder בעל (*Ehemann*, wörtlich *Besitzer*)[82] einer Frau genannt. Ähnlich wie im alten Babylonien werden für den eigentlichen Vorgang des Heiratens נתן (zur Frau *geben*, aus Perspektive der elterlichen Partei der Frau)[83] und לקח (zur Frau *nehmen*, aus Perspektive des Mannes)[84] verwendet. Die Begriffe werden im Falle matrilokaler wie patrilokaler Traditionen gebraucht. Das *Geben* der Frau an den zukünftigen Mann ist nicht notwendiger Weise ein Weggeben, das mit dem Auszug der Frau aus dem elterlichen Haus einhergeht[85]. Obwohl die Frau sprachlich Objekt der Handlung ist, kann die Verheiratung ihr Mitspracherecht einschließen[86]. Nach Aussage der ersttestamentlichen Texte wird jedoch Männern verstärkt das Recht eingeräumt, bei der Auswahl der Braut den eigenen Wünschen und Empfindungen zu folgen. Zuneigung oder ablehnende Emotionen werden in diesem Zusammenhang häufig erwähnt[87]. Eine elterliche Partei kann durch einen Mann (Vater, Bruder) oder eine Frau (Mutter) vertreten werden. Ist die zu verheiratende Frau unfrei, kann sie anstelle ihrer Eltern durch ihre Besitzerin oder ihren Besitzer in die Ehe gegeben werden.

Im alten Babylonien hatte die Mitgift eine wichtige Funktion zur finanziellen Absicherung der Frau. שלוחים (*Mitgift*) kommt im Ersten Testament nur dreimal vor, davon zweimal eingebettet in Berichte über Ehen von nicht-israelitischen Frauen[88]. Andere Darstellungen nennen eine Ausstattung der Frau durch ihre

---

[79] Sum. DAM, akkad. *aššatu*

[80] אשה bezeichnet laut GESENIUS (1987[18]) eine Frau jedes Alters und Standes, verehelicht oder nicht. Ähnlich HAL (Bd. א-מבח, 90). Im Sinne einer geehelichten Frau steht es bsp. in Gen; 30,4; Dtn 25,5; 1.Sam 1,2.

[81] So bsp. Gen 29,31; 1.Sam 1,8.23; Ruth 1,11.

[82] בעל steht bsp. in Ex 21,3 oder 2.Sam 11,26. Im Gegensatz dazu bezeichnet אדון (*Herr*) bsp. in Ex 21,4.8 den Besitzer einer unfreien Person. Ähnlich werden EigentümerInnen von SklavInnen in aB Bestimmungen als *bēltu* (*Herrin*) und LUGAL/ *bēlu* (*Herr*) bezeichnet.

[83] Bsp. Gen 16,3; Ex 21,4; Neh 13,25.

[84] Bsp. Gen 25,1; Dtn 25,5; Hos 1,2.

[85] Gen 30,25f; 31,3.26f; hier wie auch in Gen 24 stößt der letztlich stattfindende Auszug der Töchter auf Protest ihrer Familien und ist keinesfalls selbstverständlich. Ähnlich Ex 2,15-22; 18,1-7.

[86] Gen 24,57f

[87] Vgl. dazu die Ausführungen weiter unten.

[88] Ex 18,2 (Midianiterin Zippora), 1.Kön 9,16 (Tochter des Pharao); Mi 1,14 (personifizierte

Eltern, ohne daß der Terminus dafür verwendet wird[89]. Auffallend ist, daß in diesem Zusammenhang mehrfach Sklavinnen erwähnt sind, die die Frau als Vertraute auch im Falle des Umzugs in das Haus des Ehemannes begleiten[90]. Eine solche Mitgift-Sklavin konnte durch ihre Eigentümerin später zur Co-Frau und weiterer Frau ihres Mannes gemacht werden[91]. Eine vergleichbare Konstellation weisen auch aB Quellen auf[92]. Ob es erklärtes Ziel dieser Form der Ausstattung der Tochter war, ihr für den Fall ihrer Unfruchtbarkeit eine mögliche Zweitfrau zur Verfügung zu stellen, muß offen bleiben[93]. Da שלוחים auf der Wurzel שלח (*wegschicken*, s.u.) basiert, liegt es nahe, die Mitgift im alten Israel als Unterstützung der Frau für den Fall einer Scheidung zu deuten. Unfreien Frauen kam eine derartige Absicherung wohl nicht zu[94]. Durch das Fehlen einer entsprechenden gesetzlichen Regelung kann nicht sicher gesagt werden, welche Bedeutung der Mitgift im alten Israel tatsächlich zukam. Die vorhandenen Berichte und der altorientalische Kontext machen aber wahrscheinlich, daß freie Frauen mit der Heirat in der Regel eine Mitgift erhielten.

Im alten Babylonien hatte ein Ehemann den Eltern der zukünftigen Frau ein Brautgeschenk zu geben[95]. Folgendes Bild ergibt sich für das alte Israel: מחר (*Brautgeschenk*)[96] wird an nur drei Stellen des Ersten Testaments verwendet[97]. Davon steht das Wort zweimal im Zusammenhang mit einer (Straf-) Zahlung, die mit der Heirat eines Mannes mit einer von ihm zuvor verführten oder ver-

---

Stadt, unsicher).

[89] Gen 24,59.61; Gen 29,24.29; 31,14-16; Jos 15,16-19; Ri 1,13-15; Hiob 42,15. Die beiden ersten Erzählungen sind ausdrücklich in Nordmesopotamien und damit in deutlicher geographischer und kultureller Entfernung zum altisraelitischen Kerngebiet angesiedelt. Die beiden letzten sind Beispiele für die großzügige Ausstattung, die Töchtern besonders reicher Familien zuteil werden kann.

[90] In Gen 24,59 ist die Amme (מנקת) eine der Begleiterinnen Rebekkas. Aus Ex 2,7 geht hervor, daß solche Ammen unfreie Frauen sind (ähnlich 2.Kön 11,2). Ihr Verhältnis zum Kind kann eine lebenslange Bindung bedeuten (vgl. Gen 35,8).

[91] Gen 29-30

[92] Bsp. das aB Privatdokument zur Eheausstattung einer *naditu CT 8 2a*; vgl. Teil I, Kap. 3.3.2.2.2.

[93] Die Darstellung in Gen 29,23f.29f legt diese Vermutung nahe, da Hochzeitsnacht und Schenkung der Sklavin zweimal in unmittelbarer Folge erwähnt werden.

[94] In der Exodusgeschichte spielt der Begriff שלח für den Auszug des Volkes aus Ägypten eine zentrale Rolle. In diesem Zusammenhang kann das Bild vom Auszug der Braut aus dem elterlichen Haus gebraucht werden (Ex 11,2, zur Diskussion vgl. Raymond WESTBROOK, 1991, 151f), oder es kann von der Ausstattung der Israelitinnen durch die ÄgypterInnen die Rede sein (Ex 3,21f; 11,2).

[95] Akkad. *terḫatu;* vgl. Teil I, Kap. 1.3.

[96] Das Wort geht möglicherweise auf die Wurzel מור (*tauschen*) zurück; vgl. Werner PLAUTZ (1964, 300). Der Aufsatz ist der ausführlichste zum Brautgeschenk im alten Israel.

[97] Gen 24,13 (vergewaltigte Dina), Ex 22,15f (verführtes Mädchen), 1.Sam 18,25 (Philistervorhäute für Michal).

gewaltigten Frau einhergeht. Trotz der seltenen Erwähnung hat die Nennung von Brautgeschenken in der Forschung die Annahme verstärkt, die altisraelitische Ehe besitze Kaufcharakter[98]. Vom מכר (*verkaufen*) einer Frau ist im ehelichen Kontext aber nur einmal die Rede. Dabei handelt es sich um eine unfreie Frau, die von ihrer Familie zwecks Schuldentilgung und späterer Heirat verkauft wird[99]. Ein Verständnis der Ehe als Verkauf einer freien Frau durch ihre Eltern wird an einer anderen Stelle des Ersten Testaments sogar ausdrücklich zurückgewiesen: Lea und Rahel werfen ihrem Vater vor, sie durch ihre Verheiratung zu seinem eigenen Vorteil verkauft zu haben[100]. Sie fordern ausdrücklich einen Teil des väterlichen Vermögens. Wahrscheinlich erheben sie damit Anspruch auf das von ihrem Mann erarbeitete Brautgeschenk[101]. Der Begriff מהר wird in diesem Zusammenhang nicht verwendet. Eine Regelung, nach der ein Teil des Brautgeschenks über die Eltern der Braut zu dieser gelangt, wird als indirekte Mitgift bezeichnet[102]. Ob Frauen im alten Israel Anspruch auf eine indirekte Mitgift hatten und ob das Brautgeschenk für Eheabsprachen überhaupt eine nennenswerte Rolle spielte, wird auf Grund der wenigen ersttestamentlichen Aussagen nicht deutlich.

Zuletzt soll nach den Bestimmungen des Ersten Testaments für den Fall der Scheidung gefragt werden. Ein aktives Scheidungsrecht einer Frau wird für nur einen Fall festgehalten[103]. In ähnlicher Weise sehen die aB Regelungen nur in begründeten Fällen die Möglichkeit der Trennung durch die Frau vor[104]. Ein Scheidungsrecht des Mannes wird in rechtlichen wie erzählenden Quellen des Ersten Testaments häufiger erwähnt[105]. Aus der Sicht der Frau wird für die Scheidung der Begriff הלך (*weggehen*)[106] verwendet. Im Fall der patrilokalen Ehe verläßt die Frau daraufhin das Haus. Über den Verbleib etwaiger Kinder geben die Texte keine Auskunft. Aus der Perspektive des Mannes wird von שלח

---

[98] Dagegen Werner PLAUTZ (1964, 304-315), der die lange Zeit verbreitete These der altisraelitischen Kaufehe zurückgewiesen hat.

[99] Ex 21,7f

[100] In Gen 31,15 beschuldigen Lea und Rahel ihren Vater, sie wie fremde (נכריה) und also nicht zur Familie gehörende Frauen verkauft zu haben (מכר). נכרי wird besonders in nachexilischer Zeit abwertend verwendet (bsp. Esra 10,2f und Neh 13,26f) und ist mit dem Vorwurf der Untreue der Frau verbunden (bsp. Spr 2,16; 5,20; 6 24).

[101] So die überzeugende Interpretation von Werner PLAUTZ (1964, 303). Andere Stellen zeigen ebenfalls, daß ein Mann das Brautgeschenk nicht nur in Form von Geld, sondern auch durch geleistete Arbeit für die Eltern der zukünftigen Frau erbringen kann, so bsp. Ex 3,1; Jos 15,16f; Ri 1,12f; 1.Sam 17,25; 18,17.

[102] Zum Begriff vgl. Naomi STEINBERG (1993, 28).

[103] Ex 21,10f

[104] KH § 149 (§ 142); *BIN 7 173*

[105] Bsp. Dtn 21,14 (Kriegsgefangene); 24,1-4.

[106] Bsp. Dtn 21,2; Jer 3,1

Pi (*wegschicken*) gesprochen. שׁלח drückt allgemein eine trennende Bewegung aus. Das Wort besitzt im Kontext der Ehe zwei entgegengesetzte Konnotationen:

1. שׁלח Pi bezeichnet die negativ gewertete Entlassung einer freien Frau, die damit eine Reihe von Einbußen erfährt[107]. Mit der Scheidung geht eine Statusminderung einher. Eine geschiedene Frau oder Witwe[108] kann in prophetischen Büchern ein Bild für drohende Armut und existentielle Einsamkeit schlechthin sein[109]. Ein Verbot, die Frau zu entlassen, soll ihrer rechtlichen und gesellschaftlichen Sicherheit dienen[110].

2. שׁלח Pi bezeichnet in positiver Weise das Entlassen zuvor abhängiger Personen, so beispielsweise den Auszug von Kindern aus dem Elternhaus zum Zweck der Ehe[111]. In Bezug auf SklavInnen hat es sogar die Bedeutung der Freilassung. Die Exodusgeschichte ist durchzogen vom Ringen um eine derartige Entlassung des Volkes, die in den ersehnten Auszug mündet[112]. Die Wüstenwanderung ist ein starkes Bild für die Bedrohung, die eine neu erworbene Freiheit andererseits mit sich bringt. Im Ehekontext spielt שׁלח für unfreie Frauen eine doppelte Rolle.

Über den genauen Vorgang der Scheidung ist im Ersten Testament nicht viel zu erfahren. Dreimal wird eine vom Mann angefertigte Scheidungsurkunde erwähnt, die der Frau wohl die Scheidung attestieren und ihre erneute Ehe ermöglichen sollte[113]. Weder hier noch an anderer Stelle werden durch den Mann zu zahlende Scheidungsgelder oder die Mitnahme der Mitgift durch die Frau festgehalten[114]. Auffallend ist, daß meistens Gründe genannt werden, die den Trennungswunsch des Mannes rechtfertigen sollen. Dies könnte darauf hindeuten, daß das Entlassen der Frau für ihn Konsequenzen hatte und ohne Grund nicht ohne weiteres möglich war[115]. Tatsächlich lassen die im Ersten Testament erwähnten Scheidungsgründe aber eher den Eindruck subjektiver Willkür aufkommen[116]. Besonders häufig wird vom Begriff שׂנא (*hassen*)

---

[107] Dtn 24,1f; Lev 21,7.14

[108] Zur Situation einer Witwe vgl. Ulrike BAIL (1994) und Eckart OTTO (1994, 60).

[109] Bsp. Jes 27,8; 50,1; Jer 3,1-8; 30,17; Ez 5,11; 44,22.

[110] Dtn 22,19.29

[111] Gen 26,31; 28,5

[112] Ex 3-14; 3,20; 4.21.23; 5,1.2; 6,1.11; 7,2.14.16.26.

[113] Der ספר כריתת wird genannt in Dtn 24,1.3; Jes 50,1; Jer 3,8.

[114] Eine wohlhabende Frau nimmt ihre Mitgift sicherlich mit sich, was für den Mann deutliche finanzielle Einbußen bedeutet. Es ist kaum anzunehmen, daß die Familie der Frau diese mit einer Mitgift versehen würde, wenn die Gefahr des Verlustes der Habe an den Mann bestünde. In Gen 31,50 schließt der Schwiegervater mit dem Mann seiner Töchter einen Vertrag, demzufolge ausgeschlossen wird, daß weitere Frauen des Mannes an der Mitgift (Gen 31,14-16) teilhaben.

[115] Vgl. Raymond WESTBROOK (1991, 154-156).

[116] So die Begründungen, der Mann habe an der Frau keinen *Gefallen* (חפץ, Dtn 21,14; 25,7),

Gebrauch gemacht, um zu bezeichnen, was den Mann zur Scheidung bewegt. שׂנא steht im Ersten Testament allgemein für eine starke Emotion der Ablehnung; das Wort bringt den Wunsch nach (räumlicher) Entfernung vom Gehaßten mit sich. So ist die Konsequenz der Ablehnung einer Person nach Möglichkeit die Trennung von ihr[117]. Der erste Schritt einer Scheidung ist, daß ein Mann seiner Frau gegenüber seine Ablehnung (שׂנא) ausspricht. Erst danach findet die Aushändigung des Scheidungsdokuments und die eigentliche Entlassung durch den Mann - bzw. das Weggehen der Frau - statt[118].

Die Verbindung von Hassen und sich Scheiden kommt auch in anderen altorientalischen Quellen vor. Im alten Babylonien steht Hassen[119] für eine Scheidung *ohne Grund*, bei der der Mann der Frau die Mitgift erstatten muß, wenn die Scheidung von ihm ausgeht[120]. Noch deutlicher ist der Befund in den aramäischen Papyri von Elephantine[121]: Hier wird שׂנא sowohl für den Anlaß der

---

sie habe keine *Gnade* in seinen Augen (חן, Dtn 24,1), oder sie habe etwas *Schamhaftes* an sich (ערות דבר, Dtn 24,1 auch Dtn 23,14; vgl. zur Diskussion Carolyn PRESSLER, 1993, 51-62). Anders Dtn 22,13, wo die angeblich nicht vorhandene Jungfräulichkeit der Frau als Grund für die Scheidung angeführt wird.

[117] Bsp. Gen 26,27; Ez 23,28

[118] Die Scheidung oder die Verweigerung einer Ehe werden in folgenden Texten mit שׂנא verbunden: Dtn 22,13 (Scheidung); 24,3 (Scheidung); Ri 14,16 und 15,2 (Simson); 2.Sam 13,15 (Amnon und Thamar); Spr 30,23 (Gehaßte soll nicht geheiratet werden); Mal 2,16 (Scheidung). Zur schrittweisen Abfolge der Scheidung vgl. Edward LIPIŃSKI, (1993B).

[119] Das akkad. Äquivalent heißt *zêru*. Es kann die Trennung miteinander verbundener Menschen begründen, so in KE § 193, wo ein Adoptivsohn sich mit der Aussage, er hasse seine
Adoptiveltern, von diesen trennt. Der räumliche Abstand vom Gehaßten geht auch aus KH § 136 hervor. Im Ehekontext weigert sich nach KH § 142 eine Frau, die zukünftige Ehe einzugehen, indem sie sich auf ihre ablehnenden Gefühle dem Mann gegenüber beruft. In dem Ehevertrag *CT 6 26a* ist es eine Ehefrau, der untersagt wird, die Ehe allein auf Grund ihres Hasses dem Mann gegenüber zu beenden; die andernfalls drohende Todesstrafe zeigt, daß Hassen kein anerkannter Scheidungsgrund ist. Die Erwähnung von Zuneigung führt umgekehrt zu besonderen Zuwendungen (KH § 150). Im KE § 59 führt die Liebe zu einer anderen Frau dazu, daß ein Mann sich unter Verlust seines unbeweglichen Besitzes von seiner Frau trennt. Seine großen finanziellen Einbußen machen deutlich, daß auch Lieben nicht als Scheidung *mit Grund* angesehen wird. Zuneigung kann in noch anderer Weise als Beweggrund für eine Ehe fungieren: Von schuldlos geschiedenen oder verwitweten Frauen heißt es, daß sie erneut heiraten können und zwar einen Mann *nach ihrem Herzen* (bsp. KH § 137, ähnlich § 172). Sie unterstehen in der Wahl ihres Ehepartners nun keinem Vormund mehr.

[120] Vgl. Raymond WESTBROOK (1991, 155).

[121] Die Quellen stammen aus der im Süden Ägyptens gelegenen jüdischen Kolonie Elephantine (5. Jh.v.Chr.). Es sind private und öffentliche Briefe erhalten (vgl. James M. LINDENBERGER, 1993), sowie Privatdokumente zu den Themen Ehe, Adoption und Eigentum. In vielen Punkten unterscheiden sich Recht und Kultur der Menschen von Elephantine von dem, was nach Aussage der ersttestamentlichen Texte im alten Israel gilt.

Scheidung verwendet[122] als auch für das vom Mann zu zahlende Scheidungsgeld, das כסף שׂנא (*Geld des Hassens*)[123]; die Tatsache, daß mit der Ablehnung der Frau noch kein *Grund* für eine Scheidung vorliegt, begründet die Zahlungsverpflichtung des Mannes. *Hassen* ist somit in verschiedenen Kulturen des alten Orients ein terminus technicus für eine unbegründete Scheidung auf Kosten des Mannes, bzw. allgemein auf Kosten der sich grundlos trennenden Person. Möglicherweise ist eine Zahlungspflicht auch bei der ersttestamentlichen Erwähnung von שׂנא impliziert. Sie könnte mit den oben erwähnten Scheidungsurkunden in Verbindung stehen. Diese Annahme läßt sich jedoch nicht sicher belegen.

Ein Gegenstück zu שׂנא als Emotion des Hassens ist אהב (*lieben*). Im Ehekontext kann אהב als Beweggrund dienen, eine Ehe einzugehen[124]. שׂנא ist im Zusammenhang mit ersttestamentlichen Ehen nur für die Empfindungen des Mannes belegt[125]. Anders wird אהב als Emotion von Männern wie Frauen dargestellt[126]. Mit dem Argument der Liebe kann auch eine ungewöhnliche Heirat begründet und durchgesetzt werden[127]. Für polygyne Ehen haben die Termini אהב und שׂנא eine besondere Bedeutung, der unten nachgegangen wird.

Das zeigen beispielsweise die ausführlichen Adoptions- und Freilassungsurkunden (BMAP 2;5). Vgl. Emil G. KRAELING (1953). Auskunft zum Eherecht geben vor allem Dokumente aus den Archiven der Familien Mibtahiah (471-410 v.Chr.) und Anani (456-402 v.Chr.). Daraus geht hervor, daß sowohl das Brautgeschenk (מהר) als auch die Mitgift (שׁלוחים) feste Bestandteile der Eheverträge zwischen freien Personen sind (BMAP 2,5f; 7,4.5-20; AP 15,5f). Es sind Strafklauseln für das Eingehen weiterer Ehen genannt (BMAP 7,36, ähnlich 7,33; AP 15). Andere Texte belegen umfassende Erb- und Scheidungsrechte von Frauen, die denen der Männer meist entsprechen (AP 9; 15, BMAP 7). Zum Vergleich der Verträge aus Elephantine mit ägyptischen Privatverträgen zum Familienrecht (um 950 v.Chr.) vgl. Christopher J. EYRE (1992); zum ägyptischen Eherecht vgl. Rolf TANNER (1965) und Schafik ALLAM (1975).

[122] Die Scheidung durch den Mann oder durch die Frau wird durch das Sprechen der verba solemnia "*Ich hasse PN*" (שׂנא) ausgedrückt (AP 15;9,9f; BMAP 2,7.9; 7,21.23f.34.37). Die sich auf diese Weise trennende Partei ist zu hohen Zahlungen (Scheidungsgeld, Rückzahlung des Brautgeschenkes) verpflichtet, wenn es sich um eine erste Ehe handelt (BMAP 7, anders AP 15). Immer ist es die Frau, die das eheliche Haus verläßt. Zu einer ähnlichen Verwendung von שׂנא in Texten aus Qumran und später in der rabbinischen Literatur vgl., Edward LIPIŃSKI (1993B).

[123] AP 15,23; BMAP 2,8.9; 7,22.25; ähnlich BMAP 7,34.[37].39.40 und AP 18,1; vgl. Edward LIPIŃSKI (1993B).

[124] Bsp. Gen 29,18.20.30 (Jakob, vgl. Gen 30,32), Ri 14,16; 16,4 (Simson); 1.Sam 1,5 (Elkana); 2.Sam 18,20 (Michal); Pred 9,9 (Leben mit Frau), Spr 5,19 (Liebe der Frau).

[125] Anders bsp. im alten Babylonien oder in Elephantine, vgl. Anm.118.

[126] Die Liebe von Frauen gegenüber einem Mann wird bsp. erwähnt in 1.Sam 18,20 (Michal), Spr 5,19 (Liebe der Frau). Vgl. auch Athalya BRENNER (1997).

[127] So bsp. die zweite Ehe Jakobs (Gen 29,18.20.30) oder die Verbindung zwischen Michal und David (2.Sam 18,20).

Kapitel 2

Polygynie im alten Israel- ein Überblick

2.1 Ersttestamentliche Belege

Das Erste Testament bietet eine Vielzahl von Belegen, die zeigen, daß es im alten Israel zu verschiedenen Zeiten und in unterschiedlichen Lebenskontexten polygyne Ehen gab. Häufig ist auch von Verbindungen von nur *einer* Frau mit *einem* Mann die Rede[128]. Daraus allein läßt sich jedoch noch nicht auf monogame Ehen oder auf ein allgemein geltendes monogames Ehemuster schließen. Zwei Überlegungen machen den voreiligen Schluß auf das Ideal der Einehe fraglich:

1. Weitere Frauen eines Mannes müssen nicht erwähnt sein, wenn sie für das Dargestellte nicht von Bedeutung sind. Für in polygyner Ehe lebende Frauen von geringem sozialen Rang ist sogar wahrscheinlich, daß sie nicht genannt werden. Ausnahmen bestehen dort, wo sich ein besonderes Ereignis an ihre Person knüpft[129].

2. Wenn das Thema eines Textes die Liebesbeziehung zwischen zwei Personen ist, stehen diese beiden im Zentrum der Darstellung. Liebe und Zuneigung

---

[128] Nur ein Mann und *eine* Frau werden bsp. genannt in: Gen 1,27; 2,18ff (Schöpfung von Mann und Frau als Paar und als Ebenbild Gottes); Gen 6,18; 7,7; 8,16 (Noah und Frau); Gen 24; 25,20-26; 26,7-11; 27,1-45 (Isaak und Rebekka); Gen 41,45 (Joseph und Asnath); Ex 2,15-22; 18,1-7; Num 12,1ff (Mose und Zippora; Lev 21,13-15 (Levit und Frau); Ri 14,16; 15,1f (Simson und Namenlose); 16,4.15-17 (Simson und Delila); Ri 21,23 (je Mann eine Frau); Ruth, 1,2-4 (Elimelek und Naemi, Mahlon und Ruth, Chiljon und Orpha); 4,10.13 (Boas und Ruth); 1.Sam 30,22 (jeder Mann bekommt seine Frau zurück); Jes 8,3 (Jesaja und Prophetin); Ez 24,16-27 (Ezechiel und Namenlose); Hiob 2,9; 31,10 (Hiob und Namenlose); Spr 5,15-23 (Treue des Mannes zur Frau seiner Jugend); 31,10-31 (fleißige Frau eines Mannes); Pred 4,7-12 (zwei Menschen sind stärker als Eine/ Einer); 9,9 (Leben eines Mannes mit geliebter Frau); Spr 12,4 (Lob eines Mannes auf Frau); Spr 18,22 (Frau ist gut für Mann); Spr 19,14 (verständige Frau ist für Mann Gabe Gottes); Ps 128,3 (Frau ist für Mann wie Weinstock); Hoh 6,8f (die Geliebte ist für Mann einzigartig); Hos 1-3 (JHWH und Israel, bes. 2,16); Jes 1,21 (JHWH und untreues Jerusalem); Jes 50,1; 54,6f; 62,4f (JHWH und geschiedene Frau Israel); Jer 2,1-3 (JHWH und Braut Israel).

[129] Bsp. Hagar (Gen 16; 21). Ähnlich werden weibliche Angehörige einer Familie wie Töchter, Mütter und Schwestern im Ersten Testament in der Regel nur dann erwähnt, wenn sich mit ihrer Person ein besonderes Ereignis verbindet, bsp. Dina (Gen 30,21, vgl. Gen 34) und Merab und Michal (1.Sam 18,17ff). Die Mehrzahl der ersttestamentlichen Genealogien erwähnen ausschließlich die männliche Linie der Verwandtschaftsfolge.

werden in der Regel als besondere Gefühlsverbindung zwischen nur *zwei* Menschen dargestellt. Das erklärt den monogamen Charakter von Passagen, die von einer solchen Verbindung zwischen einem Mann und einer Frau sprechen[130]. Anderen Textstellen ist zu entnehmen, daß auch starke Liebesgefühle das Eingehen einer polygynen Verbindung nicht ausschließen[131]. Vielleicht deutet die Tatsache, daß auch innerhalb polygyner Ehen zwischen der vom Mann *geliebten* bzw. der vom Mann *gehaßten* Frau unterschieden wird, darauf hin, daß die Emotion der Liebe auch hier auf nur eine Person beschränkt ist[132].

Zusammenfassend läßt sich sagen, daß dem Ersten Testament keine grundsätzliche Bevorzugung einer monogamen oder einer polygynen Form der Ehe entnommen werden kann. In der Forschung wird verschiedentlich eine Entwicklung von einer frühen Verbreitung der Polygynie hin zu einem späteren monogamen Eheideal im alten Israel angenommen[133]. Die geringe Quellenbasis sowie Datierungsprobleme lassen den Nachweis eines solchen Wertewandels nicht zu.

Polygyne Verbindungen werden im Ersten Testament in unterschiedlichen Textgattungen erwähnt und erfüllen dort verschiedene Funktionen. Fünf Textgruppen können grob unterschieden werden: Rechtssammlungen, Erzählungen, Genealogien, Erzählrahmen, Prophetie.

---

[130] Bsp. Gen 1,27; 2,18ff; Spr 3; Ri 14,16; 15,1f; 16,4.15-17. Diese Beobachtung wurde bisher als Beleg für die allgemeine Geltung der monogamen Ehe im alten Israel gewertet, so bsp. Werner PLAUTZ (1963). Die Ausschließlichkeit gilt auch für die Darstellung der Liebe und Zuneigung zwischen zwei Frauen (bsp. Ruth 1,16f) oder zwei Männern (1.Sam 18,1).

[131] Bsp. Jer 2,1-3 und 3,1-25; Gen 29,18 und 30,3.9; 1.Sam 18,20; 1.Sam 25; 2.Sam 11.

[132] Vgl. Exkurs 3.

[133] Tryggve KRONHOLM (1982) bietet den bislang besten und umfassendsten Beitrag zur Polygynie im Ersten Testament. Er versucht bei seiner Untersuchung chronologisch vorzugehen, indem er die Texte aus je einer Epoche und/ oder je einer Gattung getrennt behandelt. Er findet heraus, daß ab dem Deuteronomium und weiter in Teilen der prophetischen und weisheitlichen Literatur ein Trend hin zu einem monogamen Ethos zu erkennen ist (ebd., 91). Die derzeitigen Datierungsprobleme vieler Texte lassen eine solche zeitliche Entwicklung aus heutiger Sicht allerdings fragwürdig erscheinen. Der prophetische Gebrauch polygyner Metaphern für das Verhältnis von JHWH und Volk spricht sogar ausgesprochen gegen die dargestellte Tendenz (s.u.). Durch die Einbeziehung einer nachbiblischen Diskussion um Polygynie kann Kronholm zeigen, daß spätere innerjüdische und christliche Kontroversen zu dieser Frage u.a. auf einer unterschiedlichen Auslegung der ersttestamentlichen Quellen beruhen (ebd., 91f).

2.1.1 Rechtssammlungen

Die Rechtstexte zur Polygynie verfolgen das Ziel, allgemein gültige Regeln für das polygyne Zusammenleben festzuhalten. Insgesamt geben sechs Bestimmungen aus allen drei ersttestamentlichen Gesetzessammlungen Auskunft zu verschiedenen Fragen polygyner Ehen[134]. Die Rechtstexte können als Hinweis auf das allgemeine Bestehen polygyner Ehen im alten Israel gedeutet werden. Dies gilt für verschiedene Zeiten, denn die Rechtssammlungen entstammen unterschiedlichen Epochen der Geschichte Israels[135]. Die in Kap. 3 folgende Quellenanalyse und -interpretation widmet sich vornehmlich diesen Bestimmungen zur Polygynie.

2.1.2 Erzählungen

In vier ersttestamentlichen Erzählungen finden sich ausführliche Darstellungen polygynen Zusammenlebens[136]. Gemeinsam ist ihnen, daß sie im vorköniglichen Israel spielen. In der dargestellten Form polygynen Lebens weichen die Texte dagegen stark voneinander ab.

1. Gen 29-31 und die beiden Erzählungen Gen 19 und 1.Sam 1 widmen sich polygynen Ehen, an denen zwei freie Frauen bzw. zwei Schwestern beteiligt sind. Die Ehen mit freien Co-Frauen und mit Schwestern werden auch in rechtlichen Regelungen thematisiert. Die Erzählungen können im Rahmen der Quellenanalyse vergleichend herangezogen werden.
2. In den beiden Erzählungen Gen 16/ 21 und Gen 29-31[137] machen freie Frauen ihre Sklavinnen zu weiteren Frauen ihres Mannes. Diese besondere Form der Polygynie kommt in rechtlichen Belegen nicht vor und wird daher in der Quellenanalyse nur am Rande behandelt.

Es gibt eine Reihe weiterer erzählender Passagen, die von Frauen in polygynen Konstellationen handeln[138]. Sofern sie Auskunft über die Form des ehelichen

---

[134] Ex 21,7-11 (Bundesbuch); Dtn 21,15-17; 25,5-10 (Deuteronomisches Gesetz); Lev 18,17; 18,18; 20,14 (Heiligkeitsgesetz). Vgl. Kap. 3.2ff.

[135] Vgl. Kap. 3.2.

[136] Von Sara und Hagar wird vor allem in Gen 16 und 21 erzählt (vgl. Kap. 3.2.2.2.1); darüber hinaus spielen folgende Texte für diese Erzählung eine Rolle: Gen 12,5-13,4; 15,1-6; 16,1-18,16; 20,1-21,21; 23,1-4.19; 25,1-18; 1.Chr 1,28-34. Von den Töchter Lots handelt 19,29-38 (vgl. Exkurs 4); außerdem sind Gen 13,10-13; 19,1-28 für diese Erzählung von Bedeutung. Von Lea, Rahel, Bilha und Silpa wird vor allem in Gen 29-31 berichtet (vgl. Exkurs und 4); weitere wichtige Texte sind: Gen 27,43-28,9; 32,23f; 33,1-7; 35,16-26; 27,2; 49,3f.31. Von Hanna und Peninna handelt neben 1.Sam 1 (vgl. Exkurs 3) auch 1.Sam 2.

[137] Werner PLAUTZ (1963) spricht in diesem Zusammenhang der Textgattung Erzählung ein historisches Fundament grundsätzlich ab. Vgl. Kap. 3.1.2.

[138] Gen 4,23f (Ada und Zilla); Gen 12,19 (Sarai); Gen 20,3.17 (Sara); Ri 11,1-3 (Mutter Jephtas); Ri 19,1-20,10 (Namenlose Frau des Leviten); 8,31-9,6 (Gideons namenlose Frau

Zusammenlebens geben, werden sie im folgenden mit herangezogen. In der Regel stehen andere Ereignisse im Vordergrund, die sich mit der jeweiligen Frau verbinden. So werden bsp. die Taten von einflußreichen Ehefrauen oder von Müttern von Königen festgehalten, die gesellschaftspolitische Tragweite haben. Die polygyne Eheform geht lediglich aus Randbemerkungen hervor.

2.1.3 Genealogien

Viele Erwähnungen polygyner Ehen im Ersten Testament bestehen aus knappen Notizen, die im Zusammenhang mit Genealogien aufgelistet sind[139]. Die verwandtschaftliche Linie über Vater und Mutter ist für die Frage der Herkunft der Kinder und für die Abstammung der gesamten Familie von Bedeutung[140]. Aus den Genealogien lassen sich die Rangfolge der Co-Frauen und ihr sozialer Status ablesen[141]. Status und ehelicher Rang sind für ihre Rechte von Wichtigkeit. Das wird daraus ersichtlich, daß die Bevorzugung oder die Benachteiligung der in polygyner Verbindung lebenden Frauen und ihrer Kinder in der Regel mit dem Hinweis auf die jeweilige eheliche Stellung der Frauen begründet wird[142]. Der zuerst geborene Sohn des Mannes genießt besondere Erbrechte[143]. Häufig ist er der Sohn der ersten Frau, die früher Kinder gebären kann als eine später

---

in Sichem); 2.Sam 3,7-11; 21,8-14 (Rizpa); 1.Sam 18,20-38; 19,11-18; 25,44; 2.Sam 3,13-16; 6,20-23 (Michal); 1.Sam 25 (Abigail); 2.Sam 11,1-12,25; 1.Kön 1,11-31; 2,13-25; 3,5-9; (Bathseba); 1.Kön 1,1-4; 2,13-25 (Abisag von Sunem); 1.Kön 3,1; 7,8; 9,16 (namenlose Pharaonentochter); 1.Kön 18,1-19,18; 21,1-29; 2.Kön 9,7-37 (Isebel); 2.Kön 8,18.22; 11,1-20 (Athalja, vgl. 2.Chr 21,14); Esther 1,1-2,1 (Vasthi); Esther 2,2-9.32 (Esther).

[139] Gen 4,19-22 (Ada und Zilla, die Frauen Lemechs); Gen 19,36-38 (Lots namenlose Töchter); Gen 22,23f (Milka und Rehuma, die Frauen Nahors); Gen 25,1-6.12-16; 1.Chr 1,32f (Sara, Hagar und Ketura, die Frauen Abrahams); Gen 26,34; 36,1-5.9-43 (Judith/ Ada, Basmath/ Okolirama und Mahalat/ Basmath, die Frauen Esaus); Gen 35,22-26 (Lea, Rahel, Bilha und Silpa, die Frauen Jakobs); 1.Chr 7,14 (namenlose Frauen und Manasse); Gen 36,11f.15f (namenlose Frau und Timna, die Frauen Elifas); 1.Chr 2,18-24.42-55 (Ephrath, Epha und Maacha, die Frauen Kalebs); 1.Chr 2,1 (zwei namenlose Frauen und Ephrath, die Frauen Hazors); 2.Chr 2,25f (zwei namenlose Frauen Jerahmeels); Ri 8,30-9,9.18 (namenlose Frauen Gideons); Ri 11,1-3 (namenlose Frauen Gileads); 1.Chr 8,8-11 (Husim und Baara, die Frauen Saharaims); 1.Sam 14,49f; 2.Sam 3,7; 21,8 (Ahinoam und Rizpa, die Frauen Sauls); 1.Sam 25,42-43; 2.Sam 3,2-4; 1.Chr 3,1-4 (Ahinoam, Abigail, Maacha, Haggit, Abital, Egla, die Frauen Davids in Hebron); 2.Sam 5,13-16; 15,16; 16,21f; 19,6; 20,3; 1.Chr 14,3-7; 1.Chr 3,5-8 (namenlose Frauen und Bathseba, die Frauen Davids in Jerusalem); 2.Chr 11,18-22; 12,16-13,2 (Mahalat, Maacha und namenlose Frau, die Frauen Rehabeams).

[140] Vgl. Naomi STEINBERG (1993, 5-34).

[141] Vgl. Kap. 2.1.3.

[142] Bsp. Ri 8,31-9,6 (Mutter Abimelechs), Ri 11,1-3 (Mutter Jephtas), Gen 16,3; 21,14; 25,1-6; 1.Chr 1,32f (Erbrechte der Kinder Abrahams mit seinen Frauen).

[143] Gen 35,23; Dtn 21,15-17

geheiratete Frau[144]. Ist der Erstgeborene das Kind einer zweiten Frau oder einer Frau von geringerem sozialen Status, können ihm ebenfalls besondere Rechte zustehen. Für erbliche Ämter, die vom Vater auf den Sohn übergehen, ist die Frage der Position und Herkunft der Mutter ebenfalls entscheidend[145].

2.1.4 Erzählrahmen

Erzählrahmen sind eine weitere Textgruppe, in der von Polygynie die Rede ist. In den Einleitungs- und Schlußsätzen, die die Darstellung von Königen und Richtern umschließen, werden oft deren Frauen erwähnt[146]. Das Erwähnen einer großen Zahl meist namenloser Frauen dient dazu, die Macht dieser exponierten Männer zu unterstreichen[147]. Die Erzählrahmen sind in der Regel deuteronomistischer Herkunft. Die prestigebetonte Vielehe von Königen und Richtern wird als *königliche Polygynie* bezeichnet. Hinweise auf königliche Polygynien finden sich außer in den Erzählrahmen auch in den Gattungen Genealogie und Erzählung[148]. Verschiedene Texte weisen darauf hin, daß ein Teil der Frauen eines Königs in einem eigenen, abgeschlossenen Wohntrakt untergebracht war, der als *Harem* bezeichnet werden kann[149]; andere Frauen scheinen sich dagegen frei bewegt haben zu können[150]. Von einer Frau eines Richters wird zudem berichtet, daß sie in einem Privathaus lebte, das anscheinend in einiger

---

[144] Gen 35,23; 1.Sam 1,2

[145] So bsp. die Rangstreitigkeiten um die rechtmäßige Nachfolge des Königs in der ausführlichen Erzählung um die Thronfolge Davids (2.Sam 9-20 und 1.Kön 1f).

[146] Dtn 17,17 (namenloser König); Ri 8,30 (Gideon); Ri 10,4 (Jair); 12,8 (Ibzan); 12,13 (Abdon); 2.Sam 15,16; 16,21f; 19,6; 20,3 (David); 1.Kön 3,1; 11,1-3 (Salomo); 2.Chr 11,21 (Rehabeam); 2.Chr 13,21 (Abia); 1.Kön 20,3-7 (Ahab); 2.Chr 21,14 (Joram); 2.Chr 24,3 (Joas); 2.Kön 24,15 (Jojachin); Hoh 6,8f (namenloser König); Esther 2,14 (Ahasveros); Dan 5,1-4.23 (Belsazzar).

[147] In manchen Texten werden die Frauen selbst gar nicht erwähnt. Die Polygynie geht dann aus der Erwähnung der großen Zahl von Kindern eines Mannes hervor, die nicht von einer einzigen Frau geboren sein können.

[148] Die zahlreichen Belege königlicher Polygynien machen die folgende Feststellung von Nelly STIENSTRA (1993, 81) unverständlich: "*The practice* (gemeint ist königliche Polygynie!) *was, however, alien to Hebrew culture, and was officially discouraged*". Über die allgemeine Verbreitung der Polygynie schreibt Stienstra: "*Polygamy is tolerated, but only as a necessary evil, in the case of childlessness (...). Monogamy is a person's best chance of attaining conjugal bliss*" (ebd., 83).

[149] Vgl. 2.Sam 20,3 (בית משמרת) und Esther 2,3ff (בית הנשים). Der Begriff *Harem* deutet auf einen abgeschlossenen Bezirk hin (türkisch *harem*, vom arabischen *ḥarim*, *verboten, heilig*). Er scheint hier angebracht, da er auf den abgeschlossenen Charakter der Unterbringung von Frauen in polygyner Ehe hindeutet; vgl. BROCKHAUS (1995[19],1475f).

[150] Bsp. Bathseba (1.Kön 1,15); Isebel (1.Kön 21,4f); Athalja (2.Kön 11); Esther (Esther 2,16f; 5,1, anders 2,13f). Bewegungsfreiheit genießen vor allem exponierte Frauen, so u.a. die Frau des Königs, die sich als Mutter des königlichen Nachfolgers durchsetzt und als גבירה möglicherweise ein eigenes Amt innehat (vgl. Kap. 222).

Entfernung vom Wohnort ihres Mannes lag[151]. Allgemein läßt sich an den Texten beobachten, daß die größere räumliche Nähe zwischen der Frau und ihrem Mann mit einem größeren alltäglichen und politischen Einfluß der Frau einherging. Während zur Unterstreichung der Stärke des Machthabers der Besitz einer großen Anzahl von Frauen positiv gedeutet wurde, konnte die königliche Polygynie mit ausländischen Frauen Anlaß zur Kritik sein[152].

2.1.5 Prophetie

Die letzte Textgruppe unterscheidet sich deutlich von den zuvor genannten: In der ersttestamentlichen Prophetie ist von Polygynie in Form einer Metapher die Rede. JHWH wird als Ehemann seines Volkes darstellt. Dabei findet sowohl das Bild einer monogamen als auch das einer polygynen Ehe Verwendung. Im letzteren Fall werden die Reiche Israel und Juda oder stellvertretend deren Hauptstädte Samaria und Jerusalem als in polygyner Ehe lebende Ehefrauen des gemeinsamen Mannes JHWH dargestellt[153]. In zwei Fällen werden Israel und Juda bildlich als miteinander verwandte Schwestern beschrieben[154]. Im Unterschied zu den Erzählungen, Genealogien und Erzählrahmen ist in der metaphernreichen Sprache der Prophetie nie von mehr als zwei Frauen eines Mannes die Rede.

2.1.6 Zusammenfassung

Zusammenfassend läßt sich sagen, daß eine insgesamt große Anzahl ersttestamentlicher Textstellen die Existenz unterschiedlicher polygyner Lebensweisen belegt. Für die meisten der hier genannten Textgruppen stehen dabei andere Themen als die Darstellung oder Regelung des polygynen Zusammenlebens im Mittelpunkt. So geht es z.B. um die Überlieferung gesellschaftspolitischer Taten

---

[151] Gideons Frau in Sichem (Ri 8,31); anders anscheinend die Mutter Jephtas, deren Sohn zusammen mit den Kindern einer Co-Frau aufwächst (Ri 11,1-3f).

[152] Bsp. in Dtn 17,17; 1.Kön 11,1-8. Mit einer Ausnahme (Ahab) wird die königliche Polygynie nur von den Königen Judas, bzw. den Königen des vereinten Reiches berichtet.

[153] Jer 3,1-11 (Israel und Juda); Ez 23,2-4.5-48 (Samaria/ Israel und Jerusalem/ Juda); möglicherweise auch Hos 3,1 (Israel). Ez 23,20 ist die einzige ersttestamentliche Stelle, an der in polemischer Weise von Polyandrie die Rede ist: Das als Frau personifizierte Juda (Oholiba) unterhält mit dem männlich personifizierten ägyptischen Reich sexuelle Verbindungen. Für die ägyptischen Liebhaber wird das Wort פלגש verwendet, das also die *Nebenmänner* der bereits verheirateten Frau Oholiba bezeichnet. Damit wird der Begriff פלגש nicht als Beschreibung einer ehelichen Verbindung gebraucht, sondern mit außerehelicher Sexualität und Untreue gleichgesetzt.

[154] Jer 3,1-11; Ez 23,2-4.5-48

einzelner Frauen, um die Demonstration königlicher Macht, um genealogische Interessen oder die bildliche Darstellung der Verbundenheit von Gott und Volk. Im folgenden werden vor allem die Rechtsbestimmungen zur Polygynie im alten Israel untersucht. Weitere Texte, wie die erzählenden Passagen zum polygynen Alltag, werden zur Rekonstruktion herangezogen.

2.2. Terminologie

Das Erste Testament legt bei der Darstellung polygyner Zusammenhänge großen Wert darauf, die jeweilige eheliche Position der Co-Frauen zu klären; diese ist an den freien oder unfreien Status der Frau gebunden. Haben Co-Frauen denselben sozialen Status, leitet sich ihr ehelicher Rang vom Zeitpunkt der Heirat ab. Dieses Unterscheidungsmerkmal ist eindeutig, da im alten Israel Ehen immer einzeln und nacheinander geschlossen werden[155]. Die genannten Kriterien gleichen denen, die in altbabylonischen Quellen zu finden sind.

Die gängige Bezeichnung für eine verheiratete Frau ist im Ersten Testament sehr allgemein und unspezifisch. So kann es sich bei der אשׁה (*Frau*) eines Mannes um eine Person mit freiem oder unfreiem sozialen Status in einer nicht näher bestimmten ehelichen Position handeln[156]. Größere Genauigkeit besteht bei der Differenzierung der Frauen untereinander. Außer der Reihenfolge der Nennung[157] werden zur Unterscheidung spezielle Begriffe benutzt; sie geben Hinweise auf die vorliegende Form der polygynen Ehe. Im folgenden werden die verwendeten Termini dargestellt. Sie stammen aus unterschiedlichen ersttestamentlichen Textgattungen. Es ist u.a. auf die Gattungsvielfalt der berücksichtigten Texte zurückzuführen, daß im Ersten Testament mehr unterschiedliche Termini für Frauen in polygynen Ehen verwendet werden als dies bei den aB Rechtstexten der Fall ist[158].

2.2.1 Unfreie Co-Frauen

Vier verschiedene Termini werden im Ersten Testament verwendet, um auf den niedrigen sozialen Status einer in polygyner Ehe lebenden Frau hinzuweisen. Zwei der Begriffe bezeichnen *Sklavinnen* (שׁפחה /אמה). Zwei weitere deuten auf die geringere gesellschaftliche Position der Frauen hin: *Nebenfrau* (פילגשׁ) oder

---

[155] Das zeigen bsp. die zeitlich sehr dicht aufeinander folgenden Hochzeiten der Schwestern Lea und Rahel mit Jakob (Gen 29). Hinter der zusammenfassenden Erwähnung der Heirat mehrerer Frauen stehen ebenfalls einzelne Eheakte (bsp. 1.Sam 1,2, vgl. Exkurs 3). Auch die Ehen mit unfreien Frauen werden eigens festgehalten und gehen mit einer Heiratsterminologie einher (Gen 16 und Gen 30).

[156] Unter diese Bezeichnung fallen bsp. in monogamer oder polygyner Ehe lebende Frauen, Erst- und Zweitfrauen, verwandte Co-Frauen, (Haupt-) Frauen und *Nebenfrauen*, *Alleinstehende* und Sklavinnen; vgl. Kap. 1.3.

[157] Vgl. bsp. für freie Frauen Gen 35,23f (Lea und Rahel) und für unfreie Frauen Gen 35,25f (Bilha und Silpa); ähnlich 1.Chr 1,29-33 (Hagar und Ketura).

[158] Vgl. Teil I, Kap. 2.3.

Alleinstehende (זונה). Der Status dieser Frauen kann zwischen dem einer freien und dem einer unfreien Person variieren.

אמה und שׁפחה (*Sklavin/ unfreie Frau*)

Am eindeutigsten zeigen die beiden Bezeichnungen שׁפחה[159] und אמה[160] die unfreie gesellschaftliche Position einer in polygyner Verbindung lebenden Frau an. Erzählende wie gesetzliche Texte zur Polygynie bezeichnen damit sowohl dauerhafte als auch zeitlich begrenzte Sklavinnen. Die Begriffe אמה und שׁפחה werden vor allem in den Erzählungen **Gen 16/ 21** und **Gen 29-31** verwendet[161], und zwar gleichermaßen für hebräische und nicht-hebräische unfreie Frauen[162]. Nach dem Eheschluß werden sie weiterhin als *Sklavinnen* (שׁפחה/ אמה) bezeichnet, aber auch als *Nebenfrauen* (פילגשׁ) oder *Frauen* (אשׁה) des Mannes[163]. Die Terminologie, mit der das Zustandekommen der Verbindung dargestellt wird, zeigt an, daß es sich um eine eheliche Verbindung handelt[164]. אמה und שׁפחה wurden oben bereits diskutiert[165]. An dieser Stelle sollen zwei Beobachtungen zu שׁפחה und eine Beobachtung zu אמה ergänzt werden:

1. Auffällig ist, daß eine Sklavin im Hinblick auf ihre Zugehörigkeit zur Eigentümerin und zum Mann, mit dem sie eine Ehe unterhält, häufiger eine שׁפחה genannt wird. Vor und nach Bestehen der ehelichen Verbindung oder an Stellen, an denen ihr gesellschaftlicher Status im Vordergrund steht, wird dieselbe unfreie Frau verstärkt als אמה bezeichnet[166]. Der unterschiedliche Gebrauch der beiden Worte wird jedoch nicht streng durchgehalten[167].

---

[159] Als שׁפחה werden folgende in polygynen Ehen lebende Frauen bezeichnet: Hagar (Gen 16,1-3.5f.8; 25,12), Silpa (Gen 29,24; 30,9f.12.18; 32,22; 33,1f.6; 35,26), Bilha (Gen 29,29; 30,4.7; 32,22; 33,1f.6; 35,25). Durch die häufige Verwendung in Erzählungen bezeichnet das Wort in über zwei Dritteln aller Fälle ausdrücklich Frauen in polygynen Ehekonstellationen. In den übrigen Belegen wird es im Unterschied zu אמה oft verwendet, um das hierarchisch geprägte Verhältnis zwischen Herrin (גבירה) und Sklavin darzustellen, s.u..

[160] Als אמה werden folgende in polygynen Ehen lebende Frauen bezeichnet: Hagar (Gen 21,10.12f), Bilha (Gen 30,3; 31,33), Silpa (Gen 31,33), eine hebräische Schuldsklavin (Ex 21,7), die Mutter Abimelechs (Ri 9,18), Sklavinnen Davids (2.Sam 6,22, in Anspielung).

[161] Gen 16; 21; 29-31

[162] Über die Herkunft Silpas und Bilhas macht die Erzählung keine Aussage. Während בלהה ein auch an anderer Stelle belegter Name ist (1.Chr. 4,29), wird זלפה nur in dieser Erzählung erwähnt. Hagar wird als Ägypterin bezeichnet (Gen 16,1; 25,12)

[163] Vgl. Anm. 182.

[164] Vgl. zum aB Recht, bsp. KL § 25, KH §§ 119, 146, 171.

[165] Kap. 1.1

[166] אמה wird verwendet *vor* der ehelichen Bindung in Gen 30,3 (Bilha, anders 29,29), *nach* der ehelichen Bindung in Gen 21,10.12f (Hagar) und im Hinblick auf den gesellschaftlichen Status in Gen 31,33 (Silpa und Bilha, anders bsp. Ex 11,5; Lev 19,20; Dtn 28,68).

[167] In Gen 29,24.29 werden Silpa und Bilha von Laban als *seine* (!) Sklavinnen (שׁפחה) bezeichnet. Die Übergabe der unfreien Frauen an seine Töchter sowie eine Verheiratung der Sklavinnen hat noch nicht stattgefunden. Anders Karen ENGELKEN (1990, 132-139),

2. Die Begriffe שפחה und גבירה (*Herrin*) werden im Ersten Testament häufig eng miteinander verknüpft. Eine polygyne Beziehung muß dabei nicht vorliegen. Eine גבירה wird insgesamt an sechs Stellen zusammen mit *ihrer Sklavin* (שפחה) erwähnt[168]. Dreimal sind Herrin und Sklavin keine Co-Frauen[169]. Die Beziehung zeichnet sich an diesen Stellen durch eine besonders starke Hierarchie aus[170]. Die anderen drei Belege werden in einer der Genesis-Erzählungen (Sara/ Hagar) gebraucht, in der die freie Frau ihre Sklavin zur weiteren Frau ihres Mannes macht[171]. In den aB Rechtstexten und Dokumenten werden die Begriffe Herrin und Sklavin ebenfalls verwendet. Auch dort zeichnet sich die Verbindung durch eine besonders starke Hierarchie zwischen den Co-Frauen aus[172].

Insgesamt zeigt sich, daß שפחה keine spezielle Bezeichnung für Frauen in polygynen Verbindungen ist. Außer in den Erzählungen von Hagar und Bilha/ Silpa wird שפחה nirgends im Zusammenhang mit polygynen Ehen gebraucht. שפחה wird aber häufiger als אמה verwendet, um die hierarchische Beziehung zwischen einer freien Frau und ihrer Sklavin darzustellen.

Auskunft über eine bisher noch nicht erwähnte Funktion der Verwendung von אמה im Zusammenhang mit polygynen Ehen geben Ri 8,30-9,18 und Ri 19. Bei **Ri 8,30-9,18** handelt sich um einen erzählenden Abschnitt, der den verwandt-schaftsbedingten Anspruch Abimelechs auf das Stadtkönigtum über Sichem kritisch darstellt; so ist der Hinweis auf seine vergleichbar niedere Herkunft als Sohn einer פילגש (*Nebenfrau*)[173] seines Vaters Gideon zu verstehen. Abimelechs Mutter lebt in einiger Entfernung vom Haushalt Gideons in Sichem. Dort sind sie und ihre Verwandten so einflußreich, daß sie Abimelech zur Macht verhelfen können. Dieser Darstellung widerspricht, daß Abimelech an einer anderen Stelle der Sohn der אמה Gideons genannt wird[174]. אמה scheint hier nicht die soziale Position der machtvollen Frau zu bezeichnen. Wahrscheinlicher ist, daß der Begriff polemisch verwendet wird und dazu dient, die Abstammung Abimelechs

---

die zusammenfassend feststellt, daß „...*keine Ehe mit dem Mann eingegangen wird...*" (ebd. 167).

[168] Gen 16,4.8.9; Jes 24,2; Pred 30,23; Ps 123,2 (ähnlich 2.Kön 5,3).

[169] Jes 24,2; Pr 30,23; Ps 123,2

[170] Im Unterschied zu גבירה bezeichnet die männliche Form גבור nur ausnahmsweise einen Eigentümer (1.Sam 9,1; 2.Kön 15,20).Das männliche Äquivalent zu Herrin ist אדון (bsp. Gen 39,8; Jes 24,2).

[171] Gen 16,4.8.9

[172] Die in aB Kodizes und Privatdokumenten als Sklavin ((SAG) GEME₂/ amtu) bezeichnete Frau ist zwar nicht immer unfrei, nimmt aber gegenüber der ersten Frau oder Herrin (*bēltu*) eine dienende Position ein; vgl. Teil I, bes. Kap. 3.4.2.1.

[173] Ri 8,31

[174] Ri 9,18

abzuwerten. Der Begriff אמה könnte aber auch ein Hinweis für den vormals unfreien Status der Frau sein. Die so Bezeichnete könnte wegen Schuldverpflichtungen ihrer Familie zeitweise schuldversklavt gewesen sein. Dies würde erklären, warum sie und ihre Familie keine Merkmale dauerhafter Sklaverei aufweisen, wie bsp. Armut und Mangel an gesellschaftlichem Einfluß. Die Möglichkeit, daß eine als אמה bezeichnete Schuldsklavin zur Frau in einer (später) polygynen Ehe wird, ist in einer rechtlichen Bestimmung ausdrücklich genannt[175].

Ri 19 erzählt von der פילגש (*Nebenfrau*) eines Leviten. An einem Punkt der Geschichte wird die Frau von ihrem Mann *„deine Sklavin"* (אמה) genannt[176]: Dies geschieht gegenüber einem Gastgeber, bei dem die Eheleute um eine Übernachtungsmöglichkeit bitten. Als höfliche Selbstbezeichnung hätte der Begriff אמה aus dem Mund der Nebenfrau kommen müssen[177]. Es handelt sich hier um die einzige Stelle des Ersten Testaments, an der ein Mann die höfliche Selbstbezeichnung stellvertretend für eine Frau ausspricht. Zu Ri 9,18 und 19,19 siehe auch den folgenden Abschnitt.

פילגש (Nebenfrau)

Ein anderer Terminus, der auf den untergeordneten Status einer in polygyner Ehe lebenden Frau hinweist, ist פילגש (*Nebenfrau*). Die Etymologie des nichtsemitischen Wortes ist umstritten[178]. Er findet keine Entsprechung in den aB Kodizes und Privatdokumenten. Der Begriff wird auch in keinem Rechtstext des Ersten Testaments verwendet. Ein Grund dafür ist, daß פילגש hauptsächlich im Kontext königlicher Polygynie gebraucht wird[179]; darüber geben die Rechtssammlungen keine Auskunft. In Erzählrahmen und narrativen Darstellungen bezeichnet פילגש summarisch eine Gruppe namenloser Frauen von Königen oder Richtern, die einen geringeren Rang haben als deren (Haupt-) Frauen (אשה). Dagegen sind in einigen Genealogien Nebenfrauen auch nicht-königlicher Männer erwähnt, teilweise mit, teilweise ohne Namen[180]. Von ihnen ist in der Regel ebenso wenig überliefert wie von den königlichen Nebenfrauen[181]. Aus der

---

[175] Ex 21,7-11; vgl. Kap. 3.2.2.1.

[176] Ri 19,19

[177] Vgl. Anm. 7.

[178] Vgl. HAL (Bd. ראה-נבס, 878). Erwogen wird eine philistäische und eine ägyptische Herkunft des Wortes, das dann *bei jmd. liegen* bzw. *sich bei jmd. befinden* heißen würde.

[179] Ri 8,31 (Gideon); 2.Sam 3,7; 21,11 (Saul); 2.Sam 5,13-16; 15,16; 16,21; 19,6; 20,3; 1.Chr 3,9 (David); 1.Kön 11,3 (Salomo); Hoh 6,8f (namenloser König); Ester 2,14 (Ahasveros); 2.Chr 11,21 (Rehabeam).

[180] Gen 22,24 (Rehuma); Gen 35,22 (Bilha); 1.Chr 2,46.48 (Epha); Gen 36,12 (Thimna). Anders bsp. Gen 25,6 (Hagar und Ketura); 1.Chr 7,14 (namenlose Nebenfrau Manasses).

[181] Zur namenlosen Frau Gideons und Mutter Abimelechs (Ri 8,31) s.o. im Text. Rizpa (2.Sam 21,10-14) ist die einzige Nebenfrau eines Königs, die sowohl mit Namen genannt ist als

Nachordnung der Nebenfrauen hinter die (Haupt-) Frauen wird ihre geringere Position im Vergleich zu diesen ersichtlich.

Der soziale Status einer פילגש kann nicht eindeutig geklärt werden. Eine Nebenfrau kann frei oder unfrei sein. Dieselbe Frau kann außer als Nebenfrau auch einfach als Frau (אשה) des Mannes oder als Sklavin (שפחה /אמה) bezeichnet werden[182]. Vom Begriff der Nebenfrau wird verstärkt Gebrauch gemacht, wenn die Frau von besser gestellten (Haupt-) Frauen unterschieden werden soll. פילגש betont dabei ihre verwandtschaftliche Distanz - und die ihrer Kinder - ihrem Mann und dessen Hauptfrau gegenüber[183]. Die Kinder der Nebenfrauen Davids können keinen Anspruch auf das Amt des Königs erheben. Diese Texte zeigen, daß eine Nebenfrau nicht nur gesellschaftlich, sondern auch erbrechtlich und verwandtschaftlich einer (Haupt-) Frau nachgeordnet ist. Ihr gesellschaftlicher Status kommt in diesen Quellen dem einer unfreien Frau nahe. Königliche Nebenfrauen sind tendenziell freie Frauen, während die Nebenfrauen weniger exponierter Männer auch unfreie Frauen sein können. Es kann angenommen werden, daß gerade Frauen von geringerem gesellschaftlichen Rang, wie arme, schuldversklavte, geschiedene und verwitwete Frauen, für die Position einer Nebenfrau in Betracht kommen.

Weitere Auskunft über die gesellschaftliche Position einer פילגש gibt **Ri 19**. Eine nicht-königliche Nebenfrau tritt nur hier als Hauptakteurin einer längeren Erzählung auf. Berichtet wird von einer namenlosen פילגש, die sich von ihrem Mann, einem Leviten, trennt, indem sie in ihr elterliches Haus flieht.[184]. Weitere Frauen des Leviten werden nicht genannt. Das hat zu der Vermutung geführt, die Nebenfrau sei die einzige Frau des Mannes[185]. Wahrscheinlicher ist aber, daß eine weitere Frau lediglich deshalb nicht erwähnt wird, da sie für den Verlauf

---

auch eine eigene Geschichte besitzt, vgl. Karin ENGELKEN (1990, 82-84).

[182] Von Ketura heißt es zunächst, sie sei Abrahams Frau (אשה in Gen 25,1), später, sie sei seine Nebenfrau (פילגש in Gen 25,6; zu Hagar vgl. Anm.166). Bilha wird zunächst als Sklavin (שפחה in Gen 29,29 und אמה in Gen 30,3) oder Frau Jakobs (אשה in Gen 30,4; 37,2, zusammen mit Silpa) bezeichnet, dann auch als seine Nebenfrau (פילגש in Gen 35,22). Die namenlosen Frauen Davids in Jerusalem werden einmal seine Frauen genannt (אשה in 1.Chr 3,5-9) und sind an anderer Stelle als Nebenfrauen aufgeführt (פילגש in 2.Sam 5,13-16/ 1.Chr 14,3-7).

[183] So wird Abimelech durch die Bezeichnung seiner Mutter als Nebenfrau (פילגש) und als Sklavin (אמה) als illegitimer Nachfolger seines Vaters Gideon dargestellt (Ri 8,31). Ähnlich wird den Kindern der Nebenfrau Ketura das Erbe Abrahams verweigert (Gen 25,6). An dieser Stelle könnte auch Hagar gemeint sein, da auch eine geehelichte Sklavin als Nebenfrau bezeichnet werden kann. Daß nach Darstellung der Erzählung noch Kontakte zwischen ihrer und der Familie Abrahams bestehen, geht aus Gen 25,9 hervor

[184] Im Hause ihres Vaters wird die Nebenfrau als *Mädchen* (נערה, wörtlich die *Junge*) bezeichnet. Das Wort deutet auf ihr geringes Alter und ihre daher rührend unbedeutende gesellschaftliche Position hin; vgl. bsp. 2.Kön 5,3.

[185] So stellt Karen ENGELKEN (1990, 88) fest, dies sei „*der einzige Fall, wo gesagt wird, daß ein Mann zuerst eine* פילגש *nimmt anstatt einer Hauptfrau*".

der Erzählung keine Rolle spielt. Ri 19 ist eine Parallele zu Gen 19,1-11: In beiden Erzählungen werden Gäste in einer fremden Stadt von Anwohnern (sexuell) bedroht, und beide Male wird die Herausgabe der Töchter des Hausherrn erwogen, um die Besucher zu schützen. Die Nebenfrau des Leviten besitzt in Ri 19 grundsätzlich ein zu schützendes Gastrecht. Während der Gastgeber ihr dieses zugesteht, spricht der Levit es seiner Frau ab. Schon bei der ersten Begegnung mit dem Gastgeber bezeichnet der Levit seine Frau vereinnahmend als Sklavin (אמה) des Gastgebers (s.o.). Dies ist der erste Hinweis darauf, daß sie von ihm als Person eines geringeren gesellschaftlichen Standes behandelt wird. Auf Betreiben des Leviten soll seine Nebenfrau anstelle der Töchter des Gastgebers und an seiner Stelle den Anwohnern der Stadt geopfert werden. Das zeigt, daß die verheiratete Frau sozial auf eine geringere Stufe gestellt wird als die unverheirateten Töchtern des Hausherrn. Sie hat einen weitaus geringeren Status als der Gastgeber selbst und als ein männlicher Gast; deren Auslieferung wird in keiner der beiden Geschichten erwogen[186]. Ob der Frau des Leviten in der Erzählung allein wegen ihres weiblichen Geschlechts das Gastrecht entzogen werden kann, ist fraglich. Ebenso muß offen bleiben, ob sie auch dann ausgeliefert worden wäre, wenn sie nicht als פילגש, sondern als אשה ((freie) *Frau*) bezeichnet worden wäre.

זונה (*Alleinstehende*)

Schwer läßt sich die gesellschaftliche Stellung einer Frau einschätzen, die in polygyner Verbindung lebt und als זונה bezeichnet wird[187]. Die bisher übliche Übersetzung mit *Prostituierte* ist irreführend, da זונה vor allem Frauen bezeichnet, deren Lebensweise nicht die meist übliche Einbindung in eine Ehe oder in eine Familie mit einem männlichen Familienoberhaupt aufweist[188]. Ich gebe זונה daher mit *Alleinstehende* wieder[189]. In prophetischen Texten wird זונה in polemischer Weise für Frauen gebraucht, deren Verhalten als promiskuitiv dargestellt wird[190]. Der Begriff bezeichnet dort keine gewerblich ausgeübte Profession. Mit einer Ausnahme[191] kommen polygyne Konstellationen unter Beteiligung einer זונה nur in prophetischen Texten vor[192].

---

[186] In Gen 19,15 wird die Frau Lots erwähnt. Dagegen ist in Ri 19 eine Frau des Gastgebers nicht genannt.

[187] Vgl. zur Diskussion Teil 1, Kap.2.3.1 und Kap.3.2.2.1.

[188] Phyllis BIRD (1989).

[189] Julia ASSANTE (1998) macht für den Gebrauch von KARKID/ ḫarimtu im alte Babylonien ähnliche Beobachtungen wie Phyllis BIRD (1989) für זונה. Assante schlägt die Übersetzung mit *single women* vor (vgl. Teil 1, Kap.2.3.1). Ich folge diesem Vorschlag und gebe das wichtige Charakteristikum einer זונה als nicht (mehr) verheirateten Frau ohne ein männliches Familienoberhaupt im Deutschen mit *alleinstehend* wiedergebe.

[190] Vgl. Anm. 153.

[191] Mutter Jephtas (Ri 11,1), evtl. auch die Frau des Leviten (Ri 19,2, s.o.; diese Lesung ist

Die erzählende Darstellung in **Ri 11,1-3** ist der einzige nicht-prophetische Text, in dem eine in polygyner Ehe lebende Frau als זונה bezeichnet wird. Von der Mutter des Richters Jephta wird zunächst gesagt, sie sei eine *Alleinstehende*[193]. Im darauffolgenden Satz wird sie als die *spätere Frau* (אשה אחרת)[194] von Jephtas Vater Gilead bezeichnet. Aus der Darstellung geht weiter hervor, daß Jephta bei seinem Vater aufwächst - zusammen mit der ersten Frau und deren Kindern -, bis er von diesen schließlich vertrieben wird[195]. Sinn dieses Textabschnitts ist es, auf die zwielichtige Herkunft Jephtas anzuspielen. Die kurze genealogische Bemerkung zielt darauf ab, seinen Anspruch auf das Richteramt zu hinterfragen[196]. Folgendes Szenarien ist als Hintergrund der erzählenden Hinweise in Ri 11,1-3 denkbar:

Gileads erste Frau war zunächst kinderlos, so daß er sein Kind mit einer nicht geehelichten *alleinstehenden* Frau (זונה) als eigenes anerkannte[197]. Die spätere Geburt von Kindern der ersten Frau führte zu dem dargestellten Konflikt um die legitime Erbfolge. Jephta könnte der Erstgeborene Gileads war. Ob die Mutter Jephtas als zweite Frau Gileads im selben Haushalt wohnte, bleibt offen. Die Vertreibung Jephtas aus dem Haushalt seines Vaters ist eine Folge der Befürchtung der ersten Frau und deren Kinder, Jephta könne Erbansprüche geltend machen. Ri 11,1-3 steht nach diesem Verständnis in großer Nähe zu der Konstellation in Gen 21: Dort führt die Angst der Erstfrau Sara um die Rechte ihre Sohnes dazu, daß die Sklavin und Co-Frau Hagar zusammen mit dem erstgeborenen Sohn Ismael, aus dem gemeinsamen Haushalt vertrieben wird. Die Bezeichnung der Mutter Jephtas als זונה ist abwertend gemeint und könnte dazu dienen die Vertreibung zu rechtfertigen und alle Ansprüche Jephtas als illegitim darstellen. Nach dieser Interpretation erfüllt die Bezeichnung der Mutter Jephtas

---

unsicher).

[192] Hoseas erste Frau (Hos 1,2; 2,7), Hoseas zweite Frau (Hos 3.3; vgl. Phyllis BIRD, 1989), das personifizierte Israel (Jer 3,1.3.6) und Juda (Jer 3,8), Ohola/ Israel (Ez 23,3) und Oholiba/ Juda (Ez 23,3.19).

[193] Ri 11,1

[194] Ri 11,2

[195] Ri 11,2f

[196] Auf den kriegerischen Erfolgen Jephtas, die seine Richtertätigkeit begründen, liegt nach dieser Darstellung ein Schatten. Er verdankt sie einem Gelübde, das er mit dem Tod seiner geliebten Tochter, seinem einzigen Kind, bezahlen muß (Ri 11,30-40).

[197] Daß *alleinstehende* Frauen Kinder haben und diese selbst großziehen, geht aus 1.Kön 3 hervor. Die Möglichkeit der erbrechtlichen Einsetzung von Kindern des Mannes mit einer זונה ist im Ersten Testament nicht ausdrücklich erwähnt. Im aB Kodizes werden solche Fälle eigens geregelt: Eine *Alleinstehende* (KAR.KID) erhält dort mit der Anerkennung ihres Kindes eheliche Rechte, jedoch darf sie zu Lebzeiten der ersten Frau nicht im Haushalt des Mannes wohnen (KL § 27). Ähnlich kann auch das Kind einer versklavten Co-Frau nachträglich erbberechtigt werden (KL § 25, KH § 170, *CT 8 37d*).

als זונה eine ähnliche Funktion wie in den prophetischen Texten: Sie dient der sozialen und rechtlichen Abwertung der Frau bzw. ihrer Nachkommen.

Ergebnis

Insgesamt zeigt sich, daß mit der Verwendung der Termini פילגש, שפחה /אמה und זונה für in polygyner Ehe lebende Frauen verschiedene Ziele verfolgt werden. שפחה /אמה und זונה können sowohl neutral (Gen 29,29; 30,3; Ri 11,1) als auch abwertend (Ri 9,18; Ri 11,1) gemeint sein. פילגש kann die rechtliche und gesellschaftliche Position der Frau stärken (Gen 35,22) oder schwächen (Gen 25,6; Ri 8,31; Ri 19), je nachdem, ob sie zuvor als אשה (Gen 25,1) oder als unfreie שפחה /אמה (Gen 29,29) dargestellt wurde. Für das Verständnis entscheidend ist es, das jeweilige Erzählinteresse eines Textes zu beachten. Nur so können die Wertungen, Diffamierungen und die Polemik erkannt werden, die sich hinter den Begriffen verbergen.

2.2.2 Freie Co-Frauen

Ähnlich wie im alten Babylonien werden freie Co-Frauen als שנית - אחת (*erste - zweite* Frau) bezeichnet[198]. Eine später geheiratete Frau kann von der ersten in ähnlicher Weise als אחרת (*spätere* Frau)[199] unterschieden werden. An anderen Stellen wird unspezifischer von einer Anzahl von Frauen gesprochen, so bsp. von שתי נשים (*zwei Frauen*)[200]. Ein wenig mehr besagen die Begriffe אחת - אחת (*eine - andere* Frau)[201]. Sie betonen die Gleichrangigkeit der Frauen; nur die Reihenfolge der Nennung der Frauen und deren Bezeichnung mit weiteren erläuternden Begriffen können einen Hinweis auf die eheliche Position der Co-Frauen bieten.

Die Termini אהובה (*Geliebte*) und שנואה (*Gehaßte*) weisen deutlich auf ein Problem polygyner Ehen mit freien Co-Frauen hin[202]: die Bevorzugung bzw. die Benachteiligung durch den Mann. Sowohl nicht verwandte Co-Frauen als auch Schwestern werden damit bezeichnet. Ob die Begriffe als Hinweis auf die Position der Frauen als erste und als zweite Frau gedeutet werden können, wird im Rahmen der Quellenanalyse untersucht[203].

---

[198] Gen 4,19 (Ada und Zilla); 1.Sam 1,2 (Hanna und Peninna)

[199] In Ex 21,10 ist die erste Frau eine Schuldsklavin. In Ri 11,2 hat die Bezeichnung von Jephtas Mutter als אחרת eine abfällige Konnotation.

[200] So bsp. Dtn 21,15; Gen 4,19 1.Sam 1,2; ähnlich kann kurz von zwei (geehelichten) Sklavinnen die Rede sein (שתי שפחות, Gen 32,23f; 33,1).

[201] Dtn 21,15 (zusammen mit שנואה und אהובה).

[202] Vgl. Exkurs 3.

[203] Kap. 3.3.2f

Was die Position als erste Frau an besonderen Rechten mit sich bringt, läßt sich aus den wenigen Aussagen des Ersten Testaments schwer erkennen. Einen eigenen Begriff für eine *ausgewählte* Erstfrau, wie er im alten Babylonien verwendet wird[204], gibt es nicht. Im alten Israel wird die rechtliche Vorrangstellung einer ersten Frau auf andere Weise hervorgehoben: גבירה (*Herrin*) bezeichnet im Kontext königlicher Polygynien diejenige Frau des Königs, deren Sohn zum Thronfolger wird. Entscheidend ist nicht, daß sie die erste Frau des Königs ist, sondern daß ihr Sohn sich als dessen Nachfolger durchsetzt[205]. Die Etymologie des Wortes גבירה weist in eine ähnliche Richtung: Das Verb גבר (*stark sein, Oberhand haben*[206]) und das männliche Substantiv גבור (*starker, tapferer Mann, Berufs-, Elitesoldat*[207]) zeigen die kämpferische Dynamik, die in dem Wort mitschwingt. Daß die königliche *Herrin* ihre Stellung gegenüber ihren Co-Frauen erkämpfen oder verteidigen mußte, geht aus ersttestamentlichen Darstellungen hervor[208]. Eine גבירה scheint am Hof ein eigenes Amt mit politischen und repräsentativen Aufgaben innegehabt zu haben[209]. Die Verteidigung der eigenen Position als גבירה wird auch von einer Frau festgehalten, die keine Königin ist und nicht in polygyner Ehe lebt[210]. Außerhalb des königlichen Kontextes wird גבירה in einem anderen Sinn verwendet: Die Eigentümerin einer Sklavin (שפחה) wird im Verhältnis zu dieser als גבירה bezeichnet. Stehen Herrin und Sklavin einander als Co-Frauen gegenüber, kann auch dieses Verhältnis davon geprägt sein, daß die גבירה ihre exponierte Position gegenüber der Co-Frau verteidigt[211]. In der Regel liegt bei den nicht-königlichen Belegen für גבירה keine polygyne Konstellation vor. Immer wird eine גבירה im hierarchischen Verhältnis zu ihrer Sklavin dargestellt.

2.2.3 Verwandte Co-Frauen

Alle ersttestamentlichen Quellen, die verwandte Co-Frauen nennen, sprechen von diesen als Schwestern. Polygyne Ehen mit in anderer Weise verwandten Frauen

---

[204] Sum. DAM NITALAM, akkad. *ḫirtu*.

[205] 1.Kön 11,19; 15,13; 2.Kön 10,13; 2.Chr 15,16; Jer 13,18; 29,2; Jes 47,5.7, sinngemäß auch 1.Kön 1f; 2.Kön 11.

[206] Vgl. GESENIUS (1987[18], 196).

[207] Vgl. GESENIUS (1987[18], 193).

[208] In 1.Kön 1 setzt Bathseba sich für die Inthronisation ihres Sohnes gegen die Söhne der Co-Frauen ein; sie erhält damit den hohen gesellschaftlichen Rang der königlichen גבירה.

[209] 1.Kön 15,13; 2.Chr 15,16; Jer 13,18; 29,2. Vgl. zu גבירה Anna KIESOW (1998).

[210] Der Kampf einer גבירה um ihre Stellung wird in Jes 47,5ff für eine nicht-königliche Frau dargestellt.

[211] In Gen 16 und 21 verteidigt Sara als גבירה ihre eheliche Position gegenüber ihrer unfreien Co-Frau Hagar.

werden verboten[212]. Die schwesterliche Polygynie ist Gegenstand von Erzählungen (Gen 19, Gen 29-31) und prophetischen Texten[213]. Dennoch ist die schwesterliche Polygynie im alten Israel nicht immer und überall unumstritten[214]. Dagegen gilt die schwesterliche Polygynie im alten Babylonien als eine ideale Form der polygynen Verbindung: Durch die Adoption einer Frau zur Schwester einer anderen wird die verwandtschaftliche Bindung zwischen den Co-Frauen auch künstlich hergestellt[215]. Ein derartiger Vorgang ist für das Erste Testament nicht belegt.

Schwesterliche freie Co-Frauen werden im Ersten Testament als אחות (*Schwester*) bezeichnet. Wie in den aB Quellen wird damit ihre Gleichwertigkeit und Gemeinsamkeit betont. Zur genaueren Unterscheidung der Schwestern werden weitere Termini verwendet. Die für eine ältere Schwester gebrauchten Begriffe sind בכירה (*Erstgeborene*)[216] oder גדלה (*Große*)[217]. Von einer erstgeborenen Tochter wird fast ausschließlich im Kontext schwesterlicher Polygynien gesprochen. Interessant ist, daß בכירה sprachlich das weibliche Äquivalent zum erstgeborenen Sohn ist. Eine jüngere Schwester wird als צעירה (*Junge*)[218] oder קטנה (*Kleine*)[219] bezeichnet. Wird die ältere Schwester als Erstgeborene besonders hervorgehoben, so wird mit dem Gegenbegriff צעירה in denselben Texten nicht nur auf das Alter der jüngeren hingewiesen. Das Wort bezeichnet darüber hinaus eine geringe gesellschaftliche Position und ist im Falle des männlichen Äquivalents in brüderlichen Beziehungen mit dienenden Tätigkeiten (עבד) verbunden[220]. צעירה wird im Ersten Testament ausschließlich im Kontext schwesterlicher Polygynien verwendet.

---

[212] Lev 18,18; 20,14

[213] Gen 19; Gen 29-31; Jer 3; Ez 23; Hos 3

[214] Lev 18,18

[215] Vgl. Teil I, Kap. 3.4.2.3.2.

[216] Der Begriff kommt im Ersten Testament nur sechsmal vor, davon fünfmal im Kontext schwesterlicher Polygynie (Gen 19,31.33f.37; 29,26). An der einzigen Stelle, an der keine polygyne Konstellation vorliegt, wird ebenfalls die Heiratsfolge von Schwestern betont (1.Sam 14,49).

[217] Gen 29,16; Ez 23,4; ebenso in 1.Sam 18,17, wo keine polygyne Verbindung vorliegt.

[218] Der Begriff ist in Gen 19,31.34f.38; 29,26 das Gegenüber zu Erstgeborenen (בכירה).

[219] Gen 29,16; ebenso Ri 15,2; 1.Sam 14,49, wo keine polygynen Verbindungen vorliegen.

[220] Bsp. Gen 25,23.

Kapitel 3:

Polygynie in Rechtlichen Quellen des Ersten Testaments

In diesem Kapitel stehen die rechtlichen Bestimmungen im Mittelpunkt, die Aussagen zur Polygynie machen. Zu Beginn werden die Gattungen rechtlicher und erzählender Quellen charakterisiert (Kap. 3.1). Anschließend folgt die Analyse der sechs Regelungen. Sie sind auf die drei Rechtssammlungen des Ersten Testaments verteilt. Jede Sammlung widmet sich jeweils nur *einer* Form polygyner Ehe. Die Analyse beginnt mit den wohl ältesten Sammlungen. Im Bundesbuch (Bb) werden polygyne Ehen unter Beteiligung unfreier Co-Frauen thematisiert (Kap. 3.2). Im deuteronomischen Gesetz (dtn Gesetz) geht es um Ehen mit freien Co-Frauen (Kap. 3.3). Ein Exkurs widmet sich Erzählungen, die das Verhältnis zwischen freien Co-Frauen beleuchten (Exkurs 3). Zuletzt lenkt das Heiligkeitsgesetz (HG) das Interesse auf Polygynien mit verwandten Co-Frauen (Kap. 3.4). Ein Exkurs untersucht das Verhältnis schwesterlicher Co-Frauen in den Erzählungen (Exkurs 4). Für die Analyse der jeweiligen Sammlung ergibt sich folgender Aufbau:

1. Die Einzeluntersuchungen beginnen mit der Darstellung des rechtlichen Kontextes der jeweiligen Regelung.
2. Anschließend wird die vorliegende Form polygyner Ehe untersucht und ein Vergleich mit anderen ersttestamentlichen Textstellen vorgenommen.
3. In einem dritten Schritt werden die in Teil I untersuchten aB Bestimmungen herangezogen, um Unterschiede und Ähnlichkeiten mit den ersttestamentlichen Bestimmungen herauszuarbeiten.

3.1 Quellen und Quellengattungen

3.1.1 Rechtssammlungen[221]

Die drei ersttestamentlichen Sammlungen gesetzlicher Bestimmungen sind zu unterschiedlichen Zeiten entstanden[222]. Sie sind ihrer Form, ihrem Inhalt und ihrer Intention nach nicht einheitlich[223]. Trotz der Unterschiede stehen sie in einer gemeinsamen Gesetzestradition[224]. Sie weisen formale und inhaltliche Übereinstimmungen mit altmesopotamischen Gesetzestexten auf, mit denen sie die Rechtstradition verbindet[225]. Zwei markante Unterschiede ersttestamentlichen und mesopotamischen Rechts seien an dieser Stelle genannt:

1. In den Prologen und Epilogen der aB Kodizes wird die Urheberschaft des jeweiligen Königs betont, dessen göttlicher Auftrag es ist, Gerechtigkeit durchzusetzten und die Armen zu schützen[226]. Was die gesetzlichen Bestimmungen des Ersten Testaments von den aB Kodizes unterscheidet, ist, daß sie Bestimmungen Gottes sind. Übertretungen werden nicht nur im moralischen Sinn als Handlungen gegen Gottes Recht verstanden[227]. Sie gefährden die Gottesgemeinschaft, die aufrecht zu erhalten eine zentrale Aufgabe der Bestimmungen ist[228]. Die Tatsache, daß nur die ersttestamentlichen Gesetzessammlungen neben zivil- und strafrechtlichen zudem kultische Bestimmungen enthalten, deutet auf deren auch religiöse Dimension hin[229]. Die Einbettung der rechtlichen Regelungen in die dargestellte Geschichte Gottes mit den Menschen unterstreicht das religiöse Rechtsverständnis.

---

[221] Zum Charakter von altorientalischen Rechtstexten und zu ihrer Aussagekraft für sozialgeschichtliche Fragestellungen vgl. Teil I, Kap. 3.1.1.

[222] Bb (Ex 20,22-23,19), dtn Gesetz (Dtn 12-26) und HG (Lev 17-26).

[223] Raymond WESTBROOK (1988A, 134) hält die unterschiedlichen Aussagen, die die einzelnen ersttestamentlichen Rechtssammlungen zu manchen Themen machen, für den Hauptunterschied zwischen mesopotamischem und biblischem Recht: *"The real difference between biblical and cuneiform laws lies in the fact that the Bible is a different kind of source. In particular, unlike the cuneiform texts, it contains the voice of dissent as much, if not more, than that of the establishment"*.

[224] Raymond WESTBROOK (1988A, 1-8).

[225] In keilschriftlichen wie in ersttestamentlichen Rechtssammlungen überwiegen Bestimmungen in kasuistischer Form (vgl. Reuven YARON, 1988, 96-110 und John H. WALTON, 1989, 81). Einen inhaltlichen Vergleich behandelter Themen bietet Walton in einer tabellarischen Auflistung (ebd., 76f).

[226] Vgl. Teil I, Kap. 3.1.1.

[227] Vgl. bsp. John H. WALTON (1989, 89f)

[228] Bsp. Ex 20,1-6, Dtn 6 und 11,1-12,1, Lev 18,2-5; 19,2.

[229] John H. WALTON (1989, 91) bietet eine Übersicht über Gemeinsamkeiten und Unterschiede zwischen biblischem und mesopotamischem Recht.

2. Die ersttestamentlichen Rechtssammlungen entbehren nahezu jeder ehe- und erbrechtlichen Regelung[230]. Dadurch unterscheiden sie sich von den keil-schriftlichen Kodizes, die sich ausführlich zivilrechtlichen Fragen widmen und bei denen das Eherecht einen breiten Raum einnimmt. Ob die fehlende Behandlung ehe- und erbrechtlicher Regelungen in den ersttestamentlichen Rechtssammlungen auf den Bestand eines rein mündlichen Verhaltenskodex für diese und andere Fragen des täglichen Lebens hinweist oder aber auf anderen Ursachen beruht, wie etwa einer Überlieferungslücke, muß offen bleiben[231].

Obwohl sich die heute vorliegenden Sammlungen - und ganz besonders einzelne darin enthaltene Bestimmungen - schwer datieren lassen, wird als zeitliche Abfolge allgemein Bb - dtn Gesetz - HG angenommen[232]. Diese zeitliche Einordnung ist aber gerade für die eherechtlichen Regelungen des Bb und des dtn Gesetzes sehr vage und zweifelhaft[233]. Da es derzeit keine überzeugende Alternative zu der in der Forschung gängigen Datierung gibt, wird diese Reihenfolge bei der Behandlung der einzelnen Bestimmungen beibehalten. Im Hinblick auf Aussagen zum Recht polygyner Ehen ergänzen sich die Rechts-sammlungen inhaltlich[234]. Die behandelten Formen polygyner Ehen sind in Abweichungen auch Thema der aB Kodizes.

Die rechtlichen Regelungen polygyner Ehen des Ersten Testaments werden im folgenden in einem Textüberblick kurz zusammengefaßt[235]. Wichtige hebräische

---

[230] Jakob Joel FINKELSTEIN (1981, 41) stellt das Verhältnis der Themen, die in mesopotami-schen und ersttestamentlichen Rechtssammlungen behandelt werden, folgendermaßen dar: *"In summary, criminal law is the area of most significant overlap, civil law is the primary focus of the cuneiform collections, and cultic law is the primary focus of the biblical collections".* Vgl. dazu die Tabelle behandelter Themen bei John H. WALTON (1989, 76f).

[231] Eherechtliche Bestimmungen finden sich vor allem in Ex 21 und 22, Lev 18 und 20, Dtn 21, 22, 24 und 25.

[232] Das HG nimmt auf Regelungen des dtn Gesetzes Bezug (vgl. Alfred CHOLEWINSKI, 1976). Das dtn Gesetz kann wiederum als jüngere Weiterentwicklung des Bb angesehen werden (so bsp. Frank CRÜSEMANN, 1992, 132). Zur ausführlichen Kritik s.u. die jeweilige Einleitung zu den Sammlungen.

[233] Zur Datierung vgl. Kap. 3.2.1, Kap. 3.3.1 und Kap. 3.4.1.

[234] Frank CRÜSEMANN (1992, 15) betont, daß sich bezüglich anderer Themen der Eindruck ergibt, daß die Sammlungen einander *ersetzen*. Er führt als Beispiel Abweichungen im kultisch-religiösen Bereich auf (Altargesetz, Segen und Fluch). Meiner Ansicht nach weist die Überlieferung unterschiedlicher Traditionen nicht zwingend auf deren gegenseitige Ablösung hin. Zum einen sind bsp. regionale Unterschiede denkbar. Zum anderen kann eine Bestimmung aus Respekt vor der Überlieferung weitergeführt werden oder als Ergänzung zu den sich durchsetzenden Neuerungen. Ähnlich werden voneinander abwei-chende Doppelungen in Erzählungen zunehmend als dialogische Ergänzungen verstanden (vgl. bsp. Mieke BAL, 1989).

[235] Für zwei dieser Regelungen kann das polygyne Zusammenleben nur als Möglichkeit

Begriffe sind in Klammern angegeben. Auf meine Übersetzung weisen die Anmerkungen hin.

Ex 21,7-11:   Recht einer unverheirateten Schuldsklavin (אמה) auf Auslösung, falls kein Mitglied der Käuferfamilie sie heiratet. Rechte für den Fall ihrer Ehe mit einem Mitglied der Käuferfamilie und für den Fall, daß der Mann eine spätere Frau (אחרת) nimmt.
vgl. Anm. 265

Dtn 21,15-17:   Verbot für einen Mann, der zwei Frauen (אשׁה) hat, den Sohn der *Geliebten* (אחת / אהובה) seinem erstgeborenen Sohn, den er mit der *Gehaßten* (אחת / שׂנואה) hat, erbrechtlich vorzuziehen.
vgl. Anm.413

Dtn 25, 5-10:   Recht einer Frau (אשׁה) auf die Leviratsehe mit dem Bruder ihres verstorbenen Mannes (יבם). Strafe für den Mann, falls er sich weigert, seine Schwägerin (יבמה) zu heiraten.
vgl. Anm.429

Lev 18,17:   Verbot für einen Mann, mit einer Frau (אשׁה) und ihrer Tochter (בת) sexuell zu verkehren oder die Enkelin der Frau (בת־בן / בת־בת) zu heiraten.
vgl. Anm.588

Lev 18,18:   Verbot für einen Mann, eine Frau (אשׁה) zu Lebzeiten ihrer Schwester (אחות) zu dieser hinzuzuheiraten.
vgl. Anm. 588

Lev 20,14:   Verbot für einen Mann, eine Frau (אשׁה) und ihre Mutter (אם) zu heiraten. Geschieht dies, sollen alle drei verbrannt werden.
vgl. Anm. 613

3.1.2 Erzählungen

Die im Ersten Testament vorliegende Verknüpfung von erzählenden und rechtlichen Abschnitten im Kanon der Bibel legt die Einbeziehung beider Textgattungen für eine sozialgeschichtliche Studie nahe[236]. Die historische Einordnung ist für narrative Quellen besonders schwierig. Ein Grund dafür ist die zeitliche Verschiebung zwischen der erzählten Zeit und der Erzählzeit. Bei vielen Aussagen ist unklar, ob sie Vorstellungen von einer früheren Zeit darstellen oder auf die gegenwärtige Gesellschaft der Erzählenden zu beziehen sind[237]. Mit historischen Orten und Personen haben sich schon früh Geschichten

---

vermutet werden (Dtn 25,5-10, Lev 18,17).

[236] Für die Darstellung eines ersttestamentlichen Eheverständnisses ist es in der ersttestamentlichen Forschung üblich, erzählende Texte mit auszuwerten, so bsp. zuletzt Eckart OTTO (1994, 47-64).

[237] Bsp. können nomadische Lebensweisen, die die Darstellung der Ursprungsgeschichte Israels besonders prägen, der aktuellen Beobachtung nomadischen Lebens, das es in Israel

verbunden, die tradiert wurden[238]. Die ursprünglich selbständigen, in sich geschlossenen Kompositionen wurden an die Nachwelt überliefert und dabei mit neuen Akzenten versehen. Im Kanon der Bibel wurden sie mit anderen Quellen verknüpft. Die Erzählungen können insgesamt als in sich sinnvolle, gewachsene Einheiten verstanden werden[239].

Narrative Texte geben in anderer Weise Auskunft über eine Gesellschaft als rechtliche Bestimmungen. Sie haben nicht den Anspruch, allgemeingültige Regelungen zu treffen. Es geht auch nicht um die getreue Wiedergabe von historischen Ereignissen. Ersttestamentliche Erzählungen dienen aus der Sicht der Berichtenden der Klärung der eigenen Situation und der von Gegenwartsfragen[240]. Mit Hilfe der geschichtlichen Rückschau wird versucht, die aktuelle Lage zu verstehen, Gründe für diese zu finden und das zukünftige Handeln an der Erkenntnis begangener Fehler oder an positiven Vorbildern zu orientieren. Insofern sind die narrativen Darstellungen bemüht, glaubwürdig und nachvollziehbar zu sein und nicht als beliebige Fiktion zu erscheinen.

Die Ursprungsgeschichte Israels wird im Ersten Testament als Familiengeschichte dargestellt. In diesem Zusammenhang wird ausführlich von polygynen Ehekonstellationen berichtet. Der Grund für diese Art der Darstellung ist, daß dem geschichtlichen Denken im alten Israel ein verwandtschaftliches Grundmodell zugrunde liegt[241]. Völkergeschichte und Familiengeschichte sind identisch. Mit Hilfe genealogischer Darstellungen werden auf der Basis menschlicher Grunderfahrungen des familiären oder ehelichen Zusammenlebens geschichtlich verstandene Aussagen gemacht[242]. Dies trägt dazu bei, daß gerade die Familienerzählungen inhaltlich mehrdimensional sind: Sie können sowohl als Darstellung der Geschichte Israels als auch als allgemeine Beschreibung zwischenmenschlichen Zusammenlebens gelesen werden. Letzteres steht in der vorliegenden Arbeit im Vordergrund. Es wird davon ausgegangen, daß die erzählerisch dargestellten sozialen Verhältnisse einer Realität entsprechen, wie sie die damaligen VerfasserInnen aus vergangenen Überlieferungen oder eigener zeitgenössischer Anschauung kannten. Insofern machen narrative Darstellungen

---

zu allen Zeiten gab, entnommen worden sein. Die Beschreibung dieser Lebensweise kann aber auch stärker auf überlieferten Vorstellungen beruhen.

[238] Erhard BLUM, 1984, 477.

[239] Erhard BLUM (ebd.), ähnlich Mieke BAL (1989).

[240] Walter E. AUFRECHT (1988, 205) drückt dies treffend aus, wenn er feststellt: „*The writing of history is an attempt to organize the past in a way that may have meaning and provide value for the present.*"

[241] Erhard BLUM (1984, 504). Die folgende Darstellung basiert vor allem auf Blums überzeugender Darstellung genealogischer Erzählungen des Ersten Testaments.

[242] Erhard BLUM (1984, 503) bemerkt dazu, daß „*wenn irgendeiner, dann der hier thematisierten Gemeinschaftsform der Familie oder Sippe in jedem beliebigen Abschnitt der Geschichte Israels grundlegende und selbstverständliche Bedeutung zukam.*"

Aussagen zu sozialgeschichtlichen Verhältnissen. Sie lassen sich jedoch schwer einem historischen Ort zuschreiben. Das haben sie mit den Rechtsbestimmungen des Ersten Testaments gemeinsam. Die identitätsstiftende Bedeutung der Familienerzählungen hat zur Folge, daß Frauen in narrativen Texten einen weitaus größeren Raum einnehmen als in den gesetzlichen Regelungen. Lebensläufe und Handlungsmotive von Frauen werden in den Geschichten ausführlich dargestellt. Die aufgezeigten Verhaltensweisen stimmen oft nicht mit dem rechtlich Gebotenen überein. Nach Aussage der Erzählungen wirken Frauen aktiver auf ihr Leben ein, als dies aus den Rechtsbestimmungen vermutet werden könnte. In ähnlicher Weise bieten die aB Privatdokumente ein differenzierteres Bild von Frauen im alten Babylonien als die Kodizes. Die narrative Beschreibung des Lebens von Frauen bietet auch aus diesem Grunde eine wichtige Ergänzung zu den knapp gehaltenen ersttestamentlichen Rechtsbestimmungen.

3.2 Bundesbuch

Das Bundesbuch (Ex 20,22-23,19) ist die im Umfang kleinste der drei ersttestamentlichen Rechtssammlungen. Es ist als Teil des Buches Exodus in die Erzählung vom Auszug aus Ägypten und der anschließenden Wüstenwanderung eingebunden. Der Name *Bundesbuch* weist bereits darauf hin, daß die Sammlung
im Kontext der Gottesoffenbarung am Sinai steht. Mit der göttlichen Gabe dieser
Bestimmungen geht ein *Bund* zwischen Gott und dem Volk Israel einher[243]. Mose tritt dabei als Überbringer der Gesetze auf. In seiner Person verbinden sich die
zurückliegende Befreiung aus der Sklaverei in Ägypten und der Sinaibund mit
Rechtsbestimmungen für die Zukunft.

Inhaltlich behandelt das Bb sehr verschiedene Themen. Die Sammlung kann
grob in zwei Teile gegliedert werden:

1. **Ex 21,1-22,19**

   Den Kern mit den eigentlichen Rechtsbestimmungen bilden die *Mischpatim*
   (משפטים)[244], die die Themen Schuldsklaverei, Verbrechen von Menschen oder
   Tieren gegen Menschen und das Thema Besitz umfassen. Sie halten in Ex
   21,10-11 eine Regelung zur Polygynie fest, nämlich die Rechte einer
   Schuldsklavin in polygyner Ehe. Die Mischpatim sind überwiegend in kasuistischer Form (*wenn - dann*) abgefaßt. Meist werden Sanktionen für den Fall
   von Verstößen gegen das vorgeschriebene Verhalten genannt. Sprachlich gesehen ist der (freie) Mann der Normadressat, obwohl die Bestimmungen in
   der Regel ebenso für Frauen gelten[245]. Die Mischpatim zeigen in Stil und Inhalt auffallende Ähnlichkeit zu den altmesopotamischen Kodizes, wie dies bei
   keiner anderen ersttestamentlichen Rechtssammlung der Fall ist. Dazu trägt
   zum einen ihre kasuistische Form bei; sie weist darauf hin, daß die Regelungen auf konkreten Fällen basieren, die anschließend verallgemeinert wurden.
   Wie in den aB Kodizes werden auch in den Mischpatim Variationen zu ein-

---

[243] So der Begriff ספר הברית (*Buch des Bundes*) in Ex 24,7f; ähnlich 34,10.27f und Dtn 5,2f.

[244] Der Begriff משפטים (*Rechte*) ist im Einleitungssatz genannt. Die Bezeichnung des gesamten
Abschnitts als *Mischpatim* bzw. *Mischpatimteil* setzt sich zunehmend durch; bsp. Yuichi
OSUMI (1991, 87ff). Zur selten vertretenen Ansicht, Ex 22,20-26 gehöre ebenfalls zu die-
sem Teil eines ursprünglich selbständigen Rechtsbuches, vgl. Eckart OTTO (1988, 38ff) .

[245] Im Hebräischen steht איש (*Mann, jemand*; sum. LÚ, akkad. *awîlu*). Die Regelung in Ex
21,7 setzt bsp. mit den Worten ein: "*Wenn ein Mann (איש) seine Tochter als Sklavin verkauft...*". Die Bestimmung gilt inhaltlich in gleicher Weise für den Vater und für die verwitwete oder geschiedene Mutter einer Tochter (vgl. auch Ex 21,12.14.16.18-
20.22.26.33.37; 22,4.6.9.13.15). Die sprachliche Ausrichtung auf den Mann geschieht auch
durch die Verwendung von Verben in der 3.Pers.Sing.mask.

zelnen Fällen festgehalten[246]. Eine weitere Ähnlichkeit besteht darin, daß die Regelungen der Mischpatim wie die der aB Kodizes nicht religiös begründet werden[247].

2. Ex 20,22-26; 22,20-23,19:

Die Mischpatim werden im Bb von einem Teil gerahmt, der verstärkt kultische und sozialrechtliche Fragen behandelt. Es gibt inhaltliche Verbindungen mit den Mischpatim[248]. Im Unterschied zu den Mischpatim wird in diesem Teil die theologische Intention der darin genannten Bestimmungen betont. Der Abschnitt ist als direkte Rede Gottes konzipiert und wendet sich mit der Anrede *du* (2.Pers.Sing.mask.) oder *ihr* (2.Pers.Plur.mask.) unmittelbar an das Volk (*du sollst nicht*) [249].

Die Bestimmungen zur Schuldsklaverei in Ex 21,2-11 werden zwar zu den Mischpatim gerechnet, stellen durch ihre besondere Position aber eine Schnittstelle zwischen den beiden Teilen des Bb dar. Sie sind in ihrer stilistischen Form eine Mischung aus Mischpatim und Rahmenteil. Während Ex 21,2-3 den Normadressaten in der 2.Pers.Sing.mask. anspricht, reden Ex 21,4-6 und 7-11 im jeweiligen Einleitungssatz in der 3.Pers.Sing.mask. *über* einen Normadressaten (אדון in V.4, איש in V.7). Die von den übrigen Mischpatim abweichende Du-Anrede in V.2f könnte bewußt als Übergang zwischen dem Rahmenteil und den Mischpatim gestaltet worden sein; ansonsten weichen die Regelungen zur Schuldsklaverei stilistisch nicht von den kasuistischen Bestimmungen der Mischpatim ab.

Im Unterschied zu den anderen Rechtssätzen der Mischpatim wird in den Bestimmungen zur Schuldsklaverei mit einer Ausnahme keine Strafe für Zuwiderhandlungen genannt. Diese Tatsache ist auf den Inhalt der Regelungen zurückzuführen. Ziel der Bestimmungen ist es, die Konditionen der Freilassung schuldversklavter Frauen und Männer zu regeln; dafür ist die Nennung einer Strafe nicht erforderlich[250]. Nur die eherechtliche Bestimmung Ex 21,11 hält

---

[246] Vgl. dazu ausführlich Teil I, Kap. 3.1.1.

[247] Einen ausführlichen Vergleich der Mischpatim mit altmesopotamischen Kodizes hat Shalom M. PAUL (1970) vorgenommen. Rechtsgeschichtliche Vergleiche stellt Eckart OTTO (1988, 1994) an.

[248] So hat Eckart OTTO (1994, 24) auf die Ähnlichkeit zwischen der Freilassung von (Schuld-)SklavInnen im siebten Jahr (Ex 21,2-11) und dem Brachliegen der Felder im siebten Jahr sowie der Unterbrechung der Arbeit am siebten Tag der Woche (Ex 23,10-12) hingewiesen. Yuichi OSUMI (1991, 149ff) sondert Ex 21,2-11 auf Grund dieser Verbindung zum Rahmenteil aus den Mischpatim aus.

[249] Yuichi OSUMI (1991, 183 bzw. 149ff) hat aus der Beobachtung der Anrede mit der 2.P Sg. m. und der 2.Pers.Plur.mask. auf eine je eigene Bearbeitungsschicht des Bb geschlossen. Die Unterscheidung erscheint künstlich und wird daher im folgenden nicht aufgenommen.

[250] Ex 21,11. In der Fachliteratur wird fälschlicherweise darauf hingewiesen, daß Ex 21,2-11 überhaupt keine Sanktionen nenne, so bsp. Eckart OTTO (1988, 36) oder Yuichi OSUMI (1991,105).

eine Sanktion für den Fall der Verletzung der Rechte einer geehelichten Schuldsklavin fest. Das Strafmaß entspricht anderen in den Mischpatim genannten
Sanktionen für Verstöße gegen SklavInnen[251]. Insgesamt weicht Ex 21,2-11 auch
inhaltlich nicht von den Mischpatim ab. Ex 21,2-11 gehört auf Grund der Zäsur
in Ex 21,1 zu den Mischpatim. Auch stilistisch und strafrechtlich zeigt sich, daß
die Bestimmungen zur Schuldsklaverei zu den Mischpatim des Bb gezählt werden müssen.

Die inhaltliche und sprachliche Uneinheitlichkeit des Bb hat zu vielen Hypothe-
sen über die Entstehung der vorliegenden Fassung geführt: Häufig wird die Rekonstruktion einer schrittweisen Weiterentwicklung angestrebt[252]. Es wird versucht, Bearbeitungen aus verschiedenen Zeiten nachzuweisen, die ursprünglich
eigenständige Gesetzessammlungen nachträglich zusammengefügt[253] oder alte
Grundbestände ergänzt haben sollen[254]. Die Einteilung in kasuistisch-profane
Rechtssätze einerseits und religiöse Bestimmungen andererseits dient als
Hauptargument für die Unterscheidung[255]. Während der religiöse Rahmenteil
meist als jüngerer Zusatz gilt[256], wird für die kasuistischen Mischpatim ein alter

---

[251] Ex 21,26f fordert in zwei Fällen die Freilassung einer verletzten Sklavin und eines verletzten Sklaven.

[252] Eckart OTTO (1994, 19-25) bietet einen guten Überblick über die Forschungsgeschichte
der literaturhistorischen Analyse des Bb.

[253] Nach einer Untersuchung von Yuichi OSUMI (1991, 219f) ist der größte Teil des Bb durch
die Komposition zweier ehemals eigenständiger Quellen entstanden. Die erste Quelle sei
ein kasuistisches Rechtsbuch, das in Ex 21,1.12-22,19 noch gut zu erkennen sei. Die Vermutung, dieses stamme aus dem Umkreis des Jerusalemer Gerichts, das von König Josafat
(868-851 v.Chr.) eingerichtet worden sei, ist m.E. sehr hypothetisch (Osumi, 1991, 140-
145, mit Verweis auf Dtn 18,8 und 2.Chr 19,10f; so schon Frank CRÜSEMANN, 1992, 27-
41). Die nicht umfangreichen und wenig eindeutigen Belegtexte lassen diesen Schluß nicht
zu. Ein religiöses Rechtsbuch aus vordeuteronomistischer Zeit (Ex 34,11-26) stellt nach
Osumi die zweite Quelle dar. Eckart OTTO (1988, 14-19 und 27ff) kommt auf Grund von
Beobachtungen des Satzstils und der Stichwortanschlüsse zu einer anderen Redaktionsge-
schichte des Bb. Er hält Ex 21,33-22,14 für eine ursprünglich eigenständige Sammlung zum
Thema Ersatzleistungen (Stichwort שלם Pi, *ersetzen*). Die stilistische und inhaltliche Beobachtung ist überzeugend. Das von Otto angenommene Nacheinander einer eigenständigen
Sammlung und weiterer darum gruppierter Rechtssammlungen muß eine unbeweisbare Annahme bleiben.

[254] So nimmt Ludgar SCHWIENHORST-SCHÖNBERGER (1990, 234ff) an, daß ein alter
kasuistischer Grundtext aus der frühen Eisenzeit (Ex 21,12.18-22,13) nacheinander eine
säkulare, eine religiöse und eine deuteronomistische Redaktion erfahren habe. Shalom M.
PAUL (1970, 43) rechnet auf Grund der Nähe zu keilschriftlichen Kodizes sogar mit einer
"vorisraelitischen" Tradition dieses Teils des Bb.

[255] Vgl. Anm. 253.

[256] Vgl. bsp. Oswald LORETZ (1984, 141.264ff). Er geht davon aus, daß die dort befindlichen
kultischen Bestimmungen, die die Siebenerstruktur aufweisen, aus nachexilischer Zeit
stammen; nach Ludgar SCHWIENHORST-SCHÖNBERGER (1990, 234ff) hat die religiöse
Redaktion früher stattgefunden., nämlich noch vor einer deuteronomistischen Überarbei-

Grundbestand aus vorköniglicher Periode[257] und eine spätere Redaktion in königlicher Zeit angenommen[258]. Die Bestimmungen zur Schuldsklaverei in Ex
21,2-11 werden dabei von manchen AutorInnen zu einem alten Gesetzeskern des
kasuistischen Teils[259], von anderen zu dessen späterer Überarbeitung[260] oder
auch zum religiösen Teil gerechnet[261]. Während die Zugehörigkeit zu den kasuistischen Mischpatim aus oben genannten Gründen überzeugend ist, sagt sie m.E.
noch nichts über das angeblich hohe Alter der Regelungen aus. Die Ähnlichkeiten der Mischpatim mit den altmesopotamischen Kodizes können nicht zu Datie-
rungszwecken herangezogen werden, denn sie beruhen auf der allgemeinen Verbreitung altorientalischer Rechtskultur im alten Israel seit dem 2. Jt.v.Chr.[262]
Die Bemühungen um eine Rekonstruktion der Redaktion des Bb und die damit
verbundene zeitliche Zuordnung haben bisher zu keinem eindeutigen Ergebnis
geführt. Ein Grund dafür könnte sein, daß rechtshistorische Untersuchungen
bestrebt sind, eine Entwicklung von einem älteren, einfachen Recht hin zu einem
neuen komplexen Gesetzeskorpus aufzuzeigen[263]. Eine solche geradlinige

---

tung Auch Eckart OTTO (1988, 2) spricht von einer „Theologisierung von Recht".

[257] Im Bb fehlen Hinweise auf zentrale Institutionen wie das Königtum und auf die in der
       Königszeit zunehmenden städtischen Lebensformen. Diese Beobachtung soll nach einer
       verbreiteten Meinung dafür sprechen, daß das Bb auf vorkönigliche Zeit zurückgeht. Es
       kann dagegengehalten werden, daß die ländliche Lebensform im alten Israel immer die ver-
       breitetste war. Ein anderes schwaches Argument für die oben genannte Annahme ist die
       Nähe der Bestimmungen zu den altmesopotamischen Kodizes; Shalom M. PAUL (1970,
       43f).

[258] So bsp. Frank CRÜSEMANN (1992) und Yuichi OSUMI (1991); vgl. Anm. 253.

[259] So Shalom M. PAUL (1970, 43) und Joe SPINKLE (1994, 50).

[260] So Yuichi OSUMI (1991). Frank CRÜSEMANN (1992) rechnet diese Bestimmungen zu
       den redaktionell bearbeiteten Mischpatim und nimmt daraufhin ein geringes Alter des Bb
       an. Crüsemann behauptet, daß die Rechte von SklavInnen im Bb eine zentrale Rolle ein-
       nähmen (134). Die wachsende Bedeutung der Sklaverei gehe mit der königlichen Zen-
       tralisation einher, die eine Praxis mit sich bringe, die in der sozialkritischen Prophetie im-
       mer wieder als ungerecht herausgestellt werde (vgl. Am 2,6; 8,6; 2.Kön 4,1-7). Somit gäben
       Königtum und die Kritik der frühen Prophetie Hinweise auf den historischen Ort des Bb im
       8./7. Jh.v.Chr. (ebd., 180). Zu meiner Kritik an dieser These vgl. Anm. 19.

[261] So bsp. Anthony PHILLIPS (1984, 52).

[262] Raymond WERSTBROOK (1994, 21).

[263] Raymond WESTBROOK (1994, 15-19) kritisiert die Annahme eines *primitiven* Rechts u.a.
       in Arbeiten von Eckart OTTO (1988) und Ludgar SCHWIENHORST-SCHÖNBERGER
       (1990). Ottos Zuordnung der apodiktischen Bestimmungen zur älteren Rechtsprechung in-
       nerhalb der Familie sowie der kasuistischen Bestimmungen zur Rechtsprechung bei Kon-
       flikten zwischen Familien, die von sich zunehmend herausbildenden Lokalgerichten
       entschieden werden (ders., 1988, 12-14), hält Westbrook für nicht nachweisbar (Raymond
       WESTBROOK, 1994, 17). Westbrook stellt richtig fest, daß der Vergleich mit altorientali-
       schen Kodizes zeige, daß kasuistische und nicht kasuistische Bestimmungen nebeneinander
       stehen können, ohne daß sie einem unterschiedlichen gesellschaftlichen und historischen
       Kontext zu entspringen scheinen und ohne daß sie sich thematisch verschiedenen Themen
       widmen müssen (ebd., 29-31). Eine einlinige Entwicklung des Rechts kann auch in den al-

Rechtsentwicklung läßt sich jedoch empirisch weder in den Rechtssammlungen des Ersten Testaments noch in denen des alten Orients nachweisen[264].

Zusammenfassend läßt sich sagen, daß eine sichere Datierung des Bb sowie einzelner Bestimmungen nicht vorgenommen werden kann. Wie schon bei der Analyse der aB Kodizes werde ich im folgenden davon ausgehen, daß die vorliegende Fassung eine in sich sinnvolle Sammlung darstellt, die eine derzeit nicht rekonstruierbare Entstehungsgeschichte hinter sich hat. Die Unterscheidung in Mischpatim (Ex 21,1-22,19) und einen zweiten, davon abweichenden Rahmenteil (Ex 20,22-26; 22,20-23,19) erscheint mir aus den genannten inhaltlichen und formalen Gründen plausibel. Die Bestimmungen zur Schuldsklaverei zähle ich zu den Mischpatim.

Im Rahmen der Analyse von Ex 21,10-11 werden weitere ersttestamentliche Texte vergleichend hinzugezogen, die in eckigen Klammern stehen. Die Auflistung entspricht der Reihenfolge, in der die Texte behandelt werden.

[*Ex 21,2-3*: Recht eines hebräischen Schuldsklaven (עבד עברי) und dessen Frau (אשה) auf Freilassung im siebten Jahr. vgl. Anm. 265]

[*Ex 21,4-6*: Möglichkeit der eigenen dauerhaften Versklavung eines unverheirateten Schuldsklaven, der während der Schuldsklaverei eine unfreie Frau (אשה) aus dem Käuferhaushalt, der die Freilassung nicht zusteht, geheiratet hat. vgl. Anm. 265]

[*Ex 21,7-9*: Recht einer unverheirateten Schuldsklavin (אמה), losgekauft zu werden, falls kein Mitglied der Käuferfamilie sie heiratet. vgl. Anm. 265]

Ex 21,10-11: **Rechte für den Fall ihrer Ehe mit einem Mitglied der Käuferfamilie und für den Fall, daß der Mann sich eine zweite Frau (אחרת) nimmt.** vgl. Anm. 265

---

torientalischen Sammlungen nicht nachgewiesen werden: "*No evolution was involved, therefore, but an exercise of discretion that could vary from case to case, from court to court and from system to system*" (Raymond WESTBROOK, 1994, 24). Die Zuordnung von kasuistischen und apodiktischen Bestimmungen zu unterschiedlichen Rechtsgattungen kritisiert auch Erhard S. GERSTENBERGER (1993A, 7-14). Er weist darauf hin, daß der Begriff "*apodiktisch*" gebraucht wird, ohne daß er klar definiert wurde.

[264] Vgl. Raymond WESTBROOK (1994, 15ff, bes. 19). Jay W. MARSHALL (1993) weist darauf hin, daß der Vermutung einer späten Redaktion des Bb in der Königszeit häufig die Annahme zugrunde zu liegen scheint, eine Gesellschaft ohne eine staatliche Autorität, wie sie das Königtum darstellt, sei zur Formulierung solcher Bestimmungen nicht fähig (ebd., 181f). Er nimmt an, daß schon im vorköniglichen Israel soziale und politische Strukturen existieren, auf deren Grundlage Gesetze entstehen, deren Einhaltung von gesellschaftlichen Autoritäten eingefordert wird (ebd., 27ff).

[*Dtn 15,12-18*: Recht eines schuldversklavten Hebräers/ einer schuldversklavten
Hebräerin (עברי/ עבריה) auf Freilassung im siebten Jahr und auf eine Grundausstattung durch die Käuferfamilie zum Zeitpunkt seines/
ihres Weggehens. Möglichkeit der eigenen dauerhaften Versklavung.
vgl. Anm. 293]

[*Ex 3,20-22*:   Auszug des Volkes Israel aus Ägypten, dargestellt in Anlehnung an
das Bild einer Ehescheidung (הלך/ שׁלח). Die Frauen stehlen von
den Ägypterinnen die ihnen im Zuge des Weggehens zustehende
Ausstattung.
vgl. Anm. 295]

[*Lev 19,20*:   Recht einer Sklavin (שׁפחה) auf Straffreiheit, die mit ihrem Besitzer
und einem anderen Mann sexuellen Umgang hat.
vgl. Anm. 327]

[*Gen 21,10-14*: Scheidung zwischen der Sklavin (אמה) Hagar und Abraham auf
Wunsch von Hagars Eigentümerin Sara. Hagar verläßt den Haushalt
ohne nennenswerte Ausstattung und mit ihrem Kind.
vgl. Anm. 341]

[*Ri 19,2-3*:   Scheidung einer Nebenfrau (פילגשׁ) von ihrem Mann auf Grund
eines Fehlverhaltens des Mannes und Rückkehr der Frau ins elterliche Haus. Bemühungen des Mannes um die Rückkehr der Frau.
Vgl. Anm. 349]

[*Dtn 21,14*:   Recht einer geehelichten Kriegsgefangenen (אשׁה) auf Freilassung,
sollte sie dem Mann nicht mehr gefallen. Verbot, sie zu verkaufen
oder schlecht zu behandeln.
vgl. Anm. 351]

3.2.1 Rechtlicher und kanonischer Kontext

In diesem Kapitel wird zunächst der unmittelbare rechtlichen Kontext der Regelung des Bb zur Polygynie dargestellt (Kap. 3.2.1.1). Im Anschluß daran wird der größere Zusammenhang der Bestimmung im Buch Exodus untersucht (Kap. 3.2.1.2).

3.2.1.1 Rechtlicher Kontext

Die Verse **Ex 21,2-11**[265] stehen als Regelungen zur Schuldsklaverei am Anfang der Mischpatim. Sie bilden einen eigenen thematischen Block, der aus einer Kapiteleinleitung und zwei Unterfällen besteht[266]. Während die Einleitung sich verheirateten SchuldsklavInnen zuwendet, handelt es sich bei den Unterfällen um

---

[265] **Ex 21,2-11** lautet:

²Wenn du einen hebräischen Sklaven (עֶבֶד עִבְרִי) erwirbst (קָנָה), soll er sechs Jahre dienen und im siebten frei (חָפְשִׁי) umsonst (aus der Sklaverei) herausgehen. ³Wenn er alleine kommt, wird er alleine herausgehen. Wenn er eine Frau (אִשָׁה) hat, so geht seine Frau mit ihm heraus.

⁴Wenn sein Herr (אָדוֹן) ihm eine Frau (אִשָׁה) gegeben hat und sie ihm Söhne oder Töchter geboren hat, sollen die Frau und ihre Kinder ihrem (3.Pers.Sing.fem.) Herrn gehören, während er allein herausgehen soll.

⁵Und wenn der Sklave (עֶבֶד) sagen sollte: „Ich liebe meinen Herrn, meine Frau (אִשָׁה) und mein Kind (בֵּן). Ich will nicht frei herausgehen", ⁶so wird ihn sein Herr zu den (Familien-) Gottheiten führen, indem er ihn an die Tür oder an den Türpfosten führt, und sein Herr wird ihm sein Ohr mit einem Pfriem durchbohren und er wird für immer sein Sklave sein.

⁷Und wenn ein Mann seine Tochter als Sklavin (אָמָה) verkauft (מָכַר), darf sie nicht herausgehen wie SklavInnen (עֲבָדִים) herausgehen.

⁸Wenn sie in den Augen ihres Herren (אָדוֹן) schlecht ist (רָעַע), der sie (also) nicht (zur Frau) bestimmt und sie nicht loskaufen läßt (פָּדָה), soll er nicht die Macht haben, sie in seiner Treulosigkeit ihr gegenüber an Fremde (נָכְרִי) zu verkaufen (מָכַר). ⁹Und wenn er sie für seinen Sohn (zur Frau) bestimmt, soll er ihr gegenüber nach dem Recht der Töchter tun.

¹⁰Wenn er sich eine Spätere (אַחֶרֶת) (zur Frau) nimmt, darf er ihre Nahrung, ihre Kleidung und ihr eheliches Recht (עֹנָה) nicht schmälern. ¹¹Und wenn er diese drei ihr gegenüber nicht tut, so geht sie umsonst, ohne Geld, heraus.

[266] In der Fachliteratur wird in der Regel angenommen, daß Ex 21,2-6 die Rechte von Sklaven regle, wogegen Ex 21,7-11 für Sklavinnen gelte. So stellt bsp. Frank CRÜSEMANN (1992, 186) fest: „*Die Sklavinnen kommen nicht wie die Sklaven im siebten Jahr frei. Ihr Schicksal war normalerweise endgültig und für den Rest des Lebens entschieden*". Ähnlich Anthony PHILLIPS (1984, 56) und Eckart OTTO (1988, 34f). Ich stimme dieser Auslegung nicht zu. Zur Begründung meiner abweichenden Kapiteleinteilung und Interpretation vgl. Anm. 267.

Bestimmungen für zuvor unverheiratete Schuldsklaven und Schuldsklavinnen[267].
Die folgende Übersicht verdeutlicht den von mir herausgearbeiteten Aufbau:

Kapiteleinleitung:

V.2 (כי) Freilassung eines Schuldsklaven nach sechs Jahren

V.3 (אם) Freilassung eines Schuldsklaven und seiner Frau

Unterfall 1:	V.4 (אם)	Freilassung eines zuvor unverheirateten Schuldsklaven
Variation:	V.5f (ואם)	Keine Freilassung eines zuvor unverheirateten Schuldsklaven
Unterfall 2:	V.7 (וכי)	Keine Freilassung einer zuvor unverheirateten Schuldsklavin
Unterfall 2a:	V.8 (אם)	Keine Heirat und Verbot des Verkaufs der Schuldsklavin
Variation:	V.9 (ואם)	Heirat und Behandlung der Schuldsklavin nach dem Recht der Töchter
Unterfall 2b:	V.10 (אם)	Erfüllung ehelicher Pflichten gegenüber der Schuldsklavin nach der Heirat einer zweiten Frau
Variation:	V.11 (ואם)	Keine Erfüllung ehelicher Pflichten und Freilassung der Schuldsklavin

V.2-3 führen mit einer grundsätzlichen Bestimmung zur Schuldsklaverei in das
Thema ein. Es wird festgehalten, daß einem עבד־עברי *(hebräischer (Schuld-)
Sklave)*[268] nach sechs Jahren Dienst die Freiheit zusteht. In V.2 heißt es wörtlich,

---

[267] Das folgende Einteilungsschema basiert mit Abweichungen auf dem von Alfred JEPSEN
(1927, 55f) und Gerhard LIEDKE (1971, 31-34). Für eine Unterteilung maßgeblich sind die
hebräischen Begriffe, mit denen die einzelnen Sätze beginnen. Der Anfang eines *Kapitels*
wird durch den Einsatz mit כי angezeigt, der eines *Unterkapitels* mit וכי. Der Satzbeginn
mit אם markiert *Unterfälle*, der mit ואם *Variationen der Unterfälle*. Abweichungen von diesem Schema sind im Bb die Regel; vgl. Yuichi OSUMI (1991, 96f). Sie ergeben sich auf
Grund inhaltlicher Aussagen auch für Ex 21,2-11: Zwischen V.3 und V.4 findet eine deutliche inhaltliche Zäsur statt, obwohl beide Sätze mit אם beginnen. V.3 gehört mit V.2 der
allgemeinen Bestimmung zur Schuldsklaverei an, während V.4-6 den ersten Unterfall darstellen. V.7 wird durch eine kräftige sprachliche Zäsur (וכי) von dem vorhergehenden Unterfall unterschieden. Hier setzt inhaltlich aber kein neues Kapitel, sondern der zweite
Unterfall ein. V.7-11 sind als paralleler Unterfall zu V.4-6 zu verstehen. V.7-11 sind jedoch
komplexer als V.4-6. Innerhalb des Abschnittes bilden V.8-9 und V.10-11 je einen Unterfall mit Variation.

[268] Wie im Akkadischen wird auch im Hebräischen begrifflich nicht zwischen vorübergehender
Schuldsklaverei und anhaltender Sklaverei unterschieden. Erst aus dem Zusammenhang
wird deutlich, daß אמה und עבד hier zeitlich begrenzte Unfreie bezeichnen. Im Paralleltext
Lev 25,39.42 wird die Bezeichnung schuldversklavter Personen als עבד ausdrücklich vermieden. Dies geschieht mit dem Hinweis, daß עבד die von Gott aus der ägyptischen Sklaverei herausgeführten SklavInnen Gottes bezeichne, die als SklavInnen Gottes einander nicht

daß er im siebten Jahr *als frei umsonst herausgeht* (יצא לחפשי חנם). Für עברי (*hebräisch*) und חפשי (*frei*) wird in der Fachliteratur diskutiert, ob die Worte geringe soziale Klassen bezeichnen[269]. Die Analyse von Ex 21,10-11 kann dies nicht bestätigen (s.u.). Die Freilassung nach sechs Jahren gilt für einen Schuldsklaven unabhängig davon, ob er verheiratet ist oder nicht. Sie gilt gleichfalls für eine verheiratete אשה (*Frau*), die zusammen mit ihrem Mann in die Schuldssklaverei gelangt (V.3)[270]. Eine Frau ist von der Schuldversklavung und Freilassung ihres Mannes gleichermaßen betroffen[271]. Sie wird in der Formulierung der Bestimmung implizit unter die Versklavung des Mannes subsumiert.

In **V.4-6** wird der erste Unterfall geregelt. Thema ist die Schuldversklavung eines noch unverheirateten Mannes. Als mittelloser Sklave kann er eine unfreie Frau heiraten, die die Käuferfamilie ihm zur Ehefrau gibt. Die Frau ist und bleibt Eigentum der Käuferfamilie. Die Ehe mit dem Schuldsklaven führt nicht zu ihrer Freilassung. Die Heirat kann umgekehrt zur anhaltenden Unfreiheit des Schuldsklaven führen. Möchte dieser nach Ablauf der sechs Jahre nicht von seiner Frau und seiner Familie getrennt werden, muß er sich ebenfalls in dauerhafte Sklaverei begeben und unfrei werden. Die eheliche Bindung wird manipulativ als Instrument für die unbegrenzte Versklavung des Mannes eingesetzt. Die Ehe eines Schuldsklaven mit einer freien Frau wird nicht erwogen. Wahrscheinlich ist die Armut des Mannes ein Grund dafür, daß eine solche Verbindung für ihn nicht in Frage kommt. Der Abschnitt Ex 21,4-6 bildet das direkte Gegenstück zum folgenden Abschnitt Ex 21,7-11.

V.7-11 regelt den zweiten Unterfall. Thema ist die Schuldsklaverei einer noch unverheirateten Frau. Sie wird als בת (*Tochter*) eines אב (*Vater*) bezeichnet, der sie in die Schuldsklaverei *verkauft* (מכר Qal)[272]. Nach dem Einleitungssatz V.2

---

besitzen können; vgl. Kap. 1.1.

[269] Wenn עברי eine soziale Klasse bezeichnet, handelt es sich bei dem Mann um eine Person, die schon vor der eigenen Versklavung einem unteren gesellschaftlichen Rang angehört (vgl. Kap. 1.1). Das inhaltliche Gegenstück stellt חפשי dar. Es nennt an verschiedenen Stellen des Ersten Testaments den Status, den eine versklavte Person im Anschluß an die erfolgte Freilassung hat (bsp.Ex,21,26f; Lev 19,20; Dtn 15,12.13.18; Jer 34,9-11.14.16). Niels Peter LEMCHE (1975, 138-142) nimmt an, daß חפשי mit dem akkad. ḫupšu verwandt ist und eine Person bezeichnet, die auch nach der Freilassung einen besonders geringen gesellschaftlichen Status hat.

[270] Die Frau wird als Frau des Mannes bezeichnet (בעל אשה, V.3). In V.4f wird eine dauerhaft unfreie Frau erwähnt, die ebenfalls nicht als Sklavin bezeichnet wird. Wieder steht ihre eheliche Beziehung zum Mann im Vordergrund, dem sie von ihrem Eigentümer zur Frau gegeben wird (נתן אשה). In V.5 wird sie zudem *seine Frau* (אשתו) genannt; vgl. auch V.11.

[271] Die Parallelstelle in Dtn 15,12-18 nennt die Schuldversklavung und die Freilassung einer Frau.

[272] Anders werden SklavInnen in Ex 21,2 aus der Sicht des Käufers erworben (קנה). Vom eigenen Verkauf (מכר Hif) von SchuldsklavInnen ist die Rede in Lev 25,39, Dtn 15,12 und Jer 34,14 (in Anlehnung an Dtn 15V). V.8 verbietet den Weiterverkauf (מכר Qal) der Schuldsklavin durch die sie besitzende Person.

handelt es sich auch bei ihr um eine hebräische Person; nur für HebräerInnen scheint die Schuldsklaverei in Betracht zu kommen. Als weibliches Äquivalent zum עבד (V. 2 und 5) wird die Frau als אמה bezeichnet und damit ausdrücklich von den עבדים unterschieden. Im folgenden wird deutlich, daß die Rechte einer אמה sowohl von denen verheirateter SchuldsklavInnen (V.2-3) als auch von denen unverheirateter Schuldsklaven (V.4-6) abweichen.

In V.8-9 wird für eine unverheiratete Schuldsklavin die Ehe mit einem (freien) Mitglied aus der Käuferfamilie garantiert[273]. Der Verkauf der Frau in die Schuldsklaverei dient von vornherein dem Zweck der Ehe[274]. Über eheliche Transaktionen gibt der Text keine Auskunft. Wahrscheinlich ist, daß eine Schuldnerfamilie auf Grund ihrer Armut keine Mitgift für ihre Tochter bereit-stellen konnte. Für die Käuferfamilie könnte der Kauf einer Schuldsklavin eine günstige Gelegenheit gewesen sein, die Zahlung eines Brautgeschenks zu umge-hen und bis zum Zeitpunkt der Heirat eine billige Arbeitskraft zu erwerben. Es ist nicht ausgeschlossen, daß eine verkaufte Tochter zu Beginn der Schuldskla-verei noch sehr jung ist. Selbst Kinder und sogar Babys konnten bei Finanznöten als SchuldsklavInnen verkauft werden[275]. Im Fall einer noch jungen Schuldskla-vin würde die Eheschließung erst nach mehreren Jahren vorgenommen werden. Als möglicher Ehepartner der Frau wird im Text neben nicht näher bestimmten Heiratsanwärtern aus der Käuferfamilie (V.8) ein Sohn der Familie genannt (V.9). Über die Heirat der Sklavin verfügt die Person, die sie erworben hat; im genannten Fall ist das אדון (Herr, V.8). Dieser Person steht es auch zu, über die Eignung der Frau als Ehefrau zu befinden[276]. Die Kriterien dafür bleiben unklar; als einzige Eigenschaft einer nicht „geeigneten" Frau wird רעה (schlecht, böse) genannt[277]. Insgesamt geht aus V.8-9 die abweichende Position der unverheira-

---

[273] In V.8 heißt es, daß sie nicht an Fremde (נכרי) verkauft werden darf. Zum Verständnis von נכרי als außerhalb der Familie vgl. Moshe WEINFELD (1968, 866f).

[274] Joe SPINKLE (1994, 51ff) übersetzt אמה daher mit „slave-wife".

[275] 2. Kön 4,1; Hi 24,9

[276] Es heißt in V. 8: „Wenn sie in den Augen ihres Herren schlecht ist, der sie (also) nicht (zur Frau) bestimmt (לא יעד)...". Der masoretische Text gibt an dieser Stelle das Ketib לא יעד an. Septuaginta, Targumim und Vulgata entsprechen dem Qere לו יעד. Der Satz besagt dann, daß ein Käufer die für sich bestimmte und für schlecht befundene Frau loskaufen las-sen soll. Nach beiden Lesarten kommt die Ehe nicht zustande und beide Male wird das Recht der Frau auf Loskaufen festgehalten. Während die Ketib Version offen läßt, wer als potentieller Ehemann in Betracht gekommen wäre, ist bei der Qere-Variante ausdrücklich der Käufer selbst dafür vorgesehen. Die Zürcher Bibel übersetzt anstelle von יעד ((zur Frau) bestimmen) ידע ((sexuell) erkennen). Daraus ergibt sich ein ganz anderer Sinn des Satzes, und zwar: Die Schuldsklavin gefällt dem Besitzer, nachdem er mit ihr eine sexuelle Beziehung eingegangen ist, nicht. Eine solche sexuelle Ausnutzung der Frau paßt nicht zu den ehelichen Rechten, die ihr in der Bestimmung sonst zugeschrieben werden. Die noch-malige Erwähnung von יעד in V.9 spricht ebenfalls dafür, daß in V.8 dasselbe Wort ver-wendet wird.

[277] In der Peschitta steht an der Stelle von רעה (schlecht, böse) ein Wort, das dem hebr. שנואה

teten Schuldsklavin im Vergleich zu dauerhaften SklavInnen hervor. Der Abschnitt verbietet ihre Behandlung als Eigentum der Käuferfamilie. Die Zusicherung der Ehe mit einem freien Mann weist auf außergewöhnliche Rechte der Schuldsklavin hin. Kommt es zur Ehe mit dem Sohn der Familie, genießt die Frau das *Recht der Töchter*. Von der Wendung wird nur an dieser Stelle Gebrauch gemacht. Es ist unklar, was das *Recht der Töchter* im einzelnen umfaßt[278]. Wahrscheinlich ist, daß darunter Erbrechte für die Frau und ihre Kinder sowie die ehelichen Rechte einer freien Frau fallen. Kommt eine Heirat nicht zustande, hat eine Schuldsklavin das Recht auf *Loskauf* (פדה, V.8)[279]. Dafür ist deren nähere und fernere Verwandtschaft zuständig. Wenn ein Familienmitglied auf Grund finanzieller Nöte verkauft wurde, ist fraglich, ob dessen Angehörige die Mittel zum Loskauf aufbringen können. Eine Frist für die Ehe oder für den Loskauf wird nicht genannt. Die verkaufte Tochter kann wohl über die sechs Jahre hinaus zur Schuldsklaverei gezwungen werden[280]. Ein Handel in Form ihres Weiterverkaufs wird ausdrücklich verboten (V.8).

V.10-11 widmet sich den Rechten einer geehelichten Schuldsklavin für den Fall, daß ihr Mann eine weitere Frau heiratet und die Verbindung zu einer polygynen Konstellation wird. Die Bestimmung wird unten ausführlicher analysiert.

Insgesamt läßt sich sagen, daß eine unverheiratete Schuldsklavin einerseits mehr Rechte genießt als ein unverheirateter Schuldsklave. Über unverheiratete Frauen wird andererseits in höherem Maße bestimmt als über unverheiratete Männer. Ihr wird keine Wahlfreiheit zwischen einer Ehe und einer Freilassung nach sechs Jahren zugestanden, wie dies beim einem Schuldsklaven der Fall ist.

Die Schuldsklaverei wird im Bb nur in Ex 21,2-11 behandelt. Die dauerhafte Sklaverei wird an weiteren Stellen genannt:

1. In den Mischpatim werden SklavInnen an vier weiteren Stellen als אמה[281] und עבד bezeichnet[282]. Die Termini deuten dort auf die gesellschaftliche Zugehörigkeit zur unfreien Bevölkerungsgruppe hin. SklavInnen werden ausdrück-

---

(*Gehaßte*) entspricht. Der Begriff deutet an anderen Stellen des Ersten Testaments auf eine Frau hin, die in einer polygynen Ehe lebt (vgl. Exkurs 3). Das Verb שׂנא wird zudem außerhalb polygyner Konstellationen verwendet, um auf eine Scheidung hinzudeuten (vgl. Kap. 1.3). Daß eine Frau als *Gehaßte* bezeichnet wird, ohne verheiratet zu sein, ergibt keinen Sinn.

[278] Shalom M. PAUL (1970, 55) interpretiert den Ausdruck משפט הבנות als terminus technicus im Sinne von „*to treat as a free (-born) woman*".

[279] In anderen Texten kann für den Vorgang auch קנה (*(frei-)kaufen*) stehen, so bsp. Neh 5,8.

[280] Vgl. Lev 19,20 (Kap. 3.2.2.2.2).

[281] In allen Gesetzestexten des Ersten Testaments werden unfreie Frauen mit diesem Wort benannt. Einzige Ausnahme ist Lev 19,20, wo שפחה steht; vgl. Kap. 3.2.2.2.2.

[282] Ex 21,20.26f.32.

lich von freien Personen unterschieden[283]; für körperliche Leiden, die Sklavinnen zugefügt werden, steht ihnen die Freiheit zu[284]. Sie sollen dafür חפשי (*frei*) aus der Sklaverei entlassen werden. Die BesitzerInnen verlieren die unfreie Person als ihr Eigentum.

2. Im Rahmenteil des Bb ist die Wendung בן־אמה (*Kind einer Sklavin*)[285] zu finden. Das Kind einer Sklavin ist in der Regel auf Dauer unfrei[286]. Inhaltlich wird in der Bestimmung festgehalten, daß (auch dauerhafte) SklavInnen am Sabbat nicht arbeiten sollen[287]. Ein inhaltliches Gegenstück dazu ist der Absatz zur Schuldsklaverei, der u.a. festhält, wie EigentümerInnen die Freilassung ihrer SchuldsklavInnen umgehen können[288].

3.2.1.2 Kanonischer Kontext

Die mehrfache Behandlung der Themen Sklaverei und Freilassung im Bb und die exponierte Stellung von Regelungen zur Schuldsklaverei zu Beginn der Mischpatim passen zum theologischen Gesamtthema des Buches Exodus - Sklaverei und Befreiung[289]. Um die inhaltlichen Verbindungen zwischen Ex 21,2-11 und dem Buch Exodus soll es im folgenden gehen. Ex 21,2-11 hat einen chiastischen Aufbau, der inhaltlich auf dem Gegensatz von Freiheit und Unfreiheit beruht[290]:

---

[283] Im Unterschied zu Ex 21,2-11 werden אמה und עבד dort bei Variationen von Bestimmungen erwähnt, in denen jeweils freie und unfreie Bevölkerungsteile voneinander unterschieden werden. Die Termini dienen somit als Hinweis auf den unfreien sozialen Status der so bezeichneten Personen (so auch Ex 20,10.17).

[284] Ex 21,26f

[285] Ex 23,12

[286] Nach Ex 21,4-6 ist sogar das Kind, das eine Schuldsklave mit einer unfreien Frau hat, auf Dauer versklavt. Dagegen wird der Terminus בן־אמה bsp. in Gen 21,10.13 für das freie Kind einer unfreien Frau mit einem freien Mann verwendet (Ismael). In Ri 9,18 bezeichnet der Begriff das Kind einer Frau, die als Sklavin und Nebenfrau eines freien Mannes bezeichnet wird; ihr Sohn ist frei.

[287] Ähnlich Ex 21,4f. Mit Ex 23,10-12 hat Ex 21,2-11 auch die Erwähnung der sieben Jahre gemeinsam, die zum einen das Ruhen der Arbeit und zum anderen den Zeitpunkt der Freilassung der SchuldsklavInnen im siebten Jahr kennzeichnet.

[288] Ex 21,4-11

[289] So Joe SPINKLE (1994, 61ff), der die inhaltliche Verbindung mit Hilfe literaturwissenschaftlicher Mittel gut herausgearbeitet hat. Carum M. CARMICHAEL (1985, 79-97) betont dagegen die enge Verbindung zwischen Ex 21,2-11 und dem narrativen Text des Lea-Rahel-Zyklus.

[290] Als Vorlage dient ein Schema von T.J. TURNBAM (1987), das von mir gekürzt und leicht verändert wurde, um es dem von mir oben dargestellten Aufbau des Abschnitts anzupassen.

A Freiheit (יצא) für einen Schuldsklaven (עבד) und seine Frau (אשה) (21,2-3)

   B Komplikationen durch den ehelichen Status des Schuldsklaven(21,4)

      C Keine Freiheit für den Schuldsklaven (21,5-6)

      C Keine Freiheit für eine Schuldsklavin (אמה) (21,7)

   B Komplikationen durch den ehelichen Status der Schuldsklavin(21,8-10)

A Freiheit (יצא) für die Schuldsklavin (21,11)

Durch den Anspruch auf Freilassung weist die Schuldsklaverei grundsätzlich eine besondere Spannung von Freiheit und Unfreiheit auf. Das Thema Schulds-klaverei ist mit dem Exodusthema verwandt. In beiden Fällen gilt die Freiheit als etwas, das den Angehörigen des Volkes Israel grundsätzlich zusteht. Theologisch gesprochen soll das aus Ägypten befreite Volk Gottes nicht (auf Dauer) unfrei sein[291]. Markante sprachliche Übereinstimmungen zwischen Ex 21,2-11 und der Exodusdarstellung sind trotz der thematischen Parallelen kaum auszumachen. Das einzige Wort, das neben עבד in beiden Zusammenhängen eine Rolle spielt, ist יצא. יצא Hif *(herausführen)* bezeichnet Gottes Handeln. In diesem Sinne stellt es in der Exoduserzählung Gottes Befreiung aus Ägypten dar. In Ex 21,2-5.7.11 beschreibt יצא Qal *(herausgehen)* die aktive Handlung der unfreien Per-son selbst zur Beendigung der Sklaverei. Die sprachliche Verschiebung läßt sich so interpretieren, daß der schuldversklavten Person mit der Gabe des Bb der Anspruch auf Freiheit rechtlich zusteht. Ihre Freilassung muß nun nicht mehr durch direktes göttliches Eingreifen erzwungen werden.

Eine größere Nähe zur Exoduserzählung weisen andere ersttestamentliche Texte zur Schuldsklaverei auf: Im HG, dem dtn Gesetz und in Jer 34 wird argumenta-tiv auf die Exoduserfahrung verwiesen[292]. Wie im Bb wird יצא Qal *(herausgehen)* für die eigene Aktivität der SchuldsklavInnen verwendet.
In **Dtn 15,12-18**[293] ist für die Freilassung nach sechs Jahren auch von שלח Pi *(wegschicken/ freilassen)* die Rede[294]. In diesem Sinne spielt שלח Pi auch in der

---

[291] Dieser Gedanke kann sich auf den Umgang mit dauerhaft versklavten Menschen und frem-den MitbewohnerInnen positiv auswirken, so bsp. Ex 23,9.12.

[292] Lev 25,55; Dtn 15,15; Jer 34,13-22 (mit Verweis auf Ex 21,2 und Dtn 15,12).

[293] **Dtn 15,12-18** lautet:
  [12]Wenn dein Bruder (oder deine Schwester) (אח), ein Hebräer oder eine He-bräerin (העברי/ העבריה), sich dir verkauft (מכר) und dir sechs Jahre gedient hat, sollst du ihn (sie) im siebten Jahr frei (חפשי) von dir wegschicken (שלח). [13]Und wenn du ihn (sie) frei von dir wegschickst, darfst du ihn (sie) nicht leer (ריקם) wegschicken. [14]Du sollst ihn (sie) von deinem Kleinvieh, von deiner Ten-ne und von deinem Kelter ausstatten; mit dem, womit JHWH, dein Gott, dich gesegnet hat, sollst du ihm (ihr) geben. [15](Nur) so gedenkst du, daß du Sklave (עבד) in Ägypten warst und JHWH, dein Gott, dich befreit hat. Darum gebiete

Exoduserzählung eine zentrale Rolle. Es bezeichnet in den Kapiteln Ex 3-14 den ersehnten und geforderten Auszug aus Ägypten. Der Exodus ist in **Ex 3,20-22**[295] bildlich an den Auszug einer Schuldsklavin aus der Sklaverei oder einer geschiedenen Frau aus dem ehelichen Haus angelehnt[296]. שׁלח Pi , das im Ehekontext die Scheidung der Frau durch den Mann bezeichnet, steht hier für das *Wegschicken* des Volkes Israel durch den Pharao bzw. die ÄgypterInnen[297]. Das *Weggehen* des Volkes Israel aus dem Land der ÄgypterInnen wird mit הלך Qal ausgedrückt, das im Ehekontext den aktiven Auszug der geschiedenen Frau aus dem Haus des Mannes bezeichnet[298]. Die Nähe zwischen der Freilassung von SchuldsklavInnen und der Scheidung einer Frau setzt sich in Ex 3,22 inhaltlich noch weiter fort. Sowohl bei der Scheidung als auch beim Entlassen von SchuldsklavInnen gilt die lebenswichtige Ausstattung der ausziehenden Person als angemessen. Im dtn Gesetz wird die Ausstattung von SchuldsklavInnen zum Zeitpunkt ihres Auszugs gefordert[299]; es wird ein Bezug zur Exoduserzählung hergestellt. In ähnlicher Weise berichtet die Exoduserzählung in Ex 3,22 unter Verwendung des Bildes der Scheidung bzw. Freilassung, daß sich die israelitischen Frauen vor dem Auszug die ihnen von den ÄgypterInnen zustehende Ausstattung durch List beschafft haben[300]. Auch sie sollen nicht mit leeren Händen, nicht ohne einen Grundstock an Gütern ausziehen[301].

---

    ich dir heute diese Vorschrift.
    [16]*Wenn es aber geschehen sollte, daß er zu dir sagt: „Ich will nicht weg von dir* (aus der Sklaverei) *herausgehen* (יצא)*“, weil er dich und dein Haus liebt und weil es ihm bei dir gut ging,* [17]*so wirst du den Pfriem nehmen und ihn durch sein Ohr in die Tür stoßen und er wird für immer dein Sklave* (עבד) *sein, und auch mit deiner Sklavin* (אמה) *sollst du es so tun.*
    [18]*Es soll für dich nicht schwer sein, ihn* (sie) *frei von dir wegzuschicken. Denn er* (sie) *hat dir sechs Jahre für den halben Lohn zur Arbeit gedient und JHWH, dein Gott, segnet dich in allem, was du tust.*

[294] V.12f.18; ebenso Ex 21,26f.

[295] **Ex 3,20-22** lautet:
    [20]*... und danach wird er* (der Pharao) *euch wegschicken* (שׁלח), [21]*während ich* (JHWH) *diesem Volk Gunst* (חן) *geben in den Augen der ÄgypterInnen, so daß, wenn ihr geht* (הלך), *ihr nicht leer* (ריקם) *geht.* [22]*Jede Frau* (אשׁה) *soll von ihrer Nachbarin und ihrer Hausbewohnerin silberne und goldene Gegenstände und Kleidung erbitten; die sollt ihr auf eure Söhne und auf eure Töchter legen und so von den ÄgypterInnen rauben.*

[296] Ähnlich Ex 11,2; 12,36.

[297] Ex 3,20. Zu שׁלח Pi vgl. Kap. 1.3.

[298] Ex 3,21. Zu הלך Qal vgl. Kap. 1.3.

[299] Dtn 15,13, vgl. Ex 3,22; 11,2; 12,36. Zu Scheidungszahlungen vgl. Kap. 1.3.

[300] Während es in Ex 3,21f die Frauen sind, die ihre Nachbarinnen um kostbaren Besitz bringen, gehen nach Ex 11,2 die Männer mit demselben Ziel zu ihren Nachbarn.. In Ex 12,35f werden die *Kinder Israels* (בני-ישׂראל) mit Bezug auf denselben Sachverhalt als DiebInnen dargestellt. Die gestohlenen Güter werden von den ägyptischen NachbarInnen freiwillig ausgehändigt, wenn auch ohne deren Wissen um den bevorstehenden Raub. Der göttliche

Zusammenfassend läßt sich sagen, daß die Verknüpfung der Themen Schulds-klaverei und Ehe in der Exoduserzählung und im Bb vorliegt[302]. Die gemeinsa-men Themen Freilassung und Scheidung einer Schuldsklavin führen zu einer strukturellen Analogie zwischen dem narrativen und dem rechtlichen Teil. Die sprachlichen Bezüge sind für Ex 2,1-11 nur beiläufig. Dagegen stellen die übri-gen ersttestamentlichen Texte zur Schuldsklaverei (dtn Gesetz, HG, Jer 34) eine argumentative Verbindung zur Befreiung des Volkes Israel aus Ägypten her[303]. In diesen Quellen spielt die Ehethematik allerdings keine hervorgehobene Rolle.

Auftrag zur Beschaffung der Ausstattung (Ex 3,22; 11,2; 12,35) soll die Handlung als ge-recht auszeichnen.

[301] In Dtn 15,13 und Ex 3,21 wird dafür das Wort ריקם verwendet.

[302] Zudem Ex 11,2; 12,36, s.u.

[303] HG, dtn Gesetz, Jeremia; nicht Nehemia.

3.2.2 Formen von Polygynie

Im folgenden wird Ex 21,10-11 analysiert. Die gesellschaftliche Position der genannten Personen und die ehelichen Rechte einer Schuldsklavin in polygyner Ehe werden herausgearbeitet (Kap. 3.2.2.1). Die Bestimmung wird dann weiteren rechtlichen und erzählenden Quellen des Ersten Testaments gegenübergestellt. Die Situation einer noch unverheirateten Schuldsklavin und die Scheidungsrechte unfreier Frauen werden weiter differenziert (Kap. 3.2.2.2).

3.2.2.1 Polygynie mit unfreien Co-Frauen im Bundesbuch

Ex 21,10-11[304] ist der zweite Unterfall der Bestimmungen in Ex 21,7-11. Auf Grund der Bezeichnung der ersten Frau als אמה liegt der Form nach eine polygyne Ehe mit unfreier Co-Frau vor. Es handelt sich um die einzige rechtliche Regelung dieser Eheform im Ersten Testament.

3.2.2.1.1 Beteiligte Personen

In Ex 21,10-11 werden drei Personen genannt: eine Schuldsklavin, ein Mann, der sie geheiratet hat und eine weitere Frau des Mannes. Die Schuldsklavin wird im Abschnitt 21,7-11 nur ein einziges Mal mit einem Substantiv bezeichnet: In V.7 wird sie אמה *(unfreie Frau/ Sklavin)*[305] genannt. Im Kontext der Bestimmung kann אמה genauer mit *Schuldsklavin* wiedergegeben werden. Sonst wird nur in der Verbform der 3.Pers.Sing.fem. von ihr gesprochen. Eine Bezeichnung für die Zeit während der Ehe fehlt (wie bsp. אשה oder פילגש). Eine Schuldsklavin ist die ersten Frau in einer später möglicherweise polygynen Ehe. Weder aus altmesopotamischen noch aus anderen ersttestamentlichen Quellen ist ein vergleichbarer Fall bekannt. Der Grund für diese eheliche Konstellation im Bb ist, daß eine schuldversklavte אמה eine gesellschaftliche Position zwischen einer freien und einer unfreien Frau einnimmt. Nicht erst durch die Ehe mit dem freien Mann, sondern schon mit Beginn ihrer Schuldversklavung unterscheidet sich ihre soziale Stellung von der einer dauerhaften Sklavin[306].

Eine zweite Frau wird als אחרת *(Spätere*, V.10)[307] bezeichnet. Damit wird auf den zeitlichen Abstand der Ehen hingewiesen. אחרת gibt keine Auskunft über

---

[304] Vgl. Anm. 265.

[305] Zu אמה vgl. Kap. 1.1 und Kap. 2.2.1.

[306] S.o. zu V.8-9.

[307] אחרת kann auch mit *Andere* übersetzt werden. Im Zusammenhang einer polygynen Ehen ergibt die vorgeschlagene Wiedergabe einen besseren Sinn, denn die *später* gehelichte

den sozialen Status einer zweiten Frau. Unwahrscheinlich ist, daß an eine Sklavin gedacht ist. Der ersten Frau wird ausdrücklich die Deckung ihrer Grundbedürfnisse zugesichert (V.10) - dies wäre nicht nötig, würde die zweite Frau einen deutlich niedrigeren Rang einnehmen als die erste[308]. Es könnte sein, daß auch die zweite Frau eine Schuldsklavin ist. Wahrscheinlich ist aber eine freie Frau gemeint. Gerade ihr gegenüber müssen einer Schuldsklavin Grundbedürfnisse zugesichert werden. Andere Texte zeigen, daß die Rechte von gesellschaftlich untergeordneten Frauen häufig durch ihre ranghöheren Co-Frauen beschnitten werden[309]. Die erste und die zweite Frau stehen in keinem direkten Abhängigkeitsverhältnis und in keiner verwandtschaftlichen Beziehung zueinander.

Ein Mann wird in V.10-11 - wie die Schuldsklavin - nur indirekt durch Verben in Form der 3.Pers.Sing.mask. erwähnt. Grammatikalisch könnte die Regelung sich sowohl auf den אדון (*Herr*, V.8) der Schuldsklavin als auch auf einen nicht näher bestimmten Heiratsanwärter aus seiner Familie (V.8), bzw. auf בן (*Sohn*, V.9), beziehen[310]. Die sprachliche Zäsur (אם)[311] zwischen V.9 und V.10 spricht dagegen, V.10-11 direkt auf V.8-9 zu beziehen[312]. Wahrscheinlich ist beim Mann der Schuldsklavin allgemein an einen freien Mann der Familie gedacht (V.2f, V.4 und V.8). Einem Mann wird untersagt, die Grundbedürfnisse einer geehelichten Schuldsklavin nach der Heirat einer zweiten Frau zu *schmälern* (גרע). Obwohl anzunehmen ist, daß alle an der polygynen Verbindung beteiligten Personen den gemeinsamen Haushalt zusammen versorgen, wird daraus ersichtlich, daß der Mann der Schuldsklavin gegenüber eine besondere Verantwortung übernimmt.

3.2.2.1.2 Eherechte einer Schuldsklavin

Nach **Ex 21,10** muß ein Mann einer geheirateten Schuldsklavin gegenüber einen Minimalkatalog an gleichbleibenden Leistungen garantieren; die Frau hat An-

---

Frau ist keine *andere*, die die *Frühere* ersetzt. Die sum. und akkad. Äquivalente sind *DAM EGIR.RA/ (w)arkû* (*spätere* Frau; KL §§ 24 und 28 und *šanitu* (*zweite* Frau; KH §§ 141 und 148). Sie bezeichnen immer freie Frauen. Vgl. auch Kap. 2.2.2.

[308] Bei der einzigen Frau, die in den übrigen Texten des Ersten Testaments als אחרת (אשה) bezeichnet wird, handelt es sich um die Mutter Jephtas (Ri 11,2). Ihre gesellschaftliche Position ist unklar, zumal sie auch eine זונה (*Alleinstehende*) genannt wird; vgl. Kap. 2.2.2.

[309] Vgl. Kap. 3.2.1.2.2.

[310] Es ist unklar, ob לקח לו das Nehmen einer weiteren Frau *für sich* (den Besitzer) oder *für ihn* (seinen Sohn) meint. Beide Übersetzungen sind möglich; vgl. GKB (1962, § 135i).

[311] Vgl. Anm. 267.

[312] Würden V.10-11 sich direkt auf V.8-9 beziehen, so könnten die folgenden Regelungen als *Erläuterungen zum Recht der Töchter* (V.9) angesehen werden. Der Mann der Schuldsklavin wäre dann der in V.9 als passiv dargestellte Sohn.

recht auf Nahrung[313], Kleidung[314] und eine dritte eheliche Pflicht (ענה). Die ersten beiden Forderungen werden in der Regel allen zum Haushalt gehörenden
Personen (Familienangehörige, Angestellte, SklavInnen) zustehen, wenn auch in
unterschiedlicher Güte und Menge. Die Bedeutung des Wortes ענה ist umstritten; es wird ausschließlich an dieser Stelle verwendet[315]. Die Ableitung vom
Verb ענהII Pi (*unterdrücken, erniedrigen*) scheint mir am wahrscheinlichsten: Im
Zusammenhang mit Sklaverei sind ענהII Pi und das von derselben Wurzel abgeleitete Substantiv עני (*Leid*) Schlüsselworte für die Darstellung der Unterdrük-
kung von SklavInnen, so bsp. in der Exoduserzählung[316]. ענהII Pi hat im
ehelichen Kontext rechtlicher wie narrativer Texte eine spezielle Bedeutung - es
wird im Deutschen mit *schwächen* übersetzt[317]. ענהII Pi bezeichnet sexuelle
Handlungen, die ein Mann gegenüber einer Frau ausübt[318]. Dabei kann es sich
entweder um verbotene sexuelle Kontakte[319] oder den ehelichen Verkehr zwischen einem Mann und seiner ihm gesellschaftlich unterlegenen Frau handeln[320].
Im Sinne einer physischen Einbuße könnte *schwächen* auf die körperliche Belastung einer eventuell folgenden Schwangerschaft hindeuten. In Ex 21,10 spre-

---

[313] שאר, wörtlich *Fleisch*

[314] כסות, wörtlich *Bedeckung*

[315] Hier seien drei Alternativen zur dargestellten Interpretation des hapax legomenon ענה genannt: Shalom M. PAUL (1970, 57ff) deutet ענה im Sinne von *Öl* (akkad. *piššatu*). Er
schließt dies aus dem Vergleich mit aB Quellen, die jeweils die Ausstattung einer Frau mit
Essen, Öl und Kleidung nennen. Anders übersetzt das AHw (Bd. P, 198f) den Begriff mit
Wohnung (hebr. מעונה). In GESENIUS (1987[18], 604) wird dagegen angenommen, daß sich
ענה von *Zeit* (hebr. עת) ableitet und als Hinweis auf die festgesetzte Zeit des ehelichen Verkehrs zu verstehen ist.

[316] Zu ענהII Pi vgl. bsp. Ex 1,11; 22,21f, auch Gen 15,3. Zu עני vgl. bsp. Ex 3,3.17. Gottes
Wahrnehmung des Leidens ist an dieser Stelle der eigentliche Antrieb zum Herausführen
des Volkes aus der Sklaverei. Gen 16,6 (9.11) fallen die Themen Sklaverei, Ägypten und
Polygynie zusammen. ענהII Pi wird hier verwendet, um in einer polygynen Ehe die Unterdrückung einer ägyptischen Sklavin durch ihre freie Co-Frau und Besitzerin darzustellen.

[317] So bsp. in der Zürcher Bibel in Dtn 22,24.29 (1982[12], 212). Dagegen gibt die Zürcher Bibel
ענה in Ex 21,10 mit *ehelichem Umgang* wieder (ebd., 80). Beim hebräischen Begriff ענהII
wie bei der deutschen Übersetzung mit *schwächen* schwingt ein Verständnis von Sexualität
als eine die Frau unterdrückende Handlung mit.

[318] Anders möglicherweise Dtn 22,24. In den Texten Dtn 21,14, Ez 22,10 und Ez 22,11 wird
nur der Mann als aktiv Handelnder dargestellt. Möglicherweise ist das auf eine geschlechtliche Rollenverteilung zurückzuführen, nach der die Frau tendenziell als passiv dargestellt
wird. Daher bleibt offen, inwiefern Frauen ebenfalls aktiv beteiligt sind.

[319] ענהII Pi wird verwendet für den vorehelichen Verkehr einer verlobten Frau (Dtn 22,24), für
den Verkehr einer Frau während ihres Monatsflusses (Ez 22,10) und für die Inzestverbin-
dung zwischen Halbgeschwistern (Ez 22,11).

[320] So in Dtn 21,14 (geehelichte Kriegsgefangene). In Gen 31,50 (Lea und Rahel) wird die
Unterdrückung freier Frauen durch ihren Mann ausdrücklich untersagt. In der Mehrzahl der
Fälle bezeichnet ענהII Pi aber Vergewaltigungen: Dina (34,2); unverheiratete Frau (Dtn
22,29, ähnlich auch Dtn 22,24); unverheiratete Tochter (Ri 19,24); Nebenfrau des Leviten
(Ri 20,5); Thamar (1.Sam 13,12.14.22.32).

chen sowohl der geringe soziale Stand der Schuldsklavin als auch der eheliche Kontext dafür, ענה als einen Hinweis auf den Geschlechtsverkehr zu verstehen.

In rechtlichen Bestimmungen erwächst aus ענה[II] Pi immer eine Schuld oder Pflicht des Mannes gegenüber der Frau[321]. Nur in Ex 21,10 stellt das davon abgeleitete ענ'ה *selbst* ein einforderbares Recht der Frau dar. Es liegt ein Bedeutungswandel gegenüber der überwiegend negativen Konnotation des Verbs vor. Eine gesellschaftlich unterlegene Frau hat Anspruch auf ענה, ein zu deckendes Grundbedürfnis, nämlich die eheliche Sexualität[322]. Im Falle einer polygynen Ehe besteht ein besonderer Bedarf an der Einforderbarkeit dieses Rechts. Ein Mann kann zu mehreren Frauen verschiedene Arten von Beziehungen pflegen; so kann er mit der einen Frau sexuellen Umgang haben, mit der anderen nicht. Die Forderung nach eigenen Kindern tritt daher mehrfach im Zusammenhang mit polygynen Ehen in Erscheinung[323]. Der Geschlechtsverkehr ist für die Frau auf psychischer und physischer Ebene und für den Erhalt eigener Kinder bedeutsam. Er zählt auch nach Aussage anderer ersttestamentlicher Quellen zu einem Recht verheirateter Frauen[324]. Es muß offen bleiben, ob Ex 21,10 allgemein als ehelicher Minimalkatalog angesehen werden kann.

Ex 21,11 ist eine der wenigen ersttestamentlichen Regelungen, die sich zum Thema Ehescheidung äußern[325]. Es ist die einzige Stelle, an der einer Frau ein aktives Scheidungsrecht eingeräumt wird; Auslöser dafür wäre ein Fehlverhalten des Mannes. Kommt ein Mann für die Grundrechte einer geehelichten Schulds-

---

[321] Mehrmals hat die mit ענה[II] Pi ausgedrückte Handlung direkte eherechtliche Folgen für die Frau. So kann eine voreheliche Vergewaltigung dazu führen, daß das Opfer vom Täter geheiratet werden muß und eine von ihm ausgehende Scheidung grundsätzlich verboten wird. Als Beispiel kann Dtn 22,29 angeführt werden: Der erstrebenswerte Status der Frau als Verheiratete wird an dieser Stelle über die psychischen Komplikationen gestellt, die die Ehe mit ihrem Vergewaltiger für die Frau wohl bedeutet. Wie in Dtn 22,29 wird auch in Gen 34 (Dina) die Ehe mit dem Vergewaltiger erwogen. Anders ist es bei Amnon, dessen fehlende Verantwortung für die Folgen seiner Tat scharf angeprangert wird (bsp. 1. Sam 13,16). In den beiden letztgenannten Fällen wie auch in Ri 19 wird das Verbrechen von den Brüdern bzw. dem Ehemann der Frau grausam gerächt. Machtpolitische Interessen spielen dabei eine nicht übersehbare Rolle. An anderer Stelle wird einem Mann der Verkauf und die schlechte Behandlung einer geehelichten Kriegsgefangenen mit Verweis auf seinen erfolgten sexuellen Umgang mit ihr untersagt (Dtn 21,14 in Anm. 351).

[322] Gegen diese Deutung spricht für Frank CRÜSEMANN (1992, 186), daß es im Ersten Testament sonst keine vergleichbare Regelung gäbe. Gegen seine Ansicht spricht, daß eine Witwe den ehelichen Umgang mit ihrem Schwager auf rechtlichem Wege einklagen kann (Dtn 25,5-10; zur Leviratsehe vgl. Kap. 3.3.2.3). Crüsemanns zweiter Einwand gegen eine Deutung von ענה als Geschlechtsverkehr erscheint mir ebenfalls nicht einsichtig: Ex 21,10 spreche allgemein und habe „also auch alte Frauen im Blick" (ebd.). Das Alter einer Frau schließt im Ersten Testament weder ihre Sexualität noch ihre Gebärfähigkeit grundsätzlich aus (bsp. Gen 18,10-14; Ruth 1,11f).

[323] Vgl. Exkurs 3.

[324] Bsp. Dtn 25,5-10 (Leviratsehe); Gen 38 (Thamar).

[325] Vgl. zum folgenden Kap. 1.3. und Kap. 3.2.2.2.3.

klavin nicht auf, hat sie das Recht, ihn zu verlassen. Der hierbei benutzte Begriff ist יצא Qal. Während damit in V.2-5 und V.7 das Herausgehen aus der Sklaverei bezeichnet wird, meint יצא Qal in V.11 zudem die Scheidung der Ehe. Der sonst gebräuchliche terminus technicus für Scheidung, שלח (*wegschicken*), wird an dieser Stelle nicht gebraucht, denn die Scheidung wird aus der Sicht der Frau dargestellt. שלח ist dem sonst verwendeten הלך (*weggehen*) vergleichbar. Die Bevorzugung von יצא zeigt, daß der schuldversklavte Status der Frau in der Bestimmung im Vordergrund steht.

Obwohl nach Ex 21,10-11 das einseitige Fehlverhalten eines Mannes zur Scheidung führt, sind weder zu entrichtende Scheidungszahlungen noch eine Ausstattung der Frau erwähnt. Es ist nicht bekannt, ob Scheidungszahlungen im alten Israel überhaupt üblich waren. Inwieweit sich die Scheidung einer Schuldsklavin von der einer freien Frau unterscheidet, kann auf Grund fehlenden Vergleichsmaterials nicht gesagt werden. Eine Ausstattung von SchuldsklavInnen zum Zeitpunkt ihres Weggehens ist jedoch üblich. Das in Ex 21,11 dargestellte Scheidungsrecht zeichnet sich in einem Punkt als ausgesprochenes Recht einer unfreien Frau aus: Es wird ausdrücklich betont, daß der Mann seine Frau nicht verkaufen darf. Fraglich ist, was im Falle einer Scheidung mit etwaigen Kindern einer Schuldsklavin geschieht. Kinder werden nicht erwähnt.

Zusammenfassend läßt sich sagen, daß eine in polygyner Ehe lebende Schuldsklavin keiner Co-Frau zugeordnet ist. Ihre Ansprüche richten sich alleine an ihren Mann. Eine Schuldsklavin nimmt sowohl gesellschaftlich als auch eherechtlich eine Zwischenposition zwischen einer freien und einer unfreien Frau ein. Das ausdrückliche Verbot ihres Verkaufs im Falle der Scheidung weist auf ihren gesellschaftlichen Status als unfrei hin (אמה). Als erste Frau einer polygynen Ehe hat sie zugleich ausdrückliche Rechte, die ihr eine angemessene Versorgung und die Geburt von eigenen Kindern ermöglichen sollen (ענה). Es ist nicht anzunehmen, daß einer auf Dauer unfreien Frau vergleichbare Forderungen zustehen. Bei Nichteinhaltung der ihr zustehenden Grundrechte kann eine Schuldsklavin von ihrem aktiven Scheidungsrecht Gebrauch machen und den Mann verlassen (יצא). Die schlechten Scheidungskonditionen fallen dabei ins Auge.

3.2.2.2 Polygynie mit unfreien Co-Frauen im Ersten Testament

Es gibt eine Reihe weiterer ersttestamentlicher Texte, in denen monogame oder polygyne Ehen unter Beteiligung einer unfreien Frau dargestellt werden. Die Bestimmung des Bb kann mit einer Regelung aus dem HG verglichen werden, bei der eine unfreie Frau nicht als אמה, sondern als שפחה bezeichnet wird. Im folgenden Kapitel wird diskutiert, ob es sich bei שפחה um eine noch unverheiratete Schuldsklavin handelt (Kap. 3.2.2.2.1). Grundsätzlich können im Ersten Testament zwei Varianten von polygynen Ehen mit unfreien Frauen unterschieden werden (Kap. 3.2.2.2.2). Im letzten Teil wird das Scheidungsrecht einer Schuldsklavin im Bb anderen rechtlichen und erzählenden Texten des Ersten Testaments gegenübergestellt (Kap. 3.2.2.2.3).

3.2.2.2.1 Situation noch unverheirateter Schuldsklavinnen

In rechtlichen Texten wird für Sklavinnen immer אמה verwendet. Der einzige ersttestamentliche Rechtstext, der überhaupt eine שפחה erwähnt, ist Lev 19,20f im HG. Im Mittelpunkt dieser Bestimmung steht eine zur Ehe bestimmte unfreie Frau. Im folgenden soll geklärt werden, ob es sich bei ihr um eine Schuldsklavin handeln kann[326]. In diesem Fall würde die Regelung eine wichtige Ergänzung zu den knappen Aussagen in Ex 21,10-11 darstellen.

Lev 19,20[327] behandelt die Rechte einer שפחה, die als Sklavin in einem fremden Haushalt lebt und *einem Mann zur Ehe bestimmt* ist (נחרפת לאיש)[328]. Die Frau

---

[326] In Jer 34,9-12.16 wird für eine Schuldsklavin der Begriff שפחה gebraucht.

[327] **Lev 19,20** lautet:
Und wenn ein Mann (איש) mit einer Frau (אשה) (zusammen) liegt und (dabei) Samen hinlegt, und sie die (zur Ehe) bestimmte Sklavin (שפחה נחרפת) eines (anderen) Mannes (איש) ist und nicht losgekauft (פדה) oder freigelassen (חפש), für sie (also) nicht(s) gegeben wurde, (dann) darf die Strafe nicht sein, daß sie getötet werden sollen, denn sie ist nicht freigelassen worden (חפש).

[328] Die Frau ist die *zur Ehe bestimmte Sklavin eines Mannes* (שפחה נחרפת לאיש). חרף[III] kommt im Ersten Testament nur an dieser Stelle vor. Es kann mit (zur Ehe) *bestimmen* wiedergegeben werden; darauf weisen verwandte Worte hin, so akkad. ḫarupu (*Verlobter*) und aram. ḫarafa (*einer Frau zu gefallen suchen*) und ḫarif (*Liebhaber*); vgl. HAL (Bd. א-מבה, 342). Die Frau in Lev 19,20 ist eine zu verheiratende (Schuld-) Sklavin. Dagegen wird in GESENIUS (1987[18], 261) erwogen, ob חרף[III] auf die Wurzel חרף[I] (*pflücken*) zurückgeht. In diesem Fall unterhielte die als *Gepflückte* bezeichnete Frau eine sexuelle Beziehung, die jedoch keine Ehe genannt wird, zu einem Mann aus ihrem Haushalt. Aus dem Kontext der Bestimmung erscheint auch diese Variante möglich, da von Lev 19,19 an unterschiedliche Fälle von zu vermeidenden Vermischungen genannt werden. Untersagt sind: die Begattung zwischen zwei unterschiedlichen Vieharten, das Säen zweier verschiedener Samen auf einem Feld, das Tragen zweier Stoffarten an einem Körper und schließlich in V.20 der Sexu-

wird nicht ausdrücklich als Schuldsklavin bezeichnet[329]. Der Umstand der ge-
planten Verheiratung mit einem freien Mann (אִישׁ) scheint auf einen Fall von
Schuldversklavung hinzuweisen: Nur einer Schuldsklavin steht die Ehe mit einem freien Mann im Laufe ihres Aufenthalts in der Käuferfamilie zu. Wie in Ex
21,7-11 werden als Alternativen zur Ehe der *Freikauf* (פדה) der Frau und ihre
Freilassung (חפשׁ) erwähnt. Die Selbstverständlichkeit, mit der auf die künftige
Ehe oder die künftige Freilassung der Frau hingewiesen wird, spricht dafür,
שׁפחה als Schuldsklavin zu verstehen.

Der Heiratsanwärter (אִישׁ) ist nicht zwingend die Person, die die Sklavin besitzt[330]. Von einer zukünftig polygynen Ehe ist im HG nicht die Rede. Die polygyne Konstellation muß auch im Bb nicht zwangsläufig zustande kommen. Die
dritte in Lev 19,20 genannte Person ist ein weiterer Mann (אִישׁ), mit dem die
שׁפחה eine voreheliche sexuelle Verbindung unterhält. Aus der Darstellung des
Verkehrs wird deutlich, daß die Möglichkeit einer daraus resultierenden
Schwangerschaft gegeben ist; Sklavin und Mann *liegen* zusammen und der
Mann *legt* dabei *Samen hin*. Ein voreheliches Verhältnis hätte einer zur Ehe
bestimmten freien Frau und ihrem Sexualpartner das Leben gekostet[331]. Im Falle
einer Sklavin kann die geschädigte besitzende Person laut V.21 durch eine Süh-
nehandlung versöhnt werden.

Die Interpretation von Lev 19,20 zeigt, daß die Bestimmung als eine Regelung
für eine Schuldsklavin verstanden werden muß. Sie bedeutet eine wichtige Ergänzung zur Regelung im Bb. Dargestellt wird die Situation einer Schuldsklavin,
die auf unbestimmte Zeit im Haushalt ihrer KäuferInnen lebt, ohne verheiratet
oder losgekauft zu sein. In Ex 21,7-9 war die Möglichkeit einer längeren Zeitspanne zwischen der Schuldversklavung der Frau und der ihr zustehenden Heirat
oder dem Freikauf bereits angedeutet worden. Lev 19,20 zeigt ergänzend, daß
der Status einer noch nicht verheirateten Schuldsklavin in dieser Übergangszeit
rechtlich stärker dem einer unfreien Person gleicht als dem einer freien.

---

alverkehr zweier Männer mit derselben Frau. - Die akkad. und aram. Belege des Wortes
machen m.E. nach die erste Übersetzungsvariante plausibler.

[329] Der Vergleich von Lev 19,20 mit den Bestimmungen des HG zur Schuldsklaverei zeigt, daß
schuldversklavte Personen im HG nie עבדים oder שׁפחה genannt werden, sondern אח
(*Geschwister*, vgl. Lev 25,25ff und Anm. 35).

[330] Auch in Ex 21,8 muß der Heiratsanwärter nicht mit dem אדון (*Herr*) der Schuldsklavin
identisch sein. אדון wird auch in Lev 19,21 erwähnt.

[331] Vgl. Dtn 22,23f und Dtn 22,24-27.

3.2.2.2.2 Zwei Varianten mit unfreien Co-Frauen, die dem Mann bzw. der ersten Frau unterstehen

In diesem Kapitel werden zwei Varianten der polygynen Ehe mit unfreien Co-Frauen vorgestellt und miteinander verglichen. Sie unterscheiden sich vor allem in der Zuordnung der unfreien Frau zum Mann oder zur freien Co-Frau.

Bundesbuch-Variante

Der Bestimmung des Bb Ex 21,10-11 ähneln zwei ersttestamentliche Erzähltexte (Ri 8,30-9,18 und Ri 19). Im folgenden ist für diese Variante von der Bundesbuch-Variante die Rede. Ihr Hauptmerkmal ist, daß eine als אמה/פילגש bezeichnete Frau ihrem Mann zugeordnet ist und nicht ihrer Co-Frau untersteht.

1. Die namenlose Mutter Abimelechs und Frau Gideons lebt in einem vom Mann und weiteren Co-Frauen getrennten Haushalt (**Ri 8,30-9,18**)[332]. Es handelt sich bei ihr um eine freie Frau, die auch als פילגש (*Nebenfrau*) bezeichnet wird. An anderer Stelle wird sie אמה genannt. Ob אמה ein Hinweis auf ihre Vergangenheit als geehelichte Schuldsklavin ist oder ob das Wort nur in polemischer Weise gebraucht wird, geht allein aus der kurzen Bemerkung nicht hervor. Es muß auch offen bleiben, ob sie wie die Schuldsklavin im Bb die erste oder aber eine weitere Frau in der polygynen Verbindung ist.

2. In **Ri 19**[333] wird von einer namenlosen Nebenfrau eines Leviten berichtet. Sie ist eine freie Frau, die wie die Mutter Abimelechs als פילגש *und* als אמה bezeichnet wird, letzteres jedoch im Zusammenhang einer höflichen Rede. Die schlechte Behandlung der Frau läßt den Rückschluß auf ihren geringen sozialen Stand zu. Möglicherweise handelt es sich bei ihr um eine geehelichte Schuldsklavin. Eine rechtliche Verbindung zwischen der Nebenfrau und einer weiteren Frau des Leviten ist nicht angedeutet; der Text macht keine Aussage über das Verhältnis der etwaigen Co-Frauen.

Insgesamt haben die Bestimmung des Bb und die Erzählungsabschnitte aus Ri 8,30-9,18 und Ri 19 gemeinsam, daß die darin genannten Frauen eine Zwischenposition zwischen einer freien Frau und einer unfreien einnehmen. Im Bb ist der schuldversklavte Status der Frau der Grund für die besonderen Rechte, die sie genießt. In Ri 8/9 und Ri 19 weisen der freie Familienhintergrund der Frauen und die teilweise durchgängige Bezeichnung als פילגש auf die Zwischenstellung hin; möglicherweise handelt es sich bei ihnen wie in dem im Bb genannten Fall um geehelichte Schuldsklavinnen. Hinweise auf eine Unterordnung unter Co-Frauen ist in keinem der drei Texte der Bb Variante auszumachen.

---

[332] Zur Diskussion von Ri 8,30-9,18 vgl. Kap. 2.2.1.
[333] Zur Diskussion von Ri 19 vgl. Kap. 2.2.1.

Genesis-Variante

In den Genesis-Erzählungen **Gen 16/ 21** und **Gen 29-31**[334] tritt eine andere Art polygyner Ehe auf, die im folgenden als Genesis-Variante bezeichnet wird. Deren Hauptmerkmal ist, daß die unfreie Co-Frau als Sklavin (שפחה /אמה) der ersten Frau (גבירה /אשה) gehört[335]. Es gibt eine vergleichsweise große Anzahl aB Bestimmungen zu vergleichbaren Ehen. Meist handelt es sich dort um eine kinderlose *nadītu*, die ihrem Mann ihre Sklavin in die Ehe gibt, um von dieser Kinder zu erhalten[336]. Wie diese aB Rechtsquellen halten die beiden ersttestamentlichen Erzählungen einen Vorgang fest, bei dem Sklavinnen von freien Frauen auf Initiative ihrer Eigentümerinnen die Ehe mit deren Mann eingehen: Mehrere Jahre nach ihrer eigenen Heirat gibt (נתן) die erste Frau ihre Sklavin (שפחה) ihrem Mann zur Frau (אשה)[337]. Die Terminologie der Eheschließung unterscheidet sich nicht von der für freie Frauen[338]. Immer ist die langjährige Kinderlosigkeit bzw. die geringe Kinderzahl der ersten Frau das Motiv für die weitere Ehe[339].

Vergleich

Es gibt eine Reihe von Unterschieden und Gemeinsamkeiten zwischen der Bundesbuch-Variante und der Genesis-Variante zur Polygynie mit unfreien Co-Frauen. Bei der Bundesbuch-Variante werden weder die Kinderlosigkeit noch ein anderes Motiv als Grund für die weitere Ehe erwähnt, während der Kinderwunsch der ersten Frau bei der Genesis-Variante ausdrücklich zur Verheiratung der Sklavin mit dem Mann führt. Aus Ex 21,7-11 geht hervor, daß der Schuldsklavin die Ehe mit einem freien Mann zusteht, während die Sklavinnen der freien Frauen keinen Anspruch auf die Ehe mit einem freien Mann haben; sie sind in diesem Punkt vom Willen ihrer Eigentümerin abhängig.

---

[334] Zu Gen 29-31 vgl. Exkurs 3.

[335] Vgl. Kap. 2.2.1.

[336] Vgl. Teil I, Kap. 3.3.2.1.2.

[337] Gen 16,3; 30,4; 30,9

[338] Vgl. Kap. 1.3.

[339] Sara gibt ihrem Mann ihre Sklavin Hagar zur Frau, nachdem sie bereits zehn Jahre in Kanaan wohnen (Gen 16,1-3); Rahel wartet mindestens vier Jahre darauf, schwanger zu werden - in der Zwischenzeit hat Lea vier Kinder geboren (Gen 30,1-3; vgl. 29,32-34); Lea bekommt keine weiteren Kinder (Gen 30,9).

Bundesbuch-Variante (Ex 21, Ri 9, Ri 19)	**Genesis-Variante** (Gen 16/21, Gen 29-31)
unfreie Frau (פילגש/ אמה) hat freien Familienhintergrund und eine Zwischenposition zwischen unfreiem und freiem Status	unfreie Frau (שפחה / אמה) hat eindeutig unfreier Status
unfreie Frau kann die erste Frau der polygynen Ehe sein	unfreie Frau ist immer eine weitere Frau der bestehenden Ehe
unfreie Frau untersteht dem Mann	unfreie Frau untersteht der freien Co-Frau (auch גבירה)
kein Grund für die polygyne Ehe genannt	Grund für die polygyne Ehe ist der Kinderwunsch der ersten Frau
keine Kinder genannt	immer Kinder genannt; können von der erster Frau als ihre eigenen angesehen werden
unfreie Frau hat aktives Scheidungsrecht	unfreie Frau hat kein aktives Scheidungsrecht
unfreie Frau erhält im Falle der Scheidung Freiheit	unfreie Frau erhält im Falle der Scheidung Freiheit
unfreie Frau hat weitere eheliche Rechte	keine weiteren ehelichen Rechte der unfreien Frau bekannt

Bei Bb- und Genesis-Variante können die unfreien Frauen außer als שפחה /אמה auch als *Nebenfrau* (פילגש) des Mannes bezeichnet werden. Dies geschieht an Stellen, an denen die enge eheliche Verbindung zwischen der Sklavin und dem Mann im Vordergrund steht oder an denen die Nebenfrau einer freien Co-Frau ausdrücklich nachgeordnet werden soll. Ein Beispiel ist Bilha: Sie wird in der Regel als Sklavin (שפחה /אמה) und Co-Frau Rahels dargestellt. Erst nach dem Tod Rahels wird sie auch als Nebenfrau Jakobs (פילגש) bezeichnet[340].

3.2.2.2.3 Scheidungsrecht unfreier Frauen

Ex 21,10-11 beinhaltet Regelungen für den Fall, daß eine geehelichte Schuldsklavin sich von ihrem Mann trennt. Die Scheidung eines freien Mannes von einer unfreien Frau wird in drei weiteren ersttestamentlichen Texten dargestellt, von denen zwei im Kontext polygyner Ehen stehen. Es handelt sich um zwei narrative und eine rechtliche Quelle, nämlich Gen 21,10-14, Ri 19,19 und Dtn 21,14.

---

[340] In Gen 35, 22 und 49,3-5 wird der sexuelle Verkehr zwischen ihr und Ruben, einem Sohn Jakobs, verurteilt; ähnlich die Frau Gideons in Ri 8,31 und Hagar in Gen 26,6 (unklar).

Im folgenden soll geklärt werden, ob die Scheidungsrechte der Schuldsklavin des Bb sich von denen anderer unfreier Frauen unterscheiden.

Ausführlich wird die Scheidung einer unfreien Frau in der Erzählung **Gen 21,10-14**[341] geschildert. Hintergrund der Passage ist die Genesis-Variante polygyner Ehen, bei der die unfreie Frau der freien Co-Frau untersteht. Die Sklavin Hagar muß auf Wunsch ihrer Eigentümerin und Co-Frau Sara den gemeinsamen Haushalt verlassen. Der Grund für die Trennung wird nicht vom Mann, sondern von der freien Co-Frau vorgebracht: Das Kind der unfreien Frau soll keinen Anspruch auf das väterliche Erbe haben; das Erbrecht des erstgeborenen Sohnes, Kind der Sklavin, gefährdet das des später geborenen Sohnes ihrer Eigentümerin. Nach aB Quellen darf eine *nadītu* die Trennung ihres Mannes von ihrer unfreien Sklavin bewirken[342]. Voraussetzung dafür ist die Kinderlosigkeit der unfreien Co-Frau oder ihre Mißachtung der Herrin[343]; eine *nadītu* darf sie dann verkaufen. In Gen 21,10-14 wird die Trennung nicht durch die freie Frau selbst durchgeführt, sondern durch den gemeinsamen Ehemann Abraham. An dieser Stelle wird deutlich, daß es sich bei dem dargestellten Vorgang nicht um die Vertreibung einer Sklavin, sondern um die Scheidung zwischen Verheirateten handelt. Der Mann schickt seine Frau weg. Hagar wird an dieser Stelle erstmals als Abrahams *Sklavin* (אמה)[344] bezeichnet, während Sara erstmals distanzierend von *dieser Sklavin* (אמה) spricht[345]. Diese markante Änderung in Gen 21,10-12 deutet an, daß die eheliche Verbindung zwischen Abraham und Hagar zur Debatte steht. Es gibt weitere Merkmale dafür, daß eine Scheidung vorliegt. Wäre Hagar als gewöhnliche Sklavin angesehen worden, hätte ihre Eigentümerin sie gewinnbringend verkaufen können. Der Umstand der ehelichen Verbindung der

---

[341] **Gen 21,10-14** lautet:
> [10]*Und sie (Sara) sprach zu Abraham: „Vertreibe diese Sklavin (אמה) und ihren Sohn, denn der Sohn dieser Sklavin (אמה) soll nicht mit meinem Sohn, mit Isaak, erben".*
> [11]*Und die Sache war in den Augen Abrahams sehr schlecht um seines Sohnes willen.* [12]*Und Gott sprach zu Abraham: „Sie (die Sache) soll wegen des Jungen (נער) und deiner Sklavin (אמה) nicht schlecht in deinen Augen sein. Höre in allem, was Sara zu dir spricht, auf ihre Stimme. Denn nach Isaak soll deine Nachkommenschaft benannt werden.* [13]*Und auch den Sohn der Sklavin (אמה) will ich zu einem Volk machen, denn er ist dein Nachkomme."*
> [14]*Und am Morgen lud Abraham auf, nahm Brot und einen Schlauch Wasser und gab sie Hagar auf ihre Schulter, dazu das Kind, und schickte sie weg (שלח). Und sie ging (הלך) und irrte in der Wüste von Beer-Scheba umher.*

[342] KH §§ 146 und 147

[343] Zu *CT 8 22b*

[344] Gen 21,12 ist Teil der Gottesrede. Dagegen argumentiert Abraham selbst ausschließlich mit seiner engen Bindung an sein Kind Ismael, das Hagar geboren hat (V.11).

[345] Gen 21.10. Zuvor wird Hagar stets *ihre (Saras) Sklavin* (שפחה, Gen 16,1-3.5f.8) und Sara *ihre (Hagars) Herrin* (גבירה, Gen 16,8f) genannt.

Sklavin mit einem freien Mann bedingt aber eine andere Behandlung und schließt den Verkauf aus[346]. Das Eherecht setzt das Verkaufsrecht außer Kraft. Unbekannt ist, ob umgekehrt für eine nur vom Mann gewünschte Scheidung das Einverständnis der Eigentümerin der Sklavin nötig ist. Die geschiedene Sklavin verläßt den ehelichen Haushalt zusammen mit ihrem Kind. Möglicherweise handelt es sich um eine Ausnahmeregelung, denn die Enterbung von Abrahams erstgeborenem Kind wird in der Erzählung als eigentliches Ziel der Handlung dargestellt[347]. Es wird ersichtlich, daß das Kind einer geehelichten Sklavin Erbansprüche besitzt. Der Text zeigt, daß diese Ansprüche denen der freien Frau nur mit einer massiven Maßnahme - nämlich der Vertreibung der unfreien Frau und ihres Kindes - untergeordnet werden können[348].

Insgesamt läßt sich sagen, daß Ex 21,11 und Gen 21,14 schlechte Scheidungskonditionen aufweisen. Zwar verlassen die Frauen den Haushalt als Freie. In beiden Fällen wird jedoch keine Ausstattung erwähnt, die als Grundstock zum Leben dienen könnte. Brot und Wasser, die Hagar erhält, sichern ihr Überleben lediglich kurzfristig. Hagar kann ihr Kind zwar mitnehmen; es benötigt jedoch auf Grund seines geringen Alters zunächst die Versorgung durch die mittellose Mutter.

Ri 19,2-3[349] ist ein weiterer narrativer Text, der die Trennung einer Nebenfrau von ihrem Mann nennt. Die Frau verläßt das eheliche Haus (הלך), um in ihr

---

[346] Die Tatsache, daß Hagar Kinder geboren hat, ist wohl nicht ausschlaggebend für das Ausbleiben eines Verkaufs. Der Vergleich mit Ex 21,10-11 und Dtn 21,14 (s.u.) zeigt, daß dort entsprechende Regelungen für die Scheidung festgehalten werden, ohne daß vorhandene Kinder eine Rolle spielen.

[347] Gen 21,9

[348] Gen 21,9; 25,5f. Die Kinder von Sklavinnen haben auch nach der Scheidung den gesellschaftlichen Status von Freien, dürfen also nicht versklavt oder verkauft werden (bsp. Ismael, Gen 21,11-13.21; 25,6.9.12-18). Gen 29-30 zeigt, daß die Kinder unfreier Co-Frauen von den Besitzerinnen als eigene Kinder angesehen werden können. So kommentiert Rahel die Geburt des ersten Kindes ihrer Sklavin Bilha mit den *Worten "er (Gott) hat auf meine Stimme gehört und gab mir (!) einen Sohn"* (Gen 30,6). Ähnlich interpretiert Lea die Geburt des zweiten Kindes ihrer Sklavin Silpa, wenn sie sagt, *"die Töchter werden mich (!) glücklich preisen"* (Gen 30,13). In Gen 16,2 und 30,3 beschreiben kinderlose Frauen den Erhalt von Kindern durch ihre Sklavin mit dem Verb בנה Nif. Das Wort wird nur hier in diesem Zusammenhang gebraucht. Es kann mit *aufgebaut werden* übersetzt werden. Genauer bezeichnet es eine überaus positive Veränderung, wie das Versetzen in Glück und Wohlstand, und stellt einen aktiven und konstruktiven Vorgang dar (vgl. Kap. 3.2.2.2.2). Die Vereinnahmung der Kinder von Sklavinnen durch freie Frauen, die aus den Erzählungen hervorgeht, macht es unwahrscheinlich, daß unfreie Frauen ihre Kinder im Falle einer Scheidung in der Regel mit sich nehmen können.

[349] **Ri 19,2-3** lautet:
2Und seine Nebenfrau (פילגש) erzürnte sich über ihn und ging (הלך) weg von ihm in das Haus ihres Vaters nach Bethlehem in Juda. Und sie blieb dort (viele) Tage, vier Monate (lang). 3Und ihr Mann (איש) stand auf und ging

elterliches Haus zurückzukehren. Der Anlaß scheint ein Fehlverhalten des Mannes zu sein[350]. Er folgt ihr und versucht sie zur Rückkehr zu bewegen. Ein Recht zur Rückforderung der Frau scheint er nicht zu besitzen. Die Vermutung, der Mann habe seine Nebenfrau schlecht behandelt, drängt sich vom Ende der Erzählung her auf: Er liefert sie einem Gewaltverbrechen aus, um sein Leben und das der GastgeberInnen zu schützen. Auffallend ist, daß der Vater der Nebenfrau nicht im Interesse seiner Tochter, sondern im Interesse des Mannes agiert; er unterstützt die Rückkehr seiner Tochter. Kinder der Nebenfrau werden nicht erwähnt. Insgesamt gesehen scheinen Kinder für die Scheidungskonditionen in diesem Fall, wie schon in Ex 21,10-11, keine Rolle zu spielen. Die Bedingungen für die von der Frau ausgehenden Scheidung sind denkbar schlecht. Die Frau kehrt anscheinend ohne jede Ausstattung in das elterliche Haus zurück.

Als letzter Text bestätigt **Dtn 21,14**[351] die schlechten Konditionen, die unfreien Frauen im Falle der Scheidung drohen. Es handelt sich um eine rechtliche Bestimmung aus dem dtn Gesetz. Eine polygyne Ehe liegt hier nicht ausdrücklich vor. Nach Dtn 21,14 darf eine geheiratete Kriegsgefangene im Falle der Scheidung nicht verkauft werden. Eine Ausstattung der Frau ist nicht ausdrücklich vorgeschrieben. Dem Mann wird zuvor verboten, die Frau schlecht zu behandeln. Ob der Frau in diesem Fall ein Scheidungsrecht zusteht, wie der Schuldsklavin im Bb und möglicherweise auch der Nebenfrau in Ri 19, muß offen bleiben.

Zusammenfassend läßt sich sagen, daß Ex 21,11 die einzige ersttestamentliche Bestimmung ist, nach der eine unfreie Frau sich aus eigener Initiative von ihrem Mann trennen kann. Die untersuchten Texte stimmen in den schlechten Kondi-

---

> *hinter ihr her, um ihr zur Rückkehr zuzureden. Er hatte seinen Knecht (נער)*
> *bei sich und einige Esel. Als er zum Haus ihres Vaters kam, sah der Vater der*
> *Frau (נערה) ihn und freute sich, ihm zu begegnen.*

[350] Der in V. 2 genannte Begriff זנה wird in der Regel als Wut der Frau über den Mann interpretiert; vgl. HAL (Bd. א-טבח, 261), ähnlich Phyllis TRIBLE (1987) und GESENIUS, (1987[18], 306). Mieke BAL (1991, 69f) übersetzt ihn dagegen im Sinne von *untreu* und kommt zu dem Schluß, daß die Frau ihrem Vater, in dessen Haus sie nun zurückkehrt, durch ihre Heirat *untreu* geworden sei. Bal verwendet in diesem Zusammenhang den Begriff patrilokal ("*The woman (..) is a patrilocal wife, a women who, after her marriage, stays in her fathers house*", ebd., 70). Die Interpretation Mieke Bals hat jedoch keinen Bezug zum Fortgang der Erzählung. Der Vater der Nebenfrau zeigt keinerlei Interesse an der Rückkehr seiner Tochter. Die Frau kommt lediglich auf Grund einer Notlage in das elterliche Haus zurück, nämlich weil sie sich von ihrem Mann getrennt hat.

[351] **Dtn 21,14** lautet:
> *Wenn du keinen Gefallen an ihr hast so daß du sie wegschickst (שלח), darfst du*
> *sie nicht für Geld verkaufen. Du darfst sie nicht brutal behandeln, weil du sie*
> *geschwächt hast (ענה).*

tionen für die Scheidung unfreier Frauen überein; es macht keinen Unterschied, ob die unfreie Frau in polygyner Ehe lebt (Ex 21,10-11, Gen 21,10-14, Ri 19) oder nicht (Dtn 21,14). Während Schuldsklavinnen in der Regel eine Familie haben, an die sie sich nach der Scheidung wenden können, sind ausländische Sklavinnen und Kriegsgefangene ganz auf sich gestellt. Das fehlende Vermögen macht eine erneute Versklavung dieser Frauen wahrscheinlich.

3.2.3 Bundesbuch und altbabylonische Rechtsbestimmungen

Die Bestimmung zur polygynen Ehe mit einer unfreien Co-Frau im Bb wird im folgenden mit den im Teil I dargestellten aB Bestimmungen verglichen. Es gibt keine aB Regelung, die der des Bb genau entspricht. Die aB Kodizes und Privat-dokumente bieten keine polygyne Bestimmung für eine ehemals freie Frau, die in die Schuldsklaverei verkauft wird. Auch der Fall, daß die erste Frau einer poly-gynen Ehe eine Schuldsklavin ist, kommt dort nicht explizit vor. Für eine Ge-genüberstellung mit dem Bb bieten sich aber solche Paragraphen an, die trotz der Unterschiede Auskunft über Schuldsklaverei oder Pfandzahlungen in aB Zeit geben, nämlich KH §§ 117, 119 (Kap. 3.2.3.1). Die Bestimmung in Ex 21,10-11 kann als Bundesbuch-Variante zudem mit aB Regelungen verglichen werden, bei denen die unfreie Frau ihrer freien Co-Frau *nicht* untersteht, nämlich KL §§ 25, 27, KH §§ 141, 170, 171 und *CT 8 22b*[352] (Kap. 3.2.3.2).

3.2.3.1 Schuldsklaverei

Wie im Ersten Testament wird auch in aB Quellen begrifflich nicht deutlich zwischen andauernder und zeitbegrenzter Unfreiheit unterschieden. Dieser Um-stand macht es in Bestimmungen zur Polygynie unmöglich, Schuldsklavinnen von anderen Sklavinnen zu unterscheiden, wenn kein ausdrücklicher Hinweis auf die zeitbegrenzte Unfreiheit gegeben ist[353].

KH § 119[354] behandelt den Verkauf einer geehelichten Sklavin (GEME$_2$) durch deren Mann und Besitzer (*bēlu*). Mit dem Bb hat der Paragraph die Verwen-dung der Begriffe *Sklavin* und *Herr* gemeinsam. Wie die GEME$_2$ ist auch die אמה im Bb ihrem Mann unterstellt. Eine Co-Frau spielt in beiden Fällen keine ent-scheidende Rolle. Im Unterschied zum KH § 119 ist die אמה im Bb *vor* dem Verkauf eine freie Frau. Die GEME$_2$ ist keine Schuldsklavin, sondern als dauer-hafte Sklavin auf Grund finanzieller Nöte als Pfand gegeben worden. Sie hat in nicht näher bestimmter Zeit Anspruch auf Freilassung. Dieses besondere Recht der Sklavin beruht auf der Tatsache, daß sie mit ihrem Besitzer in einer eheli-chen Verbindung steht und Kinder von ihm hat[355]. Dagegen spielt die Geburt von

---

[352] Ein weiteres aB Privatdokument, *CT 8 22b*, hält den Kauf einer Sklavin (*amtu*) durch ein Ehepaar fest. Der Kauf dient von vornherein dem Zweck der polygynen Ehe mit dem Mann. Obwohl das Ehepaar die Frau gemeinsam erwirbt, wird später nur die erste Frau als Besit-zerin der Sklavin dargestellt (*bēltu*). Damit liegt in dem Dokument eine andere Variante polygyner Ehe vor als in Ex 21,10-11. Vgl. Teil I, Anm. 393.

[353] Zur Bezeichnung freier Frauen als GEME$_2$/ *amtu* in aB Privatdokumenten vgl. Teil I, Kap. 3.4.2.1.1.

[354] Teil I, Anm. 238.

[355] Anders KH § 118.

Kindern für die Freilassung der Schuldsklavin in Ex 21,7-11 keine Rolle. **KH §
117**[356] weist begrifflich weniger Übereinstimmungen mit Ex 21,7-11 auf als KH
§ 119. Von einer polygynen Ehe ist hier nicht die Rede. Der Paragraph behandelt
aber, ebenso wie das Bb, den Fall des Verkaufs[357] einer freien Tochter[358]. Wie
im Bb handelt es sich dabei um den Vorgang der Schuldversklavung. Die Unfreiheit ist ausdrücklich auf drei Jahre begrenzt. Die Angabe einer zeitlichen
Begrenzung hat der Paragraph mit dem des Bb gemeinsam. Nach Ex 21,2-3 hält
die Schuldversklavung doppelt so lange an, nämlich sechs Jahre. KH § 117
weist keine Einschränkung der Schuldversklavung für eine bestimmte Bevölkerungsgruppe auf, wie es die ersttestamentlichen Bestimmungen bsp. durch den
Begriff עברי tun. Es ist anzunehmen, daß § 117 grundsätzlich für jede freie Person gilt, die aus finanziellen Gründen in Schuldsklaverei gerät. Ein Unterschied
wird weder zwischen Männern und Frauen, noch, wie im Bb, zwischen verheirateten und unverheirateten SchuldsklavInnen gemacht. Von dem Recht einer
unverheirateten Schuldsklavin auf die Ehe mit einem Angehörigen der Käuferfamilie wird nicht gesprochen.

Zusammenfassend läßt sich sagen, daß sowohl KH § 117 als auch § 119 Gemeinsamkeiten mit Ex 21,7-11 aufweisen. Alle drei Bestimmungen sind in einem
Abschnitt der jeweiligen Rechtssammlung angesiedelt, in dem Fragen der Pfandzahlung bzw. der Schuldversklavung geregelt werden. Eherechtliche Aspekte
werden nur am Rande erwähnt. Die aB Paragraphen behandeln nicht den Fall
der polygynen Ehe einer schuldversklavten Frau. Im Unterschied zu Ex 21,7-11
fällt besonders auf, daß für eine als Pfand gegebene GEME$_2$ die Geburt von Kindern erhebliche Auswirkungen auf ihren gesellschaftlichen Status hat. Nachkommen haben im Bb keinerlei Bedeutung für die rechtliche Stellung einer
Schuldsklavin.

3.2.3.2 Variante mit unfreier Co-Frau, die dem Mann untersteht

Vier aB Rechtsparagraphen und ein aB Privatdokument regeln polygyne Ehen,
in denen die geehelichte unfreie Frau keiner freien Co-Frau zugeordnet ist. Im
Unterschied zum Bb wird die unfreie Frau immer erst nach der ersten freien
Frau geehelicht.

---

[356] Teil I, Anm. 240.

[357] *šamû* (vgl. auch *ŠÁM*, *Kaufpreis* für eine Sklavin, in *CT 8 22b*) entspricht dem im Bb gebrauchten מכר ; vgl. Eduard LIPIŃSKI (1993A).

[358] Während es im KH § 117 ausdrücklich der Vater ist, der seine Tochter verkauft, ist im Bb
von איש (*Mann, jemand*) die Rede.

KH § 141[359] ist eine singuläre Bestimmung innerhalb der aB Kodizes, in der die Möglichkeit der Bestrafung einer freien Erstfrau (*aššatu*) durch ihre Versklavung festgehalten wird. Die Bestrafte wird zur GEME₂, zu der der Mann eine weitere Frau (SAL *sanītu*) hinzuehelichen kann. Aus anderen Gründen als im Bb ist die zuerst geehelichte eine unfreie Frau. Die Versklavung als Mittel der Strafe spielt im alten Babylonien eine wichtige Rolle. Sie fungiert gerade im Bereich familiärer und ehelicher Bindungen als häufig angedrohtes Sanktionsmittel. Im Kontext polygyner Verbindungen drohen Erstfrauen ihren Co-Frauen bei Fehlverhalten mit dieser Strafe[360]. Die erste Frau verfügt über die zweite als ihr Eigentum. Der beste Schutz vor dem Verkauf ist für eine unfreie Frau die Geburt von eigenen Kindern; der Verkauf wird daraufhin untersagt[361]. Mit der Versklavung einer Frau durch den Mann wird nur ausnahmsweise gedroht[362]. Im Ersten Testament ist die Versklavung als Mittel der Strafe nicht belegt. Der Verkauf einer Sklavin durch deren Co-Frau kommt ebensowenig vor wie der durch den Mann. Einer geehelichten unfreien Frau (Ex 21 und Dtn 21) steht die Freiheit im Falle der Trennung zu, unabhängig davon, ob sie Kinder hat oder nicht.

KL §25[363], **KH §170**[364] und **KH §171**[365] stehen im Zusammenhang erbrechtlicher Bestimmungen. Sie regeln die Ansprüche der Kinder freier Erst- und unfreier Zweitfrauen auf das väterliche Erbe. Der ersten Frau werden eheliche Rechte garantiert, die der zweiten Frau nicht zukommen. Vaterschaft wie erbrechtliche Anerkennung der Kinder einer unfreien Frau haben nicht nur Auswirkungen auf das Erbrecht ihrer Kinder. Auch die Rechte der unfreien Frau selbst hängen davon ab, ob sie Kinder mit dem freien Mann hat und ob diese zu ErbInnen eingesetzt werden. Es wird genau geregelt, in welchem Fall einer unfreien Frau lediglich die Freiheit zusteht und in welchem sie weitergehende eheliche Rechte genießt. Im Unterschied zu den aB Regelungen wird die Position der Schuldsklavin im Bb nicht von der Geburt eigener Kinder abhängig gemacht. Kinder spielen nur insofern eine Rolle, als die Frau einen rechtlichen Anspruch auf die Möglichkeit der Zeugung, d.h. auf sexuellen Umgang mit ihrem Mann, hat[366].

---

[359] Teil I, Anm. 268.

[360] Verkauft werden darf eine unfreie Co-Frau dann, wenn sie die Erstfrau demütigt oder wenn sie kinderlos bleibt; bsp. KH §§ 146 und 171.

[361] Bsp. KH § 146; anders bsp. *CT 48 48*.

[362] Bsp. KH § 141.

[363] Teil I, Anm. 182. Der Mann wird ausdrücklich als Besitzer (LUGAL) der Sklavin bezeichnet.

[364] Teil I, Anm. 242

[365] Teil I, Anm. 243

[366] Zu den Erbrechten der Kinder der Schuldsklavin gibt das Bb keine Auskunft. So kann ein Vergleich mit den erbrechtlichen Bestimmungen der aB Quellen nicht vorgenommen werden.

Ähnlich wie in den vorhergegangenen Bestimmungen hält *CT 8 37d*[367] die erbrechtliche Anerkennung des Kindes einer unfreien Frau durch dessen Vater fest. Eine Co-Frau ist nicht erwähnt. Es ist anzunehmen, daß es sich bei der unfreien Frau um eine Sklavin des Mannes oder um eine *alleinstehende* Frau handelt[368]. Weitere Rechte werden für sie nicht genannt. Ihre eheliche Position ist wohl mit der von unfreien Frauen in den obigen Bestimmungen der Kodizes vergleichbar.

Zusammenfassend läßt sich sagen, daß der markanteste Unterschied zwischen aB und ersttestamentlichen Regelungen die Bedeutung von Kindern ist. Nach aB Recht sind sämtliche Ansprüche für unfreie Frauen an die Geburt bzw. die erbrechtliche Anerkennung von Kindern gebunden. Scheidungsrechte, wie sie die Schuldsklavin im Bb genießt, werden einer unfreien Frau in keiner der aB Bestimmungen zugesprochen.

---

[367] Teil I, Anm. 401
[368] Vgl. KL § 27.

3.2.4 Zusammenfassung

Die Regelung des Bb zur polygynen Ehe ist eine singuläre Bestimmung, in der eine אמה die erste Frau einer polygynen Ehe ist (Ex 21,10-11). Sie behandelt die Rechte einer noch unverheirateten Schuldsklavin. Ihr wird die Ehe mit einem freien Mann und somit ein zukünftiger freier Status garantiert. Da keine Frist für die
Eheschließung genannt wird, besteht die Gefahr, daß eine Schuldsklavin über die übliche Zeit von sechs Jahren hinaus in Schuldsklaverei lebt, ohne daß es zu der Heirat kommt (vgl. Lev 19,20). Für den Fall, daß ihr Mann eine weitere Frau heiratet, hat eine Schuldsklavin weiterhin Anspruch auf sexuellen Umgang mit dem Mann (ענה). Damit wird ihr u.a. die Möglichkeit der Geburt eigener Kinder garantiert - ein Recht, das im Ersten Testament sonst nur freie Frauen in polygynen Ehen für sich einfordern. Zum anderen steht einer Schuldsklavin ein aktives Scheidungsrecht zu. Ein solches Recht wird ausschließlich an dieser Stelle genannt. Die Schuldsklavin ist dem Mann zugeordnet und unterhält keine rechtlich geregelte Verbindung zu einer später zu ihr hinzugeehelichten Frau (אחרת). Das folgende Diagramm veranschaulicht die rechtliche Position einer Schuldsklavin nach Ex 21,10-11. Die dicken Linien weisen auf enge, die gestrichelten Linien auf lockere Bindungen hin. Pfeile drücken den eherechtlichen Einfluß einer Person über eine andere aus.

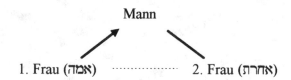

Die Zuordnung der unfreien Frau zum Mann ist das Hauptmerkmal der sogenannten Bundesbuch-Variante zur Polygynie. Ähnliche Konstellationen liegen in Ri 8,30-9,18 und Ri 19 vor. Hier werden ursprünglich freie Frauen als אמה bzw. פילגש bezeichnet. Sie haben - wie die Schuldsklavin im Bb - eine Zwischenposition zwischen einer freien und einer unfreien Frau inne. Unklar ist, ob auch sie die ersten Frauen der polygynen Ehen sind. Einzelne Rechte gegenüber dem Mann lassen sich den Erzählungen nicht entnehmen. Die Darstellung in einem erzählenden Text deutet in eine ähnliche Richtung (Ri 19). Die Konditionen der Scheidung sind schlecht. Die Frauen verlassen (יצא) das Haus des Mannes frei, aber ohne eine Ausstattung (Gen 21,10-14, Ri 19,2-3; Dtn 21,14). Das folgende Diagramm veranschaulicht die Bundesbuch-Variante polygyner Ehen.

Im Gegensatz zur Bundesbuch-Variante untersteht nach der Genesis-Variante eine Sklavin der freien Frau eines Mannes (Gen 16/21 und Gen 29-31). Die freie Frau ist die Eigentümerin der unfreien; sie verfügt frei über deren Ehe mit ihrem Mann. Es besteht eine große Ähnlichkeit zwischen dieser Variante und der aB *naditu*-Ehe mit unfreien Frauen.

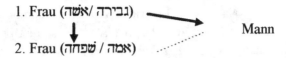

Die Gegenüberstellung von Ex 21,10-11 mit aB Rechtstexten zur Polygynie zeigt, daß es im aB Recht keine genaue Entsprechung für die Regelung des Bb gibt. Zwei Unterschiede fallen besonders auf. In allen aB Regelungen wird das Recht einer geehelichten unfreien Frau auf Versorgung und spätere Freiheit von der Geburt eigener Kinder abhängig gemacht. Dagegen hat die Geburt von Kindern weder in Ex 21,10-11 noch in einem anderen ersttestamentlichen Text zur Polygynie ausdrücklich Auswirkungen auf die Ansprüche einer geehelichten Sklavin. Bereits die eheliche Verbindung mit einem freien Mann und nicht erst die Geburt von Kindern garantieren einer Sklavin Ansprüche.

3.3 Deuteronomisches Gesetz

Die rechtlichen Bestimmungen, um die es in diesem Kapitel geht, ist ein Abschnitt des Buches *Deuteronomium*. Der Name leitet sich von griechisch deuteronómion (*zweites/ wiederholtes Gesetz*) ab[369]. Schon im Titel des Buches wird ein Bezug zum rechtlichen Abschnitt hergestellt, dem *deuteronomischen Gesetz* (Dtn 12-26). Das dtn Gesetz ist die im Umfang größte Rechtssammlung des Ersten Testaments. Sie ist eingebettet in die Abschiedsrede Mose an das Volk Israel[370]: Nach der 40-jährigen Wüstenwanderung steht der Einzug in das verheißene Land Israel unmittelbar bevor. Mose gibt dem Volk Bestimmungen und Mahnungen mit auf den Weg. Das dtn Gesetz ist - im Unterschied zum Bb - nicht Rede Gottes, sondern das Wort des Mose[371]. Inhaltlich werden im dtn Gesetz kultische, verfassungs-, ehe- und sozialrechtliche Fragen thematisiert. Es enthält Kultregelungen mit Bestimmungen zur Kultzentralisation auf einen einzigen Ort (Jerusalem), zur Kultreinheit, zum Privilegrecht Gottes und zum Festkalender (Dtn 12-16 und 26), ferner Regelungen zu Amtspersonen (Dtn 16-18) und zum Kriegsrecht (Dtn 19-20 und 23), Regelungen zur Ehe mit Bestimmungen zur Polygynie (Dtn 21-22 und 24-25) und solche zum Schutz sozial Schwacher (Dtn 23- 24[372]). Manche Themen des Bb werden im dtn Gesetz aufgegriffen, variiert oder weitergeführt[373], andere fehlen[374], so vor allem die umfangreichen strafrechtlichen Regelungen des Bb[375].

Das dtn Gesetz ist an vielen Stellen fest mit seinem erzählerischen Kontext verbunden[376]. Die Vergegenwärtigung der Zeit *vor* dem Eintritt ins gelobte Land

---

[369] Die Bezeichnung wird von Philo von Alexandrien sowie in christlichen Septuaginta- und Vulgata-Handschriften und in rabbinischen Quellen verwendet und nimmt auf Dtn 17,18 Bezug; vgl. S. Dean McBRIDE (1981, 531).

[370] Dies ist möglicherweise auf eine dtr Redaktion zurückzuführen; vgl. bsp. Norbert LOHFINK (1990B und 1995, 31).

[371] Das Buch wird in jüdischer Tradition kurz als דברים, *Worte*, bezeichnet, gemäß seines Anfangs אלה הדברים אשר דבר משה אל־כל־ישראל (*"Dies sind die Worte, die Mose zu ganz Israel gesprochen hat, ..."*, Dtn 1,1). Möglicherweise wurde das dtn Gesetz in einer älteren Fassung als Gesetz Gottes verstanden; darauf weisen entsprechende noch vorliegende Wendungen hin; vgl. Norbert LOHFINK (1990B).

[372] Auch Dtn 15 und 26 (Privilegrecht).

[373] So bsp. die Fragen des Kultortes (Ex 20,22-26), des Privilegrechts (Ex 22,29-30; 23,15), der Schuldsklaverei (Ex 21,2-11), des Festkalenders (Ex 23,14-18) der Vergewaltigung (Ex 22,16-17) und des Verhaltens gegenüber sozial Schwachen (Ex 22,21-27; 23,3-9).

[374] So bsp. der wöchentliche Sabbat (Ex 23,10-12) und die ausführlichen Bestimmungen des Bb zu Verbrechen von Tieren oder Menschen gegen Menschen und zu Eigentumsdelikten (Ex 21,12-22,15, vgl. Dtn 22,1-4).

[375] Zum Vergleich mit dem Bb vgl. Horst Dietrich PREUSS (1982, 104ff).

[376] Vgl. Frank CRÜSEMANN (1992, 237ff).

bietet den späteren Generationen eine Identifikationsmöglichkeit[377]. Sie sind *das* Volk *des* Gottes, der die Befreiung aus Ägypten ermöglicht hat[378]. Zwei Hauptanliegen des Gesetzes leiten sich daraus ab: 1. die Konzentration auf ein gemeinsames Heiligtum und einen gemeinsamen Kult, der andere Kultformen und die Verehrung anderer Gottheiten ausschließt[379] und 2. die Bemühung um gerechte gesellschaftliche Strukturen, die u.a. aus der eigenen Erfahrung der Unterdrückung und der Befreiung begründet werden. Eine Vielzahl sozialer Forderungen, wie die des Sabbatjahrs und der Freilassung von SchuldsklavInnen, sind an kultische Zeitrhythmen gekoppelt und auf diese Weise in religiöse Praktiken eingebunden[380]. Die politische und priesterliche Leitung hat nach Aussage des dtn Gesetzes die Aufgabe, für Gerechtigkeit einzutreten[381]. In das Bemühen um Gerechtigkeit werden die Rechte Fremder und sozial schwacher Personen immer ausdrücklich mit einbezogen[382]. Auch bei privaten und selbst bei kriegerischen Konflikten gilt es, die Grundrechte der schwächeren Partei zu wahren[383]. Die Bestimmungen des dtn Gesetzes lassen sich grob zwei Teilen zuordnen. Sie weisen Unterschiede und Gemeinsamkeiten mit dem Bb auf, die hier kurz genannt seien:

1. **Dtn 12-20; 23; 26**[384]

Dieser Teil des dtn Gesetzes ist fest mit der Erzählung verbunden. Viele der kultischen, verfassungs- und sozialrechtlichen Bestimmungen stellen eine ausdrückliche Verbindung zum Auszug aus Ägypten und zum bevorstehen-

---

[377] Beispiele für die Rückerinnerung sind Dtn 1-3; 6,4f; 20-25; 26,16-19. Jan ASSAMANN (1992, 212ff) bezeichnet die im Deuteronomium eingeübte geschichtliche Rückerinnerung als *kulturelle Mnemotechnik*: Das laut Erzählung biographisch Erlebte soll in das kulturelle Gedächtnis eingehen. Zum erzählten Zeitpunkt, dem Ende der 40-jährigen Wüstenwanderung, geben die letzten Augenzeugen der Ereignisse in Ägypten ihre Erfahrung als kulturelles Erbe an das Volk weiter; denn in der neuen Umgebung des gelobten Landes wird die Gefahr bestehen, die eigene Geschichte und Herkunft und die damit verbundenen Handlungsideale zu vergessen.

[378] Dtn 13,5; 15,15; 16,1.3.6.12; 20,1; 26,1

[379] Dtn 12-14; 16; 18; 23. Der Zusammenhang von Kulteinheit und Einheit Gottes liegt nahe, wird im Dtn jedoch nicht ausdrücklich hergestellt; vgl. Frank CRÜSEMANN (1992, 260). Zum
historischen Hintergrund der Zentralisation eines Heiligtums s.u. im Text.

[380] Vgl. Dtn 14,22-29; 15,1-18; 16.

[381] Dtn 16-18

[382] Dtn 15; 16,11-15; 22,1-4; 23-26

[383] Dtn 19-20 und 23. Der Umgang mit gegnerischen Völkern ist nicht immer derselbe, sondern hängt vom Verhältnis Israels zum jeweiligen Volk ab, vgl. Dtn 20,16-18; 25,17-19. Zu weiteren Besonderheiten der Kriegsgesetze vgl. Alexander ROFÉ (1985).

[384] Dtn 12-18 und 26 beschäftigt sich mit Fragen der zentralen politischen und religiösen Autoritäten, während in Dtn 19-25 familien- und sexualrechtliche Fragen behandelt werden. In Hinblick auf die ehelichen Regelungen ergibt sich in der folgenden Darstellung eine andere Einteilung.

den Übergang von Moab nach Israel her. So heißt es bsp. wiederholt: *"Wenn du in das Land kommst, das der Herr, dein Gott, dir geben wird..."*[385]. Stilistisch wird das Gesetz durch die direkte Ansprache (du/ ihr) in die Rede Mose integriert[386]. Insgesamt weist das dtn Gesetz in Dtn 12-20; 23; 26 eine theologische Gesamtkonzeption auf, die im Bb am ehesten im Rahmenteil der Mischpatim, dort aber nicht in dieser Dichte, zu finden ist.

2. Dtn 21-22; 24-25

Das dtn Gesetz enthält im Unterschied zum Bb[387] eine Reihe von Regelungen, die sich eherechtlichen Fragen widmen[388]. Neun der elf Bestimmungen sind in den Kapiteln Dtn 21-22; 24-25 angesiedelt[389]; darunter fallen auch die zu (möglichen) polygynen Ehen (Dtn 21,15-17; 25,5-10). Dtn 21-22; 24-25 enthält darüber hinaus Einzelbestimmungen zu unterschiedlichen sozialrechtlichen Fragen[390]. Wegen des Übergewichts an Eheregelungen wird Dtn 21-22; 24-25 im folgenden als *eherechtlicher Teil* bezeichnet[391]. Der erzählerische

---

[385] Bsp. in Dtn 17,14; 18,9; 26,1, ähnlich Dtn 12,1.29; 13,12; 15,7; 16,20; 19,1; 21,1.23; 24,4; 25,15 u.a.

[386] Gerhard von RAD (1973, 112) sieht im predigtartigen Stil des dtn Gesetzes den Hauptunterschied zum Bb.

[387] Die beiden einzigen Abschnitte dazu im Bb sind Ex 21,2-11 (Schuldsklaverei) und 22,16-17 (Verführung einer nicht verlobten Frau durch einen Mann).

[388] Die neun Bestimmungen des dtn Gesetzes, die sich ausführlich mit ehelichen Themen beschäftigen, sind Dtn 21,10-14 (Ehe eines Mannes mit einer Kriegsgefangenen), Dtn 21,15-17 (polygyne Ehe eines Mannes mit freien Co-Frauen), Dtn 22,13-21 (Rufschändung durch einen Mann gegen seine neu geehelichte Frau), Dtn 22,22 (außerehelicher Verkehr zwischen einem Mann und einer verheirateten Frau), Dtn 22,23-27 (außerehelicher Verkehr zwischen einem Mann und einer verlobten Frau), Dtn 22,28-29 (außerehelicher Verkehr zwischen einem Mann und einer nicht verlobten Frau), Dtn 23,1 (Verbot der Ehe eines Mannes mit seiner Stiefmutter), Dtn 24,1-4a (Verbot der Wiederverheiratung eines Mannes mit der von ihm geschiedenen Frau), Dtn 25,5-10 (Leviratsehe). In Dtn 21,15-17; 25,5-10 werden neben ehelichen auch erbrechtliche Fragen behandelt. In zwei weiteren Bestimmungen zum Kriegsrecht werden eheliche Themen am Rande genannt, so in Dtn 20,7 (keine Wehrpflicht für einen neu verlobten Mann) und Dtn 24,5 (keine Wehrpflicht für einen neu verheirateten Mann); vgl. Alexander ROFÉ (1985). Dtn 21,10-14 steht zwar ebenfalls in einem Abschnitt zum Thema Kriegsrecht. Die Bestimmung behandelt aber ausgesprochen eherechtliche Themen und leitet direkt in den Abschnitt zu eherechtlichen Regelungen über; vgl. Carolyn PRESSLER (1993, 3 m. Anm. 11).

[389] Dtn 21,10-17; 22,13-29; 24,1-5; 25,5-10. Zwei kurze Bestimmungen befinden sich außerhalb dieser Kapitel in Dtn 20,7 und 23,1.

[390] Solche gemischten Einzelbestimmungen finden sich auch in Dtn 23,15-25.

[391] In der Fachliteratur werden die Kapitel 19-25 als ein von Dtn 12-18 und 26 unterschiedener Block angesehen und als *familien-* und/ oder *sexualrechtliche* Bestimmungen bezeichnet, so bsp. Georg BRAULIK (1991, 62), Eckart OTTO (1991), Naomi STEINBERG (1991, 161ff), Frank CRÜSEMANN (1992, 291ff und bes. 300ff), Carolyn PRESSLER (1993, 3), Horst Dietrich PREUSS (1982, 26ff), Eduard NIELSEN (1995, 194ff). Die Bezeichnung wird auch beibehalten, wo es um Dtn 21-22 und 24-25 geht; bsp. Eckart OTTO (1993, 266) und Carolyn PRESSLER (1993, 3). Ein Grund für den Gebrauch des Begriffs *Familien*recht

Zusammenhang tritt im eherechtlichen Teil sehr zurück. Die persönliche Anrede wird von kasuistischen Sätzen (*wenn - dann*) abgelöst, die sich in der 3.Pers.Sing.mask. an einen Normadressaten (אִישׁ) richten[392]; zehn der elf eherechtlichen Bestimmungen zeigen diese Form auf[393]. Ein derartiges Übergewicht kasuistischer Rechtsfälle liegt in den anderen Kapiteln des dtn Gesetzes nicht vor. Eine weitere Gemeinsamkeit von Dtn 21-22; 24-25 ist, daß ein Teil der Regelungen durch kultisch-paränetische Erweiterungen ergänzt ist[394]. Auf Grund der stilistischen, sprachlichen und inhaltlichen Merkmale ähnelt der eherechtliche Teil den Mischpatim des Bb und den altorientalischen Rechtssätzen.

Es gibt in der ersttestamentlichen Forschung unterschiedliche Versuche, die Entstehung und den Aufbau des dtn Gesetzes zu erklären. Die obige Darstellung läßt bereits vermuten, daß das dtn Gesetz eine komplizierte Kompositionsgeschichte hinter sich hat. Diese wird äußerst kontrovers diskutiert und hat bisher zu keinem Konsens geführt[395]. Die Grundkonzeption des dtn Gesetzes ist wahrscheinlich das Produkt einer deuteronomischen Zusammenstellung aus dem 7. Jh.v.Chr. Die mit der assyrischen Herrschaft einhergehenden Reduzierung Judas

---

ist der, daß die Bestimmung Dtn 21,18-21 (aufsässiger Sohn) ebenfalls in diese Gruppe von Regelungen gehört; sie regelt keine ehe-, sondern eine familienrechtliche Frage. Dagegen behandeln die übrigen Bestimmungen überwiegend eheliche Themen, weshalb auch die Bezeichnung *Sexual*recht nicht angebracht ist. (Im Gegensatz dazu spielt das Thema Sexualität bsp. in Dtn 27,20-23 eine Rolle.) Alexander ROFÉ (1987, 135) bemerkt richtig, daß die Mehrzahl der Bestimmungen dieses Teils des dtn Gesetzes die Anliegen von *Frauen* regelt. Ein vergleichbarer Block von *Frauenrechten* („*women's laws*") befindet sich im altorientalischen Kodex aus mA Zeit, dem MAG (vgl. Kap. 3.3.3.2). Da im genannten Abschnitt des dtn Gesetzes nicht nur überwiegend Frauen-, sondern genauer gesagt *E*herechte geregelt werden, erscheint mir die Bezeichnung dieses Teils als *eherechtlicher* Block am treffendsten.

[392] Anders die kasuistische Bestimmung Dtn 21,10-14, die sich an ein Du (2.Pers.Sing.mask.) richtet.

[393] Dtn 23,1 wendet sich in der 3.Pers.Sing.mask. an eine Person, weist aber keine kasuistische Form auf. Die Bestimmung gilt als späterer Zusatz; vgl. Carolyn PRESSLER (1993, 3 m. Anm. 11). Einen Überblick über die in Dtn 19-21 verwendeten Arten von Rechtssätzen findet sich bei Eduard NIELSEN (1995, 194-196).

[394] Die paränetischen Formeln, die an die Bestimmungen gehängt werden, besagen, daß das Böse auszurotten sei (הרע, Dtn 21,21; 22,21.24; 24,7 ähnlich Dtn 21,9, vgl. Dtn 13,6; 17,7; 19,19, mit dem Bezug auf Israel in Dtn 17,12.22), daß eine dargestellte Tat eine Torheit (נבלה, Dtn 21,21; 22,21) oder ein Greuel (תועבה, Dtn 22,5; in 24,4) sei. Die Erweiterungen beziehen sich nicht auf den erzählten Kontext (anders Dtn 24,4). Sie gehen wohl auf Redaktionen zurück, denen es verstärkt um die Reinheit des Landes geht; vgl. Eckart OTTO (1991). An vier Stellen werden auf diese Weise eherechtliche Regelungen paränetisch erweitert (Dtn 21,17; 22,21f.24; 24,4); vgl. Frank CRÜSEMANN (1992, 302).

[395] Zur Darstellung der Diskussion vgl. Horst Dietrich PREUSS (1982, 26ff) und Norbert LOHFINK (1995).

auf das Gebiet um Jerusalem (701 v.Chr.) könnte die Kultzentralisation verständlich machen. Für die Annahme, das im Zusammenhang der josianischen Reform (621 v.Chr.)[396] erwähnte Gesetz sei ein Vorläufer des dtn Gesetzes, sprechen inhaltliche Argumente. Die gesellschaftlichen und religiösen Ziele der Reform treffen sich mit den Bemühungen des dtn Gesetzes um kultische und politische Einheit[397]. Vermutlich sind einzelne Bestimmungen älter als die Grundkonzeption der Sammlung. Mit wenig überzeugenden Gründen wird dies besonders für die eherechtlichen Regelungen angenommen[398]. Daß die Anordnung der Bestimmungen den Zehn Geboten folgt ist umstritten[399]. Unklar wäre dann der Vorgang, der zur dekalogischen Anordnung des dtn Gesetztes geführt hat[400]. Dekalog und dtn Gesetz wurden wohl nicht von vornherein als Gesetz (Dekalog) und dessen Auslegung (dtn Gesetz) konzipiert. Speziell die Zuordnung des eherechtlichen Teils zum dekalogischen Schema ist schwierig und stößt auf viele Widersprüche[401]. Es scheint, als hätten die eherechtlichen Bestimmungen eine eigene Vorgeschichte und seien erst später in die dekalogische Struktur des dtn Gesetzes eingearbeitet worden[402]. Ein separater Ursprung des eherechtlichen Teils wird von verschiedenen AutorInnen angenommen[403]. Über die ursprüngliche Herkunft und das Alter der kasuistischen Ehebestimmungen gibt es jedoch keine deutlichen Hinweise. In diesem Zusammenhang spielt die Frage nach dem

---

[396] Vgl. 2.Kön 22-23.

[397] Zur Diskussion vgl. Norbert LOHFINK (1990C, 1990D, 1991, 1995).

[398] Zu Eckart OTTO und Frank CRÜSEMANN vgl. Anm. 405. Für spätere Zeiten werden Redaktionen angenommen, die über deuteronomistische Bearbeitungen in der spätexilischen Periode bis hin zu solchen in nachexilischer Zeit reichen; vgl. Horst Dietrich PREUSS (1982, 26ff).

[399] Dtn 5; so Stephen A. KAUFMANN (1978/79) und zuletzt Georg BRAULIK (1991).

[400] Georg BRAULIK (1988, 253) kommt in seiner Untersuchung zu dem Schluß, daß das dtn Gesetz erst in exilischer oder nachexilischer Zeit parallel zur Struktur des Dekalogs aufgebaut wurde. Im Gegensatz dazu nimmt Norbert LOHFINK (1995, 25) sowohl eine vorexilische als auch eine nachexilische Redaktion des dtn Gesetzes an, die sich am Beispiel des Dekalogs
orientieren, an dessen Ende das nun vorliegende Gesetzesbuch steht.

[401] Vgl. Eckart OTTO (1991, 290) und Frank CRÜSEMANN (1992, 240-242).

[402] Georg BLAULIK (1991, 116) zählt Dtn 21-25 zum redaktionsgeschichtlich jüngsten Abschnitt des dtn Gesetzes.

[403] Nach Frank CRÜSEMANN (1992, 240-242) bilden die eherechtlichen Bestimmungen keinen eigenen thematischen Block. Die Regelungen gehören nach seiner Darstellung dem Abschnitt zum Thema "Familie" (Dtn 21,10-23,13) und dem zum Thema "Schutz sozial Schwacher" (Dtn 23,16-25,19) an. Crüsemann hält es für möglich, daß die eherechtlichen Bestimmungen ursprünglich auf älteren Rechtsurteilen beruhen. Ein hohes Alter der Bestimmungen hält ebenfalls Moshe WEINFELD (1972, 291) für wahrscheinlich. Die eherechtlichen Bestimmungen könnten vordeuteronomisch einen geschlossenen Zusammenhang gebildet haben - so bsp. Eckart OTTO (1991, 293) für Dtn 21,15-21; 22,13-29*; 24,1-5 und 25,5-10 - und durch eine deuteronomische Redaktion in das dtn Gesetz eingebunden worden sein (ebd., 291-395).

Verhältnis des dtn Gesetzes zum Bb eine Rolle[404]. Die stilistische Nähe der eherechtlichen Regelungen zu den Mischpatim weist auf eine gemeinsame Rechtstradition dieser Teile der Sammlungen hin[405]. Das dtn Gesetz bietet wichtige Ergänzungen zu den wenigen ehelichen Regelungen des Bb.

Zusammenfassend läßt sich sagen, daß eine Datierung des dtn Gesetzes sowie einzelner Bestimmungen nicht mit Sicherheit vorgenommen werden kann. In seiner vorliegenden Form bildet es eine sinnvolle und in sich geschlossene Sammlung. Eine direkte Abhängigkeit vom Bb kann weder bestritten noch bewiesen werden. Inhaltlich stellt der eherechtliche Teil eine Ergänzung zum Bb dar. Vieles deutet darauf hin, daß Dtn 21-22; 24-25 eine eigene Geschichte hat und erst nach der Grundkomposition des dtn Gesetzes in die Sammlung eingearbeitet wurde. Dieser Teil ähnelt in seiner Form den Mischpatim des Bb und altorientalischen Kodizes. Die kasuistische Form alleine läßt noch keine Aussage über das Alter der Regelungen zu.

Bei der Analyse der beiden Bestimmungen des dtn Gesetzes zu polygynen Ehen werden ersttestamentliche Erzählungen zum Vergleich herangezogen. Die Vergleichstexte sind im folgenden Überblick in eckigen Klammern mit angegeben.

Dtn 21,15-17:	**Verbot für einen Mann, der zwei Frauen (אשה) hat, den Sohn der einen, *Geliebten* (אהובה / אחת), anstelle des Sohnes der anderen, *Gehaßten* (שנואה / אחת), erbrechtlich vorzuziehen.**
	vgl. Anm. 413
Dtn 25,5-10:	**Recht einer Frau (אשה) auf die Leviratsehe mit dem Bruder ihres verstorbenen Mannes. Strafe für den Mann, falls er sich weigert, seine Schwägerin (יבמה) zu heiraten.**
	vgl. Anm. 428

---

[404] So bsp. Frank CRÜSEMANN (1992, 235ff) und Eckart OTTO (1993).

[405] Alexander ROFÉ (1987, 131ff) nimmt auf Grund inhaltlicher, struktureller und sprachlicher Ähnlichkeiten sogar an, die Bestimmungen des dtn Gesetzes (Dtn 21,15-21; 22,13-19; 24,1-4; 25,5-12) und die vergleichbaren Regelungen des Bb (Ex 21,22-25; 22,15-16) hätten ursprünglich einer eigenen Rechtssammlung mit Bestimmungen für Frauen angehört. Diese These läßt sich jedoch nicht belegen. Die gemeinsame altorientalische Rechtstradition ist meiner Ansicht nach eine ausreichende Erklärung für die Ähnlichkeit der Bestimmungen. Sollten die Regelungen des Bb älter sein, läßt sich fragen, ob sie den VerfasserInnen des dtn Gesetzes bekannt waren und ob das dtn Gesetz als Ergänzung gedacht ist oder das Bb ersetzen soll. Frank CRÜSEMANN (1992, 254) versteht das dtn Gesetz als "*Ersatz*" für das Bb. Eckart OTTO (1993, 275) spricht vorsichtiger von "*Anknüpfung, Weiterführung und Ergänzung*".

[1.Sam 1,2-8:	Die kinderlose Hanna, die kinderreiche Peninna und ihr gemeinsamer Mann Elkana feiern zusammen das jährliche Opferfest. Hanna leidet unter der gottgewirkten Kinderlosigkeit; Elkana versucht, die *geliebte* (אהב) Frau zu trösten. vgl. Anm. 463]
[Gen 29,16-20.30-33:	Jakob will die *geliebte* Rahel (אהבה / אהב), die jüngere von zwei Schwestern, zur ersten Frau nehmen, muß gemäß der Sitte aber zuerst deren ältere Schwester heiraten, die *gehaßte* Lea (שׂנואה). Gott bewirkt Leas Kinderreichtum - zum Ausgleich für die Ablehnung durch Jakob. vgl. Anm. 482]
[Gen 30,1-2.14-16:	Rahel wirft Jakob vor, ihre Kinderlosigkeit zu verschulden. Lea überläßt Rahel die Liebesäpfel ihres Sohnes, um dafür die folgende Nacht mit Jakob zu verbringen. vgl. Anm. 482]

3.3.1 Rechtlicher Kontext

Dtn 21,15-17

Dtn 21,15-17 bildet mit der vorhergehenden und der nachfolgenden Regelung eine thematische Einheit[406]. **Dtn 21,10-14**[407] ist die vorhergehende Bestimmung. Sie behandelt die Ehe zwischen einem Mann und einer kriegsgefangenen Frau[408]. Aus der Sicht des Mannes werden Motive für die Ehe mit der nicht-israelitischen Frau genannt, nämlich das schöne Aussehen (יפה) der Frau und das starke Verlangen (חשׁק) des Mannes. Wie an anderen Stellen des Ersten Testaments wird mit diesen Argumenten eine ungewöhnliche Verbindung erklärt[409]. Festgehalten werden Konditionen für die Scheidung[410]. Sie gelten für den Fall, daß der Mann keinen Gefallen (חפץ) mehr an der Frau hat[411]. Kinder werden nicht genannt; sie spielen weder für die Heirat noch die Scheidung eine Rolle[412]. Dtn 21,10-14 zeigt, daß die Zuneigung oder Abneigung des Mannes als Begründung für das Zustandekommen und die Beendigung der Ehe spielen. Über die Wünsche und Empfindungen der Frau macht der Text keine Aussagen.

---

[406] Zu diesem Ergebnis kommt auch Carolyn PRESSLER (1993, 9ff).

[407] Anm. 351

[408] Der Einsatz mit כי-תצא מלחמה (*"Wenn du in den Krieg hinausgehst..."*, 21,10) stellt die Bestimmung in den Kontext des Kriegsrechts, wie bsp. Dtn 20,1.

[409] Mit חשׁק wird bsp. der Heiratswunsch von Dinas Vergewaltiger begründet; Der existentielle Wunsch des Mannes nach der von ihren Angehörigen nicht gewünschten Verbindung wird betont, wenn es von ihm heißt, seine ganze Seele (נפשׁ) verlange nach ihr (Gen 34,8). Später wird zudem gesagt, er habe Gefallen an ihr (חפץ, 21,19; s.u. im Text). Wie in Dtn 21,11 schließt sich der Heiratswunsch direkt an die Aussage des Verlangens an (נתן לאשׁה, Gen 34,8/ לקח לאשׁה, Dtn 21,11). Die gesetzliche und die narrative Darstellung schildern genau entgegengesetzte Sachverhalte, insofern in einem Fall die Frau als Kriegsgefangene nicht-israelitisch ist, im anderen Fall der Mann als Kanaaniter ebenfalls nicht. Beide Male muß der nicht-israelitische Ehepartner vor der Ehe Riten durchführen, die den Übergang in die israelitische Gemeinschaft darstellen. יפה wird im Ersten Testament für das schöne Aussehen von Männern und häufiger noch für das von Frauen verwendet. Es kann in verschiedenen Erzählungen als Erklärung für das Eingehen einer unerlaubten Verbindung des Mannes mit einer Frau fungieren - so bsp. für die Aufnahme der verheirateten Sarai in das Harem des Pharaos (Gen 12,11.14), für die Vergewaltigung Thamars durch ihren Halbbruder (2.Sam 13,1), für den Wunsch Jakobs, die jüngere Rahel vor ihrer älteren Schwester Lea zu heiraten (Gen 29,17, vgl. Kap. 3.2.2.2.2). Auch der umgekehrte Fall ist belegt, bei dem der Wunsch nach einer unerlaubten Verbindung auf Grund der Schönheit eines Mannes von einer Frau ausgeht (Gen 39,6ff. Joseph und die Frau des Potiphars).

[410] Dtn 21,14

[411] Das Nichtgefallen stellt auch an anderer Stelle einen anerkannten Scheidungsgrund dar. Vgl. zu חפץ Anm. 116.

[412] Es bleibt offen, ob die geehelichte Frau die einzige oder eine weitere Frau des Mannes ist. Diese Möglichkeit legt der Vergleich mit Ex 21,7-11 nahe.

In **Dtn 21,15-17**[413] werden nicht die Rechte *einer* Frau geregelt, sondern die von *zweier* Co-Frauen und deren Kindern. Wieder kommt der Zuneigung oder der Abneigung des Mannes eine wesentliche Bedeutung zu - nun im Hinblick auf jede der Frauen; die Begriffe, die dafür verwendet werden sind *lieben* (אהב) und *hassen* (שׂנא)[414]. Im Vordergrund stehen die Erbrechte eines erstgeborenen Sohnes (בכור)[415], die für die Mutter von immenser Bedeutung sind[416]. Das *Recht der Erstgeburt* (משפט הבכורה, V.17)[417] garantiert dem Erstgeborenen gegenüber seinen männlichen Geschwistern den doppelten väterlichen Erbanteil[418]. Eine kultische Erweiterung schließt die Regelung ab[419]. Sie lenkt das Interesse von den Anliegen der Co-Frauen auf den Mann[420]: *Seine* erste Zeugung begründet das Erstgeburtsrecht. Der erste Sohn des Mannes wird der *Erstling seiner Kraft* genannt (ראשׁית אנו, V.17); es scheint ausschließlich an die Zeugung eines Sohnes und nicht an die einer Tochter gedacht zu sein. Nicht die Fruchtbarkeit der Frauen, sondern die des Mannes steht im Zentrum[421].

---

[413] **Dtn 21,15-17** lautet:

> [15]*Wenn ein Mann zwei Frauen (נשׁים) hat, eine (אחת) Geliebte (אהובה) und eine (אחת) Gehaßte (שׂנואה), und die Geliebte und die Gehaßte ihm Kinder (בן) gebären und die Verhaßte (שׂניאה) den erstgeborenen Sohn hat,* [16]*kann er an dem Tag, an dem er sein Erbe an seine Kinder austeilt, die er hat, den Sohn der Geliebten nicht zum Erstgeborenen machen vor dem Angesicht des Sohnes der Gehaßten, des Erstgeborenen.* [17]*Denn: Er soll den Erstgeborenen, den Sohn der Gehaßten, anerkennen, indem er ihm das Doppelte von allem gibt, was bei ihm vorhanden ist. Der Erstling seiner Kraft ist er, das Recht der Erstgeburt steht (nur) ihm zu.*

[414] Vgl. Kap. 1.3.

[415] Zu den Rechten einer erstgeborenen Tochter (בכירה) vgl. Kap. 2.2.3 und Kap. 3.4.2.2.1.

[416] Carolyn PRESSLER (1993, 15-17) ist der Ansicht, die Bestimmung zur Primogenitur gelte nicht den Frauen. Die weitere Analyse zeigt, daß die Erbrechte der Kinder zu den Rechten der Mütter gezählt werden müssen.

[417] Töchtern kommt unabhängig von der Reihenfolge der Geburt ein Recht der Töchter zu (משפט הבנות, Ex 21,9; vgl. Shalom M. PAUL, 1970, 55). Zur religiösen Bedeutung der Erstgeburt im alten Israel und insbesondere zu sozialen und rechtlichen Aspekten der Erstgeburt bei Menschen vgl. Gershon BRIN (1994, 166-263, bes. 209-263).

[418] So die überzeugende Interpretation des Begriffs פי שׁנים (*Mund von Zweien*, Dtn 21,17) von Barry J. BEITZEL (1986). Eine entsprechende Regelung für erstgeborene Töchter wird an dieser Stelle nicht erwähnt. Nach Aussage anderer ersttestamentlicher Stellen scheint für die älteste Tochter ein Erstverheiratungsrecht bestanden zu haben (vgl. Kap. 2.2.4 und Exkurs 3). Allgemein genießen Töchter unabhängig von der Reihenfolge der Geburt ein *Recht der Töchter* (משפט הבנות, Ex 21,9).

[419] Zur religiösen Deutung von Zeugung und Geburt und zur Bedeutung der Erstgeburt vgl. Jacob MILGROM (1976).

[420] Mit Carolyn PRESSLER (1993, 5-8) bezweifle ich auf Grund solch rein männlicher Argumentationen den allgemein behaupteten frauenbefreienden Charakter des eherechtlichen Teils des dtn Gesetzes.

[421] Anders wird die Erstgeburt in aB Quellen begründet, vgl. Kap. Kap. 3.2.2.3.

Dtn 21,18-21 schließt sich an. Die Regelung widmet sich einer anderen Problematik zwischen Vater, Mutter und Sohn, nämlich dem Recht von Eltern auf die Bestrafung ihres aufbegehrenden Sohnes (בֵן). Die Kinderthematik der vorhergehenden Regelung wird aufgegriffen; es ist von nur *einer* Frau, der Mutter, die Rede. Im Zentrum steht ein erwachsener Sohn, der noch im Hause dieser Eltern wohnt[422]. Ob die Bestimmung ausschließlich für ein männliches Kind gilt, muß offen bleiben[423].

Zusammenfassend läßt sich sagen, daß Dtn 21,15-17 eine thematische Überleitung von der vorhergehenden eherechtlichen Regelung zur nachfolgenden familienrechtlichen Bestimmung ist und sowohl ehe- als auch familienrechtliche Elemente enthält. Aus der Sicht der Frauen wird das Erbrecht eines zuerst geborenen Sohnes der Familie gesichert. Aus dem Blickwinkel des Mannes wird das Recht *seines* erstgeborenen Sohnes festgehalten.

Dtn 25,5-10

Dtn 25,5-10 ist die letzte der elf eherechtlichen Regelungen des dtn Gesetzes. Sie steht als solche vereinzelt da und wird von einer Gruppe unterschiedlicher kurzer Sozialgesetze gerahmt[424]. Zusammen mit der vorhergehenden und der nachfolgenden Regelung bildet Dtn 25,5-10 eine thematische Einheit zum Thema Rechtsstreitigkeiten. **Dtn 25,1-3** ist die vorhergehende Regelung. Sie setzt mit den Worten ein: *„Wenn ein Rechtsstreit (רִיב) zwischen Leuten (אֲנָשִׁים) besteht...".* Es handelt sich um eine kasuistische Bestimmung zum Strafverfahren[425]. Thema ist die Prügelstrafe für IsraelitInnen, die im Rechtsstreit für schuldig befunden werden. Es wird ein Höchstmaß der Strafe festgelegt. Ein erklärender Nachsatz besagt, daß es Ziel der Bestimmung ist, die Ehre der gestraften Person nicht nachhaltig zu verletzen. Wie in vielen anderen Regelungen des dtn Gesetzes werden IsraelitInnen hier als *Geschwister* (אָח)[426] bezeichnet und so bsp. von *Fremden* (גֵּר)[427] unterschieden[428].

Dtn 25,5-10[429] beginnt mit den Worten: *„Wenn Brüder (אַחִים) miteinander wohnen...".*[430] Mit אָח sind echte *Brüder* und nicht *Geschwister* (אָח) im Sinne

---

[422] Zur Interpretation vgl. Carolyn PRESSLER (1993, 17-20).

[423] Der generische Gebrauch des Wortes בֵן für *Kind* und für *Sohn* läßt die Frage nach der Geltung der Regelung für Töchter unbeantwortet.

[424] Dtn 24,6-25,4 und Dtn 25,11-16

[425] Im Sinne von Rechtsstreit wird רִיב bsp. im Bb genannt, so in Ex 23,2. Den Rechtsstreit von Frauen bezeichnet das Wort bsp. in Jes 1,23.

[426] So bsp. in Dtn 24,7.14.

[427] So bsp. in Dtn 24,14.17.19-21.

[428] Vgl. Kap. 1.1.

[429] **Dtn 25,5-10** lautet:
   ⁵Wenn Brüder zusammen wohnen und es geschieht, daß der eine von ihnen stirbt und er kein Kind hat, soll die Frau des Toten (אֵשֶׁת־הַמֵּת) nicht nach draußen

von IsraelitInnen gemeint[431]. Das Zusammenleben von Brüdern wird ausdrücklich vorausgesetzt. Thema ist ein Rechtsstreit um die Leviratsehe[432], d.h. das Recht einer verwitweten Frau auf die Ehe mit dem im selben Haushalt lebenden Schwager und auf die Position als Ehefrau. Die Frau wird im ersten Satz als Frau (אשה) des Toten bezeichnet. Ihr erster mit dem Schwager gezeugter Sohn - oder wohl auch ihre erste Tochter, im Falle der ausschließlichen Geburt von Mädchen[433] - gilt als ihr gemeinsames Kind mit dem Verstorbenen. Die Leviratsehe führt nicht zwangsläufig zur Polygynie. Je nach dem Alter des Verstorbenen und dessen Brüder ist mehr oder weniger wahrscheinlich, daß der Schwager

---

(zur Frau) *eines fremden Mannes (איש זר) werden. Ihr Schwager (יבם) soll zu ihr gehen, damit er sie sich zur Frau nehmen (לקח לאשה) und mit ihr die Leviratsehe eingehen (יבם).* [6]*Der Erstgeborene, den sie gebiert, wird auf dem Namen seines toten Bruders stehen und sein Name wird in Israel nicht ausgelöscht werden.*

[7]*Und wenn der Mann keinen Gefallen (חפץ) daran hat, seine Schwägerin (יבמה) (zur Frau) zu nehmen (לקח), dann wird seine Schwägerin hinauf zum Tor zu den Ältesten gehen und sagen: "Weil mein Schwager sich weigert, für seinen Bruder den Namen in Israel aufzurichten, willigt er nicht ein, die Leviratsehe mit mir einzugehen (יבם)."* [8]*Dann werden die Ältesten seiner Stadt ihn rufen und zu ihm sprechen und er wird hintreten und sagen: "Ich habe keinen Gefallen (חפץ) daran, sie (zur Frau) zu nehmen (לקח)",* [9]*Und seine Schwägerin wird vor den Augen der Ältesten zu ihm hinzutreten und seinen Schuh von seinem Fuß ziehen und in sein Gesicht spucken. Und sie wird antworten und sagen: "So soll es dem Mann ergehen, der das Haus seines Bruders nicht bauen will (בנה)."* [10]*Und sein Name wird in Israel "Haus dessen, dem der Schuh ausgezogen worden ist" genannt werden.*

[430] כי־ישבו אחים יחדו

[431] Erwachsene Brüder leben in patrilinearen Verwandtschaftssystemen zusammen, wenn das väterliche Erbe an die Söhne noch nicht ausgezahlt wurde und keine finanzielle Basis für die Gründung eigener Hausstände besteht (vgl. Teil I, Kap. 1.3 und Teil II, Kap. 1.3). Dtn 25,5-10 sowie Gen 38 werden in der Forschung als besondere Regelungen für den Fall der noch nicht vollzogenen Erbteilung unter den Söhnen verstanden; vgl. zur Literatur Raymond WESTBROOK (1991), anders James Alfred LOADER (1994, 123-138). Es bleibt die Frage, warum die Vorkehrung der Leviratsehe nicht auch nach vollzogener Erbteilung gelten sollte, da der Besitz des kinderlosen Toten wohl auch in diesem Fall seinen Brüdern oder anderen nahen Verwandten zufällt. Nach der Verteilung des väterlichen Erbes können Brüder ebenfalls einen gemeinsamen Haushalt führen, wenn dies aus ökonomischen, arbeitstechnischen oder persönlichen Gründen sinnvoll ist.

[432] Im Unterschied zur vorhergehenden und zur nachfolgenden Bestimmung sind die Ältesten als rechtsprechende Instanz erwähnt. In Dtn 25,1 (משפט, Gericht) und in 25,2 (שפט, richtende Person) wird ein Gericht aufgerufen. Der Begriff *Leviratsehe* leitet sich vom lateinischen Wort *levir* (Schwager) ab. Im Hebräischen besteht derselbe Wortzusammenhang.

[433] Sind keine Söhne vorhanden, können wohl auch Töchter die Verwandtschaftslinie fortführen. Zum erbrechtlichen Einsetzen von Töchtern anstelle von Söhnen siehe u.a. Num 27,1-11; 36,1-12. Die jüdisch-hellenistische und rabbinische Auslegung versteht בן (wörtlich *Sohn*) in LXX Dtn 25,5 und in Mk 12,18ff als *Nachkomme* (spérma) und בכור (wörtlich *Erstgeborener*) in LXX Dtn 25,6 als *Kind* (paidíon); vgl. E. LÖVESTAM (1966, 1745). und Samuel BELKIN (1970).

bereits verheiratet ist. Die polygyne Konstellation stellt kein Hindernis für die neue Verbindung dar[434]. Obwohl es die Frau ist, die die Leviratsehe für sich beansprucht, wird nicht aus ihrer Perspektive argumentiert. Die Ehe wird aus der Sicht ihres verstorbenen Mannes gefordert, der keine eigene Familie gründen konnte.

Die anschließende Regelung ist **Dtn 25,11-12**. Sie setzt mit dem Satz ein „*Wenn Leute (*אנשים*) miteinander raufen,...*"[435]. Der Satzbeginn ist zum einen parallel zu Dtn 25,5 gestaltet[436]: Beide Male ist der Ausgangspunkt das gemeinsame Handeln mehrerer Personen; in V.11 raufen Leute (אנשים) miteinander (יחדו), in V.5 wohnen Brüder (אחים) miteinander (יחדו). Zum anderen ähnelt der Satzbeginn dem von Dtn 25,1, in dem es ebenfalls um eine Gruppe von Leuten (אנשים) geht, zwischen denen ein Rechtsstreit besteht. Wie in der vorhergehenden Regelung wird auch in Dtn 25,11-12 der Konflikt zwischen einer (Ehe-) Frau (אשה) und einem Mann ausgefochten. Zugunsten ihres Mannes beteiligt sie sich an der handgreiflichen Auseinandersetzung. Die Regelung hat zum Ziel, einer raufenden Frau bei Strafe den Zugriff auf den Genitalbereich des Gegners zu verbieten.

Zusammenfassend läßt sich sagen, daß Dtn 25,5-10 mit der vorhergehenden und der nachfolgenden Bestimmung eine thematische Einheit bildet, bei der es um Rechtsstreitigkeiten geht, an denen mehrere Personen beteiligt sind. Frauen treten sowohl als Klägerinnen[437] als auch als Angeklagte[438] auf. In den Einleitungssätzen sind sie den Männern nachgeordnet; sie werden ihnen als Ehefrauen zugeordnet. Dtn 21,15-17 und Dtn 25,5-10 halten das Recht einer Frau fest, das jeweils aus der Sicht ihres Mannes begründet wird. Der Umweg der Argumentation hat zum Ziel, eine männliche Identifikationsfigur anzubieten, um das soziale Verhalten gegenüber einer Frau plausibel zu machen[439]. Die Begründungen aus einer männlichen Perspektive sind ein auffälliger Unterschied zum Bb.

---

[434] Dies gilt auch für andere Quellen zur Leviratsehe, wie Gen 38; Ruth 1-4 (vgl. Kap. 3.2.2.2.3). Von Juda heißt es zwar in Gen 38,12, daß seine Frau gestorben sei; der Hinweis könnte aber auch als Erklärung dafür dienen, daß Juda eine Prostituierte aufsucht (Gen 38,15f).

[435] Vgl. Ex 21,22. In Lev 24,10 wird ebenfalls ausdrücklich zwischen Raufereien unter Beteiligung israelitischer und nicht-israelitischer Personen unterschieden. Allerdings ist das Thema der Bestimmung ein anderes, nämlich die Gotteslästerung.

[436] Dtn 25,11-12 hat wie die vorhergegangenen Bestimmungen eine kasuistische Form, ist aber als Du-Anrede (2.Pers.Sing.mask.) gestaltet.

[437] Bes. Dtn 25,5-10, auch Dtn 25,1-3.

[438] Dtn 21,11-12

[439] Die Rechte gesellschaftlich schwacher Gruppen, wie SchuldsklavInnen oder Fremde, werden im dtn Gesetz ähnlich begründet. Durch den Verweis auf die eigene Versklavung in Ägypten wird zur Perspektivenübernahme aufgefordert (vgl. Anm. 24).

3.3.2 Formen von Polygynie

Im dtn Gesetz wird nur eine Form der Polygynie erwähnt, nämlich die Ehe mit freien Co-Frauen. Bei der folgenden Analyse von Dtn 21,15-17 wird den Bezeichnungen freier Co-Frauen als אהובה (*Geliebte*) und שׂנואה (*Gehaßte*) besondere Aufmerksamkeit gewidmet (Kap. 3.3.2.1). Erzählende Texte werden für ein besseres Verständnis der Eheform vergleichend mit herangezogen (Kap. 3.3.2.2 mit Exkurs 3). Zuletzt wird die Regelung zur Leviratsehe in Dtn 25,5-10 dargestellt und anderen ersttestamentlichen Belegen gegenübergestellt (Kap. 3.3.2.3).

3.3.2.1 Polygynie mit freien Co-Frauen im Deuteronomischen Gesetz

Dtn 21,15-17[440] ist die maßgebliche ersttestamentliche Bestimmung zur Polygynie mit freien Co-Frauen[441]. Gründe für das Eingehen der polygynen Verbindung sind nicht genannt; möglicherweise hängt das mit dem erbrechtlichen Thema der Bestimmung zusammen, das eine entsprechende Erklärung unnötig erscheinen läßt[442]. Die Ausgangssituation wird in V.15 genannt: *zwei* Frauen (שׁתי נשׁים) sind mit demselben Mann (אישׁ) verheiratet[443]. Sie werden als *die eine* (האחת) und *die andere* (האחת) bezeichnet. Diese Termini betonen ihre Gleichheit. Ihr freier sozialer Status gehört ebenso zu den Grundvoraussetzungen der Bestimmung wie die polygyne Konstellation selbst[444]. Unterschieden werden die Frauen, indem האחת jeweils durch einen partizipialen Zusatz ergänzt wird. Die zuerst genannte Frau ist *die eine, die geliebt wird* (האחת אהובה), die als zweite genannte ist *die andere, die gehaßt wird* (האחת שׂנואה). Diese Begriffe werden wiederholt zur Unterscheidung der Frauen verwendet, so daß אהובה insgesamt dreimal und שׂנואה insgesamt fünfmal vorkommt. Es handelt sich um termini technici des Eherechts[445]. Diese Wortwahl wird sowohl in Rechtstexten wie auch

---

[440] Vgl. Anm. 413.

[441] Die Leviratsehe wird als eigene Variante gesondert behandelt (Kap. 3.3.2.3). Ein eigenes Kapitel widmet sich der Polygynie mit verwandten Co-Frauen (Kap. 3.4).

[442] Vgl. Teil I, Kap. 3.2.3.3.

[443] In V. 15 sind die Frauen Subjekt (היה); es wird eine Aktivität der Frauen genannt, nämlich das Gebären von Kindern (ילד). In V.17b ist der erstgeborene Sohn Subjekt (הוא ראשׁית/ ללד); der Mann wird nur einmal an dieser Stelle mit einem Substantiv bezeichnet. In der Folge ist von ihm in Form von Personalsuffixen (ילדו-לו in V.15, בניו, יהיה-לו in V. 16, לו, אנו מצא לו, נתן לו in V.17) und Verbformen der 3.Pers.Sing.mask. (נחל, יכל in V.16, נכר in V.17) die Rede.

[444] Unfreie Frauen würden als solche deutlich gekennzeichnet werden; vgl. Kap. 2.1.

[445] Zu אהב und שׂנא vgl. Kap. 1.3. Anders sieht Carolyn PRESSLER (1993, 17, mit Verweis

in Erzählungen verwendet[446]. Es ist bemerkenswert, daß in polygyner Ehe lebende Frauen mit Termini bezeichnet werden, die im ehelichen Kontext sonst den
Wunsch nach Scheidung bzw. den nach Heirat implizieren[447]. Um Scheidung aus
Haß oder Heirat aus Liebe kann es bei den bereits bestehenden und stabilen polygynen Ehen jedoch nicht gehen. Die von mir gewählte Wiedergabe von אהב
/אהובה und שׂנא/שׂנואה mit *lieben/ Geliebte* und *hassen/ Gehaßte* betont die
emotionale Komponente, die den Begriffen auch im Hebräischen eigen ist[448]. Im
Kontext polygyner Ehen beschreiben die Worte ein langfristiges zwischen-
menschliches Verhältnis. *Lieben* und *hassen* deuten auf die Bevorzugung und
Benachteiligung der Co-Frauen hin. Mit den Begriffen gehen immer auch materielle Konsequenzen einher. Der mehrschichtige Charakter der Begriffe ist bei
der weiteren Diskussion immer mitzubedenken. Drei Interpretationsmöglichkeiten bieten sich in Dtn 21,15-17 für אהובה und שׂנואה an:

1. In der Fachliteratur wird allgemein angenommen, daß die Termini die Gefühle des Mannes zum Ausdruck bringen - obwohl dies nicht explizit gesagt
   wird[449]. Für diese Interpretation spricht, daß es ein Mann ist, dem die Bevorzugung der *geliebten* Frau untersagt wird; folglich ist er es, der die eine Frau
   liebt und die andere *haßt*. Die Empfindungen eines Mannes haben direkte
   Auswirkungen auf die eheliche Position seiner Frauen. Lediglich erbrechtliche Konsequenzen für den erstgeborenen Sohn werden davon ausgeschlossen.
2. Die Termini *lieben* und *hassen* könnten zudem als ein Hinweis auf die Reihenfolge der Eheschließungen und die Position der *ersten* und *zweiten* Frau
   verstanden werden. Es fällt auf, daß die *geliebte* Frau immer als erste genannt wird[450]. Nach diesem Verständnis ginge ein Mann die erste Ehe aus
   Gründen der Zuneigung ein (*Geliebte*) und die zweite infolge gesellschaftlicher Zwänge (*Gehaßte*), bsp. wegen anhaltender Kinderlosigkeit der ersten
   Frau.
3. Nach einer dritten Deutung beschreiben *lieben* und *hassen* allgemein eine
   bevorzugte und eine benachteiligte soziale Position der Co-Frauen[451]. Die
   eheliche Situation der Frauen wird dann nicht (allein) auf den Mann zurück-

---

auf Jacob MILGROM, 1976, 338) die Worte als polemische Begriffe an. Pressler begründet
ihre Annahme leider nicht.

[446] Dtn 21,15-17; Gen 29,18; 30,31.33, ähnlich 1.Sam 1,5.
[447] Vgl. Anm. 118f.
[448] Vgl. Anm. 117ff.
[449] So bsp. Barry J. BEITZEL (1986, 181), Carolyn PRESSLER (1993, 17), Eduard NIELSEN
(1996, 207). Es muß nicht die *Liebe* im engeren Sinne sein, die zur Bevorzugung einer der
Co-Frauen führt. Andere Gründe sind möglicherweise das gesellschaftliche Ansehen der
Frau und das ihrer Familie, charakterliche Eigenschaften und Fähigkeiten oder einfach eine
gute Beziehung zwischen ihr und dem Mann.
[450] Dtn 21,15f.
[451] So die Deutung von Eduard NIELSEN (1996, 207).

geführt. Welche Kriterien für eine solche Deutung der Lebenssituation der Frauen maßgeblich sind, bleibt unklar[452].

In Dtn 21,15-17 liegt zumindest die erste Deutung vor. Eine abschließende Interpretation der Begriffe der *Geliebten* und der *Gehaßten* kann allein auf Grund dieser einen Textstelle nicht vorgenommen werden. Die drei hier dargestellten Möglichkeiten werden im Hinblick auf weitere ersttestamentliche Belege geprüft. Im Eingangssatz der Bestimmung wird festgehalten, daß beide Frauen dem Mann Kinder geboren haben. Die Kinder werden sowohl als Kinder des Mannes[453] als auch als Kinder der *Geliebten* bzw. der *Gehaßten* bezeichnet[454]. An zentraler Stelle steht der dem Mann zuerst geborene Sohn (ראשית /בכור)[455]. Er wird in V.15-17 der *gehaßten* Frau zugeordnet[456].

Zusammenfassend läßt sich sagen, daß aus Dtn 21,15-17 eine Rangordnung freier Co-Frauen hervorgeht. Eine der Frauen wird durchgängig als erste genannt und als *Geliebte* (אהובה) bezeichnet. Die Bestimmung will die Bevorzugung einer solchen Frau durch den Mann unterbinden. Die andere Frau wird stets als zweite genannt und als *Gehaßte* (שנואה) bezeichnet. Das Recht ihres Kindes, des erstgeborenen Sohnes des Mannes, wird ausdrücklich vor der Benachteiligung durch den Mann geschützt. Unklar ist, ob die zuerst genannte Frau nur aus der Sicht des Mannes eine bevorzugte eheliche Position einnimmt, oder ob der Begriff der *Geliebten* allgemein als Hinweis auf eine höhere gesellschaftliche Position zu verstehen ist (bsp. die der *ersten* Frau).

---

[452] Bsp. könnten die Begriffe ein von Gott *geliebt* oder *gehaßt* werden bezeichnen. Eine solche religiöse Deutung der eigenen Lebenssituation entspricht der Darstellung erzählender Texte von Frauen, die in polygyner Ehe leben, so bsp. Gen 30f und 1.Sam 1f. *Lieben* und *Hassen* werden dabei nicht als göttliche Handlungsmotive genannt. Zwar können die Begriffe an anderer Stelle in anthropopathischer Weise auch für Gottes Verhältnis zu den Menschen verwendet werden. Allerdings zielen sie in der Regel auf Verhaltensweisen und nicht auf einzelne Personen (vgl. Edward LIPIŃSKI, 1993B). Aus Dtn 21,15 geht hervor, daß das Vorhandensein oder Fehlen eigener Kinder keinen Einfluß auf die Bezeichnung als *Geliebte* oder *Gehaßte* hat, denn von beiden Frauen wird gesagt, daß sie Kinder haben.

[453] V. 15 (בניו /אשר־יהיה לו); V.16 (וילדו־לו בנים)

[454] V.16 (בן־השנואה / בן־האהובה)

[455] Vgl. Anm. 415f.

[456] V.15 (הבכר בן־השנואה); V.16 (בן־השנואה הבכר); V.17 (והיה הבן הבכור לשניאה)

3.3.2.2 Polygynie mit freien Co-Frauen im Ersten Testament

Um die Aussagen von Dtn 21,15-17 weiter zu erhellen, werden andere ersttestamentliche Quellen herangezogen. Auskunft geben zwei knappe Randbemerkungen[457] und die Erzählungen in 1.Sam 1 und Gen 29-30[458]. Zunächst werden die Bezeichnungen für freie Co-Frauen miteinander verglichen (Kap. 3.3.2.2.1). In einem Exkurs wird die in den Erzählungen gebrauchte Verwendung der Termini אהובה (*Geliebte*) und שׂנואה (*Gehaßte*) untersucht (Exkurs 3). Zuletzt werden die Texte auf erbrechtliche Regelungen für Kinder aus polygynen Ehen befragt (Kap. 3.3.2.2.2).

3.3.2.2.1 Freie Co-Frauen

Freie Co-Frauen werden in den Vergleichstexten nicht als *eine* und *andere* (אחת/ אחת), sondern als *erste* und *zweite* (שׂנית /אחת) [459] bzw. *spätere* (אחרת)[460] bezeichnet. Die eheliche Rangfolge wird eindeutig festgehalten. Eine Gemeinsamkeit zwischen Dtn 21,15 und den Vergleichstexten besteht darin, daß zusammenfassend von *zwei Frauen* (שׁתי נשׁים) eines Mannes die Rede ist. Dies weist auf den gleichen gesellschaftlichen Rang der Frauen als Freie hin[461]. Es ist auch möglich, daß Dtn 21,15-17 die eheliche Stellung der Co-Frauen nicht genauer festhält, da die Zuordnung zu אהובה/שׂנואה im Vordergrund steht. אהב und שׂנא werden auch in den narrativen Texten verwendet. Die Erzählung von Hanna und Peninna (1.Sam 1) ähnelt dem Rechtstext am stärksten; im Mittelpunkt stehen die freien Co-Frauen, von denen die eine durch den Mann bevorzugt wird. Die Erzählung von Lea und Rahel (Gen 29-30) gibt ebenfalls Auskunft über die bevorzugende und benachteiligende Behandlung freier Co-Frauen; Lea und Rahel sind im Unterschied zu Hanna und Peninna und den Frauen in Dtn 21,15-17 Schwestern.

Aus der Analyse von Dtn 21,15-17 ergibt sich die Frage, was אהב/שׂנא und die davon abgeleiteten Termini *Geliebte/ Gehaßte* im Kontext polygyner Verbindungen bedeuten. Handelt es sich 1. um die Emotionen des Mannes und deren praktische Auswirkungen, 2. um den Hinweis auf die Position der ersten bzw. der zweiten Frau oder 3. um eine Deutung des Lebens der Frauen als begünstigt

---

[457] Gen 4,19-24; Ri 11,1-3

[458] 1.Sam 1 (und anschließender Psalm); Gen 29-30

[459] Gen 4,19; 1.Sam 1,2. Die Erzählung Gen 29-30 stellt die Reihenfolge der Ehen ausdrücklich dar.

[460] Ri 11,2

[461] Anders Ri 11,2; dort wird die Ungleichheit der Co-Frauen herausgestellt, vgl. Kap. 2.2.1.

oder benachteiligt? Dies wird im folgenden an Hand der Erzählungen in 1.Sam 1 und Gen 29-30 untersucht.

Exkurs 3: אהב und שׂנא in den Erzählungen 1.Sam 1-2 und Gen 29-30

1.Sam 1

1.Sam 1 spielt in der vorköniglichen Zeit. Es ist die Geschichte der zunächst kinderlosen Hanna, die die *geliebte* Frau in einer polygynen Ehe ist. Die Erzählung ist Teil eines Erzählkreises um die Herkunft und Jugend des Propheten Samuel[462]. Das Verhältnis zwischen den Co-Frauen Peninna und Hanna wird vor allem zu Beginn der Erzählung in **1.Sam 1,2-8**[463] dargestellt. Die existentielle Bedeutung, die das Gebären von eigenen Kindern für Hanna spielt, wird plastisch beschrieben. Die Darstellung ähnelt sprachlich der dramatischen Beschreibung von Not an anderen Stellen des Ersten Testaments[464]. Auch im anschließenden Psalm Hannas (1.Sam 2) kommen der

---

[462] Vgl. Silvia SCHROER (1992, 41ff).

[463] **1.Sam 1,2-8** lautet:

> ²*Er* (Elkana) *hatte zwei Frauen* (שׁתי נשׁים)*, wobei der Namen der ersten* (אחת) *Hanna und der Name der zweiten* (שׁנית) *Peninna war. Peninna hatte Kinder* (ילדים) *und Hanna hatte keine Kinder.*
> ³*Jener Mann ging Jahr für Jahr aus seiner Stadt herauf, um vor JHWH Zebaot in Silo zu beten und zu opfern. Dort waren zwei Söhne Elis, Hophni und Pinehas, Priester JHWHs.*
> ⁴*An dem Tag, an dem Elkana opferte, gab er seiner Frau* (אשׁה) *Peninna und allen ihren Söhnen und ihren Töchtern Anteile* (von den Opfergaben)*.* ⁵*Der Hanna aber gab er einen Anteil für zwei, denn er liebte* (אהב) *Hanna, JHWH aber war der, der ihre Gebärmutter verschlossen hatte.*
> ⁶*Und ihr Schmerz machte sie unmutig und ebenso der Unmut wegen ihres Zorns darüber, daß JHWH ihre Gebärmutter verschloß.* ⁷*So geschah es Jahr für Jahr, sooft sie in das Haus JHWHs heraufging, machte er* (ihr Schmerz) *sie unmutig, und sie weinte und aß nicht.* ⁸*Dann sprach Elkana, ihr Mann* (אישׁ)*, zu ihr: „Hanna, wozu weinst du, wozu ißt du nicht und wozu fürchtest du dich in deinem Herzen? Bin ich für dich nicht besser als zehn Söhne?"*

[464] So כעס (*Unmut*, 1.Sam 1,6), das bsp. in Ps 6,8 (im Hinblick auf den Tod), Hi 6,2, Koh 1,18 (für den Wissensschmerz) und in Pr 21,19 (im Hinblick auf eine unmutige Frau) verwendet wird; צרה (*Schmerz*, 1.Sam 1,6), das bsp. in Ps 31,8 (Angst und Finsternis), Ps 22,12 (existentielle Not), Jes 8,22 (apokalyptische Szene) und in Jes 33,20 (Zeit der Not) steht; רעם (*Zorn*, 1.Sam 1,6), das bsp. in Ps 18,14 und Ps 29,1 die göttliche Wut beschreibt und nur in 1.Sam für einen Menschen verwendet wird, oder מר (*bitter*, 1.Sam 1,10), das die Bitterkeit von Salzwasser darstellen kann und im übertragenen Sinn das Fehlen von Lebensnotwendigem bezeichnet und so bsp. in 1.Sam 15,32; Jes 38,17; Hi 3,20; 7,11; 21,23;

seelische Schmerz und der Zorn der Frau über ihre Situation zum Ausdruck. Aktueller Auslöser der Depression ist ein Opferfest, das alljährlich stattfindet und zu dem die Angehörigen des Haushalts - Hanna, Hannas Mann Elkana, Hannas Co-Frau Peninna und deren Kinder - zum JHWH-Heiligtum nach Silo kommen. Hanna schreibt ihre Kinderlosigkeit Gott zu. Daher hadert sie besonders während der religiösen Feierlichkeiten mit Gott. Durch ein im JHWH-Heiligtum abgelegtes Gelübde erreicht sie letztendlich ihr Ziel und bekommt eigene Kinder. Ein Lobpsalm schließt sich an, der in einem Vers explizit auf die Erhöhung der kinderlosen und die Erniedrigung der kinderreichen Frau durch Gott Bezug nimmt[465].

In der Forschung wird allgemein die Meinung vertreten, daß das Leid Hannas nicht nur ihrer Kinderlosigkeit, sondern besonders dem konkurrenzgeprägten Verhältnis zu ihrer Co-Frau Peninna entspringe[466]. Im folgenden wird gezeigt, daß die Erzählung auch anders gelesen werden kann. Zu Beginn der Erzählung wird in **V. 2-4** der polygyne Lebenskontext Hannas beschrieben. In diesem Zusammenhang wird auch ihre Co-Frau dreimal genannt (V.2a, V.2b, V.4). Zunächst wird festgehalten, daß Hanna die erste und Peninna die zweite Frau ist (אַחַת/שֵׁנִית, V.2a) - Hanna wird zuerst genannt. Im zweiten Teil desselben Satzes wird Hanna ihrer Co-Frau nachgeordnet. Es wird berichtet, daß Peninna im Gegensatz zu Hanna Kinder hat (V.2b). Das Verhältnis zwischen den Co-Frauen wird nur in Form dieser äußeren Fakten dargestellt. Die plötzliche Nachordnung Hannas weist bereits auf die Einbuße hin, die die Kinderlosigkeit in sozialer Hinsicht für sie bedeutet. Die dritte Erwähnung Peninnas erfolgt in Verbindung mit den religiösen Feierlichkeiten in Silo (V.4). Elkana teilt abgemessene Anteile des Opferessens an Peninna, ihre Söhne und Töchter aus. Hanna erhält ihren Anteil erst nach Peninna, dafür erhält sie aber eine größere Zuteilung (V.5). Auch wenn sie mehr als die übrigen Familienmitglieder erhält, wird durch diese Darstellung deutlich, daß Hanna trotz der Position als erste Frau eine geringere gesellschaftliche Stellung einnimmt. An keiner der drei Stellen wird angedeutet, daß Peninna ihren Kinderreichtum dazu nutzt, ihre Co-Frau auszuspielen oder zu demütigen. Ein offener Konflikt zwischen den Co-Frauen wird bis zu V.5 nicht erwähnt. Die herausragende Position Peninnas[467] dient lediglich als Kontrast zur Darstellung des Unglücks der kinderlosen Hanna.

V.5 stellt in dreierlei Hinsicht einen Wendepunkt der Erzählung dar. Zum einen werden hier die seelischen Schmerzen dargestellt, unter denen Hanna leidet. Zum anderen wird berichtet, daß Elkana ausgleichend auf die Situation Hannas einwirkt: In einer Gegenbewegung bevorzugt er sie in materieller und symbolischer Weise. Er läßt ihr zusätzliche[468] Opfergaben zukommen. Als Motiv wird Elkanas *Liebe* (אַהֲבָה) zu Hanna

---

Ez 27,31; Ruth 1,20 für *Verzweiflung, Trauer* oder *Unmut* steht.

[465] 1.Sam 2,5b

[466] Vgl. Anm. 474.

[467] Der Name Peninna deutet ebenfalls auf die herausragende Stellung der Frau hin. פְּנִנָּה leitet sich von פִּנָּה ab (*Zinne, Eckstein*, übertr. *Häupter des Volkes*).

[468] Die Wendung אַחַת אַפַּיִם in 1.Sam 1,5 (*weiterer Anteil für zwei* vgl. GESENIUS, 1962[17], 58) wird in HAL (Bd. א-טבח, 74) und in der neueren Auflage GESENIUS (1987[18], 87) durch die Variante אַחַת אֶפֶס כִּי ersetzt und heißt dann *einen [Anteil], obwohl/ trotzdem* (ebd.). Ich

angeführt. Ihre Kinderlosigkeit tut seiner Zuneigung nach Aussage der Erzählung keinen Abbruch[469]. Hanna ist und bleibt die von ihm *geliebte* Frau. Das unterscheidet sie von ihrer Co-Frau, ohne daß Peninna gleichzeitig als *Gehaßte* bezeichnet wird. Die dritte Wendung geschieht am Ende von V.5. Dort heißt es schließlich, Gott habe Hannas Gebärmutter[470] verschlossen und so ihre Kinderlosigkeit bewirkt. In aller Deutlichkeit wird festgestellt, daß Hanna keine Kinder bekommen kann. Die Aussage bestimmt den weiteren Verlauf der Erzählung. Hannas ganzes Streben zielt auf die göttliche Erhörung ihres Kinderwunsches. Die letzte Bemerkung erzeugt in V.5 eine enorme Spannung: Der Liebe des Mannes wird die von Gott gewirkte Kinderlosigkeit gegenübergestellt, die die Quelle von Hannas Leid ist. Damit ist Hanna offensichtlich nicht die von Gott, sondern die allein von Elkana bevorzugte Frau[471].

V.6 ist in der Übersetzung umstritten. Nach dem gängigen Verständnis wird er als Hinweis auf einen Konflikt zwischen Hanna und Peninna gedeutet[472]. Durch diese Interpretation ergibt sich für die gesamte Erzählung eine andere als die bisher dargestellte Aussage. Das entscheidende Wort ist צרה. Es kommt in erzählenden, prophetischen und weisheitlichen Texten und in Psalmen häufig vor und wird in der Regel mit *Bedrängnis, Schmerz* (einer Gebärenden) oder *Angst* übersetzt[473]. In der ersttestamentlichen Fachliteratur wird angenommen, das Wort sei nur an dieser Stelle eine fem. Form von צר (*Feind*) und also mit *Feindin* zu übersetzen[474]. V.6 besagt dann, daß Hanna unter ihrer *Feindin* leide; mit *Feindin* soll die Co-Frau Peninna gemeint sein[475].

---

folge der masoretischen Variante, da sie dem Duktus der Erzählung besser entspricht.

[469] Vgl. auch 1.Sam 1,8. Der Fortlauf der Erzählung zeigt schon mit dem sich anschließenden V.6, daß die Bevorzugung durch ihren Mann Hannas Wunsch nach eigenen Kindern nicht aufheben kann. Sie bezeichnet ihren Zustand in V.10 als *bitter*, vgl. Anm. 464.

[470] רחם (*Gebärmutter, Erbarmen* (Gottes); vgl. Jörg JEREMIAS, 1975; Phyllis TRIBLE, 1993, 50-76). Der Gedanke des Erbarmens kommt auch in Hannas Namen zum Ausdruck; dieser leitet sich von חנן‎ (*gnädig sein, sich erbarmen*) ab; vgl. GESENIUS (1987[18], 373).

[471] Zur von Gott Erhörten wird sie erst durch die spätere Empfängnis.

[472] Vgl. Anm. 474.

[473] Das Verb צרר bedeutet *zusammenbinden* (trans.) oder *eng sein* (intr.). In 2.Sam 20,3 bezeichnet das Pzp. Pass. die vom Geschlechtsverkehr ausgeschlossenen Frauen Davids in Jerusalem.

[474] So bsp. GESENIUS (1962[17], 695). Ähnlich die Zürcher Bibel (1982[18],286). Ebenso wird das Wort nach HAL (Bd. ראה-נבם, 986) an dieser Stelle auf die Co-Frau Hannas bezogen und צרה mit „*Mitfrau, Nebenfrau eines Mannes, der noch eine andere Frau hat, die in ihrer Beziehung zu dieser anderen Frau als deren Feindin gesehen*" wiedergegeben. In diesem Sinne übersetzen es in neueren Arbeiten bsp. auch Yairah AMIT (1994, 70), Cheryl Anne BROWN (1992, 149), Walter BRUEGGEMANN (1990, 35), Lilian R. KLEIN (1994, 78ff), Silvia SCHROER (1992, 42). Das Verb צרר bedeutet *anfeinden* und wird in Lev 18,18 für das Verhältnis zwischen verwandten Co-Frauen einer polygynen Ehe verwendet (vgl. Kap. 3.4.2.1).

[475] Die Zürcher Bibel gibt 1.Sam 1,6 folgendermaßen wieder: „*Ihre Nebenfrau jedoch kränkte sie dazu noch tief wegen ihres Unglücks, daß der Herr ihren Schoß verschlossen hatte*" (1982[18], 286). Peninna wird an keiner Stelle der Erzählung eine *Nebenfrau* (פילגש) genannt.

Gegen diese Interpretation spricht m.E. die gesamte Darstellung von 1.Sam 1. Ein Streit zwischen Hanna und Peninna wird nicht angedeutet. Nur ein solcher Konflikt könnte die kämpferische Bezeichnung der Co-Frau als *Feindin* verständlich machen. Wo der Zustand Hannas dargestellt wird, ist allgemein von tiefer Angst und Bedrükkung die Rede[476]. Weder in Elkanas noch in Hannas Rede wird auf einen Konflikt zwischen den Co-Frauen oder gar auf eine böswillige Handlung Peninnas hingewiesen[477]. Die große Anzahl von Belegen für צרה im Sinne von *Schmerz* und *Angst* spricht dagegen, das Wort an dieser Stelle anders zu übersetzen[478].

Der Vergleich von 1.Sam 1,2-8 mit Dtn 21,15-17 ergibt folgendes Bild:
In beiden Texten wird die erste Frau als *Geliebte* bezeichnet. Das Vorhandensein oder Fehlen von Kindern der Frauen hat beide Male keinen Einfluß auf die Verwendung des Terminus אהב. Die Geburt eigener Kinder wirkt sich aber sehr wohl auf die gesellschaftliche Situation einer Frau aus, so daß eine kinderlose Frau einen geringeren Status hat als eine kinderreiche. Während das Subjekt der *Liebe* im Gesetzestext nicht genannt wird, ist es nach Aussage der Erzählung ausdrücklich der Mann. In beiden Texten wird gesagt, daß ein Mann seine *geliebte* Frau materiell bevorzugen möchte, sei es durch besondere Erbrechte ihres Sohnes oder durch andere spezielle Zuwendungen. Der Rechtstext verbietet einem Mann, den Sohn der *geliebten* Frau dem der *gehaßten* Frau vorzuziehen. In 1.Sam 1,2-8 wird nicht von Erbrechten gesprochen. Die Beobachtungen sprechen dafür, daß es in Dtn 21,15-17 der Mann ist, aus dessen Sicht die Frauen als *Geliebte* und *Gehaßte* bezeichnet werden. Die Termini halten keinen festen sozialen Status der Frauen fest, sondern eine auf den Empfindungen des Manns basierende innerfamiliäre Bevorzugung bzw. Benachteiligung.

Gen 29-30

Gen 29-30 ist Teil einer Erzählung, die in der vorköniglichen Zeit spielt[479]. Ort des Geschehens ist nicht das israelitische Kerngebiet, sondern Haran im Norden Mesopotamiens. Jakob lebt mit seinen freien Frauen bei deren Vater Laban; es handelt sich um eine Form matrilokalen Zusammenlebens[480]. Dargestellt wird der gesamte Vor-

---

[476] Allerdings kann der Psalm Hannas (1.Sam 2,1-10, bes. V.5) als Triumph der kinderlosen über die kinderreiche Frau gedeutet werden.

[477] 1.Sam 1,8.11.15f.

[478] Die hier gebotene Übersetzung von V.6 läßt noch eine weitergehende Interpretation zu. Es heißt darin nicht nur, daß JHWH Hannas Gebärmutter verschließt, sondern daß Schmerzen (צרה) zur unglücklichen Gesamtsituation Hannas beitragen. צרה kann dabei nicht nur auf psychische, sondern auch auf körperliche Schmerzen im Bereich des Unterleibs hinweisen. So wird das Wort für den Schmerz der Geburtswehen verwendet (bsp. Jer 4,31). Es ist daher möglich, den Begriff als Hinweis auf einen möglicherweise auch körperlichen Zustand Hannas zu verstehen, der durch die psychische Belastung ausgelöst wird. In der Medizin sind solche Schmerzen im Bereich der Gebärmutter als Verkrampfen der Scheide bekannt; es handelt sich um ein häufig auftretendes Phänomen, das in der Regel auf psychischen Ursachen beruht (vgl. zum sog. *Vaginismus* Willibald PSCHYREMBEL, 1994[257], 1607).

[479] Vgl. Irmtraud FISCHER (1994).

[480] Gen 29,19. Häufig wird angenommen, Laban habe zum Zeitpunkt der Eheschließungen

gang der Familiengründung, angefangen vom ersten Kennenlernen der Eheleute bis hin zur Geburt der Kinder[481]. Während in Gen 29 die Auswahl der Ehefrauen aus der Sicht Jakobs im Mittelpunkt steht, geht das Interesse in Gen 30 auf die Anliegen Leas und Rahels über. Ihr Verhältnis zueinander, ihr Bemühen um Kinder und um die Zuneigung ihres Mannes wird beschrieben. Dabei greifen die Frauen selbst aktiv in das Geschehen ein. Zugleich deuten sie ihr Leben und besonders ihre Empfängnisfähigkeit als von Gott gegeben. Die Begriffe *lieben* und *hassen* werden in **Gen 29,16-20.30-33** und **30,1-2.14-16**[482] mehrmals genannt. Die folgende Analyse konzentriert sich besonders auf diese Verse.

---

noch keine männlichen Nachkommen; vgl. Naomi STEINBERG (1993). Söhne werden im Texte erst später erwähnt (Gen 30,35; 31.1). Möglicherweise will Laban sein Erbe direkt oder über den Schwiegersohn an seine Töchter weitergeben und so als Familienbesitz erhalten. Zur Nähe zwischen den Heiratsregelungen in Gen 29 und Dokumenten aus dem nordmesopotamischen Nuzi (1450-1350 v.Chr.); vgl. Anm. 52.

[481] Nur die Geburt des dreizehnten und letzten Kindes der Familie wird außerhalb dieses Abschnitts in Gen 35 dargestellt.

[482] **Gen 29,16-20.30-33** und **Gen 30,1-2.14-16** lauten:

[16]*Laban hatte zwei Töchter, wobei der Name der größeren Lea, und der Name der kleineren Rahel war.* [17]*Die Augen Leas waren sanft und Rahel war schöngestaltet und hatte ein schönes Aussehen.* [18]*Darum liebte (אהב) Jakob Rahel und sprach: „Ich werde sieben Jahre für dich (Laban) arbeiten für Rahel, deine kleinere Tochter."* [19]*Darauf sprach Laban: „Besser ich gebe sie dir als einem anderen Mann. Wohne mit mir".* [20]*Und Jakob arbeitete sieben Jahre für Rahel. Und sie vergingen in seinen Augen wie mehrere Tage in seiner Liebe (אהבה) zu ihr. (...)*

[30]*Und er (Jakob) kam auch zu Rahel und liebte (אהב) auch Rahel, mehr als Lea. Und er arbeitete noch weitere sieben Jahre für ihn.*

[31]*Als JHWH sah, daß Lea gehaßt wurde (שנואה), da öffnete er ihre Gebärmutter, während Rahel unfruchtbar war.* [32]*Da wurde Lea schwanger, gebar einen Sohn und nannte ihn Ruben, denn sie sprach: „JHWH hat mein Leid (עני) gesehen. Ja, jetzt muß mein Mann (איש) mich lieben (אהב)".* [33]*Dann wurde sie wieder schwanger, gebar einen Sohn und sprach: „Weil JHWH gehört hat, daß ich die Gehaßte (שנואה) bin, gab er mir auch diesen." Darum nannte sie ihn Simon. (...)*

30[1]*Rahel sah, daß sie dem Jakob nicht (Kinder) gebar und Rahel war auf ihre Schwester eifersüchtig (קנא) und sprach zu Jakob: „Gib mit Kinder (בן), wenn (ich) keine (bekomme), sterbe ich!"* [2]*Und der Zorn Jakobs entbrannte gegen Rahel und er sprach: „Bin ich anstelle Gottes, der dir die Frucht des Leibes vorenthält?" (...)*

[14]*Und in den Tagen der Weizenernte ging Ruben und fand Liebesäpfel im Feld und brachte sie Lea, seiner Mutter. Und Rahel sprach zu Lea: „Gib mir doch etwas von den Liebesäpfeln deines Sohnes".* [15]*Und sie sprach zu ihr: „Ist es nicht genug, daß du meinen Mann genommen hast (לקח)? Willst du auch noch die Liebesäpfel meines Sohnes nehmen? Und Rahel sprach: „Und für die Liebesäpfel deines Sohnes wird er in dieser Nacht bei dir schlafen."* [16]*Am Abend kam Jakob vom Feld und Lea ging hinaus, ihm entgegen und sprach: "Zu mir mußt du kommen, denn dich habe ich für die Liebesäpfel meines Sohnes ausgeliehen (שכר)." Und er schlief in der Nacht bei ihr.*

Lea ist die erste Frau Jakobs[483]. Sie wird bei Aufzählungen in der Regel als erste genannt[484]. Obwohl sie die *gehaßte* Frau ist und der geringere Teil der Erzählung sich ihr widmet, ist sie es, die mit Jakob im Familiengrab begraben wird[485]. Das Recht der früheren Heirat steht Lea als erstgeborener Tochter ausdrücklich zu. Dadurch wird Lea zur ersten und ungewollten Frau Jakobs, der seinerseits die von ihm *geliebte* Rahel zur ersten Frau nehmen möchte[486]. In der Erzählung wird angedeutet, daß es sich bei der festgelegten Heiratsfolge um eine regionale Sitte handelt[487]. Möglicherweise konnten Heiratsanwärter in anderen Regionen zwischen verschiedenen heiratsfähigen Schwestern wählen.

Lea wird in **Gen 29,31.33** zweimal als שׂנואה (*Gehaßte*) bezeichnet. Wie schon im dtn Gesetz wird kein Subjekt der Emotion genannt. *Lieben* und *Hassen* werden in V.30-33 immer im Wechsel erwähnt. Der ersten Bezeichnung Leas als *Gehaßte* (שׂנואה, V.31) geht die Feststellung der *Liebe* Jakobs zu Rahel direkt voraus (אהב,V.30). Ähnlich geht dem zweiten שׂנואה (V.33) ein Satz voran, demnach Lea unter der Ablehnung ihres Mannes leidet und sich wünscht, seine *Liebe* erlangen zu können (אהב,V.32). Der negative Terminus der *Gehaßten* wird ohne Subjekt verwendet, während die positive Emotion des *Liebens* ausdrücklich vom Mann ausgeht. Erst aus dem Kontext wird ersichtlich, daß sowohl *Lieben* als auch *Hassen* Gefühle und Handlungsweisen des Mannes sind. Es scheint, als sei die Erzählung darauf bedacht, die ungerechte Behandlung Leas zwar festzuhalten, sie aber möglichst nicht als aktive Handlung Jakobs darzustellen[488]. In Gen 29,31 greift Gott aktiv in die Handlung ein, um die eheliche Benachteiligung Leas durch ihren Mann auszugleichen: Gott bewirkt ihren Kinderreichtum[489]. Es wird der umgekehrte Vorgang dargestellt wie in 1.Sam 1. Während in 1.Sam 1,5 die *Liebe* Elkanas die ausgleichende Handlung ist, mit der die göttlich ge-

---

[483] Gen 29,23.26

[484] So bereits in Gen 29,16f. Lea wird auch zuerst genannt bei Labans Durchsuchung der Zelte (Gen 31,33), zu Beginn der Aufstellung des Zuges, der Esau entgegen gesandt wird (Gen 33,1; aber anders 33,2) und bei der genealogischen Auflistung der Nachkommenschaft (Gen 35,23f). Zudem wird nur Lea mit Jakob im Familiengrab beigesetzt (Gen 49,31); vgl. dazu Klara BUTTING (1987).

[485] Gen 49,31

[486] Es muß offen bleiben, ob Laban das Recht der Erstgeborenen (בכירה), als erste verheiratet zu werden, im Interesse Leas oder im eigenen Interesse durchsetzt. Der Verlust eines ihm zugute kommenden Brautgeschenks für Lea könnte das Motiv seiner Handlung sein.

[487] Jakob als Zugezogenem ist diese Sitte angeblich nicht bekannt; Gen 29,23-26.

[488] Der Heiratsbetrug durch Laban, als dessen Opfer Jakob gilt, weist in eine ähnliche Richtung.

[489] Die Darstellung Leas in der weiteren Erzählung macht deutlich, daß sie infolge ihres Kinderreichtums tatsächlich als die glücklichere Frau beschrieben wird, vgl. Gen 29,35; 30,10.13.18.20.

wirkte Kinderlosigkeit der Frau ausgeglichen werden soll, ist es in Gen 29,31 der göttlich bewirkte Kinderreichtum, der der Ablehnung Leas durch ihren Mann gegenübersteht[490]. Das Handeln Gottes und das des Mannes bedingen einander gegenseitig. Die Emotionen der *Liebe* und des *Hasses* werden dabei ausschließlich mit dem Mann in Verbindung gebracht. Obwohl die Frauen jeweils Objekte der Handlungen sind, beeinflussen sie das Geschehen maßgeblich. Dabei fällt auf, daß die weiblichen Aktivitäten, die der Beeinflussung Gottes zu ihren eigenen Gunsten dienen (Hanna), erfolgreicher sind als die Versuche der Frauen, den Mann zu einer nicht vorhandenen Liebe zu bewegen (Lea).

Rahel wird in der Geschichte mehr Aufmerksamkeit geschenkt als Lea[491]. Dreimal wird in Bezug auf Rahel in **Gen 29,18.20.30** אהבה/אהב verwendet. Die erste Erwähnung von אהב steht in Gen 29,18. In den beiden vorhergehenden Sätzen wird die familiäre Rangfolge der Schwestern festgehalten und ihr Aussehen beschrieben[492]. Deutlich ist, daß Jakobs *Liebe* ausgesprochenermaßen Rahel und nicht deren Schwester gilt. Die zweite Erwähnung erfolgt kurz darauf durch das Substantiv אהבה in Gen 29,20. Noch ist Jakob unverheiratet. Seine *Liebe* zu Rahel bewirkt, daß er insgesamt 14 Jahre für Laban in untergeordneter Position arbeitet[493]. Die Bemerkung macht das Ausmaß von Labans Betrug an Jakob deutlich. In Gen 29,30 wird zum letzten Mal gesagt, daß Jakob Rahel *liebt*. Die Feststellung erfolgt im direkten Anschluß an die Hochzeitsnacht. Inzwischen ist Jakob sowohl mit Lea als auch mit Rahel verheiratet. Jakob *liebt* Rahel noch immer mehr als Lea.

Das Verhältnis zwischen Rahel und Lea ist spätestens mit Gen 29,30 von Konkurrenz geprägt. Der Konflikt um Rahels Kinderwunsch und Leas Bemühen um die *Liebe* des Mannes tritt zum großen Teil in Andeutungen zutage[494]. Nur an zwei Stellen wird eine direkte Auseinandersetzung beschrieben. In **Gen 30,1-2** wird ein Streit zwischen Rahel

---

[490] Sprachlich wird in 1.Sam 1,5 der emotionalen und materiellen Bevorzugung der *geliebten* Frau durch den Mann das Verschließen ihrer Gebärmutter durch Gott (ויהוה סגר רחמה) gegenübergestellt. In Gen 29,31 wird der emotionalen Ablehnung der *gehaßten* Frau durch den Mann das Öffnen ihrer Gebärmutter durch Gott (ויפתח יהוה את רחמה) gegenübergestellt.

[491] Der Eingang der Erzählung hält in einer Brunnengeschichte ausführlich die erste Begegnung zwischen Rahel und Jakob fest (Gen 29). Zudem ist dem Tod Rahels bei der Geburt ihres zweiten Kindes ein eigener Erzählabschnitt gewidmet (Gen 35,16-20). In diesem Zusammenhang wird auch die Grabstätte Rahels bei Bethlehem erwähnt, bei der es sich nicht um das Familiengrab handelt, in dem Lea und Jakob später begraben werden (vgl. Anm. 484).

[492] In V.17 wird von Rahel gesagt, daß sie eine schöngestaltete Frau ist (יפת־תאר) und ein schönes Aussehen hat (יפת מראה). Ersteres wird im dtn Gesetz auch von einer Kriegsgefangenen gesagt und gilt als ein Grund dafür, daß ein israelischer Mann sie heiraten möchte; vgl. Anm. 351. Lea wie Rahel werden in ihrem Äußeren positiv dargestellt. Zur Kritik der gängigen Interpretation, Jakob hasse Lea, weil sie häßlich sei, vgl. Klara BUTTING (1987).

[493] Vgl. Gen 29,20.27.30 und Gen 31,38-42. Zur Aufgabe des Herdenhütens vgl. Anm. 59.

[494] Eine Interpretation der eigenen Lebenssituation spiegelt sich bei Lea und Rahel in der Namengebung ihrer Kinder wider (vgl. Gen 29,32-35; 30,5-13.17-24; 35,17-18).

und Jakob dargestellt. Eingangs heißt es, daß Rahel auf Lea und deren inzwischen vier geborene Kinder *eifersüchtig* (קִנֵּא) sei. קִנֵּא wird nur an dieser Stelle für die Beziehung zwischen Frauen verwendet[495]. An anderen Stellen steht es besonders zur Darstellung der Konkurrenz unter männlichen Geschwistern[496]. Interessant ist, daß der Hinweis auf Rahels Eifersucht nicht die Auseinandersetzung der Schwestern, sondern die mit dem gemeinsamen Mann einleitet[497]. Rahel macht Jakob explizit für ihre Kinderlosigkeit verantwortlich. Das kommt in ihrer eindringlichen Forderung an ihn zum Ausdruck: *"Gib mir Kinder, wenn ich keine kriege, sterbe ich!"* (Gen 30,1)[498]. Zur Interpretation der Stelle kann ein Vergleich mit **1.Sam 1** beitragen: Die Kinderlosigkeit Hannas wird auf Gott zurückgeführt. Das beharrliche Gebet Hannas ähnelt der Dringlichkeit, mit der Rahel Kinder fordert. Beide Erzählungen haben gemeinsam, daß der Ehemann kein Interesse an einem Kind bekundet. Elkana beteuert nicht nur, daß seine *Liebe* zu Hanna nicht an die Geburt von Kindern gebunden ist. Er stellt Hannas Kinderwunsch vielmehr alternativ seiner eigenen Bedeutung für Hanna gegenüber: *"Bin ich für dich nicht besser als zehn Söhne?"* (1.Sam 1,8). Der Fortgang der Erzählung zeigt, daß Hanna die rhetorische Frage ihres Mannes verneinen würde. Seine Zuneigung zu ihr kann ihren Wunsch nach eigenen Aufgaben und eigener gesellschaftlicher Anerkennung durch Kinder nicht befriedigen. Nachdem Hanna ein Kind geboren hat, zeigt Elkana sich besorgt, Hanna wolle das Kind - entgegen des Gelübdes - behalten[499]. Diese Beobachtungen lassen verschiedene Interpretationen für Elkanas Verhalten zu: 1. Elkana möchte das Leid der *geliebten* Frau lindern, indem er seine Zuneigung zu ihr betont und ihre Aufmerksamkeit vom unerreichbar scheinenden Wunsch nach Kindern auf die gute gemeinsame Beziehung richtet. 2. Schwangerschaften bringen in altisraelitischer Zeit immer auch die Gefahr der Krankheit oder des Todes der Mutter mit sich[500]. Daher besteht Elkana nicht auf Kinder von Hanna. Es scheint kein Zufall zu sein, daß er die Kinderlosigkeit der *geliebten* Frau anstandslos hinnimmt. Von einer kinderlosen *gehaßten* Frau wird im Ersten Testament nirgends berichtet. Ihr würde wahrscheinlich die Scheidung drohen, die der Begriff שָׂנֵא (im Sinne von *sich scheiden*) an anderen Stellen des Ersten Testaments impliziert[501]. 3. Elkana könnte befürchten, Hanna würde durch ein eigenes Kind das Interesse an ihm verlie-

---

[495] Die Eifersucht zwischen Co-Frauen in polygynen Erzählungen wird anders thematisiert, so bsp. Gen 16 und 21; vgl. Anm. 341.

[496] So bsp. für Josef und seine Brüder (Gen 37,11) oder bildlich für Juda und Ephraim (Jes 11,13). Zentral ist der Begriff für die Selbstbezeichnung Gottes (bsp. Ex 34,14).

[497] Ein Grund dafür ist, daß der Kinderreichtum Leas kein unfaires Verhalten Rahels hervorruft, welches diese ihr zum Vorwurf machen könnte. Dagegen wird die Auseinandersetzung zwischen den Schwestern in Gen 30,6-8 als Rechtsstreit dargestellt. Rahel ist der Ansicht, daß Kinder ihr unbedingt zustehen. So glaubt sie, ihr eingefordertes Recht von Gott zu erhalten, als ihre Sklavin an ihrer Stelle Kinder gebiert.

[498] Mit derselben Vehemenz wird zu Beginn der Erzählung berichtet, daß Jakob Laban gegenüber die ersehnte Ehe mit Rahel einfordert (Gen 29,21).

[499] 1.Sam 1,21-23. Ein nicht eingelöstes Gelübde kann ernsthafte Folgen für die betroffene Person haben.

[500] Vgl. Anm. 504.

[501] Vgl. Kap. 1.3.

ren. Solange Hanna kinderlos ist, ist die Aufmerksamkeit der *geliebten* Frau ihm gegenüber ungeteilt. Auch bei dieser Interpretation ist verständlich, daß der Kinderwunsch der *geliebten* Frau nicht auf ein entsprechendes Interesse des Mannes stoßen
muß. 1.Sam 1 kann zum Verständnis von **Gen 30,1-2** beitragen. Rahel kritisiert in ihrer
vorwurfsvollen Ansprache Jakobs fehlendes Bemühen um ihre Schwangerschaft[502].
Verschiedene Beobachtungen sprechen dafür, daß Jakob befürchtet, die *geliebte* Rahel
könne durch ihre Schwangerschaft zu Schaden kommen. Er schützt Rahel ganz besonders vor lebensbedrohlichen Gefahren, so bsp. beim Zusammentreffen mit
Esau[503]. Die Befürchtung, Rahel könne im Kindbett sterben, ist vom Ende der Erzählung her naheliegend; Rahel stirbt plötzlich und unvermittelt bei der Geburt ihres zweiten Kindes[504]. Zuvor droht sie Jakob, sie werde sterben, wenn dieser sie keine Kinder
bekommen lasse. Würde Jakob die Schwangerschaft aus Angst vor ihrem Tod nicht
wollen, wäre die Drohung der eindringlichste Weg, seinen Widerstand zu brechen.
Vielleicht ist Rahels Interesse an einem aphrodisischen Mittel ebenfalls ein Versuch,
Jakob zu betören und die Schwangerschaft zu erreichen[505].
Die geschilderte Situation führt auch zum Konflikt zwischen Lea und Rahel. Rahel wird
von Eifersucht geplagt (30,1), Lea ihrerseits wirft Rahel in **Gen 30,14-16** vor, *ihren
Mann genommen* zu haben. Gemeint ist nicht Rahels Ehe mit Jakob[506]. Vielmehr krei-
sen Leas Sorgen in der ganzen Erzählung kontinuierlich um die Zuwendung Jakobs.
Was sie Rahel vorwirft, ist, daß diese die Liebe und Nähe des Mannes erhält, die ihr
als erster Frau eigentlich zustehen sollten[507]. Seine Zuwendung zur *geliebten* Frau

---

[502] Die aktive Verhütung der Schwangerschaft durch einen Mann ist im Ersten Testament
    mehrfach belegt, so im Rechtstext Ex 21,7-11 für den Fall einer polygynen Ehe unter Be-
    teiligung einer unfreien Frau (vgl. Kap. 3.2.1.2.1.2) und in Gen 38,9 im Fall einer Levirat-
    sehe (coitus interruptus). Zur Unterlassung des Geschlechtsverkehrs vgl. bsp. Gen 38,26
    (Thamar und Juda) und 2.Sam 20,3 (Nebenfrauen Davids in Jerusalem). Jakob wehrt sich
    in V.2 gegen Rahels Vorwurf.

[503] Gen 33,1-2; Lea gegenüber läßt er nicht dieselbe Vorsicht walten.

[504] Gen 35,16-20. Für ihr Sterben wird zweimal das Verb מות verwendet (V.18f). Das so zur
    Welt gekommene Kind erhält von ihr den Namen בֶּן־אוֹנִי (*Sohn meiner Lebenskraft*); vgl.
    Stefanie SCHÄFER-BOSSERT (1994, 106-125).

[505] S.u. Allerdings wird die spätere Schwangerschaft Rahels nicht auf das aphrodisische Mittel,
    sondern auf Gottes Erhören ihres Gebets zurückgeführt (Gen 30,22).

[506] Die Anklage stünde sonst im Widerspruch zur Darstellung in Gen 29, wonach Jakob und
    Rahel um die an erster Stelle stattfindende Verehelichung Rahels betrogen wurden. Die in
    V.15 gebrauchten Worte sind die ehelichen Termini אִישׁ und לקח.

[507] In Gen 30,15 wird Jakob mit Leas ältestem Sohn Ruben verglichen, der sich mittlerweile
    im Pubertätsalter befinden müßte. Lea befürchtet, daß Rahel ihr nach dem Mann auch noch
    die *Liebesäpfel des Sohnes* nimmt. Bei den *Liebesäpfeln* (דוּדָי, Frucht der Alraune; von דוד,
    Geliebter, Verwandter, abstr. erotische *Liebe*, vgl. GESENIUS, 1987[18], 157) handelt es sich
    um eine Frucht, der eine aphrodisische Wirkung zugesprochen wird. Die wiederkehrende
    Verbindung der Frucht mit Leas Sohn Ruben hat eine sexuelle Komponente. Da Rahel ih-
    rem Mann vorwirft, ihre Kinderlosigkeit zu verschulden, soll nun der Sohn der Schwester
    durch seine *Liebesäpfel* für die ersehnten Kinder sorgen. Es bleibt an dieser Stelle bei einer

äußert sich u.a. in ihrem Vorrecht auf die gemeinsame Nacht mit ihm. Rahel reagiert auf den Vorwurf Leas, indem sie ihr eine Nacht mit Jakob „verkauft"[508]. In dieser Nacht darf Lea den bevorzugten Platz an Jakobs Seite einnehmen, der gewöhnlich ihrer Schwester zusteht. Im Tausch dafür erhält Rahel von Lea ein Mittel mit aphrodisischer Wirkung[509].

EXKURS Ende

Insgesamt läßt sich sagen, daß sich aus dem Vergleich von Gen 29-30, 1.Sam 1 und Dtn 21,15-17 folgendes Bild für den Gebrauch von אהב und שׂנא ergibt: *Lieben* und *Hassen* bezeichnen die Emotionen eines Mannes. In der Regel liegt ihnen folgender Vorgang zugrunde: Ein Mann heiratet in erster Ehe eine Frau, die er sich auswählt und die ihm gefällt (*Geliebte*). Äußere Zwänge - wie die Kinderlosigkeit dieser Frau - können eine weitere Ehe erforderlich machen (*Gehaßte*, evt. 1.Sam 1, Dtn 21). Die innerfamiliäre Position als *Geliebte* oder *Gehaßte* hat keine Auswirkungen auf die Stellung als erste oder zweite Frau (Gen 29-30). Auch die Erbrechte des erstgeborenen Sohnes des Mannes werden davon nicht betroffen (Dtn 21). Dennoch geht mit der Zuordnung eine unterschiedliche Behandlung einher: Die *geliebte* Frau lebt in emotionaler und räumlicher Nähe zum Mann (Gen 29-30). Sie erhält materielle Vorteile (1.Sam 1). Bei Gefahren wird sie besonders geschützt. Der Mann der kinderlosen Frau kann deren soziales und psychisches Leid zu lindern suchen (1.Sam 1). Einer *geliebten* Frau bringt dieses Verhalten des Mannes auch Nachteile ein: In manchen Fällen scheint der Mann die Schwangerschaft der *geliebten* Frau nicht zu wollen - aus Angst, sie könne im Kindbett sterben (evt. Gen 29-30) oder um sich die ungeteilte Aufmerksamkeit der Frau zu erhalten (evt. 1.Sam 1). Die ungleiche Behandlung von Co-Frauen wurde im alten Israel als ungerecht empfunden. So wurden im Kindersegen oder in der Kinderlosigkeit nach Aussage der Erzählungen göttliche Mittel gesehen, um der *gehaßten* Frau zu ihrem Recht zu verhelfen und eine ungerechte Behandlung der Frauen durch den gemeinsamen Mann auszugleichen (1.Sam 1 und Gen 29-30).

Andeutung. Tatsächlich wird von Ruben später berichtet, daß er mit einer anderen Frau seines Vaters sexuell verkehrt, nämlich mit Bilha, der Sklavin Rahels (Gen 35,22). Er verliert dadurch sein Erstgeburtsrecht (Gen 49,2-4).

[508] Vgl. Anm. 100. An einer weiteren Textstelle werden praktische Folgen der Bevorzugung Rahels durch Jakob angedeutet. Rahel wird bei der Diskussion um den Auszugs aus dem gemeinsamen Haushalt mit Laban zweimal *vor* ihrer Schwester genannt, was auf eine Wertschätzung Jakobs gerade ihrer Meinung hindeutet (Gen 31,4-16, bes. V.4 und V.14).

[509] Vgl. Anm. 507. Zuwendung und räumliche Nähe sind auch an anderen Stellen des Ersten Testaments miteinander verbunden, vgl. Anm. 124. Lea hofft ausdrücklich sowohl auf die

3.3.2.2.2 Erbrechte von Kindern freier Co-Frauen

Dtn 21,15-17 ist die einzige rechtliche Bestimmung, die im Ersten Testament Aussagen zum Erbrecht und speziell zum Erstgeburtsrecht von Kindern der in polygyner Ehe lebenden Frauen macht. Auch sonst gibt es kaum Aussagen zu diesem Thema.

1. Nach Aussage einer genealogischen Notiz sind Ada und Zilla Co-Frauen, die beide Kinder haben (Gen 4,19-24). Der Erstgeborene ist der Sohn der ersten Frau Ada. Er und sein Bruder werden vor dem Sohn der zweiten Frau genannt. Eine Uneinigkeit über das Erstgeburtsrecht scheint nicht vorzuliegen.

2. Die Erzählung von Lea und Rahel stellt Ruben als den Erstgeborenen Jakobs und als Kind der ersten *gehaßten* Frau Lea dar (Gen 29,32). Ihm wird das Erstgeburtsrecht ausdrücklich aberkannt[510], da er ein inzestuöses Verhältnis zu Bilha eingeht, einer unfreien Frau seines Vaters[511]. Das Erstgeburtsrecht geht zuerst an den zweiten, dann an den dritten Sohn Leas weiter, die es ebenfalls durch eine selbstverschuldete Handlung verwirken[512]. Letztlich kommt das Erstgeburtsrecht Leas viertem Sohn Juda zu[513]. Eine erbrechtliche Bevorzugung eines Sohnes der *geliebten* Rahel wird nicht erwähnt. Ihre Söhne Joseph und Benjamin gelten in der weiteren Erzählung als die von ihrem Vater besonders *geliebten* und geschützten Kinder[514]. Joseph nimmt später einmal eine herausragende Rolle als Retter seiner Familie und die Verbindung Israels mit Ägypten ein[515].

3. Jephta wird nach einer genealogischen Notiz als zurückgesetzter Sohn der zweiten Frau Gileads dargestellt (Ri 11,1-3)[516]. Es könnte sich um eine erzählte
Parallele zu dem Problem von Dtn 21,15-17 handeln. Gilead hätte in diesem Fall zu seiner kinderlosen *(geliebten)* Erstfrau eine weitere *(gehaßte)* Frau dazugeheiratet, die Jephta geboren hat. Im Unterschied zu Dtn 21 geht die Benachteiligung des Erstgeborenen hier nicht vom Vater, sondern von der ersten Frau und deren Söhnen aus.

4. Die Erzählung von Hanna und Peninna endet damit, daß beide Frauen eigene Kinder haben (1.Sam 1)[517]. Da Söhne und Töchter Peninnas bereits in 1.Sam

---

Liebe als auch auf das regelmäßige Zusammensein mit ihrem Mann (Gen 29,32.34; 30,20).

[510] Gen 49,3-4
[511] Gen 35,22
[512] Gen 49,5-7; vgl. Gen 34.
[513] Gen 49,8-12
[514] Gen 37,3ff; 42,4.36ff
[515] Gen 37-50
[516] Vgl. zur Interpretation des Abschnitts Kap. 2.2.1.
[517] Hanna erhält zu ihrem ersten Kind Samuel noch weitere Töchter und Söhne, vgl. 1.Sam

1,4 erwähnt werden, stammt der Erstgeborene Elkanas von ihr. Ein Konflikt um das Erstgeburtsrecht ihres Sohnes wird nicht erwähnt. Dem erstgeborenen Kind Hannas kommt als Prophet Samuel im Verlauf der Erzählung eine zentrale Bedeutung zu.

Insgesamt läßt sich sagen, daß nur in Ri 11,1-3 ein Konflikt um das Erstgeburtsrecht des Sohnes einer zweiten Frau genannt wird. Der Text hat große Ähnlichkeit mit der Erzählung von der Auseinandersetzung zwischen Sara und Hagar um Ismael, den erstgeborenen Sohn Abrahams (Gen 21)[518]. Allerdings ist Ismael der Sohn einer unfreien Frau. Ihm kann das Recht der Erstgeburt durch die erste freie Frau verwehrt werden. Joseph und Samuel kommt als den erstgeborenen Kindern der *geliebten* Frauen Rahel und Hanna eine zentrale und heilbringende Rolle in der Geschichte des Volkes Israel zu. Umgekehrt wird von Ruben als dem Erstgeborenen der *gehaßten* Frau nur kritisch berichtet. Die Hervorhebung und Zurücksetzung von Söhnen ähnelt der Behandlung von *geliebten* und *gehaßten* Frauen. Formal werden ihre Rechte gemäß ihrem gesellschaftlichen Status gewahrt. Daneben besteht eine subjektive Bevorzugung oder Zurücksetzung durch die Eltern oder durch eine Erzähltradition, die gerade dem Erstgeborenen der zunächst kinderlosen *geliebten* Frau einen besonderen Platz in der Geschichte Israels einräumt[519].

1,11; 2,21.

[518] Vgl. Anm. 341.

[519] Die Art der Darstellung kinderloser *geliebter* Frauen macht die Sympathie deutlich, die auch sie in Erzählungen genießen.

3.3.2.3 Leviratsehe im Deuteronomischen Gesetz
und im übrigen Ersten Testament

Das Erste Testament nennt unterschiedliche Varianten der Leviratsehe. Keiner der Texte spricht ausdrücklich von einer polygynen Konstellation[520]. In der ersttestamentlichen Fachliteratur werden Ziele, Ausformungen, Konsequenzen und gesellschaftlicher und historischer Ort der Leviratsehe kontrovers diskutiert[521]. Die Quellen, die darüber vor allem Auskunft geben, sind das dtn Gesetz in Dtn 25,5-10 und die beiden Erzählungen **Gen 38**[522] und **Ruth**[523]. Die drei Texte zur Leviratsehe ergänzen einander[524].

Dtn 25,5-10[525] hält im ersten Teil die üblichen Bestimmungen zur Leviratsehe fest und im zweiten Teil den Rechtsstreit zwischen einer verwitweten Frau und

---

[520] Im Gegensatz dazu haben Leviratsehen in gegenwärtig bestehenden Gesellschaften meist polygyne Konstellationen zur Folge; vgl. bsp. Raphael Garuin ABRAHAMS (1973); Michael C. KIRWEN (1979).

[521] Vgl. zur Darstellung der Diskussion Carolyn PRESSLER (1993, 63-77) und Raymond WESTBROOK (1991, 69-89).

[522] **Gen 38** steht wie Dtn 25 im Kontext zusammenwohnender Brüder. Die Kandidaten für die Leviratsehe sind in dieser Erzählung nicht auf die Brüder des ersten Mannes beschränkt. Thamar heiratet nach dem Tod ihres Mannes dessen Bruder Onan. Ob dieser bereits verheiratet ist, ob es sich also um eine monogame oder polygyne Ehe handelt, wird nicht gesagt. Onan verhindert die Schwangerschaft der unfreiwillig geehelichten Thamar. Er will seinem toten Bruder keinen männlichen Nachkommen verschaffen, da er in diesem Fall keinen Anteil vom Besitz des Bruders erhalten würde (Gen 38,9). Nach Onans Tod gibt Thamars Schwiegervater ihr keinen weiteren Sohn zum Mann. Thamar erreicht nur durch einen Trick, anstelle mit einem Schwager mit ihrem Schwiegervater zu verkehren. Sie erhält so den gewünschten männlichen Nachkommen, mit dem sie die Familienlinie des verstorbenen ersten Mannes weiterführen kann. Der Schwiegervater ist zum Zeitpunkt des Verkehrs schon verwitwet (Gen 38,12); es handelt sich bei der Verbindung um eine monogame Konstellation. Mit der Schwangerschaft Thamars endet der sexuelle Umgang zwischen beiden.

[523] Im Buch **Ruth** kommen neben den nahen auch entferntere Verwandte des Verstorbenen als Heiratskandidaten in Betracht: vgl. J. A. LOADER (1994, 123-138). Nachdem Naemis Mann und ihre beiden einzigen, verheirateten Söhne gestorben sind, kann diese ihren Schwiegertöchtern die Leviratsehe zunächst nicht ermöglichen (Ruth 1,11-13). Ihre kinderlose Schwiegertochter Ruth geht später die Leviratsehe mit einem entfernteren Verwandten ihres verstorbenen Mannes ein. Ein Ziel der Verbindung ist die Fortführung der Familie und die Weiterführung des unbeweglichen Besitzes. Das erste Kind Ruths wird als Sohn Naemis bezeichnet; Naemi ist als Mutter des Verstorbenen dessen nächste noch lebende Verwandte (Ruth 4, 14-17). Der neue Mann Ruths scheint ein nicht (mehr) verheirateter Mann zu sein. Nach Darstellung der Erzählung ist die Leviratsehe mit Ruth eine Liebesheirat (Ruth 2,11-12). Er heiratet sie freiwillig; die Verbindung hat für ihn keine materiellen Vorteile. Die Freiwilligkeit der Ehe unterscheidet Ruth vom dtn Gesetz und von der Darstellung in Gen 38.

[524] Zur Darlegung dieser Annahme vgl. Raymond WESTBROOK (1991, 71).

[525] Anm. 428.

einem Schwager, der sich der Ehe verweigert[526]. Nach **V.5-6** ist ein Mann verpflichtet, den Anspruch seiner Schwägerin auf die ehelichen Güter und den Status einer Ehefrau aufrecht zu erhalten[527]. Er soll mit der Leviratsehe auf diese Güter als Teil seines väterlichen Erbes verzichten[528]. Daraus ist erkennbar, daß es sich bei der Leviratsehe um ein soziales Anrecht einer Frau gegenüber der Familie ihres verstorbenen Mannes handelt[529]. Die Frau hat eine Zwischenposition inne. Sie ist einerseits die Frau des verstorbenen Mannes und die potentielle Mutter des ersten mit dem Schwager gezeugten Kindes, das als Kind des Verstorbenen gilt[530]. Im dtn Gesetz wird sie nicht als Witwe, sondern als *Frau des Toten* bezeichnet; sie behält den Status einer verheirateten Frau bei[531]. Sie ist andererseits eine potentielle Frau des Schwagers, zu dessen Kernfamilie sie durch die Ehe und die Geburt weiterer gemeinsamer Kinder wohl gehört[532]. Der Schwager soll seine Schwägerin zur Frau *nehmen* (לקח, V.5)[533]. Zudem wird das Verb יבם (wörtlich *schwägern*) verwendet, das sinngemäß *die Leviratsehe eingehen* heißt[534]. Es betont, daß der neue Mann der Frau ursprünglich ihr Schwager ist. Durch die doppelte Zugehörigkeit der Frau kann die Leviratsehe als eine Form der Polyandrie verstanden werden. Sie gibt schon zu Zeiten des Ersten Testaments Anlaß zur Kritik. Bsp. lehnt das HG die Ehe zwi-

---

[526] Verwitwete Frauen scheinen im alten Israel häufig gezwungen gewesen zu sein, ihre Rechte gegenüber der Familie des verstorbenen Mannes einzufordern, bsp. Jes 1,23. Ähnliches gilt für das alte Mesopotamien (vgl. Teil I, Anm. 75).

[527] Ihre Ehe mit einem anderen Mann als dem Schwager ist zwar grundsätzlich möglich, im Einzelfall aber u.a. von ihrer materiellen Lage und ihrem Alter abhängig.

[528] So stellt Raymond WESTBROOK (1991, 76) treffend fest: *„It is clear, therefore, that the levirate is a great sacrifice on the part of the brother, for he might just let the deceased remain without issue and take over the inheritance for himself and his progeny."*

[529] Carolyn PRESSLER (1993, 67) bemerkt richtig, daß die Leviratsehe mehrere Ziele verfolgt, u.a. das des Schutzes der verwitweten Frau.

[530] Durch ihr Kind hat sie wohl das Nutzungsrecht über die gemeinsamen Güter mit dem verstorbenen Mann; anders bsp. Carolyn PRESSLER (1993, 69f). Es gibt keinen ersttestamentlichen Beleg dafür, daß das erste mit dem Schwager gezeugte Kind in der Verwandtschaftslinie tatsächlich dem toten Mann zugeschrieben wird. Das Kind mit einem entfernten Verwandten wird genealogisch als sein Nachkomme aufgeführt (vgl. Ruth 4,21).

[531] אשת־המת (V.5); möglicherweise umgeht sie mit der Leviratsehe den Witwenstatus. Ähnlich MAL § 33, s.u.

[532] Ist sie eine weitere Frau, dann ist ihr Status wohl geringer als der einer früher geehelichten freien Frau. Der Zwang zur Ehe könnte es mit sich bringen, daß sie zur *gehaßten* Frau des neuen Mannes wird. In V.6 wird nur vom erstgeborenen Kind der Frau gesagt, daß es als Nachkomme des toten Mannes gelten soll; damit wird von weiteren Kindern zwischen den neuen Eheleuten ausgegangen.

[533] Eheliche Termini für Leviratsehen sind לקח לאשה (Dtn 25,5.7), נתן לאשה (Gen 38,14), לאשה (Ruth 4,19). Frank S. FRICK (1994, 140) weist darauf hin, daß es außerbiblische Varianten von Leviratsverbindungen gibt, die sich sprachlich von anderen Ehen unterscheiden.

[534] יבם (Dtn 25,5.7.8) von Schwägerin (יבמה) und Schwager.(יבם).

schen einer Frau und ihrem Schwager ab; sie gilt als inzestuös[535]. Auch in den folgenden Jahrhunderten bleibt die Leviratsehe auf Grund des Vorwurfs der Polyandrie und wegen der verwandtschaftlichen Nähe der Heiratenden umstritten[536].

Die Bestimmung in V.7-10 hält den Fall fest, daß ein Schwager sich der Ehe entzieht, indem er ihr nicht zustimmt[537]. Bei der gerichtlichen Auseinandersetzung begründet er seine Weigerung nicht mit den materiellen Nachteilen der Verbindung. In V. 7 heißt es zweimal, er habe *keinen Gefallen* (לא חפץ) daran, seine Schwägerin zu heiraten. Dieses Argument dient an anderer Stelle des dtn Gesetzes als Grund für die Scheidung einer Ehe[538]. In Ruth 3,13 wird damit das Desinteresse eines Verwandten an der Leviratsehe mit Ruth begründet. Die freiwillige Zustimmung zur Ehe wird über die sozialen Pflichten des Mannes gestellt. Anders als in Gen 38 werden keine Familienmitglieder erwähnt, die Druck auf den erwachsenen Mann ausüben[539]. Die verwitwete Frau hat letztlich keine rechtliche Handhabe, die Ehe zu erzwingen. Mit einem symbolischen Akt, der wohl die gesellschaftliche Ächtung des Schwagers zur Folge hat, wird sein Verhalten öffentlich gemacht[540].

---

[535] Lev 20,20-21

[536] Vgl. Anm. 433.

[537] *„Mein Schwager weigert sich, für seinen Bruder den Namen in Israel aufzurichten...“* (Dtn 25,7). Für die Familie des Toten und für seinen Erbteil steht im Hebräischen שם (*Name*, Dtn 25,6; ebenso Gen 38,8 und Ruth 4,10). Der Verstorbene ist auch nach seinem Tod nicht nur materiell der Eigentümer, sondern auch verwandtschaftlich der Erbe eines Teils des väterlichen Besitzes, das über ihn an seine Familie weitergeht; vgl. Eckart OTTO (1991, 294).

[538] Dtn 21,14; Anm. 351.

[539] In Gen 38 lebt der Schwiegervater der Frau noch. Er setzt die Leviratsehe gegen den Willen seines zweiten Sohnes durch. Möglicherweise hat er die Rückzahlung des Brautgeschenkes der kinderlosen Frau befürchtet oder aber die Zahlung eines weiteren Brautgeschenkes für eine zukünftige Frau des noch unverheirateten Sohnes vermeiden wollen.

[540] Zu dieser Deutung des Schuhausziehens vgl. Carolyn PRESSLER (1993, 70f).

3.3.3 Deuteronomisches Gesetz und altbabylonische Rechtsbestimmungen

Im folgenden wird Dtn 21,15-17 vergleichbaren aB Regelungen gegenübergestellt. Sowohl Bestimmungen für freie Co-Frauen als auch solche zu *nadītu*-
Ehen und Ehen mit verwandten Co-Frauen werden herangezogen (Kap. 3.3.3.1).
Dtn 25,5-10 hat als Regelung zur Leviratsehe keine Parallele in den aB Kodizes
und Privatdokumenten (Kap. 3.3.3.2). Die Bestimmung wird mit zwei Regelungen des jüngeren Mittelassyrischen Gesetzes verglichen[541].

3.3.3.1 Freie Co-Frauen

Interessante Aussagen machen die Bestimmungen zum einen über den Einfluß
eines Mannes auf die eheliche Position von freien Co-Frauen. Zum anderen geht
es um die Erbrechte von Kindern.

Einfluß des Mannes auf die eheliche Position

In ersttestamentlichen Bestimmungen sind die Emotionen eines Mannes ein fol-
genreicher Faktor für das eheliche Leben[542]. Die im Kontext der Polygynie gebrauchten Begriffe *Geliebte* und *Gehaßte* finden in den aB Bestimmungen keine
Entsprechung[543]. Hier wird eine aktive Mitwirkung des Mannes bei innerfamiliä-
ren Konflikten nicht erwähnt[544]. Statt dessen steht das direkte Verhältnis der Co-
Frauen zueinander im Zentrum[545]. Eine Auseinandersetzung zwischen ihnen darf
nach **KH §§ 145**[546] und **146**[547] nicht zur Veränderung ihrer Positionen führen;
der zweiten Frau wird die Gleichstellung mit der ersten untersagt. Zwei Privatdokumente zu *nadītu*-Ehen, *CT 48 48*[548] und *CT 48 57*[549], verbieten der zweiten
Frau, eine besondere Nähe zum gemeinsamen Mann herzustellen, da ein solches
Verhalten die erste Frau *quälen* könnte. Ein drittes Dokument, *Waterman 39*[550],

---

[541] Zum MAG vgl. Teil I, Kap. 2.2.2.

[542] Dtn 21,15-17; Dtn 21,14; Dtn 25,5-10

[543] Vgl. Anm. 119.

[544] Eine Ausnahme ist KH § 141. Ein Mann bestraft seine freie Ehefrau, indem er eine zweite
Frau heiratet und dieser die Position der ersten Frau überträgt; der ehemaligen Erstfrau
weist er eine dienende Stellung zu. Der Zugriff des Mannes auf die objektiven Stellungen
der Frau wird mit deren Fehlverhalten begründet (vgl. Kap. 3.2.3.2 und Teil I, Anm. 268).

[545] In den Privatdokumenten werden Regelungen zwischen Co-Frauen genauer bezeichnet als
in den Kodizes.

[546] Teil I, Anm. 276

[547] Teil I, Anm. 272

[548] Teil I, Anm. 443

[549] Teil I, Anm. 434

[550] Teil I, Anm. 414

verbietet der zweiten Frau, die erste zu *ärgern*. Ein gemeinsamer Mann spielt bei den Konflikten eine passive Rolle[551]. Es gibt keine Aussagen, die auf eine ungleiche Behandlung der Frauen durch ihn hindeuten. Seine Empfindungen bleiben unbenannt; sie haben keinen Einfluß auf die polygyne Konstellation[552]. Den Co-Frauen geben die aB Bestimmungen detaillierte Anweisungen. Ihre Beziehung ist auffallend hierarchisch[553]. Ein Grund dafür ist, daß gerade die Privatdokumente die Rechte einflußreicher erster Frauen festschreiben.

Erbrechte von Kindern

Nach Dtn 21,15-17 erhält der erstgeborene Sohn eines Mannes den doppelten Anteil vom Erbe seines Vaters[554]. Im Unterschied dazu erhält nach Aussage der aB Regelungen nicht der dem *Mann* zuerst geborene Sohn einen Vorzug, sondern der erste Sohn der *ersten Frau*. Nicht die Erstlingskraft des Mannes begründet sein Erbrecht, sondern die (männliche) Erstgeburt der Frau. Dieser Fakt stellt eine gravierende Differenz zwischen dem dtn Gesetz und den aB Bestimmungen dar. Indem die aB Regelungen das Erbrecht von der Mutter ableiten, machen sie deutlich, daß dieses auch der Mutter eines Kindes zugute kommt. Von den aB Regelungen widmet sich nur eine dem Erbrecht der Kinder freier Co-Frauen, die nicht in einer *naditu*-Ehe leben. In **KL § 24**[555] wird festgehalten, daß die Kinder einer *ausgewählten Ehefrau* (DAM NITALAM) und die einer *späteren Ehefrau* (DAM ERGIR.RA) zu gleichen Teilen erben; das Verhältnis zwischen Frauen und Mann wird nicht thematisiert. Möglicherweise trägt das gleiche Erbrecht zur Konfliktvermeidung zwischen den Co-Frauen bei. Der KH macht von derselben Erbregelung für die Kinder sukzessiver Ehen des Mannes Gebrauch[556]. Die Kinder einer ersten, verstorbenen und die einer zweiten Frau erben zu gleichen Teilen. Ähnlich regelt Paragraph **KH § 170**[557] die Erbrechte der Kinder

---

[551] *CT 48 57*

[552] Bsp. wird eine weitere Liebesheirat des Mannes ausdrücklich untersagt, wenn die Familie bereits Kinder hat (KH § 144, KE § 59).

[553] Die Subordination einer Co-Frau ist in fast allen Formen der Polygynien zu beobachten (vgl. Teil I, Kap. 3.4.3.2).

[554] Vgl. Anm. 418.

[555] Teil I, Anm. 201

[556] KH § 167

[557] Teil I, Anm. 242. Neben den Kodizes machen die beiden aB Privatdokumente *CT 48 67* und *Meissner BAP 89* Aussagen zum Erbrecht der Kinder polygyner *naditu*-Ehen. Ein Konflikt zwischen den Kindern der Co-Frauen ist ausgeschlossen, insofern die *naditu* keine eigenen Kinder hat. Geregelt wird nicht das Erstgeburtsrecht, sondern die Zugehörigkeit der Kinder zu den Frauen. Von der Zugehörigkeit hängt zum einen ab, von welcher Frau die Kinder beerbt werden. Zum anderen besagt sie, welche der Frauen auf eine spätere Versorgung durch die Kinder Anspruch hat. Während die freie Zweitfrau in einer *naditu*-Ehe zu-

einer *ausgewählten* Frau (*ḫīrtu*) und einer unfreien Frau (GEME₂), deren Kinder erbrechtlich anerkannt wurden[558]. Es heißt zunächst, die Kinder erben zu gleichen Teilen. Allerdings darf der Erstgeborene der ersten Frau seinen Anteil vorwegnehmen; ihm scheint ein größeres oder besseres Erbteil zuzustehen[559].

Insgesamt läßt sich sagen, daß Erstgeburtsrechte für die Kinder freier Co-Frauen in den aB Kodizes weniger ausgeprägt sind als im Ersten Testament. Die ansonsten augenscheinliche Hierarchie zwischen freier Erst- und Zweitfrau wird in den aB Belegen durch das gleiche Erbrecht ihrer Kinder abgeschwächt. Wie im Falle ehelicher Konflikte sind die Frauen auch im Erbrecht präsenter als der Ehemann. Dagegen stellt die Argumentation des dtn Gesetz die Verhaltensweise des Mannes und seine Erstzeugung in den Mittelpunkt; die Frauen werden ihm gegenüber als passiv dargestellt und treten auch in keine Beziehung zueinander.

3.3.3.2 Leviratsehe

In Dtn 25,5-10 wird das Recht einer verwitweten Frau auf die Leviratsehe mit ihrem Schwager festgehalten[560]. Die Frau wird nicht als Witwe, sondern als *Frau des Toten* bezeichnet. Ähnlichkeit besteht zu **MAG § 33**[561]. Von einer Leviratsehe ist hier nicht ausdrücklich die Rede. Eine Frau zieht mit ihren Kindern zu der Familie des verstorbenen Mannes. Vielleicht kommen der Schwiegervater oder andere Verwandte als Heiratskandidaten der Frau in Frage. Durch die Zugehörigkeit zur Familie des Mannes kann die Frau den Status der Witwe vermeiden. Sie wird erst als Witwe bezeichnet, nachdem der Schwiegervater gestorben ist und sie keine Kinder hat.

---

sammen mit der *nadītu* als Mutter der Kinder gilt (*Meissner BAP 89*), nimmt die *nadītu* die Kinder einer unfreien Sklavin ganz als ihre eigenen in Anspruch (*CT 48 67*).

[558] Dagegen kommt den nicht anerkannten Kindern unfreier Frauen kein Erbrecht zu, so KH 171 und KL § 25.

[559] Die erste Frau wird gegenüber einer Sklavin einerseits hervorgehoben; andererseits genießen die Kinder einer unfreien Frau nach der Anerkennung durch ihren Vater Erbrechte, obwohl auch die freie Frau eigene Kinder hat.

[560] Zu anderen Formen der Leviratsehe im Ersten Testament vgl. Kap. 3.3.2.3.

[561] Der Text ist auf Grund großer Lücken schwer zu deuten (vgl. zur Diskussion Frank S. FRICK (1994, 139-151).

MAG § 33 lautet:

„If a woman is residing in her own father's house, her husband is dead, and she has sons [...], or [if he so pleases], he shall give her into the protection of the household of her father-in-law. If her husband and her father-in-law are both dead, and she has no son, she is indeed a widow, she shall go wherever she pleases." (Martha ROTH, 1995, 165)

Ein anderer Vergleichstext ist **MAG § 46**[562]. Er regelt den Verbleib einer kinderlosen, verwitweten *warkītu*[563] (*spätere* Frau) und erlaubt die Ehe mit einem
engen Verwandten des Toten. Es kann nicht sicher gesagt werden, ob die Frau
die zweite Frau einer polygynen oder einer sukzessiven Ehe ist[564]. Im Zentrum
steht ihre Versorgung durch die Familie des Mannes, genauer gesagt durch die
Söhne der ersten Frau. Auch die Heirat mit einem dieser Söhne wird erwogen.
Ausschlaggebend für ihr Zustandekommen ist der Wunsch des Sohnes nach
dieser Ehe. Die verwitwete Frau hat nicht das Recht, die Heirat einzufordern; die
Kinderlosigkeit der Frau ist keine Bedingung für die Ehe.

Insgesamt läßt sich sagen, daß Dtn 25,5-10 sich durch das grundsätzliche Recht
einer Frau auf die Leviratsehe deutlich von den mesopotamischen Bestimmungen
abhebt. Die Freiheit des Mannes, die Frau nur auf eigenen Wunsch hin zu heiraten, wird im dtn Gesetz eingeschränkt, wenn auch nicht aufgehoben. In den
Regelungen des MAG wird die Freiwilligkeit der Heirat des Mannes nicht ange-
fochten. Die Versorgung einer verwitweten, kinderlosen Frau ist auch hier Aufgabe der Familie des Mannes, ohne daß eine weitere Ehe die Anbindung der
Frau legalisieren muß.

---

[562] **MAG § 46** lautet:
> „*If a woman whose husband is dead (...) is a second wife and has no sons of
> her own, she shall reside with one (of her husband's sons) and they shall pro-
> vide for her in common. If she does have sons, and the sons of a prior wife do
> not agree to provide for her, she shall reside in the house of (one of) her own
> sons, wherever she chooses; her own sons shall provide for her, and she shall
> do service for them. And if there is one among her husband's sons who is
> willing to marry her, [it is he who shall provide for her; her own sons] shall
> not provide for her.*“ (Martha ROTH, 1995, 171-172)

[563] Vgl. Teil I, Kap. 2.3.1.
[564] Vgl. ebd.

3.3.4 Zusammenfassung

Die Bestimmungen des dtn Gesetzes zu polygynen Ehen ähneln stilistisch den kasuistischen Rechtssätzen des Bb. Inhaltlich stellt das dtn Gesetz eine Ergänzung zum Bb dar. Freie Co-Frauen erhalten eine soziale Absicherung. Das dtn Gesetz schützt die Erbrechte der Kinder benachteiligter Frauen und sichert kinderlosen, verwitweten Frauen durch die Leviratsehe den ehelichen Besitz. Im Argumentationsgang werden die Interessen der Frauen denen der Männer nachgeordnet, indem sie jeweils aus der Perspektive der betroffenen Männer begründet werden.

Dem Mann freier Co-Frauen wird im Ersten Testament eine entscheidende familiäre Rolle zugeschrieben. Die Termini אהב/ אהובה (*lieben/ Geliebte*) und שׂנא/ שׂנואה (*hassen/ Gehaßte*) weisen auf eine ungleiche Behandlung der Frauen durch den Mann hin; seine Empfindungen schlagen sich in materieller und emotionaler Bevorzugung und Benachteiligung nieder. Die ungleiche Behandlung wird im Ersten Testament als ungerecht dargestellt. Das dtn Gesetz schränkt sie ein, indem es die erbrechtliche Benachteiligung des Kindes einer *Gehaßten* untersagt (Dtn 21,15-17). Die Geburt von Kindern durch eine *gehaßte* Frau wird als göttliches Mittel verstanden, um die ungerechte Benachteiligung durch den Mann zu lindern (Gen 29-30). Umgekehrt ist die Zuneigung eines Mannes zur kinderlos gebliebenen *geliebten* Frau ein Ausgleich für die göttliche Verweigerung von Kindern (1.Sam 1).

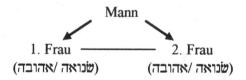

Mann

1. Frau —————— 2. Frau
(שׂנואה /אהובה)   (שׂנואה /אהובה)

Wie in Dtn 21,15-17 gibt es auch im alten Babylonien Bestimmungen zur Primogenitur von Kindern aus polygynen Ehen: Besondere Erbrechte genießt nicht der erste Sohn eines *Mannes*, sondern der Erstgeborene einer *ersten Frau*. Rangstreitigkeiten zwischen Co-Frauen werden ebenfalls erwähnt. Die Auseinandersetzungen werden aber im Unterschied zum Ersten Testament ohne Beteiligung des Mannes dargestellt.

In Dtn 25,5-10 werden Bestimmungen zur Leviratsehe festgehalten. Diese Eheform dient der sozialen Absicherung einer kinderlosen verwitweten Frau durch
die Fortführung der Verwandtschaftslinie ihres verstorbenen Mannes. Dem
Schwager bringt die Ehe ökonomische Nachteile. Er kann sich der Pflicht zur
Heirat und Zeugung eines Kindes, das als Nachkomme seines toten Bruders
gelten würde, entziehen. In diesem Fall droht ihm eine Strafe, die zu seiner sozialen Ächtung beiträgt.

Das aB Recht bietet keine Bestimmung zur Leviratsehe. Das MAG zeigt, daß
die Leviratsehe nach dem Tod des Mannes und des Schwiegervaters der Frau
kaum durchzusetzen ist. Die ersttestamentlichen Quellen ergeben ein ähnliches
Bild. Eine weitere Übereinstimmung besteht hinsichtlich des Status der verwitweten Frau vor Inkrafttreten der Leviratsverbindung; sie wird in dieser Zeit weder im dtn Gesetz noch im MAG als Witwe bezeichnet.

3.4 Heiligkeitsgesetz

Als *Heiligkeitsgesetz* (HG) wird die ersttestamentliche Sammlung von Bestimmungen in Lev 17-26 bezeichnet[565]. Der Name *Heiligkeitsgesetz* weist auf das Ideal der Heiligkeit Gottes und des Volkes hin, das als theologische Begründung für die Einhaltung der Bestimmung fungiert: "*Ihr sollt heilig sein, denn ich bin heilig, JHWH, euer Gott*"[566]. Wie das dtn Gesetz, so ist auch das HG von religiösen Rechtsbegründungen durchzogen[567]. Die Regelungen für den Kult erhalten im HG größeres Gewicht als in den anderen Rechtssammlungen[568]. Wie das Bb ist das HG als unmittelbares Wort Gottes in die Erzählung von der Wüstenwanderung integriert[569]. Inhaltlich werden im HG neben kultischen auch sozialethische und eherechtliche Fragen geregelt. Wichtige Themen sind: Vorschriften zum zwischenmenschlichen Zusammenleben mit Inzestverboten und Sexualbestimmungen (Lev 18-20), Vorschriften für Opferschlachtungen (Lev 17), für Priester, für Opfergaben und für die Beschaffenheit von Opfertieren (Lev 21-22). Unter die liturgischen Vorschriften fallen ein Festkalender (Lev 23), Regelungen zum Umgang mit Tempelleuchter und Schaubroten (Lev 24) und Vorschriften zum Sabbat- und Jobeljahr (Lev 25). Den Abschluß bilden Segens- und Fluchworte (Lev 26).

Zweifelhaft ist, ob das HG je eine eigenständige Rechtssammlung darstellte. Abgesehen von den sexualrechtlichen Passagen wird in der ersttestamentlichen Forschung allgemein angenommen, daß das HG in exilischer oder in frühnachexilischer Zeit (6.Jh. v.Chr.) konzipiert wurde[570]. Für die Abfassung werden

---

[565] Namengebung durch August KLOSTERMANN (1877).

[566] Lev 19,2; ähnlich bsp. Lev 20,26 und Lev 26.

[567] Inhaltlich weisen sowohl die Argumentation als auch die behandelten Themen große Nähe zu priesterschriftlichem Material und Denken auf. Das HG ist vom Priestergesetz mit seinen kultischen Regelungen umschlossen. Das Priestergesetz reicht von Ex 25 bis Lev 16 und von Lev 27 bis Num 9. Themen sind Anweisungen und Ausführung des Baus der Stiftshütte, Opfergesetze, Weihe der Priester, Versöhnungstag, Gelübde, Zehnter und diverse Kultvorschriften. Mit dem Priestergesetz und mit der Priesterschrift hat das HG die ausführliche Regelung kultischer Fragen und die religiöse Deutung ethischer Probleme gemeinsam.

[568] Zum Vergleich mit dem dtn Gesetz vgl. Horst Dietrich PREUSS (1985, 715).

[569] Die auf den Auszug aus Ägypten folgende Erzählung von der Wüstenwanderung endet in Ex 18 (bzw. mit der Erzählung vom goldenen Kalb in Ex 32-34). Es folgen die göttlichen Gesetzgebungen: Dekalog (Ex 20), Bb (Ex 21-23), Priesterliches Gesetz (Ex 25-Num 10) und HG (Lev 17-26). Das Dtn schließt inhaltlich an die Erzählung von der Wüstenwanderung an (Ex 18). Als Rede des Mose enthält es das dtn Gesetz (Dtn 12-26).

[570] Während manche Bestimmungen dem Inhalt zufolge aus tempelloser exilischer Zeit zu stammen scheinen, wird für viele andere Regelungen ein funktionierender Kult vorausgesetzt, wie er in der nachexilischen Zeit des zweiten Tempels wieder bestand; vgl. Lester L.

übereinstimmend priesterliche Gruppen angenommen[571]. Die Ansicht, es sei als Ergänzung oder Korrektur zum Bb und zum dtn Gesetz in die Priesterschrift eingefügt worden, ist in der ersttestamentlichen Forschung weithin verbreitet[572]. Die These, daß einzelne Teile des HG aus der vorköniglichen oder frühen königlichen Zeit stammen, wird gerade in bezug auf die Inzest- und Sexualbestimmungen vertreten[573]; sie ist in ihrer Argumentation nicht überzeugend:

1. Es wird angenommen, daß die Thematisierung von Inzest auf das enge Zusammenleben in einem Verband der Großfamilie hindeutet[574]. Da die Bedeutung der Großfamilie in früher Zeit größer gewesen sei als in späteren Epochen, wird auf ein hohes Alter der Inzestregelungen geschlossen. Falsch daran ist, daß Inzestvorschriften nur für die Angehörigen *eines* Familienhaushalts gelten. Sie können auch die Beziehungen zwischen nahen Verwandten umfassen, die in einiger Entfernung voneinander leben[575]. Darüber hinaus lassen sich Großfamilienstrukturen nicht auf frühe Epochen des alten Israel beschränken[576]. Es ist nicht nachweisbar, daß der Familienverband in späteren Zeiten eine geringe Bedeutung hatte; im Gegenteil gibt es deutliche Hinweise dafür, daß die Familie bsp. in der exilisch-nachexilischen Zeit sehr an Wichtigkeit gewann[577].

2. Inhaltlich entsprechen die Inzest- und Sexualbestimmungen dem gesamten Aussageduktus des HG. Ein Bruch ist nicht zu erkennen und eine frühere Datierung einzelner Passagen daher nicht plausibel.

3. Die Bestimmungen zu polygynen Ehen innerhalb der Sexualbestimmungen werden wegen ihrer angeblichen Nähe zu den (zeitlich schwer datierbaren!) Genesis-Erzählungen als Beweis für eine frühe Datierung des HG oder der

---

GRABBE (1993, 23) und Frank CRÜSEMANN (1992, 330 und 337-339). Jacob MILGROM (1991, 3-42) vertritt dagegen die Meinung, das HG stamme aus der vorköniglichen Zeit und sei älter als das dtn Gesetz, das von diesem geprägt sei. Zur exilisch-nachexilischen Periode vgl. bsp. Johann Michael SCHMIDT (1996[5], 58-79).

[571] Frank CRÜSEMANN (1992, 331) faßt den Befund folgendermaßen zusammen: *„Daß es exilisch-nachexilische Priestergruppen sind, denen wir diese Texte verdanken, kann nicht in Frage gestellt werden. Priesterliche Sicht, priesterliche Sprache, Interessen und Denkformen sind überall am Werk."*

[572] Vgl. Horst Dietrich PREUSS (1985, 714). Die enge Verbindung von HG und Priesterschrift macht es notwendig, die Rechtstexte in Verbindung mit priesterschriftlichen Texten zu interpretieren; vgl. Frank CRÜSEMANN (1992, 323-329).

[573] Vgl. für Lev 18-20 bsp. Horst Dietrich PREUSS (1985, 714) und Karl ELLIGER (1966, 234).

[574] Vgl. bsp. Karl ELLIGER (1966, 239); Erhard S. GERSTENBERGER (1993B).

[575] Gordon J. WENHAM (1979A, 253).

[576] Vgl. Anm. 44ff.

[577] So bsp. Frank CRÜSEMANN (1992, 332), der auch auf die Bedeutung der Verwandtschaft und auf das genealogische Verständnis Israels als Volk Gottes hinweist, wie sie im HG deutlich werden (ebd., 358f).

entsprechenden Passagen angesehen[578]. Dagegen spricht inhaltlich, daß die Genesis-Erzählungen in der Mehrzahl Formen von Polygynie aufzeigen, die im HG nicht thematisiert werden, wie die Ehe mit unfreien oder nicht-verwandten Co-Frauen. Da es polygyne Konstellationen im alten Israel zu allen Zeiten gegeben hat, ist ein direkter historischer Bezug zwischen den Bestimmungen des HG und den Erzählungen ein zweifelhaftes Argument. Allgemein geben die Erzählungen kaum Anhaltspunkte für eine Datierung[579]. Im folgenden gehe ich davon aus, daß das HG auf priesterliche Kreise des 6.Jh. v.Chr. zurückgeht. Die Einzelheiten der Entstehung lassen sich derzeit nicht überzeugend rekonstruieren.

Ein zentraler Schlüssel zum Verständnis des HG ist die darin sichtbar werdende Ordnung der Welt und des Lebens[580]. Die Schöpfung, Tiere, Menschen, Geschlechter, priesterliche und nichtpriesterliche Personen, alltägliche Lebens- und Verhaltensweisen - wie Eßgewohnheiten und Sexualität - werden in unterschiedliche Kategorien eingeteilt. Dafür steht häufig das Verb בדל Hif (*voneinander trennen, unterscheiden*)[581]. Zwei Hauptkategorien, in die die Dinge getrennt werden, sind טמא/טהור (*rein/ unrein*) und קדש/חלל (*heilig/ nicht heilig*)[582]. Ziel der Aufteilung ist es, die Ordnung der von einem heiligen Gott geschaffenen Welt einzuhalten, um Leben zu ermöglichen. Diese Division der Welt in Kategorien impliziert keine dualistische Zuweisung in gute und böse oder sündige und sündlose Bereiche. Nicht die Wertung steht im Zentrum, sondern die Unterscheidung selbst. So ist bsp. die durch Körperflüssigkeiten, Geburt oder Tod verursachte Unreinheit ein natürlicher und unvermeidlicher Teil des Lebens. Nicht auf Verschuldung kommt es an, sondern darauf, die Unreinheit durch das Einhalten zeitlicher Fristen oder durch den Vollzug reinigender Handlungen zu überwinden[583]. Im sozialethischen Bereich spielt der Gedanke der Wiedergutmachung eine große Rolle. Sündhafte Handlungen können durch Sühnerituale vergeben werden, bsp. durch Sünd- und Schuldopfer oder durch den Versöhnungstag[584].

---

[578] Vgl. Karl ELLIGER (1966, 240).

[579] Vgl. Kap 3.1.2.

[580] Die Sozialanthropologin Mary DOUGLAS (1966) hat als erste an Hand der Reinheitsgesetze Lev 11-15 ein überzeugendes Ordnungsprinzip herausgearbeitet. Als unrein gelten im alten
Israel demnach solche Tiere, die den genauen Vorstellungen von Landtieren, Vögeln oder Meerestieren in ihrem Äußeren oder in ihren Lebens- und Verhaltensweisen nicht entsprechen. Zur Kritik an Douglas vgl. Lester L. GRABBE (1993, 56-59).

[581] Bsp. Gen 1,14.18; Lev 10,10; 11,47; Lev 20,25; Num 8,14.

[582] Vgl. Anm. 570.

[583] Bsp. Lev 15, vgl. dazu die interessante biblisch-sozialanthropologische Studie von Howard EILBERG-SCHWARTZ (1990, 177-194).

[584] Lev 4-6; Lev 16

Die Nähe von religiöser und ethischer Begründung der Ge- und Verbote ist im HG überall zu beobachten. Dies gilt auch für Fragen des Eherechts, die unter den Inzest- und Sexualvorschriften verhandelt werden. Zum Verständnis des Eherechts ist die Rolle, die der Sexualität nach dem HG zukommt, maßgeblich: In der Ordnung des HG ist die Sexualität deutlich von anderen Bereichen des Lebens getrennt. Durch eine Vielzahl von Vorschriften wird bsp. ein möglichst großer Abstand zwischen Sexualität und Kult[585], zwischen Sexualität und familiärer Bindung oder zwischen erlaubter und verbotener Sexualität hergestellt. Im Hinblick auf eheliche Beziehungen wird im sexuellen Bereich der Anspruch auf Diskretion und Schutz der Privatheit betont; für familiäre Beziehungen, die keine ehelichen sind, stellt Sexualität ein Tabu dar (Lev 18).

Das Weltbild, das dem HG und der Priesterschrift zu Grunde liegt, wird vor dem historischen Hintergrund der exilisch-nachexilischen Periode verständlich. Es kann als Versuch gesehen werden, die Katastrophe des Exils theologisch zu verarbeiten. Im Gegensatz zu anderen Entwürfen spielen weder die Frage nach der Schuld für das Geschehene noch die Trauer über die Veränderungen und die menschlichen und gesellschaftlichen Verluste, die das Exil mit sich brachte, eine Rolle[586]. Die veränderten politischen und religiösen Verhältnisse machen die Neuordnung des Lebens notwendig. Zu ihnen zählt die enge Bindung an Gott und die Einhaltung der göttlichen Weltordnung[587].

---

[585] Der Kult ist nach Aussage der Priesterschrift und des HG ausgesprochen männlich geprägt. So sind Frauen durch das Bundeszeichen der männlichen Beschneidung von der unmittelbaren Bindung an den Kult ausgeschlossen (Lev 12,1-5; Gen 17). Der Bund mit Verheißung der Fruchtbarkeit geht in Gen 15 mit der männlichen Verwandtschaft und der Beschneidung der Jungen einher. Er bildet ein integrierendes Kontinuum zwischen Männern, an dem Frauen nicht partizipieren; vgl. Howard EILBERG-SCHWARTZ (1990, 141-176). Der Trennung von Sexualität und Kult entsprechend ist die Vorstellung von Gott nicht von geschlechtlichen
Eigenschaften, sondern von metasexuellen Bildern geprägt; vgl. Tikva E. FRYMER-KENSKY (1989A).

[586] Vgl. Frank CRÜSEMANN (1992, 331). Zu anderen theologischen Ansätzen der exilisch-nachexilischen Zeit vgl. ebd. (329-333).

[587] In der fremden Umgebung des Exils kann die Beschneidung der Jungen als Identifikationsmerkmal dienen und Israel und dessen Mitbewohner von den Kulturen trennen, die in der Ordnung der Welt einer anderen Kategorie angehören. Ähnlich wird in der Priesterschrift der Sabbat zum Bundeszeichen zwischen Gott und Israel, der für Frauen und Männer gleichermaßen gilt (Ex 31,12-17, vgl. Ex 23,12; Dtn 5,12ff und Ex 20; Dtn 5). Der Sabbat ist nicht an das Bestehen eines zentralen Kultortes gebunden; nach außen kann er als ein trennendes Merkmal dienen, durch das Israel sich von anderen Kulturen unterscheidet; vgl. dazu die auch späteren Texte Jer 17,21ff; Jes 58,13; Neh 13,15ff; 1.Makk 2,32-41; 2.Makk 6,11; 8,25-28; 15,1ff.

Zur Analyse der Bestimmungen des HG zu polygynen Ehen werden ersttestamentliche Erzählungen herangezogen; sie stehen im folgenden Überblick in eckigen Klammern.

Lev 18,17:	**Verbot für einen Mann, mit einer Frau (אשה) und ihrer Tochter (בת) sexuell zu verkehren oder die Enkelin der Frau (בת־בן / בת־בת) zu heiraten.**
	vgl. Anm. 588
Lev 18,18:	**Verbot für einen Mann, eine Frau (אשה) zu Lebzeiten ihrer Schwester (אחות) zu dieser hinzuzuheiraten.**
	vgl. Anm. 588
Lev 20,14:	**Verbot für einen Mann, eine Frau (אשה) und ihre Mutter (אם) zu heiraten. Geschieht dies, sollen alle drei verbrannt werden.**
	vgl. Anm. 613
[*Gen 29,23.25-27*:	Durch einen Trick ihres Vaters wird die erstgeborene Lea die erste Frau Jakobs und ihre jüngere Schwester Rahel die zweite Frau.
	vgl. Anm. 643]
[*Gen 31,14-16*:	Rahel und Lea werfen ihrem Vater vor, sie zu seinem Vorteil wie Fremde verkauft zu haben. Sie fordern einen Teil des väterlichen Besitzes für sich und ihre Kinder ein.
	vgl. Anm. 650]
[*Gen 19,30-38*:	Die ältere und die jüngere Tochter Lots planen gemeinsam, ihren Vater zum Zeuger ihrer Kindern zu machen, da kein anderer Mann dafür zur Verfügung steht.
	vgl. Anm. 655]

3.4.1 Rechtlicher Kontext

Im HG gibt es drei Verbote polygyner Ehen mit verwandten Frauen, nämlich Lev 18,17, Lev 18,18 und Lev 20,14. Sie stehen im HG innerhalb der Abschnitte, die sich den Themen Inzest (Lev 18,6-18) und sexuelle Unzucht (Lev 20,9-21) widmen.

Lev 18,17.18

Lev 18,17.18[588] sind die letzten beiden Inzestverbote im Abschnitt Lev 18,6-18[589]. Zur Begründung aller Bestimmungen heißt es am Anfang und am Ende des 18. Kapitels, daß sich sowohl IsraelitInnen als auch andere MitbewohnerInnen durch ihr Sexualverhalten von anderen Kulturen ihrer Umwelt unterscheiden sollen[590]. Die Inzestverbindungen werden als Unreinheit gewertet, die nicht nur die Menschen, sondern auch das Land verunreinigen. Ein Leben im unrein gewordenen Land ist nicht mehr möglich[591]. Dagegen wird denen, die Gottes Gesetze einhalten, das Leben zugesagt[592]. Straffolgen werden für alle in 18,6-23 genannten Inzestfälle am Ende des Kapitels genannt: Alle, die sich einer derartigen Handlung schuldig machen, sollen aus dem Volk ausgerottet werden[593]. Damit wird eine göttliche Todesstrafe oder der Ausschluß aus der Gemeinschaft angedroht[594]. Im Unterschied zu den bisher behandelten ersttestamentlichen Bestimmungen zur Polygynie weist Lev 18 keine kasuistische Form auf. Die Verbote sind in der direkten Du-Anrede (2.Pers.Sing.mask.) formuliert (*du darfst/ sollst nicht*), ohne die genauen Umstände des einzelnen Falles näher zu bestimmen.

Unter das Inzesttabu fallen im alten Israel nicht nur Blutsverwandte, sondern auch eingeheiratete Personen, die ebenfalls zum engeren Kreis der Familie zäh-

---

[588] **Lev 18,17.18** lautet:
> *[17]Die Scham einer Frau (אשׁה) und ihrer Tochter (בת) darfst du nicht aufdecken. (Auch) die Tochter ihres Sohnes (בת־בן) und die Tochter ihrer Tochter (בת־בת) darfst du nicht (zur Frau) nehmen, indem du ihre Scham aufdeckst. Sie sind ihr Fleisch - das ist eine Schandtat.*
> *[18]Und eine Frau (אשׁה) sollst du nicht zu ihrer Schwester (אחות) hinzu (zur* Frau) *nehmen, um* (sie) *anzufeinden, indem du neben ihr* (liegend) *ihre Scham aufdeckst während sie* (die Schwester noch) *lebt.*

[589] Anschließend werden in Lev 18,19-23 andere untersagte sexuelle und nichtsexuelle Handlungen erwähnt.

[590] Lev 18,1-5 und Lev 18,24-30; ähnlich Lev 20,22-26 (s.u.). Karl ELLIGER (1966, 234f) hält diese Rahmung der Bestimmungen für spätere Zusätze zu einem sehr alten Inzestkatalog.

[591] Lev 18,24-30

[592] Lev 18,5; 20,24-26

[593] כרת Nif, Lev 18,29; bsp. auch in Lev 19,8.

[594] So die Deutung von Gordon J. WENHAM (1979A, 285) u.a., vgl. auch Lev 13,45f.

len. Mehrfach werden im HG Personen als Familienmitglieder aufgeführt, die aus einer weiteren Ehe von bereits Verheirateten stammen[595]. Dieser Umstand läßt sich sowohl mit sukzessiven Ehen als auch mit polygynen Verbindungen erklären. Die Bestimmungen sind auf den erwachsenen Mann ausgerichtet. Aus seiner Perspektive werden mit ihm verwandte Frauen genannt, wobei ihm untersagt ist, mit ihnen zu verkehren oder sie zu heiraten. Durch die im Ersten Testament übliche Heiratsterminologie erscheint eine heiratende Frau als passiv[596]; von den Strafen, mit denen bei ehelicher Zuwiderhandlung gedroht wird, sind Frauen aber gleichermaßen betroffen[597]. Im HG werden Inzestverbindungen über drei und mehr Generationen hinweg thematisiert.

"Keiner soll sich seinem Fleisch nähern, um die Scham aufzudecken; ich bin JHWH"[598], so der Satz, der die Reihe verbotener Inzestverbindungen in Lev 18,6-18 einleitet[599]. גלה *(aufdecken)* und ערוה *(Scham)* sind in der Inzestreihe wiederkehrende Begriffe[600]. Sie deuten anschaulich auf den sexuellen Umgang hin. Dieser ist nicht nur zwischen Frauen und Männern, sondern auch zwischen Männern untersagt. Unter Männern ist schon der Anblick der Nacktheit eines anderen männlichen Familienmitglieds tabuisiert[601]. In ähnlicher Weise gilt es als Tabu, daß ein Mann verschiedene Frauen derselben Familie nackt sieht oder gar mit ihnen sexuell verkehrt[602]. Insgesamt handelt es sich bei den Regelungen also nicht ausschließlich um verbotene eheliche Verbindungen. Viele Gründe sind für die Inzestverbote vorstellbar[603]:

1. Die Regelungen wirken im Hinblick auf Männer auf eine rein heterosexuelle Sexualität hin. Zwischen Frauen wird der homosexuelle Umgang nicht verboten - er wird wohl nicht als Vermischung verschiedener Kategorien angesehen, da Sexualität im HG einzig von den Vorstellungen *männlicher* Sexualität geprägt ist.

2. Die Konkurrenz zwischen Familienmitgliedern soll im Bereich der Sexualität vermieden werden. Unter Männern wird die mittelbare Konkurrenz durch den

---

[595] Bsp. Lev 18,8 (weitere Frau des Vaters), 18,9.11 (Halbschwester, also Tochter des Vaters oder der Mutter aus einer weiteren Ehe). Polygyne Verhältnisse nimmt hier auch Karl ELLIGER (1966, 240) an.

[596] Ein Mann *nimmt* (לקח) eine Frau (zur Frau).

[597] Zur Initiative von Frauen im Zusammenhang mit ihrer Heirat vgl. Anm. 126.

[598] Lev 18,6

[599] Zuvor wird polemisch betont, daß Israel sich durch seine Gesetze von den Bräuchen der Völker seiner Umgebung abheben soll (V.2f).

[600] Lev 18,6-19; 20,11.17-21

[601] Lev 18,8, vgl.. Gen 9,22-27.

[602] Lev 18,17f

[603] Auf die mehrdimensionalen Bedeutungen, die hinter solchen Verboten stehen können, hat Mary DOUGLAS (1975, 60-72) am Beispiel der Menstruation (Lev 12-15) aufmerksam gemacht.

Umgang mit derselben Frau unterbunden[604]. Auch die unmittelbare Konkurrenz, die sich zwischen Männern aus dem gegenseitigen Anblick ihrer Nacktheit ergeben könnte, soll vermieden werden[605]. Zwischen Frauen einer Familie ist nur der geschlechtliche Umgang mit demselben Mann untersagt.

3. Das endogame Eheideal im alten Israel legt nahe, die Regelungen auch als Verbot bestimmter innerfamiliärer Heiraten zu lesen[606]. Andere Verbindungen sind nicht verboten, so bsp. die zwischen Cousine und Cousin.

In Lev 18,6-16 ist zunächst nicht ausdrücklich von Ehen, sondern vom *Aufdecken der Scham* die Rede. Angesprochen wird, mit Ausnahme von V.7, ein männliches Du[607]. Auf der verwandtschaftlichen Ebene seiner Eltern ist dem Mann der Umgang mit seiner Mutter (V.7), mit einer weiteren Frau seines Vaters (V.8), mit einer Schwester des Vaters (V.12), mit einer Schwester der Mutter (V.13) und mit einer eingeheirateten Tante, d.h. einer Frau des Bruders des Vaters (V.14), verboten. Auf der verwandtschaftlichen Ebene seiner Geschwister ist dem Mann der sexuelle Umgang mit seiner Schwägerin, d.h. mit einer Frau seines Bruders (V.16), mit seiner Schwester und mit seiner Halbschwester, d.h. der Tochter seiner Mutter oder seines Vater aus einer weiteren Ehe (V.9), und mit seiner Stiefschwester, d.h. einer Tochter einer weiteren Frau seines Vaters (V.11)[608], verboten. Auf der verwandtschaftlichen Ebene seiner Kinder ist dem Mann der Verkehr mit einer Schwiegertochter, d.h. mit einer Frau seines Sohnes (V.15), verboten. Auf der verwandtschaftlichen Ebene seiner Enkelkinder ist ihm der Verkehr mit einer Tochter seines Sohnes / seiner Tochter (V.10) verboten[609].

---

[604] Eine gemeinsame Sexualpartnerin könnte einen Vergleich zwischen den verwandten Männern vornehmen (bsp. Lev 18,8). Auch Männern ist es nicht erlaubt, im Bereich der Sexualität einen Vergleich zwischen verwandten Frauen anzustellen (bsp. Lev 18,17.18; 20,14).

[605] Bsp. Lev 18,6.

[606] Vgl. Gordon J. WENHAM (1979A, 253), Frank CRÜSEMANN (1992, 344f), Naomi STEINBERG (1993, 5ff)

[607] In V.23 befindet sich eine Regelung, die ausdrücklich an eine Frau gerichtet ist; anstelle der männlichen Du-Anrede wechselt die Formulierung hier zur unpersönlicheren 3.Pers.Sing.fem. über. In V.7 wird einer Person der Geschlechtsverkehr sowohl mit der Mutter als auch mit dem Vater untersagt. Vielleicht werden mit dem Du sowohl ein Mann als auch eine Frau angesprochen. Da in Gen 9,22f für die sexuelle Handlung zwischen Vater und Sohn (Noah und Ham) dieselben Begriffe begegnen wie in Lev 18, kann in V.7 auch ausschließlich an ein männliches Du gedacht worden sein.

[608] Vgl. zu dieser Interpretation Gordon J. WENHAM (1979A, 256f).

[609] Obwohl in den meisten Fällen eine patrilokale Lebensform sichtbar wird, derzufolge die Frauen mit der Ehe in den Haushalt des geheirateten Mannes ziehen, werden auch verheiratete Frauen genannt, die weiterhin in der Nähe ihrer Eltern zu leben scheinen, so bsp. die Tochter des Mannes (V.10). Es kann sich dabei um Frauen handeln, deren Männer mit ihnen in ihrem elterlichen Haus oder dessen Nähe leben oder um geschiedene oder verwitwete Frauen. Es fällt auf, daß der sexuelle Umgang des Mannes mit der eigenen Tochter nicht ausdrücklich untersagt ist; vgl. Ilona N. RASHKOW (1994). Karl ELLIGER (1966,

Immer wird der Verwandtschaftsgrad zwischen Mann und Frauen über eine Person definiert, die mit dem Mann selbst blutsverwandt ist. Der Verkehr mit „*seinem Fleisch*" (V.6) ist untersagt.

Die beiden letzten Verbote, **Lev 18,17.18**, weichen von den bisher genannten Regelungen ab:

1. Es werden keine Verwandten des Mannes, sondern nur die seiner Frau erwähnt. Sexuelle Kontakte des Mannes mit weiblichen Verwandten seiner Frau werden verboten.
2. Es ist nicht nur vom *Aufdecken der Scham* die Rede, sondern darüber hinaus ausdrücklich von לקח (zur Frau *nehmen*), also von ehelichen Verbindungen[610].
3. Stilistisch weist Vers 18 eine Abweichung von den vorhergehenden Bestimmungen auf, indem er als einziger nicht mit dem Wort ערוה beginnt.

Das neue Thema von Lev 18,17.18 ist die polygyne Ehe unter Beteiligung verwandter Co-Frauen. Genannt werden die Ehen eines Mannes mit einer Frau und deren Tochter (V.17), mit einer Frau und deren Enkelin (V.17) und mit einer Frau und deren Schwester (V.18). Die Verbote gehen mit dem Hinweis einher, daß die verwandten *Frauen „ein Fleisch"* (V.17) sind[611]. Nur diese Verbindungen werden in der dem HG eigenen kultischen Sprache als זמה (*Schandtat*) gebrandmarkt[612]. Sie werden als gefährlich angesehen, da sie die Ordnung des Lebens stören, zur Unreinheit führen und so die Menschen gefährden, denen die Heiligung aufgegeben ist.

Lev 20,14

Lev 20,14[613] gehört zu den Regelungen in Lev 20,9-21, die sich mit verbotenen sexuellen Handlungen beschäftigen[614]. Trotz inhaltlicher Doppelungen mit Lev 18 unterscheiden die Bestimmungen sich von den Regelungen in Lev 18[615]:

---

234) nimmt an, ein solches Verbot habe sich in V.9.10 befunden und sei bei einer Redaktion der Sammlung verlorengegangen.

[610] Vgl. Karl ELLIGER (1966, 235). Dieser nimmt an, daß es sich bei den ehelichen Verboten um einen späteren Zusatz zur ursprünglichen Sammlung zum Thema Geschlechtsverkehr handle. Diese Annahme läßt sich m.E. jedoch nicht überzeugend beweisen. Dies gilt für viele von Elliger versuchte Rekonstruktionen möglicher Redaktionen dieses Abschnitts (vgl. ebd., 229-242).

[611] שאר, V.17; ich folge hier der Septuaginta Version. Ähnlich Erhard S. GERSTENBERGER (1993A, 225), der an dieser Stelle „*Sie sind blutsverwandt mit ihr*" übersetzt..

[612] V.17, ebenso Lev 19,29 (Unzucht der Tochter) und Lev 20,14 (Ehe mit verwandten Co-Frauen).

[613] **Lev 20,14** lautet:
[14]Und ein Mann, der eine Frau (אשה) und ihre Mutter (אם) (zur Frau) nimmt - das ist eine Schandtat. Sie sollen ihn und sie (3.Pers.Plur.fem.) im Feuer verbrennen. Eine Schandtat darf nicht unter euch sein.

1. Die Bestimmungen in Lev 20 zeigen eine andere Stilgattung auf: Anstelle allgemeiner Verbote wird in kasuistischen Rechtssprüchen ein Tatumstand festgehalten[616]. Danach wird die Tatfolge genannt, ein Verbrechen festgestellt und ein Strafmaß gefordert, das in den meisten Fällen tödlich ist.

2. Das neue Thema von Lev 20 sind Fälle von Unzucht. Aus Lev 18 werden nur Inzestverbote aufgegriffen, die die nächsten Verwandten betreffen[617]. Es handelt sich sowohl um eheliche als auch um rein sexuelle Verbindungen. Auch aus Lev 19 werden Fälle zwischenmenschlichen Fehlverhaltens aufgegriffen und unter Strafe gestellt.

Die Regelungen zum Thema Inzest stehen in Lev 20 in zwei aufeinanderfolgenden Blöcken. Lev 20,10-16 nennt Kapitalverbrechen und fordert die Todesstrafe, während in Lev 20,17-21 von göttlichen Strafen die Rede ist[618]. Die Bestimmung zur Polygynie in **Lev 20,14** gehört den Kapitalverbrechen an. Sie behandelt den ehelichen Umgang eines Mannes mit einer Frau und deren Mutter (V.14)[619]. Andere inzestuöse Kapitalverbrechen ohne polygynen Hintergrund sind der Umgang eines Mannes mit einer Frau seines Vaters (V.11, vgl. Lev 18,8) und mit seiner Schwiegertochter (V.12, vgl. Lev 18,15). Lev 20,14 unterscheidet sich in mehrfacher Weise von den beiden anderen:

1. Die Regelung steht thematisch isoliert da.

2. Sie spricht von einer ehelichen Verbindung (לקח).

3. Es werden keine Verwandten des Mannes genannt, sondern die der Frau.

4. Es ist von einer polygynen Verbindung die Rede. Dies geht sowohl aus dem Begriff לקח als auch aus der Straffolge hervor, die festhält, daß alle drei beteiligten Personen an der Beziehung teilhaben und sterben sollen.

5. Die Strafe durch Verbrennung wird innerhalb des HG nur an dieser Stelle genannt.

---

[614] Zur Komposition des gesamten Kapitels und zu den zu beobachtenden Querverbindungen zwischen einzelnen Bestimmungen vgl. Karl ELLIGER (1966, 265f).

[615] Zu 20,2-5 vgl.18,21; zu 20,6.27 vgl. 19,31; zu 20,9 vgl. 19,3; zu 20,10-21 vgl. 18,6-20.22-23; vgl. Gordon J. WENHAM (1979A, 277).

[616] In V.10-21 beginnt der Satz meist mit den Worten "*Und ein Mann, der..*" (ואיש אשר). Nur V.16 nennt in derselben Weise eine Frau als Handelnde (ואשה אשר); auffällig ist, daß die Betreffende keinen Sexualkontakt zu einem Mann, sondern zu einem Tier herstellt.

[617] Inzestverbindungen werden erwähnt in V.11-12.14.17.19-21, s.u. im Text. Die Doppelungen zwischen Lev 18 und 19 einerseits und Lev 20 andererseits haben zu der Annahme geführt, Lev 20 sei später konzipiert worden. Ziel des Zusatzes sei es vor allem, die in Lev 18 und 19 fehlenden Strafmaße zu ergänzen; vgl. Karl ELLIGER (1966, 271f)

[618] Zu unterschiedlichen Arten von Strafen im alten Israel vgl. Gordon J. WENHAM (1979A, 281-286).

[619] Die übrigen todeswürdigen Verbrechen des Abschnitts betreffen Ehebruch (V.10), männliche Homosexualität (V.13, s.o.) und die von einem Mann (V.15) oder von einer Frau (V.16) durchgeführte Sodomie.

Insgesamt weist die Regelung Parallelen zu den polygynen Verbindungen in Lev 18,17.18 auf. Die Ehe mit einer Frau und deren Mutter wurde in Lev 18 aber noch nicht thematisiert.

Der zweiter Block Lev 20,17-21 unterscheidet sich durch die Drohung mit göttlichen Strafen vom ersten Block. Auch hier werden Inzestverbindungen behandelt[620]. An drei Stellen werden dabei eheliche Verbindungen genannt, die aber nicht zu polygynen Ehen führen: Im Fall der Ehe eines Mannes mit seiner Halbschwester ist von לקח die Rede (V.17)[621]. Auch bei der Ehe eines Mannes mit seiner Schwägerin wird von לקח gesprochen (V.21). Für die Verbindung mit einer eingeheirateten Tante ist von שכב (liegen) des Mannes bei der Frau die Rede (V.20). Dem weiteren Zusammenhang ist zu entnehmen, daß in den beiden zuletzt genannten Fällen an eine langfristige eheliche Beziehung gedacht ist[622]. Beide Frauen sind durch ihre Einheirat mit dem Mann verwandt. Sie müssen verwitwet oder geschieden sein, um wieder heiraten zu können. Die unerwünschte Verbindung soll mit der göttlich gewirkten Kinderlosigkeit bestraft werden; die Beziehungen bestehen trotz des Verbots weiter. Beim ehelichen Umgang zwischen einem Mann und seiner Schwägerin bzw. seiner eingeheirateten Tante könnte an eine Leviratsehe gedacht sein[623]. Die oben analysierte Regelung der Leviratsehe (Dtn 25,5-10) hat gezeigt, daß mehrere ersttestamentliche Texte den Widerstand gegen die Leviratsehe belegen[624]. Im HG wird die Abwehr gegen die Leviratsehe mit dem inzestuösen Charakter dieser Ehe begründet. Die Eheform unterliegt aber keinem absoluten Verbot.

Insgesamt läßt sich sagen, daß im HG an drei Stellen von polygynen Ehen die Rede ist. Immer handelt es sich bei den Co-Frauen um miteinander verwandte Frauen. Wegen der Verwandtschaft zwischen den Frauen werden die Ehen als unreine Verbindungen abgelehnt. Andere Formen der Polygynie werden im HG nicht verboten oder kritisiert. Der inzestuöse Charakter, nicht der Umstand der Polygynie, trägt zur Ablehnung der genannten polygynen Verbindungen bei.

---

[620] Untersagt wird einem Mann die Heirat einer Halbschwester (V.17, vgl. Lev 18,9), der sexuelle Umgang mit einer Schwester seines Vaters oder einer Schwester seiner Mutter (V.19, vgl. Lev 18,12f), der eheliche Umgang mit einer angeheirateten Tante (V.20, vgl. Lev 18,13) und die Ehe mit einer Schwägerin (V.21, vgl. Lev 18,16). Kein Inzest liegt in V.18 vor, wo einem Mann der sexuelle Umgang mit einer Frau während ihrer Menstruation verboten wird.

[621] Als Strafe droht dem Paar die göttliche Strafe der Ausrottung (כרת Nif, vgl. Anm. 592).

[622] So auch Karl ELLIGER (1966, 276).

[623] Vgl. zu Dtn 25,5-10; auch Gen 38 und Ruth 1-4.

[624] Vgl. Kap. 3.3.3.2.

3.4.2 Formen von Polygynie

Das HG widmet sich ausschließlich polygynen Ehen unter Beteiligung verwandter Frauen. Die drei knappen Verbote sagen nur wenig über die Form der Ehe, deren Auswirkung auf die Beteiligten und die Rechte der einzelnen Personen innerhalb der Ehe aus. Es lassen sich aber unterschiedliche Grade der Ablehnung der drei behandelten Fälle erkennen (Kap. 3.4.2.1). Der Vergleich mit weiteren ersttestamentlichen Belegen der polygynen Ehe mit verwandten Frauen trägt zum besseren Verständnis der rechtlichen Bestimmungen bei. Herangezogen werden zwei narrative Texte, die erzählerisch in der vorköniglichen Zeit angesiedelt sind (Kap. 3.4.2.2 mit Exkurs 4).

3.4.2.1 Polygynie mit verwandten Co-Frauen im Heiligkeitsgesetz

Die drei Verbote polygyner Konstellationen lassen unterschiedliche Bewertungen der jeweiligen Ehen erkennen. Am härtesten verurteilt wird die Verbindung eines Mannes mit einer Frau und deren Mutter in **Lev 20,14**[625]. Schon der zweimalige Hinweis darauf, daß dies זמה (*Schandtat*) sei, unterstreicht das Ausmaß der Tat. Der Begriff זמה wird auch für die polygyne Verbindung zwischen einem Mann und einer Enkelin seiner Frau verwendet (Lev 18,17). Doch nur für die Ehe mit der Mutter der Frau wird im HG die Todesstrafe durch Verbrennen gefordert - und zwar für alle drei an der Ehe beteiligten Personen. Die Verbrennung hat eine besonders abschreckende Funktion. Sie wird mit der Notwendigkeit begründet, Schandtaten auszumerzen. In ersttestamentlichen Rechtstexten wird die Strafe der Verbrennung nur noch einmal im ehelichen Kontext angedroht und zwar für den angeblichen außerehelichen Geschlechtsverkehr Thamars[626]. Es ist nicht bekannt, ob oder wie häufig derartige Strafen tatsächlich durchgeführt wurden[627]. Die harte Strafandrohung zeigt, daß Lev 20,14 sich von anderen Inzestbestimmungen unterscheidet. Es ist an eine langfristige Beziehung zwischen Familienangehörigen gedacht, die das Wissen und wohl auch die Zustimmung aller davon betroffenen Personen voraussetzt. Während einem Mann in der Regel die Verbindung mit der Frau eines Verwandten untersagt wird, um den noch lebenden Ehemann der Frau zu schützen, gibt es in Lev 20,14 keinen geschädig-

---

[625] Anm. 613

[626] Gen 38,24. Thamars Vereinigung mit dem Schwiegervater wird in der Erzählung als ein Leviratsrecht verstanden, die der verwitweten Frau zusteht. Die verwandtschaftliche Nähe zwischen Schwiegervater und Schwiegertochter wird nicht problematisiert.

[627] Vgl. Gordon J. WENHAM (1979A, 281-286).

ten Ehemann[628]. Am ehesten ist hier wohl die erste Frau des Mannes geschädigt. Ihre geforderte Tötung zeigt aber, daß von ihrer Zustimmung zur Ehe mit ihrer Mutter ausgegangen wird. Abgesehen von diesem singulären Verbot gibt es im Ersten Testament keinen weiteren Beleg für die Ehe eines Mannes mit einer Frau und deren Mutter. Über den Hintergrund einer solchen Konstellation ist nichts Näheres bekannt.

Der Fall, der in der Härte der Verurteilung an zweiter Stelle steht, ist **Lev 18,17**[629]. Die Bestimmung besteht aus einem Fall und dessen Variation. Zunächst wird der sexuelle Umgang eines Mannes mit einer Frau und deren Tochter verboten. Die Tochter stammt aus einer früheren Ehe der Frau, ist also keine leibliche Verwandte des Mannes. Eine Begründung für das Verbot wird erst mit der Variation auf diesen Fall genannt, bei der einem Mann die Ehe und der sexuelle Umgang mit einer Frau und deren Enkelin verboten wird[630]; auch die Enkelin stammt aus einer früheren Ehe der Frau. Die Ehe mit der Tochter und die mit der Enkelin werden abschließend als Schandtat bezeichnet. Zur Begründung heißt es, daß sie und die erste Frau שְׁאֵר *(ein Fleisch)* sind[631]. Ihre familiäre Verbindung soll geschützt werden, so das ethische Argument, das an dieser Stelle angeführt wird[632]. Im Ersten Testament wird außer dieser Bestimmung kein weiterer Beleg für polygyne Ehen unter Beteiligung der Tochter oder Enkelin der Frau erwähnt. Insgesamt zeigt der Vergleich zwischen Lev 20,14 und Lev 18,17, daß polygyne Ehen unter Beteiligung verwandter Frauen in beiden Fällen verboten werden. In der kasuistischen Bestimmung Lev 20,14 wird eine Ehe mit der Mutter einer Frau mit größerer Härte abgelehnt als die Verbindung mit einer Frau und deren weiblicher Nachkommenschaft in Lev 18,17. Während für eine bereits bestehende polygyne Ehe in Lev 20,14 alle Beteiligten verantwortlich gemacht werden, wird die nur mögliche polygyne Konstellation in Lev 18,17 lediglich dem Mann verboten. Die Frauen bleiben schuldlos. Lev 18,17 stellt einen präventiven Schutz im Interesse der Frau dar.

Die geringste Verurteilung erfährt der dritte Fall in **Lev 18,18**[633]. Die Ehe eines Mannes mit zwei Schwestern wird zwar untersagt, aber weder strafrechtlich

---

[628] So bsp. Lev 20,11f.

[629] Anm. 588

[630] Der große Altersunterschied zwischen dem Mann und der zweiten Frau zeigt, daß für weitere Ehen grundsätzlich auch um viele Jahre jüngere Frauen in Frage kommen. Umgekehrt konnte eine Frau sehr viel älter sein als ihr Mann, so wohl in der oben genannten Verbindung mit der Mutter einer Frau (Lev 20,14). Vgl. auch die möglichen Leviratsehen in Gen 38 und Ruth 1, bei denen es sich um Ehen handelt, die aus sozialer Verantwortung bzw. nach dem Willen der Eltern des Mannes geschlossen werden (Kap. 3.3.3.2).

[631] Vgl. Anm. 611.

[632] Auf die Blutsverwandtschaft wird in nur zwei anderen Fällen ausdrücklich hingewiesen (Lev 18,12f, ähnlich Lev 20,19).

[633] Anm. 588

geahndet noch als Schandtat bezeichnet. Es wird ausdrücklich betont, daß das Verbot nur für eine echte polygyne Konstellation gilt, nicht aber für eine sukzessive Ehe eines Mannes mit Schwestern. Dafür steht der Zusatz, daß die Ehe mit der zweiten Frau und das Aufdecken ihrer Scham nicht _neben_ der ersten Frau geschehen soll _solange sie lebt_. Der Charakter der Verbindung unterscheidet sich von allen anderen genannten Inzestfällen. Ein inzestuöses Verhältnis wird sonst nirgends auf die Lebenszeit der verwandten Personen begrenzt. Deutlich zeigt bsp. die Ablehnung der Leviratsehe im HG, daß das Inzesttabu über den Tod des Mannes hinaus besteht[634]. Einzig die sukzessive Ehe unter Beteiligung von Schwestern verliert mit dem Tod der verwandten Frau ihren inzestuösen Charakter. An der polygynen Ehe mit Schwestern wird nur zurückhaltende Kritik geübt. Es wird argumentiert, daß sie das zwischenmenschliche Verhältnis belasten würde. Dafür steht der Begriff צרר[II] (_anfeinden_)[635]. Nicht die Heirat von Schwestern per se, sondern die damit einhergehenden Konflikte sollen vermieden werden. Die zweite Ehe würde die erste belasten. Der Mann würde zudem ein gespanntes Verhältnis zwischen den Schwestern provozieren[636]. Einem anderen Verständnis nach wird צרר[II] als denominale Form vom Substantiv צרה[II] (_Feindin, Nebenfrau_) abgeleitet und mit _Nebenfrau sein_ übersetzt[637]. 1.Sam 1,6 würde die einzige Belegstelle für diese These darstellen. Wie oben gezeigt wurde, kommt für Lev 18,18 nur das zuerst genannte Verständnis im Sinne von צרר[II] (_anfeinden_) in Frage[638]. Die Ehe unter Beteiligung von Schwestern ist die einzige Form der Polygynie mit verwandten Co-Frauen, die im Ersten Testament mehrfach erwähnt wird. Sie kommt in den Genesis-Erzählungen vor und in Metaphern, die im Zusammenhang mit prophetischer Rede verwendet werden[639]. Alles spricht dafür, daß die Polygynie mit schwesterlichen Co-Frauen im alten Israel eine häufig gelebte Form der Ehe darstellte. Ein hartes Verbot im HG wäre vor dem Hintergrund einer bestehenden Praxis möglicherweise auf Unverständnis gestoßen.

---

[634] Lev 20,20f; vgl. Kap. 3.3.3.2.

[635] Das Wort leitet sich von צר[II] (_Feind_) bzw. von צרה[II] (_Feindin_) ab.

[636] Diese Variante scheint Erhard S. GERSTENBERGER (1993B, 225) zu wählen, wenn er mit „_Ärgernis erregen_" übersetzt.

[637] So übersetzt bsp. die Zürcher Bibel (1982[18], 126) „_Du sollst auch nicht ein Weib zu ihrer Schwester hinzu als Nebenfrau nehmen..._".

[638] Vgl. zu 1.Sam 1,6 Exkurs 3. Wie für 1.Sam 1 ist auch für Lev 18,18 unwahrscheinlich, daß eine weitere freie Frau als _Nebenfrau_, d.h. als Frau von geringerem gesellschaftlichen Rang, bezeichnet worden wäre (vgl. Exkurs 1 und Kap. 2.2.1). Das Verhältnis zwischen schwesterlichen Co-Frauen ist nicht zwangsläufig von einem feindseligen Umgang miteinander geprägt (vgl. Exkurs 4).

[639] Vgl. Kap. 2.1.5.

3.4.2.2 Polygynie mit verwandten Co-Frauen im Ersten Testament

Außer in Lev 18,18 ist im Ersten Testament in drei prophetischen und zwei narrativen Texten von Polygynien unter der Beteiligung von Schwestern die Rede[640]. In keinem dieser Texte wird die schwesterliche Polygynie kritisiert. Weder das HG noch die prophetischen Texte geben umfassend Auskunft über die Eheform; terminologisch werden die Co-Frauen an diesen Stellen unspezifisch als אשׁה (*Frau*) und אחות (*Schwester*) bezeichnet[641]. Deutlich wird, daß die Ehen einzeln und nacheinander geschlossen werden, indem eine Schwester jeweils zur anderen hinzu genommen wird. Ein differenzierteres Bild von der schwesterlichen Polygynie geben die beiden Genesis-Erzählungen von Lea und Rahel (Gen 29-31) und von den Töchtern Lots (Gen 19). Die Frauen werden u.a. als בכירה (*Erstgeborene*) und צעירה (*Jüngere*) unterschieden. Beide Male heiratet die *Erstgeborene* als erste[642]. Gen 29-31 und Gen 19 werden im folgenden genauer untersucht.

3.4.2.2.1 Subordination und Verbundenheit zwischen schwesterlichen Co-Frauen

Gen 29,23.25-27[643] gibt Auskunft zur Frage der Vor- und Nachordnung der Schwestern Lea und Rahel[644]. Dabei spielt der Altersunterschied zwischen den Frauen eine Rolle[645]. Der älteren Schwester (גדלה) kommt als בכירה (*Erstgeborene*) ein Erstverheiratungsrecht zu[646]. Sie wird zur ersten Frau der

---

[640] Gen 19; Gen 29-31; Jer 3; Ez 23; Hos 3.

[641] Nur in Ez 23,4 wird die ältere Schwester zudem גדלה (*Große*) genannt.

[642] Auch die dritte ersttestamentliche Erwähnung einer *Erstgeborenen* hält deren frühere Ehe vor der Ehe ihrer jüngeren Schwester fest (1.Sam 14,49); es handelt sich dabei jedoch um keine polygyne Konstellation.

[643] **Gen 29,23.25-27** lautet:
²³Es geschah am Abend: da nahm er (Laban) *Lea, seine Tochter, und führte sie zu ihm* (Jakob). *Und er ging zu ihr ein. (...) ²⁵Und als es Morgen war, da war es Lea! Und er sprach zu Laban: „Warum hast du mir* (das) *denn angetan? Habe ich nicht für Rahel für dich gearbeitet? Wozu hast du mich getäuscht?" ²⁶Und Laban sprach: „An unserem Ort wird es nicht so getan, daß die Jüngere* (צעירה) *vor den Augen der Erstgeborenen* (בכירה) *(in die Ehe) gegeben wird. ²⁷Erfülle die Hochzeitswoche dieser* (Leas) *und ich werde dir auch diese* (Rahel) *geben für die Arbeit, die du bei mir noch sieben weitere Jahre arbeiten sollst."*

[644] Lea und Rahel werden in Gen 29-30 *Geliebte* und *Gehaßte* genannt. Sie unterscheiden sich in der Reihenfolge der Heirat und der Geburt von Kindern sowie in der unterschiedlichen Behandlung durch den gemeinsamen Mann (vgl. Exkurs 3).

[645] Neben Gen 29 und Gen 19 wird so auch in Ez 23 unterschieden.

[646] Gen 29,26

polygynen Ehe[647]. Die jüngere oder kleinere Schwester (קמנה /צעירה) geht die Ehe mit dem gemeinsamen Mann nach der älteren ein[648]. Diese Reihenfolge wird sowohl bei Lea und Rahel als auch bei den Töchtern Lots eingehalten. Sowohl der Lea-Rahel-Zyklus als auch die Erzählung von den Töchtern Lots[649] zeigen, daß schwesterliche Polygynien von einem besonders solidarischen Verhalten der Schwestern zueinander geprägt sein können. Es gibt keine vergleichbaren Beispiele für ein ähnliches Agieren von Co-Frauen, die keine Schwestern sind. Das gemeinsame Handeln der Schwestern kommt an Stellen zutage, an denen nicht der Rang um die eheliche Position oder um die Zuneigung des Mannes, sondern die Verteidigung der schwesterlichen Interessen gegenüber dem gemeinsamen Vater oder dem gemeinsamen Mann im Zentrum steht.

Exkurs 4: Solidarisches Verhalten zwischen schwesterlichen Co-Frauen in den Erzählungen Gen 31 und Gen 19

Gen 31

In Gen 31 wird vom heimlichen Auszug Jakobs, Leas, Rahels und ihrer gesamten Familie aus dem Hausverband mit dem Vater der Schwestern berichtet. **Gen 31,14-16**[650] ist die einzige Stelle, an der Lea und Rahel gemeinsam agieren[651]. Jakob bittet in einer langen Ansprache um die Zustimmung der Schwestern zum Wegzug aus dem Haus ihres Vaters - mitsamt einem Teil des väterlichen Besitzes. Rahel und Lea bezeichnen die Habe als die *ihre*; aus ihrer Sicht handelt es sich dabei um ihren töchterlichen Anteil am väterlichen Erbe[652]. Ein Erbe steht ihnen spätestens zum Zeitpunkt ihres Umzugs ins Haus des geehelichten Mannes zu[653]. Dieser Umzug steht nun bevor.

---

[647] Vgl. Exkurs 3.

[648] Vgl. zu den Termini Kap. 2.2.3.

[649] Zwar liegt keine ausdrückliche Eheschließung zwischen den Töchtern und dem Vater vor; es handelt sich aber um eine langfristige Verbindung mit ehelichem Charakter, die die Behandlung der Erzählung unter dem Aspekt einer polygynen Verbindung ermöglicht.

[650] **Gen 31,14-16** lautet:
        [14]*Rahel und Lea antworteten und sprachen zu ihm (Jakob): „Gehört uns noch ein Besitzanteil und ein Erbe am Hause unseres Vaters?* [15]*Gelten wir ihm nicht als Fremde (נכרי)? Denn er hat uns verkauft (מכר) und unser (3.Pers.Plur.fem.) Geld hat er genossen.* [16]*Denn der ganze Reichtum, den Gott unserem Vater entrissen hat, gehört uns (3.Pers.Plur.fem.) und unseren Kindern. Du aber tue alles, was Gott dir gesagt hat."*

[651] Obwohl Lea die ältere Schwester und die erste Frau ist, führt Rahel die Rede an. Sie wird zuvor von Jakob als erste angesprochen (Gen 31,4). Rahels Meinung scheint für ihn von besonderem Wert zu sein.

[652] Vor und nach der Rede der Schwestern ist immer nur von Jakobs Gütern bzw. dem von ihm erarbeiteten Gewinn die Rede (bsp. Gen 31,9.17f).

[653] Vgl. Kap. 1.3.

Die Rede Rahels und Leas kann auch als Hinweis auf eine indirekte Mitgift verstanden werden: Das vom Bräutigam zu erbringende Brautgeschenk geht als Teil der Mitgift an die geehelichten Frauen weiter und steht der jungen Familie zur Verfügung. Wenn die Schwestern ihrem Vater das Verprassen des von Jakob erarbeiteten Brautgeschenks vorwerfen, dann machen sie ihren Anspruch auf den von ihrem Mann erzielten Gewinn deutlich. Polemisch werfen sie ihrem Vater vor, ihnen ihre Güter nicht zukommen gelassen zu haben und sie also zu seinen eigenen Gunsten an Jakob *verkauft* (מכר) zu haben[654]. Rahel und Lea sprechen in Gen 31,14-16 aus einem Munde. Sie treten für ihre Interessen ein, ohne die Rechte einer erstgeborenen oder jüngeren, einer ersten oder zweiten Frau zu unterscheiden. Das gemeinsame Handeln verleiht ihrer Entscheidung großes Gewicht. Inhaltlich kritisieren sie sowohl ihren Mann als auch ihren Vater. Der Dissens zwischen den Schwestern und dem Vater tritt mit dem Entschluß wegzuziehen offen zu Tage. Dagegen wird der Widerspruch zwischen den Schwestern und Jakob nicht hervorgehoben. Dies könnte darin begründet sein, daß die Frauen während der Ehe kein Verfügungsrecht über die ehelichen Güter besitzen. Insofern ist das Erbe des Vaters nur formal ihr Eigentum. Erst im Falle von Scheidung oder Tod des Mannes haben die Frauen eigenständige Ansprüche auf ihren Besitz. Auch im elterlichen Haus hatten Lea und Rahel ihr Erbe nicht vor dem Verbrauch durch den Vater schützen können.

Gen 19

Auch in **Gen 19,30-38**[655] treten zwei Schwestern gegenüber ihrem Vater und Mann gemeinsam für ihre Interessen ein. Die Geschichte von den namenlosen Töchtern Lots

---

[654] Zur Kaufehe vgl. Werner PLAUTZ (1964, 304-315).

[655] **Gen 19,30-38** lautet:

> [30]*Da ging Lot aus Zoar hinauf und wohnte im Gebirge und bei ihm waren seine zwei Töchter, denn er hatte Angst, in Zoar zu wohnen. Er wohnte in einer Höhle, er und seine zwei Töchter.*
> [31]*Die Erstgeborene* (בכירה) *sprach zu der Jüngeren* (צעירה)*: „Da unser Vater alt ist und es keinen Mann im Land gibt, der zu uns kommt, wie es der Brauch des ganzen Landes ist,* [32]*komm, wollen wir unseren Vater Wein trinken lassen und mit ihm liegen und Samen aus unserem Vater lebendig machen lassen."*
> [33]*Da ließen sie ihren Vater Wein trinken, in dieser Nacht, und die Erstgeborene ging und lag mit ihrem Vater. Und er wußte nichts von ihrem Liegen und von ihrem Aufstehen.* [34]*Am folgenden Tag sprach die Erstgeborene zu der Jüngeren: „Gestern Nacht habe ich mit meinem Vater gelegen. Laß uns ihn auch diese Nacht Wein trinken. Und gehe und liege mit ihm; wir machen Samen aus unserem Vater lebendig."*
> [35]*Und sie ließen ihn in der Nacht wieder Wein trinken und die Jüngere stand auf und lag mit ihm. Und er wußte nichts von ihrem Liegen und ihrem Aufstehen.*
> [36]*Da wurden die zwei Töchter Lots von ihrem Vater schwanger.* [37]*Die Erstgeborene gebar einen Sohn und nannte ihn Moab* (מואב, *„aus meinem Vater"*), *der der Vater Moabs bis zum (heutigen) Tag ist.* [38]*Aber auch die Jüngere gebar einen Sohn und nannte ihn Ben-Ammi* (בן־עמי, *„Sohn meines Verwandten"*); *der der Vater der Söhne Ammons bis zum (heutigen) Tag ist.*

birgt die Besonderheit einer Inzestkonstellation, bei der die Co-Frauen nicht nur Schwestern sind, sondern zudem mit ihrem Mann in engstem verwandtschaftlichem Verhältnis stehen. Er ist ihr leiblicher Vater. Die Erzählung von den Töchtern Lots kann als eine Darstellung gelesen werden, deren Hintergrund der sexuelle Mißbrauch der Töchter durch den Vater ist[656]. Sowohl die Erzählweise der Passage als auch die Charakterisierung der Figur des Lot legen diese Deutung nahe[657]. In der folgenden Analyse wird eine andere Textdeutung vorgenommen. Die Erzählung berichtet von den ungewöhnlichen Maßnahmen, die die Töchter Lots zur Erlangung von Kindern ergreifen. Erzählt wird aus der Perspektive der Schwestern. Ihre Anliegen bilden die Handlungsmotive der Erzählung, ihre Worte und Handlungen stehen im Zentrum des Geschehens.

In Gen 19,30-38 wird eine extreme Situation dargestellt. Die Töchter Lots befinden sich in einer ausweglosen Lage. Als einzige Überlebende der Katastrophe in Sodom sind sie und ihr Vater AußenseiterInnen der Gesellschaft. Sie leben auf Initiative Lots an einem versteckten Ort. Ihr Lebensradius ist auf eine mit dem Vater bewohnte Höhle reduziert. Die Verlobten der Töchter sind tot; es gibt keine anderen Männer, die Interesse an der Heirat der Frauen hätten. Unverheiratet und kinderlos sind die Schwestern von einem greisen Vater abhängig, der nichts zu ihrem Wohl zu unternehmen fähig oder gewillt ist. Er wird im gesamten Kapitel Gen 19 als ihnen gegenüber verantwortungslos handelnder Mensch dargestellt[658]. Unter diesen Umständen sind die Schwestern ganz auf sich gestellt. Die Frauen beschließen, sich eine Zukunft zu schaffen, indem sie auf einem anderen Wege als dem üblichen Kinder erhalten. Die Erzählung legt viel Wert auf die Darstellung der Eigeninitiative der Frauen. Bei den schwesterlichen Absprachen führt die ältere Schwester den Plan an. Sie nennt als gemeinsames Ziel *„wir machen Samen aus unserem Vater lebendig"* (V.32 und V.34). Die Absprachen werden gemeinsam vorbereitet und nacheinander durchgeführt. Immer geht es um das gemeinsame Erreichen des Ziels. In der Umsetzung geht die ältere Schwester der jüngeren voran. Sie fordert die Jüngere auf, es ihr gleichzutun (V.34). Was die Frauen motiviert, ist der Wunsch, ihre gegenwärtige Situation zu ändern und ein vom Vater eigenständiges Leben zu führen. Der Vater ist ein greiser Mann. Er ist nicht mehr imstande, über seine Handlungen willentlich zu verfügen. Nach Aussage der Erzählung läßt er sich von den Töchtern zweimal hintereinander betrunken machen und hat ohne sein Wissen einen Samenerguß. Der Grad seiner Unzurechnungsfähigkeit ist immens und in der Realität kaum vorstellbar[659]. Da die eigentliche sexuelle Handlung in der Erzählung ausgespart bleibt, lassen sich darüber nur Mutmaßungen anstellen. Gesagt wird lediglich, daß die Schwestern nacheinander *mit* dem Vater *liegen* (שכב עם). Obwohl

---

[656] Diese Auslegung ist in verschiedenen rabbinischen Kommentaren zu finden; vgl. Sharon Pace JEANSONNE (1990, 41 m. Anm. 28). Zu einer feministischen Auslegung vgl. bsp. Elke SEIFERT (1997); dort auch weitere Literatur.

[657] Gen 13-14 und 19,1-29; vgl. Sharon Pace JEANSONNE (1988).

[658] Vgl. Anm. 657.

[659] Spätestens an dieser Stelle setzt die Kritik an der Aussage der Erzählung ein. Der Darstellung wird eine beschönigende Tendenz unterstellt, die den Vater von der Schuld, seine Töchter mißbraucht zu haben, befreien soll.

der Ausdruck in diesem Kontext deutlich auf eine geschlechtliche Handlung hinweist, bleibt der Vorgang unklar. In der Regel wird vom direkten Geschlechtsverkehr ausgegangen. Es könnte aber auch an den indirekten Verkehr, d.h. einen durch die Töchter erzeugten Samenerguß und die nachträgliche Befruchtung durch die Frauen selbst gedacht sein. Eine Beobachtung spricht für die zuletzt genannte Interpretation: Die beiden Wendungen *mit dem Vater liegen* und *Samen aus dem Vater lebendig machen* deuten auf zwei getrennte Handlungen hin. שׁכב ist zwar ein sexueller Vorgang, jedoch kein Synonym für den vollzogenen Geschlechtsverkehr. Dies geht aus verschiedenen ersttestamentlichen Belegen hervor[660]. So ist bsp. in Lev 19,20[661] ausdrücklich vom gemeinsamen *Liegen* eines Paares *mit* Samenerguß des Mannes die Rede. Der Geschlechtsverkehr stellt folglich keine Selbstverständlichkeit dar. Bei der Wendung *Samen lebendig machen* könnte es sich um einen gesonderten Umgang der Töchter mit dem Samen des Vaters handeln. Die Wendung *Samen aus etwas lebendig machen* ist in diesem Sinne singulär[662]. Der Plan der Schwestern verläuft für beide Frauen erfolgreich. Am Ende der Erzählung wird von der Geburt zweier Kinder berichtet. Wieder ist es die ältere Schwester, die zuerst gebiert. Die Namen, die die Frauen ihren Kindern geben, weisen offen auf deren inzestuöse Herkunft hin. Der Umstand der schwesterlichen Polygynie wird nicht herausgestellt. Gen 19 enthält sich jeder Kritik der Vater-Tochter-Verbindung, obwohl die Vereinigung ein klarer Fall von Inzest zwischen engsten Blutsverwandten ist.

Exkurs Ende

Gen 29-31 und Gen 19 lassen ein besonders enges Verhältnis zwischen schwesterlichen Co-Frauen erkennen. In Auseinandersetzungen um eheliche Rechte und um die Gunst des Mannes macht sich die Nähe zwischen den Co-Frauen bemerkbar (Gen 29-30). Dabei sind auch kooperative Absprachen möglich (Gen 30,14-16). Bei Problemen gegenüber dem gemeinsamen Mann oder Vater agieren die Frauen einträchtig zusammen. Rahel und Lea machen so ihren Anspruch auf das väterliche Erbe geltend. Die Töchter Lots stärken sich gegenseitig bei ihrem schwierigen Entschluß, selber für ihre Zukunft zu sorgen und befreien sich so aus ihrer ausweglosen Lage.

---

[660] Lev 19,20 (s.o. im Text), Gen 30,15f (Leas und Rahels Handel um Jakob, vgl. Exkurs 3); Gen 39,7.12 (Frau des Potiphar und Joseph)

[661] Anm. 327

[662] An anderen Stellen steht חיה Pi. (*lebendig machen, ins Leben rufen*) vor allem für die Sorge Gottes um den Erhalt der Schöpfung. Mit זרע wird es in GESENIUS (1987[18], 344) wiedergegeben mit *Nachwuchs, Nachkommenschaft erhalten*. Außer in Ri 19 wird es nur in Gen 7,3 so kombiniert und steht dort im Zusammenhang mit der Bedrohung der Schöpfung vor dem Aussterben.

3.4.2.2.2 Ersttestamentliche Wertung schwesterlicher Polygynie

Nach Lev 18,18 sollen familiäre Beziehungen nicht durch die Heirat von Schwestern gestört werden. Tatsächlich leidet nach der Erzählung in Gen 29-30 das familiäre Verhältnis zwischen Lea, Rahel und Jakob unter den ehelichen Verbindungen. In Gen 19 löst die Konstellation einen familiären Konflikt; die schwesterliche Polygynie erfährt keine Abwertung. Die Befürchtung des HG, daß diese Eheform die familiären Beziehungen belasten könnte, trifft hier nur bedingt zu. Lot ist keine Person, um dessen Gunst die Frauen kämpfen oder in Konkurrenz zueinander treten müssen. Das Herstellen der polygynen Konstellation trägt im Gegenteil zu einer engen Bindung der Töchter untereinander und zu ihrer fortschreitenden Unabhängigkeit von ihm bei. Der Aspekt der schwesterlichen Solidarität beherrscht die gesamte Darstellung.

Insgesamt läßt sich sagen, daß die schwesterliche Polygynie im HG am deutlichsten problematisiert wird. Gen 29-30 macht die Kritik des HG plausibel, denn die Vermischung familiärer mit sexuellen Bindungen führt hier zu erheblichen Konflikten in der Familie. Andere Erzählpassagen - wie Gen 31 und Gen 19 - belegen dagegen, daß schwesterliche Polygynien von einer besonders starken Verbundenheit der Co-Frauen geprägt sein können. Die polygyne Konstellation kann die Position der Co-Frauen gegenüber ihrem Vater oder Mann stärken. Sicherlich hat das Verbot im HG auch diese Eigenheit schwesterlicher Polygynien vor Augen, wenn es auf einen möglichen Konflikt zwischen den Beteiligten anspielt.

3.4.3 Heiligkeitsgesetz und altmesopotamische Rechtsbestimmungen

Die Gegenüberstellung des HG mit den aB Regelungen ergibt folgendes Bild: Inzestbestimmungen werden in den aB Kodizes im KH §§ 154-158 genannt[663]. In ihrer Form ähneln sie den kasuistischen Sätzen in Lev 20. Auch hier wird im Anschluß an jede Bestimmung ein Strafmaß festgelegt[664]. Die Verbote richten sich stets an einen Mann. Es gibt keine Verbote für polygyne Konstellationen mit verwandten Frauen[665]. Die einzige im alten Babylonien häufig belegte Ehe mit verwandten Co-Frauen ist die schwesterliche Polygynie.

Schwesterliche Polygynien werden nur in den aB Privatdokumenten geregelt[666]. Sie sind dort ein Ideal polygyner Ehen. Echte und durch Adoption hergestellte Schwesternverbindungen machen die schwesterliche Polygynie zur häufigsten polygynen Eheform der Verträge. Solche Adoptionen sind für das alte Israel nicht belegt. Was die schwesterliche Polygynie im alten Babylonien so attraktiv macht, ist das Ideal der Verbundenheit der Co-Frauen. Wie in den ersttestamentlichen Erzählungen tritt der Zusammenhalt vor allem da zum Vorschein, wo die Frauen ihre Rechte gegenüber dem Ehemann behaupten[667]. In Fragen der Scheidung verfügen Schwestern über ein stärkeres Druckmittel gegenüber ihrem Ehemann als nicht-verwandte Co-Frauen. Die in den ersttestamentlichen Erzählungen beobachtete Konkurrenz zwischen Schwestern ist auch ein Merkmal der aB Privatdokumente. Die Hierarchie tritt deutlich zutage. In diesem Punkt unterscheidet sich die schwesterliche Polygynie nicht von anderen polygynen Eheformen. Insgesamt übersteigt das Maß der rechtlich erlaubten Unterordnung der zweiten unter die erste Frau alle ersttestamentlichen Aussagen zur schwesterlichen Polygynie. Das Erste Testament bietet keine vergleichbar hierarchischen Bestimmungen. Im Gegenteil wird das Ideal der Gleichrangigkeit der Frauen und

---

[663] Vgl. H.P.H. PETSCHOW (1980, 145).

[664] Unter den Inzestregelungen des KH ist auch ein Verbot der Verbindung von Vater und Tochter, das im Ersten Testament ganz fehlt (KH § 154). H.P.H. PETSCHOW (1980, 145) bemerkt richtig, daß die Strafe für den Vater äußerst gering ausfällt: Er muß die Stadt verlassen; die Tochter bleibt straffrei. Verboten werden zudem die Verbindungen eines Mannes mit seiner Schwiegertochter (KH §§ 155 und 156), seiner Mutter (KH § 157) und die mit seiner Stiefmutter (KH § 158).

[665] Mehrmals wird ausdrücklich auf den Tod des Ehemannes der Frau hingewiesen, die zu heiraten dem betroffenen Mann dennoch untersagt ist.

[666] *BIN 7 173; CT 8 2a; CT 45 119; Meissner BAP 89: TIM 7 46; TIM 4 47; TIM 4 49; TIM 5 1; UET 5 87;* zur Analyse vgl. Teil I, Kap. 3.4.2.3.

[667] Im Unterschied zu den ersttestamentlichen Erzählungen wird in den Privatdokumenten keine Aussage zum Verhältnis zwischen Schwestern und Vater gemacht.

der erwünschten Gerechtigkeit für zurückgesetzte Frauen in den ersttestamentlichen Erzählungen deutlich herausgestellt.

Insgesamt läßt sich sagen, daß sowohl in den aB Bestimmungen als auch im HG
schwesterliche Polygynien anders behandelt werden als Ehen mit anderen verwandten Frauen. Letztere werden im HG vehement verboten und in aB Belegen
nicht genannt. Dagegen enthält das HG ein nur schwaches, singuläres Verbot der
schwesterlichen Polygynie. Die Eheform ist im alten Babylonien und im alten
Israel häufig belegt. Die schwesterliche Polygynie wird im Ersten Testament und
in aB Bestimmungen mit Solidarität und Konkurrenz assoziiert. Das Verbot im
HG und die erzählerische Darstellung in Gen 29-30 weisen auf eine eher kon-
fliktreiche Erfahrung mit der schwesterlichen Polygynie im alten Israel hin.

3.4.4 Zusammenfassung

Das HG ergänzt das Bb und das dtn Gesetz um Bestimmungen zu polygynen Ehen mit verwandten Frauen. Ethische Gründe sprechen dafür, solche Ehen zu untersagen und die Beziehungen zwischen verwandten Frauen vor Konflikten zu schützen. Die schwesterliche Polygynie wird im HG vor allem mit diesem Argument kritisiert (Lev 18,18).

Schwesterliche Polygynien sind im Ersten Testament mehrfach belegt. Die Erzählung von den familiären Konflikten zwischen Lea, Rahel und Jakob bestätigt die Befürchtungen des HG (Gen 29-30). Andere narrative Passagen weisen auf ein hohes Maß an solidarischem Einvernehmen zwischen schwesterlichen Co-Frauen hin, gerade wenn es um Anliegen gegenüber dem gemeinsamen Mann oder Vater geht (Gen 19 und Gen 31). Wo die Ehevariante den Frauen dient und zu den erwünschten Kindern verhilft, werden weder Polygynie noch Inzest kritisiert (Gen 19).

1. Frau (בכירה)

2. Frau (צעירה)

Mann

In aB Privatdokumenten erscheint die schwesterliche Polygynie als eine ideale Eheform, weil sie zu einer größtmöglichen Gleichrangigkeit zwischen den Frauen führt. Ein hierarchische Verhältnis, in dem schwesterliche Co-Frauen dennoch stehen können, wird in ersttestamentlichen Erzählungen kritisiert (Gen 29-30). Die unterschiedlichen Einschätzungen der schwesterlichen Polygynie zeigen, wie ambivalent diese Ehevariante ist.

Andere Varianten der Polygynie mit verwandten Frauen werden im HG wegen ihres inzestuösen Charakters rigoros verboten. Die Vermischung von Sexualität und familiärer Bindung wird nicht nur als Konfliktherd angesehen, sondern verstößt als Unreinheit auch gegen die göttliche Ordnung des Lebens. Die Ehe eines Mannes mit einer Frau und deren Tochter oder Enkelin wird als Schandtat angesehen (Lev 18,17). Für die Beziehung mit einer Frau und deren Mutter wird die Verbrennung der drei Beteiligten gefordert (Lev 20,14). Nur im Zusammenhang mit den Verboten polygyner Ehen wird den verwandtschaftlichen Bindungen der Frau Aufmerksamkeit geschenkt; sie gilt es zu schützen.

Für die Ordnung der Welt, auf die das HG sein Augenmerk richtet, stellen polygyne Ehen keinen grundsätzlichen Verstoß dar. Die Beziehung eines Mannes zu mehreren Frauen führt zu keiner Vermischung von Kategorien (bsp. Sexualität und familiäre Bindung), solange die Frauen nicht miteinander verwandt sind. Daher werden andere Formen polygyner Ehen am Rande erwähnt, ohne daß das HG sich ihnen inhaltlich widmet.

ZUSAMMENFASSENDE DISKUSSION

Ziel dieser Arbeit ist es, unterschiedliche Formen polygyner Ehen im alten Mesopotamien und alten Israel zu differenzieren und die rechtlichen Beziehungsstrukturen zwischen den Personen aufzuzeigen. Als Voraussetzung dafür wurde im ersten und zweiten Kapitel ein Überblick über die Quellen zur Polygynie und deren sozialhistorischen Hintergrund gegeben. Es wurde ein grundsätzlicher Vorschlag dazu gemacht, wie in Zukunft begrifflich exakt über polygyne Konstellationen gesprochen werden kann. Im dritten Kapitel wurden die aB und ersttestamentlichen Rechtsquellen vor dem Hintergrund ihres historischen Kontextes analysiert. Zahlreiche Beobachtungen konnten zu einem neuen und sachgemäßeren Verständnis der Texte aus eherechtlicher Sicht beitragen. Es wurde gezeigt, daß es drei grundlegende Formen polygyner Verbindungen gibt, nämlich Polygynie unter Beteiligung von 1. unfreien Co-Frauen, 2. freien Co-Frauen und 3. verwandten Co-Frauen. Es konnten unterschiedliche Variationen dieser Eheformen herausgearbeitet werden. Die Rechte, die den beteiligten Personen bezüglich des ehelichen Zusammenlebens zustehen, wurden in Diagrammen visualisiert.

Für eine abschließende Bewertung werden die Diagramme zueinander ins Verhältnis gesetzt und die polygynen Beziehungen im Hinblick auf ihre Struktur miteinander verglichen. Die Diagramme werden in eine Reihenfolge gebracht. Kriterium sind die Rechte, die den Beteiligten zustehen, um auf die polygyne Konstellation einzuwirken. Männer besitzen im allgemeinen eine bessere eherechtliche Position. Von Interesse sind hier die speziellen Rechte für polygyne Ehen, insbesondere die Rechte von Frauen.

Die Darstellung beginnt mit den Diagrammen, die eine hierarchische Beziehung aufzeigen (Diagramm 1) und endet mit denen, die auf eine ausgewogene Verteilung der Rechte auf alle beteiligten Personen hindeuten (Diagramm 6). In den Diagrammen weisen dicke Linien auf enge und gestrichelte Linien auf lockere Bindungen hin. Pfeile drücken den eherechtlichen Einfluß einer Person über eine andere aus. Drei Diagramme, die nicht auf Rechtstexten sondern auf ersttestamentlichen Erzählungen beruhen, sind in der Auflistung ergänzend beigefügt (Diagramm 1a, 4a und 5a).

Diagramm 1:

Polygyne *nadītu*-Ehe mit unfreier Zweitfrau (KH und aB Privatdokumente)

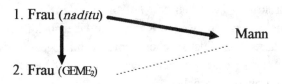

Diagramm 1a:
Ehe mit unfreier Co-Frau, die der ersten Frau untersteht
(ersttestamentliche Erzählungen, Genesis-Variante)

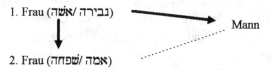

Die ausgeprägtesten hierarchischen Strukturen zwischen den Co-Frauen und
zwischen Mann und Erstfrau weist die polygyne Ehe einer grundsätzlich kinderlosen Frau aus dem Umfeld des Tempels *(nadītu)* unter Beteiligung ihrer Sklavin auf. Diese Ehevariante ist nur in einer begrenzten altbabylonischen Periode
belegt und ist daher vor allem im KH (§§ 137, 144, 146, 147) und in aB Privatdokumenten zu finden (*CT 48 67*, vgl. *CT 8 22b*). Eine *nadītu* besitzt ihrem
Mann und ihrer Sklavin gegenüber ein hohes Maß an Entscheidungsfreiheit - sie
setzt die polygyne Ehe ihrer Sklavin selbst ein und beendet sie, und sie beansprucht die Kinder der unfreien Frau als ihre eigenen. Eine polygyne Konstellation bewirkt in der Regel eine Konkurrenzsituation zwischen den Co-Frauen. Bei
einer *nadītu*-Ehe wird auf gesetzlichem Wege ausgeschlossen, daß die Kinderlosigkeit gesellschaftliche Nachteile für eine *nadītu* hat. Sie kann sich im täglichen
Zusammenleben vor Beleidigungen durch ihre Sklavin oder durch eine freie Co-
Frau schützen (vgl. auch Diagramm 4). Die Sklavin ist gezwungen, die exponierte Position der *nadītu* anzuerkennen. Sie selbst besitzt mit der Geburt von
Kindern eingeschränkte eheliche Rechte, etwa ihre spätere Freilassung. Im Ersten
Testament gibt es zwar keine rechtliche Bestimmung für eine vergleichbare Eheform. Aus Erzählungen (Gen 16/ 21; Gen 29-30) läßt sich aber eine ähnlich
gestaltete Variante der polygynen Ehe mit unfreier Frau erschließen (Diagramm
1a).

Insgesamt basiert die Strategie dieser Ehevariante darauf, daß die Zweitfrau nicht ihrem Mann, sondern ihrer Co-Frau zugeordnet wird. Die unfreie Frau bekommt innerhalb des Beziehungsgeflechts einen festen Platz zugewiesen, auf dem sie sich arrangieren muß, wenn sie mit ihrer Co-Frau nicht in Konflikt geraten will. Bei Einhaltung der Vorschriften sind Komplikationen zwischen den Co-Frauen bei dieser Ehevariante am ehesten zu vermeiden. Die genaue Festschreibung ihrer Rechte kommt den Co-Frauen zugute; sie schränkt Willkür ein und steckt schon vor Beginn der Ehe einen kalkulierbaren Rahmen für die Beziehungen und etwaige Konflikte ab. Regelungen, die sich so ausführlich mit den Rechten zwischen Frauen befassen, sind im alten Orient die Ausnahme. Der Preis für ein funktionierendes Eheleben ist dabei, daß die Wünsche des Mannes oder der Sklavin denen einer *naditu* völlig untergeordnet werden. Es entsteht eine hierarchische und inflexible Ehestruktur. Der Mann und mehr noch die Sklavin werden in einem zentralen Bereich ihres Lebens stark entrechtet. Es gibt in anderen Texten des alten Babyloniens und des Ersten Testaments keine vergleichbaren Beispiele für die Bestimmungsfreiheit einer Frau über ihren Ehemann.

Diagramm 2:

Polygyne Ehe mit unfreier Zweitfrau, die dem Mann untersteht (KH)

Das spiegelverkehrte Äquivalent zur *naditu*-Ehe ist die Ehe, bei der eine unfreie Zweitfrau dem *Mann* zugeordnet ist. Die machtvolle Position, die in Diagramm 1 eine *naditu* innehat, kommt hier einem Ehemann zu. Nach dem KH (§§ 119, 170, 171, 172) und dem KL (§ 25, vgl. § 27) kann der Mann auch gegen die Interessen seiner Erstfrau eine weitere Verbindung eingehen (vgl. auch Diagramm 5). Er kann auf eigenen Wunsch Kinder mit seiner Sklavin haben und diese Kinder zusammen mit denen der ersten Frau erbrechtlich anerkennen. Die Konstellation bringt der ersten Frau erhebliche Nachteile. Diese werden aber rechtlich beschränkt, indem das Erstgeburtsrecht ihres Sohnes gewahrt wird und ihr das lebenslange Wohnrecht im ehelichen Haus zusteht. Im Ersten Testament ist diese Ehevariante anders geregelt (vgl. Diagramm 5 und 5a).

Insgesamt sind die ehelichen Rechte bei dieser Variation der Ehe gleichmäßiger auf die an der Ehe Beteiligten verteilt als in den Fällen von Diagramm 1. Einer Sklavin bringt die Ehe offensichtliche Vorteile. Für eine heirats- und gebärfähige unfreie Frau ist die enge Beziehung zu ihrem Eigentümer eine ernstzunehmende Möglichkeit, für sich und ihre Kinder die Freiheit zu erlangen. Anders als bei der *nadītu*-Ehe reicht der gesellschaftliche Status einer geehelichten Sklavin nahe an den der ersten Frau heran. Die Sklavin kann jedoch nicht selbst über ihren sozialen Aufstieg entscheiden. Für die Geburt von Kindern mit dem freien Mann und für deren erbrechtliche Anerkennung ist sie ganz auf die Gunst und den Willen ihres Eigentümers angewiesen. Durch ihre Abhängigkeit ist die Sklavin mehr als andere unfreie Personen der Gefahr einer sexuellen Ausbeutung ausgesetzt. Ihr gelungener Aufstieg bringt sie in Konflikte mit den Interessen einer ersten Frau. Insgesamt ist die Sklavin stärker als im Falle der *nadītu*-Ehe den Spannungen im Beziehungsgeflecht ausgesetzt.

Diagramm 3:

Ehe mit freien Co-Frauen (dtn Gesetz und ersttestamentliche Erzählungen)

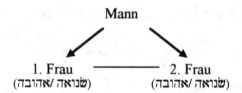

Die ersttestamentliche Bestimmung für freie Co-Frauen (Dtn 21,15-17) weist zusammen mit ersttestamentlichen Erzählungen (Gen 29-30; 1.Sam 1) auf eine starke Machtposition des Mannes hin. Sie ähneln darin den aB Regelungen (Diagramm 2, vgl. Diagramm 4). Die zentrale Stellung eines Mannes besteht im Ersten Testament jedoch auch gegenüber freien Co-Frauen. Ein Mann kann seine erste oder zweite freie Frau im täglichen Zusammenleben bevorzugen bzw. benachteiligen. Seine Gefühle und Handlungen haben so starke Auswirkungen, daß die Frauen ihnen zufolge als *Geliebte* oder *Gehaßte* bezeichnet werden. Die ungleiche Behandlung wird kritisch dargestellt, aber nicht verurteilt. Lediglich die erbrechtliche Benachteiligung einer *gehaßten* Frau und ihres erstgeborenen Sohnes wird untersagt.

Allgemein haben eigene Kinder im ersttestamentlichen Eherecht für Frauen nicht dieselbe wesentliche Bedeutung wie in aB Regelungen. Frauen sind dadurch von einer Gebärpflicht entlastet. Trotzdem können Kinder ihnen subjektiv einen wichtigen Arbeits- und Anerkennungsbereich bieten. Die ersttestamentlichen Erzählungen zeigen, daß Kinder beim Kampf um die Gunst des Mannes und die gesellschaftliche Anerkennung eine große Rolle spielen. Der Wunsch nach Kindern kann für Frauen existentielle Züge haben, auch wenn objektiv gesehen keine zwingende Notwendigkeit für eigenen Nachwuchs besteht. Mit dem weniger geforderten Gebären geht im Ersten Testament eine geringere Bewertung der weiblichen Fruchtbarkeit einher. Das Erstgeburtsrecht wird über den *Mann* und *seine* erste Zeugung definiert. Anders als in aB Bestimmungen garantiert das dtn Gesetz einer *Erstfrau* keine grundsätzlichen Vorrechte für *ihren* Erstgeborenen. Diese Form der Wertschätzung männlicher Fruchtbarkeit führt rechtlich zu einer größeren Gleichheit der freien Co-Frauen, befreit sie aber nicht vom familiären Konkurrenzdruck.

Insgesamt läßt das Fehlen detaillierter Bestimmungen für das Verhältnis zwischen freien Co-Frauen im Ersten Testament breiten Raum für eine eigene Dynamik der ehelichen Beziehung. Den Personen werden ihre unterschiedlichen Empfindungen ausdrücklich zugestanden. Dies trägt der Erkenntnis Rechnung, daß ein emotionaler Konflikt in der Regel unvermeidlich ist, wenn zwei in etwa gleichrangige Frauen sexuell mit demselben Mann verkehren. Anstatt den Beteiligten eine festgelegte Rolle in einem strengen Beziehungsmuster zuzuweisen, wird ihnen die Regelung der Beziehungen selbst überlassen. Die eheliche Position der freien Co-Frauen tritt ganz in den Hintergrund. Auf den ersten Blick gesehen verspricht dieser Umgang mit Polygynie große Offenheit und einen flexiblen Umgang mit anstehenden Problemen. Nach Aussage aller Texte ist es aber letztlich vor allem der Mann, der durch diese Strategie die eheliche Ordnung nach seinen Empfindungen entscheidend bestimmt. Nicht legale Rechte, sondern seine gesellschaftliche und familiäre Funktion geben ihm diese Rolle. Der Mann ist der emotionale Fixpunkt in dem Beziehungsgeflecht. Einer ungerechten Behandlung der Co-Frauen durch den Mann wird nicht vorgebeugt. Durch die ungeregelten Verhältnisse können Co-Frauen und Mann im Alltag starken emotionalen Spannungen ausgesetzt sein, die ungelöst bleiben.

Diagramm 4:

Polygyne Ehe mit freien Co-Frauen und Schwestern (aB Privatdokumente)

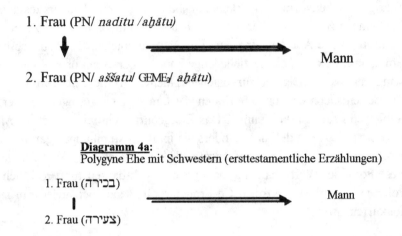

1. Frau (PN/ *nadītu /aḫātu)*

2. Frau (PN/ *aššatu/* GEME₂/ *aḫātu)*

Mann

Diagramm 4a:
Polygyne Ehe mit Schwestern (ersttestamentliche Erzählungen)

1. Frau (בכירה)

2. Frau (צעירה)

Mann

Ehen mit freien Co-Frauen *(BIN 7 173, CT 2 44, CT 4 39a, Waterman 39)* bzw.
mit (Adoptiv-) Schwestern *(CT 8 2a, CT 45 119, CT 48 48, CT 48 57, Meissner
BAP 89, TIM 4 46, TIM 4 47, TIM 4 49, TIM 5 1, UET 5 87)* haben in den aB
Privatdokumenten mehr Ähnlichkeit mit den *nadītu*-Ehen in Diagramm 1 als mit
vergleichbaren ersttestamentlichen Bestimmungen (Diagramm 3). Sie folgen der
Strategie einer reglementierten Beziehung, bei der eine zweite freie Frau einer
ersten massiv untergeordnet wird. Nur wenige Dokumente halten Bestimmungen
fest, die den Interessen einer Zweitfrau dienen. Die enge rechtliche Bindung zwischen den Co-Frauen stärkt allerdings deren Position. Im Scheidungsfall haben
sie eine einflußreiche Stellung und beugen der Gefahr vor, durch den Mann ge-
geneinander ausgespielt zu werden. Nicht-verwandte Co-Frauen können einander
durch eine Adoption zu Schwestern machen und ihre Koalition damit weiter
festigen. Vertraglich ist eine solche Adoption zwischen Co-Frauen ebenso ver-
bindlich wie eine Eheschließung. In einzelnen aB Verträgen wird keine Unterordnung der zweiten Frau gefordert. Hier kommt ein schwesterliches Eheideal, das
jenseits hierarchischer Strukturen liegt, in den Blick. Die Adoption einer Co-Frau
durch die andere ist für das alte Israel nicht belegt. Es gibt aber Beispiele für
Polygynien unter Beteiligung leiblicher Schwestern, so bsp. in ersttestamentlichen Erzählungen (Gen 19; Gen 29-31). Die Rangordnung der Co-Frauen ist
dort weniger ausgeprägt als in den aB Dokumenten (Diagramm 4a). Betont wird
das solidarische Handeln der Schwestern. Mit einem männlichen Gegenüber
sprechen Schwestern im Ersten Testament wie aus einem Munde, und sie unterstützen einander in schwierigen Situationen.

Insgesamt kann die schwesterliche Polygynie als Versuch angesehen werden, das Problem des konkurrenzgeprägten Verhältnisses zwischen Co-Frauen durch ein einvernehmliches Miteinander zu lösen. Die Schwesternschaft ist ein dritter Weg, den Schwierigkeiten zu begegnen - neben der Vorgabe einer stark reglementierten Ordnung (Diagramm 1) und dem Vertrauen auf die Eigendynamik der Beziehung (Diagramm 3). Die aB Adoption macht dies deutlich. Durch sie können nicht-verwandte Frauen zu Schwestern werden und eine lebenslange Verbindung miteinander eingehen, die ihren selber zugute kommt. Während der Mann im Ersten Testament der Fixpunkt aller Anstrengungen ist (Diagramm 3), erwecken die Privatdokumente den entgegengesetzten Eindruck. Emotionen zwischen Mann und Frau(en) werden ganz ausgeblendet und scheinen dadurch bedeutungslos zu sein. Alle Ambitionen drehen sich um die Co-Frauen. Die Schwesternschaft ist eine sinnvolle Alternative zu den übrigen Versuchen der Konfliktlösung. Sie ermöglicht beiden Co-Frauen, die polygyne Konstellation aus einem anderen Blickwinkel zu betrachten, bei der nicht nur das Defizit der *nicht* ungeteilten Beziehung zum Ehemann, sondern auch der Gewinn einer neuen tragenden Verbindung eine Rolle spielt. Die Grenzen des schwesterlichen Ideals liegen in dem nicht aufhebbaren Konkurrenzdruck. Ersttestamentliche Erzählungen zeigen, daß eine polygyne Konstellation selbst für leibliche Schwestern zur Zerreißprobe werden kann (Gen 29-31). Das HG (Lev 18,18) lehnt die schwesterliche Polygynie aus diesem Grunde ganz ab. Mit einer Reihe von entsprechenden Inzestbestimmungen ist es darum bemüht, die familiären Bindungen von Frauen vor Belastungen durch polygyne Ehen zu schützen (Lev 18,17; Lev 20,14).

Diagramm 5:

Polygyne Ehe mit (Schuld-) Sklavin, die dem Mann untersteht (Bb)

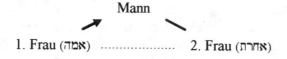

Mann

1. Frau (אמה) .... 2. Frau (אחרת)

Diagramm 5a:
Polygyne Ehe mit (ehemals) unfreier Frau, die dem Mann untersteht (ersttestamentliche Erzählungen, Bundesbuch-Variante)

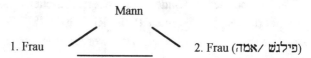

Mann

1. Frau   2. Frau (פילנש /אמה)

Im Bb (Ex 21,10-11) ist eine geehelichte (Schuld-) Sklavin als Erstfrau ihrem Eigentümer zugeordnet. Strukturell ähnelt die Regelung in der Spiegelverkehrung den Paragraphen des KH zu Ehen mit unfreien Zweitfrauen, die dem Mann unterstehen (Diagramm 2). Im Bb werden die Rechte nur *einer* Frau, nämlich einer Schuldsklavin, genannt. Als Angehörige des Volkes Israel hat sie Anspruch auf die Ehe mit einem freien Mann. Für den Fall, daß der Mann erneut heiratet, werden ihr eine gleichbleibende Versorgung und das Recht auf Beischlaf garantiert; werden diese Anrechte nicht erfüllt, kann die Schuldsklavin die Ehe verlassen. Die Regelung ist die einzige, in der eine unfreie Frau ein aktives Scheidungsrecht genießt. Die umfangreichen Rechte zeigen, daß die Schuldsklavin eine Position zwischen einer freien und einer unfreien Frau einnimmt. Das ist wohl der Grund dafür, daß die Bestimmung sich in zwei weiteren Punkten von allen aB Regelungen unterscheidet: 1. die unfreie Frau ist die *erste* Frau der polygynen Ehe und 2. die Rechte der Schuldsklavin sind nicht an die Geburt von Kindern gebunden. In ersttestamentlichen Erzählungen (Ri 8,30-9,18 und Ri 19) wird ebenfalls von polygynen Verbindungen unter Beteiligung von Frauen, die einen Status zwischen frei und unfrei einnehmen, berichtet (Diagramm 5a). Ob sie die ersten oder zweiten Frauen der Ehe sind und ob ihre Bezeichnung als *Sklavin* oder *Nebenfrau* auf Polemik beruht, wird nicht deutlich. Gemeinsam ist ihnen allen, daß sie nach Beendigung der Ehe ein vom Mann unabhängiges Leben als freie Frauen führen. Die Möglichkeiten dieser Frauen unterscheiden sich von denen, die Sklavinnen zukommen, die einer Erstfrau gehören (Diagramm 1 und 1a).

Insgesamt ist das ersttestamentliche Bestreben klar erkennbar, die Position einer vorübergehend unfreien Frau in monogamer oder polygyner Ehe auf rechtlichem Wege zu stärken. Es entsteht der Eindruck einer ausgewogenen Verteilung der ehelichen Rechte und Pflichten unter den beteiligten Personen. Der sensible und um gerechte Behandlung bemühte Umgang mit (Schuld-) Sklaverei ist auf die hohe theologische Relevanz des Themas im Ersten Testament zurückzuführen. Die Versklavung von IsraelitInnen in Ägypten und die Befreiung aus der Sklaverei durch das Eingreifen Gottes wird immer wieder in Erinnerung gerufen (Exodusthematik). Während das Bb bezüglich einer Schuldsklavin und ihrem Mann differenzierte Aussagen bietet, bleibt das Verhältnis zwischen den Co-Frauen ebenso unbestimmt wie im dtn Gesetz (Diagramm 3). Zusammen mit den Erzählungen (Diagramm 5a) ergibt sich der Eindruck, daß polygyne Konstellationen mit (inzwischen) freien Frauen im Ersten Testament wenig geregelt und daher vielfältig sind. Bedenklich an der gesetzlichen Zurückhaltung ist, daß die Co-Frauen und deren Kinder bei unvermeidlichen Auseinandersetzungen sich selbst überlassen sein können (bsp. Ri 8,30-9,18). Es sind keine Regelungen bekannt, auf die sie zurückgegriffen werden konnten, um ihre Rechte einzuklagen.

Diagramm 6:

Ehe mit freien Co-Frauen (KL und KH)

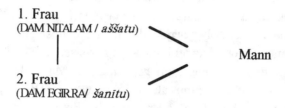

1. Frau
(DAM NITALAM / *aššatu*)

2. Frau
(DAM EGIRRA/ *šanītu*)

Mann

Die KL (§§ 26, 27) nennt in knapper Weise Ehen mit freien Co-Frauen. Obwohl die erste Frau durch ihre Bezeichnung als *Ausgewählte* besonders hervorgehoben ist, wird eine Über- und Unterordnung der Co-Frauen nicht ersichtlich. Die zweite Frau verfügt ebenso über eine Mitgift wie die erste. Die Kinder beider Frauen erben zu gleichen Teilen von ihrem Vater. Einer erkrankten Erstfrau darf durch die polygyne Ehe nicht das Wohnrecht im ehelichen Haus entzogen werden. Im KH (§§ 144, 145, 148, 149) ist die erste Frau terminologisch nicht hervorgehoben, besitzt aber ähnliche Rechte wie die erste Frau im KL. Die weitere Ehe eines Mannes wird im KH stets begründet. Ist die Krankheit einer ersten Frau der Anlaß, kann die kranke Frau sich der polygynen Konstellation durch eine Scheidung entziehen. Ein Mann, der bereits Kinder mit der ersten Frau oder deren Sklavin hat, darf keine weitere freie Frau heiraten.

Insgesamt werden im KL und KH detaillierte Vorgaben für wichtige Eckpunkte der polygynen Ehe gemacht, nämlich zu Erb- und Scheidungsrechten. Die tatsächliche Ausgestaltung des Zusammenlebens bleibt aber den Beteiligten überlassen. Auf Grund der gleichmäßigen Verteilung der Rechte entsteht der Eindruck einer ausgeglichenen Beziehungsstruktur. Wie mit alltäglichen Konflikten umgegangen wurde, geht aus den Regelungen nicht hervor. Unwahrscheinlich ist, daß sie auf der Basis einer grundsätzlichen Hierarchie zwischen erster und zweiter Frau (Diagramm 1) oder auf der eines schwesterlichen Bundes der Co-Frauen gegenüber dem Mann (Diagramm 4) gelöst wurden.

Polygyne Ehen bringen für alle Beteiligten Vor- und Nachteile. Ein Problem monogamer *und* polygyner Ehen im alten Israel und alten Mesopotamien ist, daß sie in der Regel nicht im Einverständnis aller Beteiligten geschlossen werden. Die erste Ehe einer jungen Frau wird grundsätzlich über ihren Kopf hinweg vereinbart. Über die erste Ehe eines jungen Mannes entscheiden häufig seine Eltern; über eine weitere Ehe kann in manchen Fällen seine Erstfrau verfügen. Für die

Art der Bewältigung ehelicher Konflikte sind die Struktur der Ehe und die Entscheidungskompetenz der einzelnen Personen entscheidend. Ein Beispiel ist das zentrale Problem der Konkurrenz zwischen Co-Frauen. Je ähnlicher ihre gesellschaftliche Position ist, desto größer ist die Gefahr, daß eine zweite Frau der ersten die Stellung streitig macht. In den Quellen gibt es drei Strategien, eine Lösung dieser und anderer Konflikte herbeizuführen:

1. Wenn möglich, schützen Erstfrauen sich auf rechtlichem Wege vor den Nachteilen der polygynen Verbindung, indem sie ihre Co-Frau auswählen und ihr einen festen Platz an ihrer Seite zuweisen. Sie kontrollieren auf diese Weise deren Verbindung zum gemeinsamen Mann. Dies ist dann realisierbar, wenn die zweite Frau als Unfreie weniger Rechte besitzt als die erste (Diagramm 1 und 1a) oder wenn die Erstfrau eine so exponierte eheliche Stellung innehat, daß sie über ihre Co-Frau *wie* über eine Sklavin bestimmen kann (z.T. Diagramm 4). Die hierarchische Unterordnung der zweiten Frau unter die erste erzeugt von allen Ehevarianten das stärkste Machtgefälle. Diese Strategie ist vor allem in den aB Privatdokumenten ein zwar inflexibler, aber verläßlicher und von allen berechenbarer Weg, die Konstellation zu stabilisieren.

2. Die künstliche oder leibliche Schwesternschaft bewirkt eine noch größere Konzentration auf das Verhältnis zwischen Co-Frauen (Diagramm 4 und 4a). Ziel dieser Strategie ist es, die unvermeidliche Konkurrenz durch den lebenslangen solidarischen Zusammenhalt zwischen den Co-Frauen zu mildern. Wie das erste Konzept weist auch dieses einen großen Erfolg auf, wenn es darum geht, daß Co-Frauen ihre gemeinsamen Interessen gegenüber dem Ehemann durchsetzten wollen. Dies belegen aB Privatdokumente und ersttestamentliche Erzählungen. Das Verbot schwesterlicher Polygynie im HG trägt der Erkenntnis Rechnung, daß die polygyne Konstellation für leibliche Schwestern belastend ist. Die entstehenden Konflikte zwischen den Co-Frauen und die zwischen Mann und Frau(en) können auch mit dieser Strategie nicht immer behoben werden.

3. Im Unterschied zu den aB Privatdokumenten und ersttestamentlichen Erzählungen greifen die Rechtssammlungen (KL, KH, Bb, dtn Gesetz) vornehmlich zu einer dritten Strategie. Sie stecken durch knappe Regelungen den rechtlichen Rahmen der polygynen Ehe ab, indem sie auf strittige Fragen, wie das Erb- und Scheidungsrecht, eingehen (Diagramm 2, 3, 5 und 6). In bezug auf Fragen des täglichen Zusammenlebens machen sie keine Vorschriften. Hierarchische Strukturen werden in diesen Bestimmungen daher vermieden. Vor- und Nachteile dieses Konzepts werden an einem Beispiel aus dem Ersten Testament deutlich: Das dtn Gesetz konzentriert sich auf das Verhältnis zwischen Mann und Frauen, ohne die Beziehung zwischen den Co-Frauen zu thematisieren (Diagramm 3). Der zwischenmenschlichen Dynamik wird mit

Absicht viel Raum gelassen. Ergebnis ist, daß die positiven und negativen Empfindungen des Mannes im Alltag der Co-Frauen größte Relevanz haben. Der Mann übt seinen Einfluß nicht auf Grund seiner legalen Rechte aus, sondern wegen seiner gesellschaftlichen und familiären Rolle. Es entsteht eine hierarchische Ehestruktur, deren Angelpunkt der gemeinsame Mann ist. Die daraus folgende Problematik wird in ersttestamentlichen Erzähltexten plastisch dargestellt. Insgesamt macht der Verzicht auf Regelungen es für die Beteiligten schwer, sich gegen die täglichen ehelichen Spannungen zur Wehr zu setzen.

Insgesamt kann keine der genannten Strategien alle Fragen lösen, die sich in polygynen Ehen ergeben können. Die Rechtssammlungen machen da halt, wo die alltäglichen Probleme einsetzen: bei der Gestaltung der Beziehungen. Die Textgattungen, die spezifische Fälle vor Augen haben, nämlich die Privatdokumente und Erzählungen, geben einen genaueren Einblick in die mögliche Ausformung der Beziehungsstrukturen. Die Quellen ergänzen einander. Alle Bestimmungen zusammen geben einen Eindruck von der Problematik polygyner Konstellationen. Sie sagen wenig über das Gelingen polygyner Ehen im Vergleich zu monogamen Ehen aus.

LITERATUR

Raphael Garuin ABRAHAMS 1973
Some aspects of levirate. In: Jack GOODY (Hrsg.), The character of   kinship, Cambridge 1973, 163-17

Susan ACKERMAN 1993
The queen mother and the cult in Israel. In: Journal of biblical literature 112/ 1993, 385-401

Pauline ALBENDA 1987
Women, child, and family: their imagery in Assyrian art. In: Jean-Marie DURAND (Hrsg.), La femme dans le Proche-Orient Antique, Paris 1987, 17-21

Rainer ALBERTZ 1996²
Religionsgeschichte Israels in alttestamentlicher Zeit, Teil 1: Von den Anfängen bis zum Ende der Königszeit (Grundrisse zum Alten Testament 8), Göttingen 1996²

Schafik ALLAM 1973
Hieratische Ostraka und Papyri aus der Ramsessidenzeit (Urkunden zum Rechtsleben im Alten Ägypten 1), Tübingen 1973

Schafik ALLAM 1975
Art. „Ehe". In: Wolfgang HELCK/ Eberhard OTTO (Hrsg.), Lexikon der Ägyptologie, Bd. 1, Wiesbaden 1975, 1162-1183

Yairah AMIT 1994
'Am I not more devoted to you than ten sons?' (1 Samuel 1.8): male and female interpretations. In: Athalya BRENNER (Hrsg.), A feminist companion to Samuel and Kings (The feminist companion to the Bible 5), Sheffield 1994, 68-76

Julia Maria ASHER-GREVE 1985
Frauen in altsumerischer Zeit (Bibliothek Mesopotamia 18), Malibu 1985

Julia ASSANTE 1998/1999
"The kar.kid/ ḫarimtu, prostitute or single woman? A reconsideration of the evidence. In: Ugarit Forschung 30/ 1998.1999, 5-96

Jan ASSMANN 1992
Das kulturelle Gedächtnis: Schrift, Erinnerung und politische Identität in Hochkulturen, München 1992

Walter E. AUFRECHT 1988
Genealogy and history in Ancient Israel. In: Lyle M. ESLINGER/ Glen TAYLOR (Hrsg.), Ascribe to the Lord: biblical and other essays in memory of Peter C. Craigie, Sheffield 1988, 205-235

Nahman AVIGAD 1987A
The contribution of Hebrew seals to an understanding of Israelite religion and society. In: Patrick D. MILLER u.a. (Hrsg.), Ancient Israelite religion. Essays in honor of Frank Moore Cross, Philadelphia 1987, 195-208

Nahman AVIGAD 1987B
A note on an impression from a woman's seal. In: Israel explonation journal 37/ 1987, 18f

Ulrike BAIL 1994
"Vernimm, Gott, mein Gebet". Psalm 55 und Gewalt gegen Frauen. In: Hedwig JAHNOW u.a., Feministische Hermeneutik und Erstes Testament. Analysen und Interpretationen, Stuttgart/ Berlin/ Köln 1994, 67-84

Mieke BAL (Hrsg.)
1989
Anti-covenant. Counter-reading women's lives in the Hebrew Bible, Sheffield 1989

Kemal BALKAN
1983
Betrothal of girls during childhood in Ancient Assyria and Anatolia. In: Harry A. HOFFNER/ Gary M.BECKMAN (Hrsg.), Kaniššuwar. A tribute to Hans G. Güterbock on his 75th birthday May 27, 1983 (Assyriological studies 23), Chicago/ Illinois 1983, 1-8

Gerlinde BAUMANN
1994
Gottes Geist und Gottes Weisheit. Eine Verknüpfung. In: Hedwig JAHNOW u.a., Feministische Hermeneutik und Erstes Testament. Analysen und Interpretationen, Stuttgart/ Berlin/ Köln 1994, 138-148

Ulrike BECHMANN
1989
Das Deboralied zwischen Geschichte und Fiktion. Eine exegetische Untersuchung zu Richter 5 (Dissertation Theologische Reihe 33), St. Ottilien 1989

Barry J. BEITZEL
1986
The Right of the firstborn (Pi Snayim) in the Old Testament (Deut.21:15-17). In: Walter C. KAISER u.a.(Hrsg.), A tribute to Gleason Archer. Essays in the Old Testament, Chicago 1996, 179-190

Samuel BELKIN
1969-1970
Levirate and agnate marriage in Rabbinic and Cognate literature. In: Jewish quarterly review 60/ 1969-1970, 275-329

Laura BETZIG
1988
Comments. In: Current anthropology 29/1988, 559

Phyllis A. BIRD
1987
The place of women in the Israelite cultus. In: Patrick D. MILLER u.a. (Hrsg.), Ancient Israelite religion. Essays in honor of Frank Moore Cross, Philadelphia 1987, 397-419

Phyllis A. BIRD
1989
'To play the harlot': an inquiry into an Old Testament metaphor. In: Peggy Lynne DAY (Hrsg.), Gender and difference in Ancient Israel, Minneapolis 1989, 75-94

Phyllis A. BIRD
1991
Israelite religion and faith of Israel's daughters: reflections on gender and religious definition. In: David JOBLING/ Peggy Lynne DAY/ Gerald SHEPPARD (Hrsg.), The Bible and the politics of Exegesis: essays in honor of Norman K. Gottwald, Cleveland/ Ohio 1991, 97-108

Erhard BLUM
1984
Die Komposition der Vätergeschichte (Wissenschaftliche Monographien zum Alten und Neuen Testament 57), Neukirchen 1984

Hans Jochen BOECKER (Hrsg.)
1996[5]
Altes Testament, Neukirchen-Vluyn, 1996[5]

Rykle BORGER
1982
Der Kodex Hammurapi. In: Otto KAISER (Hrsg.), Texte aus der Umwelt des Alten Testaments, Bd.I: Rechts- und Wirtschaftsurkunden. Historisch-chronologische Texte, Gütersloh 1982-1985, 39-80

Monique BORGERHOFF MULDER
1992
Women's strategies in polygynious marriage: Kipsigis, Datoga, and other East African cases. In: Human nature 3/ 1992, 45-70

Monique BORGERHOFF MULDER 1994	On polygyny and sex ratio at birth: an evaluation of Whiting's studies. In: Current anthropology 35/ 1994, 625-627
Georg BRAULIK 1988	Die Abfolge der Gesetze im Deuteronomium 12-26 und der Dekalog. In: ders., Studien zur Theologie des Deuteronomiums, Stuttgart 1988, 231-255
Georg BRAULIK 1991	Das dtn Gesetz und der Dekalog. Studien zum Aufbau von Dtn 12-26 (Stuttgarter Bibelstudien 145), Stuttgart 1991
James Henry BREASTED 1962	**Ancient Records of EGYPT. Historical Documents from the earliest time to the Persian conquest. Collected, edited, and translated with commentary; Bd.1-5, New York 1962**
J.M. BRENEMAN 1971	Nuzi marriage tablets (Dissertation Brandeis University), Ann Arbor/ Michigan 1971
Athalya BRENNER 1985	The Israelite woman: social role and literary type in biblical narrative, Sheffield 1985
Athalya BRENNER (Hrsg.) 1993	A feminist companion to Genesis (The feminist A companion to the Bible 2), Sheffield 1993
Athalya BRENNER 1993B	On 'Jeremiah' and the poetics of (prophetic) pornography. In: Athalya BRENNER/ Fokkelien van DIJK-HEMMES, On gendering texts: female and male voices in the Hebrew Bible, Leiden/ New York/ Köln 1993, 177-193
Athalya BRENNER (Hrsg.) 1994	A feminist companion to Samuel and Kings (The feminist A companion to the Bible 5), Sheffield 1994
Athalya BRENNER 1994B	On incest. In: dies. (Hrsg.), A feminist companion to Exodus to Deuteronomy, Sheffield 1994, 113-138
Athalya BRENNER 1997	The intercourse of knowledge: on gendering desire and 'sexuality' in the Hebrew Bible, Leiden/ New York 1997
Athalya BRENNER/ Fokkelien DIJK-HEMMES 1993	On gendering texts: female and male voices in the van Hebrew Bible, Leiden/ New York/ Köln 1993
Gershon BRIN 1994	Studies in biblical law: from the Hebrew Bible to the Dead Sea scrolls, Sheffield 1994
J.A. BRINKMANN 1964	Appendix: Mesopotamian chronology of the historical period. In: A. Leo OPPENHEIM, Ancient Mesopotamia. Portrait of a dead civilization, Chicago/ London 1964, 335-343
BROCKHAUS 1995[19]	Art. „Harem". In: Brockhaus Enzyklopädie Bd. 27, 1475f Mannheim 1995[19]
Cheryl Anne BROWN 1992	No longer be silent: first century Jewish portraits of biblical women, Louisville/ Kentucky 1992
Walter BRUEGGEMANN 1990	1 Samuel 1: a sence of beginning. In: Zeitschrift für alttestamentliche Wissenschaft 102/ 1990, 33-48
Klara BUTTING 1987	Rachel und Lea. Der Streit der Schwestern: Genesis 29, 1-30,24. In: Texte und Kontexte 33/ 1987, 25-54

Klara BUTTING
1993

Die Buchstaben werden sich noch wundern.
Innerbiblische Kritik als Wegweisung feministischer
Hermeneutik, Berlin 1993

Innocenzo CARDELLINI
1981

Die biblischen „Sklaven"-Gesetze im Lichte des
keilschriftlichen Sklavenrechts. Ein Beitrag zur Tradition
und Redaktion der alttestamentlichen Rechtstexte
(Bonner biblische Beiträge 55), Königstein/ Bonn 1981

Carum M. CARMICHAEL
1985

Law and narrative in the Bible: the evidence of the
Deuteronomic Laws and the Decalogue, Ithaka/
New York/ London 1985

Gregory C. CHIRICHIGNO
1993

Debt-slavery in Israel and in the Ancient Near East
(Journal for the study of the Old Testament supplement
series 141), Sheffield 1993

Alfred CHOLEWINSKI
1976

Heiligkeitsgesetz und Deuteronomium. Eine
vergleichende Studie (Analecta biblica 66), Rome 1976

Frank CRÜSEMANN
1992

Die Tora. Theologie und Sozialgeschichte des
alttestamentlichen Gesetzes, München 1992

M.A. DANDAMAEV
1984

Slavery in Babylonia: from Nobopolassar to Alexander
the Great, Illinois, 1984

William G. DEVER
1996

'Will the real Israel please stand up?' Archaeology and
A Israelite historiography: part I. In: Bulletin of the
American school of Oriental research 297/ 1996, 61-80

William G. DEVER
1996B

"Will the real Israel please stand up?" archaeology and the
Religions of Ancient Israel: part II. In: : Bulletin of the
American school of Oriental research 298/ 1996, 37-58

Igor M. DIAKONOFF
1985

Extended families in Old Babylonian Ur. In: Zeitschrift
für Assyriologie 75/1985, 47-65

Manfried L. G. DIETRICH
1989

Semiramis - Oder: War die Frau im Alten Orient nur
schön? In: B. Schmitz/ U. Steffgen (Hrsg.), Waren sie nur
schön? Frauen im Spiegel der Jahrtausende, Mainz 1989,
117-182

Fokkelien van DIJK-HEMMES
1993

The metaphorization of woman in prophetic speech: an
analysis of Ezekiel 23. In: Athalya BRENNER/
Fokkelien van DIJK-HEMMES, On gendering texts,
Leiden/ New York/ Köln 1993, 167-176

Herbert DONNER
1984

Geschichte des Volkes Israel und seiner Nachbarn in
Grundzügen. Teil 1: Von den Anfängen bis zur
Staatenbildung (Grundrisse zum Alten Testament 4),
Göttingen 1984

Mary DOUGLAS
1966

Purity and danger: an analysis of the concepts of pollution
and taboo, London 1966

Mary DOUGLAS
1975

Implicit meanings: essays in anthropology, London 1975

Godfrey Rolles DRIVER,/
John C. MILES
1955

The Babylonian laws, 2 Bd., Oxford 1955

Godfrey Rolles DRIVER/

The Assyrian laws, Oxford (1935), Nachdruck 1975

John C. MILES
1975

Jean-Marie DURAND (Hrsg.)
1987
La femme dans le Proche-Orient Antique, 33. Rencontre Assyriologique internationale, Paris 1987

Erich EBELING
1938
Art. „Ehe". In: Reallexikon der Assyriologie, Bd. 2, 1938, 281 286

Barry L. EICHLER
1989
Nuzi and the Bible: a retrospective. In: Hermann BEHRENS u.a..(Hrsg.), DUMU-E$_2$-DUB-BA-A. Studies in honor of Åke W. Sjöberg, Philadelphia 1989, 107-119

Howard EILBERG-SCHWARTZ
1990
The savage in Judaism. An anthropology of Israelite religion and Ancient Judaism, Bloomington/ Indianapolis 1990

Karl ELLIGER
1966
Leviticus (Handbuch zum Alten Testament I/4), Tübingen 1966

Grace I. EMMERSON
1989
Women in Ancient Israel. In: Ronald E. CLEMENTS (Hrsg.), The world of Ancient Israel. Sociological, anthropological and political perspectives, Cambridge 1989, 371-394

Karen ENGELKEN
1990
Frauen im Alten Israel. Eine begriffsgeschichtliche und sozialrechtliche Studie zur Stellung der Frau im Alten Testament (Beiträge zur Wissenschaft vom Alten und Neuen Testament 130), Stuttgart/ Berlin/ Köln 1990

Christopher J. EYRE
1992
The adoption Papyrus in social context. In: Journal of Egyptian archaeology 78/ 1992, 207-221

Adam FALKENSTEIN
1956A
Die neusumerischen Gerichtsurkunden. Bd. 1, München 1956

Adam FALKENSTEIN
1956B
Die neusumerischen Gerichtsurkunden. Bd. 2, München 1956

André FINET
1973
Hammurapi et l'épouse vertueuse. À propos des paragraphes 133 et 142-143 du code, Leiden 1973

Jakob Joel FINKELSTEIN
1981
'The ox that gored'. In: Transactions of the American philosophical society 71/ 1981, 1-89

Irmtraud FISCHER
1988
„... und sie war unfruchtbar". Zur Stellung der kinderlosen Frauen in der Literatur Alt-Israels. In: Gertrude PAURITSCH (Hrsg.), Kinder machen(Reihe Frauenforschung 6), Wien 1988, 116-126

Irmtraud FISCHER
1994
Die Erzeltern Israels. Feministisch-theologische Studien zu Genesis 12-36, Berlin / New York 1994

Thomas FISH
1936
Letters of the first Babylonian dynasty, Manchester 1936

Georg FOHRER u.a. (Hrsg.)
1983[4]
Exegese des Alten Testaments, Heidelberg 1983[4]

Benjamin R. FOSTER
1989
Western Asia in the second millennium. In: Barbara S. LESKO (Hrsg.), Women's earliest records. From Ancient Egypt and Western Asia, Atlanta/ Georgia 1989, 141-143

Frank S. FRICK
1994

Widows in the Hebrew Bible: a transactional approach.
In: Athalya BRENNER (Hrsg.), A feminist companion to
Exodus to Deuteronomy, Sheffield 1994, 139-151

Corinna FRIEDL
1999

Wie Hagar und Sara. Polygyne Beziehungen - ein nicht
nur biblisches Phänomen. In: Margarete PAUSCHERT/
Antje RÖCKEMANN (Hrsg.), In Spiralen fliegen.
(Schlangenbrut Sonderausgabe 2), Münster 1999, 42-45

Volkmar FRITZ
1990

Die Stadt im alten Israel, München 1990

Tikva E. FRYMER-KENSKY
1989A

Law and philosophy: the case of sex in the Bible. In:
Semeia 45/ 1989, 89-102

Tikva E. FRYMER-KENSKY
1989B

The ideology of gender in the Bible and the Ancient Near
East. In: Hermann BEHRENS u.a. (Hrsg.), DUMU-E$_2$-
DUB-BA-A. Studies in honor of Åke W. Sjöberg,
Philadelphia 1989, 185-191

Ignace J. GELB
1973

Prisoners of war in Early Mesopotamia. In: Journal of
Near Eastern studies 32/ 1973, 70-98

Ignace J. GELB
1979

Household and family in Early Mesopotamia. In: Edward
LIPIŃSKI (Hrsg.), State and temple economy in the
Ancient Near East (Orientalia lovaniensia analecta 5),
1979, 61-71

Erhard S. GERSTENBERGER
1993A

„Apodiktisches" Recht -„Todes" Recht? In: Peter
MOMMER/ Werner H. SCHMIDT/ Hans STRAUß
(Hrsg.), Gottes Recht als Lebensraum. Festschrift für
Hans Jochen Boecker, Neukirchen-Vluyn 1993, 7-20

Erhard S. GERSTENBERGER
1993B

Das dritte Buch Mose. Leviticus (Das Alte Testament
deutsch 6), Göttingen 1993

Wilhelm GESENIUS/ BUHL
1962[17]

Hebräisches und aramäisches Handwörterbuch über das
Alte Testament, Berlin 1962 (Nachdr. d. 16. Aufl.,
Leipzig 1915)

Wilhelm GESENIUS/ KAUTZSCH
1962

Hebräische Grammatik, Hildesheim 1962 (Nachdr. d. 28.
Aufl., Leipzig 1909)

Wilhelm GESENIUS/ MEYER
1987[18]

Hebräisches und aramäisches Wörterbuch über das Alte
Testament, 1. Liefg. Berlin u.a. 1987

Jean-Jacques GLASSNER
1989

Women, hospitality, and the honor of the family. In:
Barbara S. LESKO (Hrsg.), Women's earliest records.
From Ancient Egypt and Western Asia, Atlanta/ Georgia
1989, 71-90

Walter GOLDSCHMIDT
1978

A general model for pastoral social systems. In: L'Equipe
écologie et anthropologie des sociétés pastorales (Hrsg.),
Pastoral production and society. Proceedings of the
international meeting on nomadic pastoralism, Paris 1-3
Dec. 1976, Cambridge/ London/ New York7 Melbourne
1978, 14-27

Jack GOODY
1970

Marriage, prestations, inharitance and descent in pre-
industrial societies. In: Journal of comparative family
studies 1/ 1970, 37-54

Jack GOODY (Hrsg.) 1973	The character of kinship, Cambridge 1973
Jack GOODY 1976	Production and reproduction: a comparative study of a domestic domain (Cambridge studies in social anthrolpology 17), Cambridge 1976
Jack GOODY 1990	Jacob's marriages. In: ders., The Oriental, the Ancient and the Primitive. Studies in literary, family, culture and the state, Cambridge 1990, 342-360
Jack GOODY/ S. J. TAMBIAH 1973	Bridewealth and dowry, Cambridge 1973
Cyrus H. GORDON 1981	*Erēbu* marriage. In: Martha A. MORRISON/ David I. OWEN(Hrsg.), Studies on the civilization and culture of Nuzi and the Hurrians. In honor of Ernst T. Lacheman on his 75th Birthday, April 29, 1981, Winona Lake/ Indiana 1981, 155-160
Lester L. GRABBE 1993	Levitius (Old Testament Guides 222), Sheffield 1993
Jonas C. GREENFIELD 1987	Some Neo-Babylonian women. In: Jean-Marie DURAND (Hrsg.), La femme dans le Proche-Orient Antique, Paris 1987, 75-80
Katarzyna GROSZ 1981	Dowry and brideprice in Nuzi. In: Martha A. MORRISON/ David I. OWEN (Hrsg.), Studies on the civilization and culture of Nuzi and the Hurrians. In honor of Ernst T. Lacheman on his 75th Birthday, April 29, 1981, Winona Lake/ Indiana 1981, 161-182
Katarzyna GROSZ 1987	On some aspects of the adoption of women at Nuzi. In: David I. OWEN/ Martha A.MORRISON (Hrsg.), Studies on the civilization and culture of Nuzi and the Hurrians, vol. 2, Winona Lake/ Indiana 1987, 131-152
Katarzyna GROSZ 1989	Some aspects of the position of women in Nuzi. In: Barbara S. LESKO (Hrsg.), Women's earliest records. From Ancient Egypt and Western Asia, Atlanta/ Georgia 1989, 167-189
Richard HAASE 1993	Ehescheidung auf hethitisch. In: Welt des Orients 24/ 1993, 50-54
Richard HAASE 1995	Zur Stellung der Frau im Spiegel der hethitischen Rechtssammlung. In: Altorientalische Forschung 22/ 1995, 277-281
Jo Ann HACKETT 1991	Rehabilitating Hagar: fragments of an epic pattern. In: Peggy Lynne DAY (Hrsg.), Gender and difference in Ancient Israel, Minneapolis 1991, 12-27
Rivkah HARRIS 1963	The organization and administration of the cloister in Ancient Babylonia. In: Journal of the economic and social history of the Orient 6/ 1963, 121-157
Rivkah HARRIS 1974	The case of three Babylonian marriage contracts. In: Journal of Near Eastern studies 33/ 1974, 363-369
Rivkah HARRIS	Ancient Sippar. A demographic study of an Old-

1975   Babylonian city (1894-1595 B.C.), Istanbul/ Niederlande
                                       1975

Rivkah HARRIS   Independent women in Ancient Mesopotamia? In:
1989   Barbara S. LESKO (Hrsg.), Women's earliest records.
                                       From Ancient Egypt and Western Asia, Atlanta/ Georgia
                                       1989, 145-153

Maria HÄUSL   Abischag und Batscheba. Frauen am Königshof und die
1993   Thronfolge Davids im Zeugnis der Texte 1 Kön 1 und 2,
                                       St. Otilien 1993

Joachim HENGSTL   Die neusumerische Eintrittsehe. In: Zeitschrift für
1992   Sozialreform 109/ 1992, 31-49

A. HILHORST u.a. (Hrsg.)   Studies in Deuteronomy, Leiden/ New York/ Köln
1994   1994

Gordon Paul HUGENBERGER   Marriage as a covenant: a study of biblical law and ethics
1994   governing marriage developed from the perspective of
                                       Malachi, Leiden/ New York/ Köln 1994

Hedwig JAHNOW u.a.   Feministische Hermeneutik und Erstes Testament.
1994   Analysen und Interpretationen, Stuttgart/ Berlin/ Köln
                                       1994

N.B. JANKOWSKA   The role of extended family in the economic life of the
1986   kingdom of Arraphe. In: Oikumene 5/ 1986, 33-42

Sharon Pace JEANSONNE   The characterization of Lot in Genesis. In: Biblical
1988   theology bulletin 18/1988, 123-129

Sharon Pace JEANSONNE   The women of Genesis. From Sarah to Pontiphar's
1990   wife, Minneapolis 1990

Alfred JEPSEN   Untersuchungen zum Bundesbuch, Stuttgart 1927
1927

Alfred JEPSEN   AMA^H und SCHIPHCHA^H, Vetus testamentum 8/ 1958, 293-
1958   297

Jörg JERMIAS   Die Reue Gottes. Aspekte alttestamentlicher
1975   Gottesvorstellung (Biblische Studien 65), Neukirchen-
                                       Vluyn 1975

Renate JOST   Von "Huren und Heiligen". Ein sozialgeschichtlicher
1994   Beitrag. In: Hedwig JAHNOW u.a., Feministische
                                       Hermeneutik und Erstes Testament. Analysen und
                                       Interpretationen, Stuttgart/ Berlin/ Köln 1994, 126-137

Otto KAISER (Hrsg.)   Texte aus der Umwelt des Alten Testaments, Bd.I:
1982   Rechts- und Wirtschaftsurkunden. Historisch-
                                       chronologische Texte, Gütersloh 1982-1985

Stephen A. KAUFMANN   The structure of the Deuteronomic Law. In: Maarav
1978/79   1/2/ 1978/79,105-158

Anna Christine KIESOW   Löwinnen von Juda (Elektronische Ressource): Frauen
1998   als Subjekte politischer Macht in der judäischen
                                       Königszeit, Berlin 1998

Michael C. KIRWEN   African widows, Maryknoll/ New York 1979
1979

Lilian R. KLEIN 1994	Hannah: marginalized victim and social redeemer. In: Athalya BRENNER (Hrsg,), A feminist companion to Samuel and Kings (The feminist companion to the Bible 5), Sheffield 1994
Josef KLÍMA 1972	La perspective historique des lois Hammourabiennes. In: Compte rendu rencontre Assyriologique internationale, 1972, 297-317
Klaus KOCH 1989[5]	Was ist Formgeschichte? Methoden der Bibelexegese, Neukirchen 1989[5]
Ludwig KÖHLER/ Walter BAUMGARTNER/ J. J. STAMM 1967-1990	Hebräisches und aramäisches Lexikon zum Alten Testament, Leiden u.a. 1967-1990
Josef KOHLER 1984	Zur Urgeschichte der Ehe. Totemismus, Gruppenehe, Mutterrecht. Neudr. der Ausg. Stuttgart 1897. Aalen 1984
Josef KOHLER/ Felix Ernst PEISER 1904-1911	Hammurabis Gesetz, Bd. 2-5, Leipzig 1904-1911
Viktor KOROŠEC 1938	Art. „Ehe". In: Reallexikon der Assyriologie, Bd. 2, 1938, 286-293
Paul KOSCHAKER 1917	Rechtsvergleichende Studien zur Gesetzgebung Hammurapis, Leipzig 1917
Paul KOSCHAKER 1933	Fratriarchat, Hausgemeinschaft und Mutterrecht in Keilschriftrechten. In: Zeitschrift für Assyriologie 41/ 1933, 1-89
Paul KOSCHAKER 1950	Eheschließung und Kauf nach altem Recht, mit besonderer Berücksichtigung der älteren Keilschriftrechte. In: Archiv orientální 18/ 1950, 210-296
Emil G. KRAELING 1953	The Brooklyn Museum Aramaic papyri. New documents of the 5th century B.C. from the Jewish colony of Elephantine. Edited with a historical introduction, New Heaven 1953
FS Fritz Rudolf KRAUS 1984	Königliche Verfügungen in altbabylonischer Zeit. Studia et documenta 11, Leiden 1984
Tryggve KRONHOLM 1982	Polygami och monogami i Gamla testamentet. Med en utblick över den antika judendomen och Nya testamentet. In: Svensk exegetisk årsbok 47/ 1982, 48-92
Amélie KUHRT 1989	Non-royal women in the late Babylonian period: a survey. In: Barbara S. LESKO (Hrsg.), Women's earliest records. From Ancient Egypt and Western Asia, Atlanta/ Georgia 1989, 215-39
Wilfred G. LAMBERT 1967	The Gula hymn of Bullu sa-rabi. In: Orientalia 36/ 1967, 121-165
Benno LANDSBERGER 1915	Zu den Frauenklassen des Kodex Hammurapi. In: Zeitschrift für Assyriologie 30/ 1915, 67-73
Benno LANDSBERGER	Studien zu den Urkunden aus der Zeit des Ninurta-tukul-

1935/36	Aššur. In: Archiv für Orientforschung 10/ 1935/36, 140-159
Benno LANDSBERGER 1968	Jungfräulichkeit: Ein Beitrag zum Thema "Beilager und Eheschließung". In:J. A. ANKUM u.a. (Hrsg.), Symbolae iuridicae et historicae Martino David dedicatae, Bd. 2, Leiden 1968, 41-105
Benno LANDSBERGER 1977	Einleitung in das Gilgameš-Epos (1960). In: Karl OBERHUBER (Hrsg.), Das Gilgamesch-Epos, Darmstadt 1977, 171-174
Bernhard LANG 1984	Spione im gelobten Land: Ethnologen als Leser des Alten Testaments. In: Ethnologie als Sozialwissenschaft 26/ 1984, 158-177
Bernhard LANG 1985	Anthropological Approaches to the Old Testament, Philadelphia 1985
Wilhelmus F. LEEMANS 1986	The family in the economic life of the Old Babylonian period. In: Oikumene 5/ 1986, 15-22
Niels Peter LEMCHE 1975	The „Hebrew slave". Comments on the slave law Ex. xxi 2-11. In: Vetus testamentum 25/ 1975, 129-144
Barbara S. LESKO (Hrsg.) 1989	Women's earliest records. From Ancient Egypt and Western Asia(Brown Judaic studies 166), Atlanta/Georgia 1989
Bernard M. LEVINSON (Hrsg.) 1994	Theory and method in biblical and cuneiform law, Sheffield 1994
Gerhard LIEDKE, 1971	Gestalt und Bezeichnung alttestamentlicher Rechtssätze. Eine formgeschichtlich-terminologische Studie (Wissenschaftliche Monographien zum Alten und Neuen Testament 39), Neukirchen-Vluyn1971
James M. LINDENBERGER 1993	Ancient Aramaic and Hebrew letters, London 1993
Edward LIPIŃSKI 1993A	Art. „מדד". In: Theologisches Wörterbuch zum Alten Testament, Bd. 7,1993, 346-355
Edward LIPIŃSKI 1993B	Art. „שׂנא". In: Theologisches Wörterbuch zum Alten Testament, Bd. 7,1993, 828-839
Gerhard LISOWSKY (Hrsg.) 1958	Konkordanz zum Hebräischen Alten Testament, Stuttgart 1958
Rüdiger LIWAK 1994A	Rezension zu Th. L. Thomson, Early history of the Israelite people. In: Theologische Literaturzeitung 119, 2/ 1994, 127-131
Rüdiger LIWAK 1994B	Name/ Namengebung, III. Biblisch. In: Theologische Realenzyklopädie Bd. 23, 1994, 749-754
James Alfred LOADER 1994	Of barley, bulls, land and levirate. In: Florentino GARCÍA MARTÍNEZ (Hrsg.), Studies in deuteronomy in honour C. J. Labuschagne on the occasion of his 65th birthday, Leiden 1994, 123-138
Norbert LOHFINK 1988	Studien zum Pentateuch, Stuttgart 1988
Norbert LOHFINK	Kerygmata des Deuteronomistischen

1981	Geschichtswerks. In: Jörg JEREMIAS u.a. (Hrsg.), Die Botschaft und die Boten, FS Hans Walter Wolff, Neukirchen-Vluyn 1981, 87-100
Norbert LOHFINK 1990A	Art. „Deuteronomium". In: Neues Bibel-Lexikon, Bd.1, 1990, 414-418
Norbert LOHFINK 1990B	Das Deuteronomium: Jahwegesetz oder Mosegesetz? Die Subjektzuordnung bei Wörtern für „Gesetz" im Dtn und in der dtr Literatur. In: Theologie und Philosophie 65/ 1990, 387-391
Norbert LOHFINK 1990C	Das deuteronomische Gesetz in der Endgestalt - Entwurf einer Gesellschaft ohne marginale Gruppen. In: Biblische Notizen 51/ 1990, 25-40
Norbert LOHFINK 1990D	2 Kön 23,3 und Dtn 6,17. In: Biblica 71/ 1990, 34-42
Norbert LOHFINK 1991	*'d(w)t* im Deuteronomium und in den Königsbüchern. In: Biblische Zeitschrift 35/ 1991, 86-93
Norbert LOHFINK 1995	Deuteronomium und Pentateuch. Zum Stand der Forschung. In: ders., Studien zum Deuteronomium und zur deuteronomistischen Literatur, Stuttgart 1995, 13-38
Oswald LORETZ 1984	Habiru - Hebräer. Eine sozio-linguistische Studie über die Herkunft des Gentiliziums עברי vom Appellativum *ḫabiru* (Beiheft zur Zeitschrift für die alttestamentliche Wissenschaft 160), Berlin 1984
E. LÖVESTAM 1966	Art. „Schwagerehe". In: Bo REICKE/ Leonhard ROST (Hrsg.), Biblisch-historisches Handwörterbuch. Landeskunde, Geschichte, Religion, Kultur und Literatur; Bd. 3, Göttingen 1966, 1746-1747
Heiner LUTZMANN 1982	Aus den Gesetzen des Königs Lipit Eschtar von Isin. In: Otto KAISER(Hrsg.), Texte aus der Umwelt des Alten Testaments; Bd.I: Rechts- und Wirtschaftsurkunden. Historisch-chronologische Texte, Gütersloh 1982, 23-31
Elke MADER/ Richard GIPPELHAUSEN 1989	Deine Gedanken sind gefangen in meiner Liebe. Zur der Beziehung Geschlechter bei den Achuara-Jivaro des oberen Amazonas. In: Arbeitsgruppe Ethnologie Wien (Hrsg.), Von fremden Frauen, Frausein und Geschlechterbeziehungen in nicht-industriellen Gesellschaften, Frankfurt am Main 1989, 216-252
Ann MARMESH 1989	Anti-covenant. In: Mieke BAL (Hrsg.), Anti-covenant: counter-reading women's lives in the Hebrew Bible, Sheffield 1989, 43-60
Jay W. MARSHALL 1993	Israel and the book of the covenant. An anthropological approach to biblical law, Cincinnati/ Ohio 1993
Victor Harold MATTHEWS u.a.(Hrsg.) 1998	Gender and law in the Hebrew Bible and the Ancient Near East (Journal of the study of the Old Testament 262), Sheffield 1998
S. Dean McBRIDE, Jr.	Art. „Deuteronomium". In: Theologische

1981	Realenzyklopädie, Bd. 8, 1981, 530-543
Isaac MENDELSOHN 1949	Slavery in the Ancient Near East: a comparative study of slavery in Babylonia, Assyria, Syria, and Palestine from the middle of the third millennium to the end of the first millennium, New York 1949
Carol MEYERS 1988	Discovering Eve. Ancient Israelite women in context, Oxford/ New York 1988
Carol MEYERS 1989	Women and the domestic economy of Early Israel. In: Barbara S. LESKO(Hrsg.), Women's earliest records. From Ancient Egypt and Western Asia, Atlanta/ Georgia 1989, 265-278
Carol MEYERS 1991	'To Her Mother's House': considering a counterpart to the Israelite Bêt 'āb. In: David JOBLING (Hrsg.), The Bible and the politics of Exegesis, Cleveland 1991, 39-51
Marc van de MIEROOP 1989	Women in the economy of Sumer. In: Barbara S. LESKO (Hrsg.), Women's earliest records. From Ancient Egypt and Western Asia, Atlanta/ Georgia 1989, 53-66
Jacob MILGROM 1976	Art. 'First-born'. In: Interpreter's dictionary of the Bible, Neshville: 1976,337f
Jacob MILGROM 1991	Leviticus 1-16: a new translation with introduction and commentary (Anchor Bible 3), New York/ London/ Toronto/ Sydney/ Auckland 1991
Iris MÜLLER 1996	Die Stellung der Frau im Recht altorientalischer Kulturen und Ägyptens. Eine Bibliographie, Weinheim 1996
George Peter MURDOCK 1981	Altas of world cultures, Pittsburgh 1981
Rainer NEU 1992	Von der Anarchie zum Staat. Entwicklungsgeschichte Israels vom Nomadentum zur Monarchie im Spiegel der Ethnosoziologie, Neukirchen 1992
Hans NEUMANN 1987	Bemerkungen zu Ehe, Konkubinat und Bigamie in neusumerischer Zeit. In:Jean-Marie DURAND (Hrsg.), La femme dans le Proche-Orient Antique, Paris 1987, 131-137
Eduard NIELSEN 1995	Deuteronomium (Handbuch zum Alten Testament, Reihe 1/6), Tübingen 1995
Hans Jörg NISSEN 1976-80	Art. "Kanal(isation)". In: Reallexikon der Assyriologie, Bd.5, 1976-80, 365-368
Martin NOTH 1986[10]	Geschichte Israels, Gottingen 1986[10]
Busteney ODED 1979	Mass deportations and deportees in the Neo-Assyrian empire, Wiesbaden 1979
Mercy Amba ODUYOYE/ Musimbi R. A. KANYORO 1995	The will to arise. Women, tradition and the church in Africa, Maryknoll/ New York 1995
Leo OPPENHEIM 1964	Ancient Mesopotamia. Portrait of a dead civilization, Chicago/ London 1964
Yuichi OSUMI	Die Kompositionsgeschichte des Bundesbuches Exodus

1991	20,22b-23,33(Orbis biblicus et orientalis 105), Göttingen 1991
Eckart OTTO 1988	Wandel der Rechtsbegründungen in der Gesellschafts_geschichte des antiken Israel. Eine Rechtsgeschichte des "Bundesbuches" Ex XX 22-XXIII 13 (Studia biblica III), Leiden u.a. 1988
Eckart OTTO 1991	Soziale Verantwortung und Reinheit des Landes. Zur Redaktion der kasuistischen Rechtssätze in Deuteronomium 19-25. In: Rüdiger LIWAK/ Siegfried WAGNER (Hrsg.), Prophetie und geschichtliche Wirklichkeit im alten Israel. FS für Siegfried Herrmann zum 65. Geburtstag, Stuttgart/ Berlin/ Köln 1991, 290-306
Eckart OTTO 1993	Das Eherecht im Mittelassyrischen Kodex und im Deuteronomium. Tradition und Redaktion in den §§ 12-16 der Tafel A des Mittelassyrischen Kodex und in Dtn 22,22-29. In: Manfried DIETRICH/ Oswald LORETZ (Hrsg.), Mesopotamica-Ugaritica-Biblica. FS für Kurt Bergerhof zur Vollendung seines 70. Lebensjahres am 7. Mai 1992, Neukirchen- Vluyn 1993, 259-281
Eckart OTTO 1994	Theologische Ethik des Alten Testaments, Stuttgart/ Berlin/ Köln 1994
Eckart OTTO 1996	Kontinuum und Proprium. Studien zur Sozial- und Rechtsgeschichte des Alten Orients und des Alten Testaments (Orientalia biblica et christiana 8), Wiesbaden 1996
Ilana PARDES 1992	Countertraditions in the Bible. A feminist approach, Cambridge, Massachusetts/ London, England 1992
Orlando PATTERSON 1982	Slavery and social death: a comparative study, Cambridge 1982
Shalom M. PAUL 1970	Studies in the book of the covenant in the light of cuneiform and biblical law (Vetus Testamentum upplement 18), Leiden 1970
P. PESTMAN 1961	Marriage and matrimonial property in ancient Egypt. A contribution to establishing the legal position of the woman, Leiden 1961
H.P.H. PETSCHOW 1980	Art. „Inzest". In: Reallexikon der Assyriologie, Bd. 5, 1980, 144-150
H.P.H. PETSCHOW 1984	Die §§ 45 und 46 des Codex Hammurapi. In: Zeitschrift für Assyriologie 74/ 1984, 181-212
Anthony D. PHILLIPS 1984	The laws of slavery: Exodus 21,2-11. In: Journal for the study of the Old Testament 30/ 1984, 51-66
Werner PLAUTZ 1963	Monogamie und Polygamie im Alten Testament. In: Zeitschrift für die alttestamentliche Wissenschaft 75/ 1963, 3-26
Werner PLAUTZ	Die Form der Eheschließung im Alten Testament. In:

1964   Zeitschrift für die alttestamentliche Wissenschaft 76/
                                  1964, 298-318

Otto PLÖGER   Theokratie und Eschatologie (Wissenschaftliche
1959   Monographien zum Alten und Neuen Testament 2),
                                  Neukirchen 1959

Marvin A. POWELL   Economy of the extended family according to
1986   Sumerian sources. In: Oikumene 5/ 1986, 9-14

A. van PRAAG   Droit matrimonial Assyro-Babylonien, Amsterdam
1945   1945, 142f

Kay PRAG   Ancient and modern pastoral migration in the Levant.
1885   In: Levant 17/ 1985, 81-88

Carolyn PRESSLER   The view of women found in the Deuteronomic family
1993   laws (Beihefte zur Zeitschrift für die alttestamentliche
                                  Wissenschaft 16), Berlin/ New York 1993

Horst Dietrich PREUSS   Deuteronomium (Erträge der Forschung 164),
1982   Darmstadt 1982

Horst Dietrich PREUSS   Art. „Heiligkeitsgesetz". In: Theologische
1985   Realenzyklopädie, Bd. 14,1985, 713-718

Willibald PSCHYREMBEL   Pschyrembel Klinisches Wörterbuch, 257. Aufl.,
1994[257]   Hamburg 1994

Gerhard von RAD   Das Gottesvolk im Deuteronomium. In: ders., 1958-
1973   Gesammelte Studien zum Alten Testament, Bd. II,
                                  München 1958-1973, 154-164

Ilona N. RASHKOW   Daughters and fathers in Genesis ... Or: what is wrong
1994   with this picture? In: Athalya BRENNER (Hrsg.),
                                  Exodus to Deuteronomy (The feminist companion to
                                  the Bible 6), Sheffield 1994

Johannes RENGER   Untersuchungen zum Priestertum in der altbabylonischen
1967   Zeit, 1. Teil. In: Zeitschrift für Assyriologie 58/ 1967,
                                  110-188

Johannes RENZ/ Wolfgang   Handbuch der althebräischen Epigraphik, Bd. 2,
     RÖLLING   Darmstadt 1995
1995

Ingrid RIESENER   Der Stamm עבד im Alten Testament. Eine
1979   Wortuntersuchung unter Berücksichtigung neuerer
                                  sprachwissenschaftlicher Methoden (Beihefte zur
                                  Zeitschrift für die alttestamentliche Wissenschaft 149),
                                  Berlin/ New York 1979

Hermann RINGELING   Die biblische Begründung der Monogamie. In: Zeitschrift
1966   für evangelische Ethik 10/ 1966, 81-89

Helmer RINGGREN   Art. „עבד" In: Theologisches Wörterbuch zum Alten
1986   Testament, Bd. 5,Stuttgart 1986, 982-997

Alexander ROFÉ   The laws of warfare in the book of Deuteronomy.
1985   Their origins, intent and positivity. In: Journal for the
                                  study of the Old Testament 32/ 1985, 23-44

Alexander ROFÉ   Family and sex laws in Deuteronomy and the book of
1987   covenant. In: Henoch 9/ 1987, 131-160

Willem H. Ph. RÖMER
1982

Aus den Gesetzen des Königs Urnammu von Ur. In: Otto KAISER (Hrsg.), Texte aus der Umwelt des Alten Testaments, Bd.I: Rechts- und Wirtschaftsurkunden. Historisch-chronologische Texte, Gütersloh 1982, 17-23

Martha T. ROTH
1987

Age at marriage and the household: a study of Neo-Babylonian and Neo-Assyrian forms. In: Comparative studies in society and history 29/ 1987, 742-745

Martha T. ROTH
1988

Women in transition and the bīt mār banî. In: Revue d`assyriologie et d`archéologie orientale 82/ 1988, 131-138

Martha T. ROTH
1989A

Babylonian marriage agreements. 7th-3rd centuries B.C. (Alter Orient und Altes Testament 222), Kevelaer/ Neukirchen-Vluyn 1989

Martha T. ROTH
1989B

Marriage and matrimonial prestations in first millennium B.C. Babylonia.In: Barbara S. LESKO (Hrsg.), Women`s earliest records. From Ancient

Egypt and Western Asia, Atlanta/ Georgia 1989, 245-260

Martha T. ROTH
1995

Law collections from Mesopotamia and Asia Minor, Atlanta/ Georgia 1995

Martha T. ROTH
1999

The priestess and the tavern: LH § 110. In: Mumuscula Mesopotamia: Festschrift für Johannes Renger (Alter Orient und Altes Testament 267), Neukirchen-Vluyn 1999, 445-464

Stefanie SCHÄFER-BOSSERT
1994

Den Männern die Macht und der Frau die Trauer? Ein kritischer Blick auf die Deutung von אוֹן - oder: Wie nennt Rahel ihren Sohn? In: Hedwig JAHNOW u.a., Feministische Hermeneutik und Erstes Testament: Analysen und Interpretationen, Stuttgart/ Berlin/ Köln 1994, 106-125

Christa SCHÄFER-
LICHTENBERGER
1997

Beobachtungen zur Rechtsstellung der Frau in der alttestamentlichen Überlieferung. In: Wort und Dienst 24/ 1997, 95-120

Johann Michael SCHMIDT
1996[5]

Exil und nachexilisches Israel. In: Hans Jochen BOECKER u.a., Altes Testament, Neukirchen-Vluyn 1996[5], 58-79

Werner H. SCHMIDT
1995[5]

Einführung in das Alte Testament, Berlin/ New York 1995[5]

Luise SCHOTTROFF/
Silvia SCHROER/
Marie-Theres WACKER
1995

Feministische Exegese: Forschungserträge zur Bibel aus der Perspektive von Frauen, Darmstadt 1995

Willy SCHOTTROFF
1989

Der Zugriff des Königs auf die Töchter. Zur Fronarbeit von Frauen im alten Israel. In: Evangelische Theologie 49/ 1989, 268-285

Silvia SCHROER
1987

In Israel gab es Bilder. Nachrichten von darstellender Kunst im Alten Testament (Orbis biblicus et orientalis 74), Freiburg/ Göttingen 1987

Silvia SCHROER 1991A	Weise Frauen und Ratgeberinnen in Israel. Vorbilder der personifizierten Chokmah. In: Verena WODKTE (Hrsg.), Auf den Spuren der Weisheit. Sophia-Wegweiserin für ein weibliches Gottesbild, Freiburg i.B. 1991, 9-23
Silvia SCHROER 1991B	Die göttliche Weisheit und der nachexilische Monotheismus. In: Marie-Theres WACKER/ Erich ZENGER (Hrsg.), Der eine Gott und die Göttin. Die alttestamentliche Rede von Gott im Horizont feministischer Theologie (Questiones disputatae. 135), Freiburg i.B. 1991, 151-182
Silvia SCHROER 1992	Die Samuelbücher (NSK-AT 7), Stuttgart 1992
Silvia SCHROER 1995	Auf dem Weg zu einer feministischen Rekonstruktion der Geschichte Israels. In: Luise SCHOTTROFF/ Silvia SCHROER/ Marie-Theres WACKER, Feministische Exegese. Forschungsbeiträge zur Bibel aus der Perspektive von Frauen, Darmstadt 1995, 83-172.
Elisabeth SCHUESSLER FIORENZA 1988	Zu ihrem Gedächtnis. Eine feministisch-theologische Rekonstruktion der christlichen Ursprünge, München 1988
Elisabeth SCHUESSLER FIORENZA 1991[2]	Brot statt Steine. Die Herausforderung einer feministischen Interpretation der Bibel, Fribourg 1991[2]
Siegfried M. SCHWERTNER 1992[2]	Internationales Abkürzungsverzeichnis für Theologie und Grenzgebiete, Berlin/ New York 1992[2]
Ludgar SCHWIENHORST- SCHÖNBERGER 1990	Das Bundesbuch (Ex 20,22-23,33). Studien zu seiner Entstehung und Theologie (Beihefte zur Zeitschrift für die alttestamentliche Wissenschaft 188), Berlin 1990
Erwin SEIDL 1957	Einführung in die Ägyptische Rechtsgeschichte bis zum Ende des Neuen Reiches. I Juristischer Teil (Ägyptische Forschung 10), Glückstadt/ Hamburg/ New York, 1957
Elke SEIFERT 1997	Tochter und Vater im Alten Testament. Eine ideologiekritische Untersuchung zur Verfügungsgewalt von Vätern über ihre Töchter (Neukirchner theologische Dissertationen und Habilitationen 9), Neukirchen-Vluyn 1997
Irmtraut SEYBOLD 1988	Schwangerschaft und Geburt in Mesopotamien. In: Gertrude PAURITSCH(Hrsg.), Kinder machen (Reihe Frauenforschung 6), Wien 1988, 102-115
Yigal SHILOH 1980	The population of iron age Palestine in the light of sample analysis of urban plans, areas, and population density. In: Bulletin of the American school of Oiental research 239/ 1980, 25-35
Christian SIGRIST/ Rainer NEU (Hrsg.) 1989	Ethnologische Texte zum Alten Testament. Bd. 1. Vor- und Frühgeschichte Israels, Neukirchen-Vluyn 1989
Klaas A.D. SMELIK	Historische Dokumente aus dem alten Israel, Göttingen

1987
Rudolf SMEND/ Ulrich LUZ
1981
Wolfram von SODEN
1965-1981
Jan Alberto SOGGIN
1991

Joe SPINKLE
1994
Lawrence E. STAGER
1985

Francis Rue STEELE
1948
Naomi STEINBERG
1991

Naomi STEINBERG
1993
Gerd STEINER
1987

Nelly STIENSTRA
1993

Martin STOL
1976-80
Jeremy SWIFT
1974

Rolf TANNER
1965

Thomas L. THOMPSON
1974

Thomas L. THOMPSON
1987
Thomas L. THOMPSON
1992
Phyllis TRIBLE
1987
Phyllis TRIBLE
1993
T.J. TURNBAM

1987
Gesetz (Kohlhammer Taschenbücher 1015: Biblische
Konfrontationen), Stuttgart u.a. 1981
Akkadisches Handwörterbuch, Bd.I-III, Wiesbaden
1965-1981
Einführung in die Geschichte Israels und Judas: Von den
Ursprüngen bis zum Aufstand Bar Kochbas, Darmstadt
1991
„The book of the covenant": A literary approach, Sheffield
1994
The archaeology of the family in Ancient Israel. In:
Bulletin of the American schools of Oiental research 260/
1985, 1-36
The Lipit-Ishtar law code. In: American journal of
archaeology 52/ 1948, 425-450
The Deuteronomic law code and the politics of state
centralization. In: David JOBLING (Hrsg.), The Bible
and the politics of Exegesis, Cleveland 1991, 161-170
Kinship and marriage in Genesis. A household economics
perspective, Minneapolis 1993
Die *Femme Fatale* im Alten Orient. In: Jean-Marie
DURAND (Hrsg.), La femme dans le Proche-Orient
Antique, Paris 1987, 147-153
YHWH is the husband of his people. Analysis of a
biblical metaphor with special reference to translation,
Kampen/ Niederlande 1993
Art. "Kanal(isation)". In: Reallexikon der Assyriologie,
Bd.5, 1976-80,355-365
Die Tuareg, Sahara. In: Ahmed AL-SHAHI (Hrsg.),
Bild der Völker(Brockhaus Völkerkunde 8),
Wiesbaden 1974, 224-233
Untersuchungen zur Rechtsstellung der Frau im
pharaonischen Ägypten. In: Klio. Beiträge zur alten
Geschichte 46/ 1965, 45-81
The history of the patriarchal narratives: the quest for the
historical Abraham (Beihefte zur Zeitschrift für die
alttestamentliche Wissenschaft 133), Berlin 1974
The origin tradition of ancient Israel. I. The literary
formation of Genesis and Exodus 1-23, Sheffield
Early history of Israelite people. From the written and
archaeological sources, Leiden/New York/Köln 1992
Mein Gott, warum hast Du mich vergessen!
Frauenschicksale im Alten Testament, Gütersloh 1987
Gott und Sexualität im Alten Testament, Gütersloh 1993

Male and female slaves in the sabbath year laws of

1987 — Exodus 21.1-11. In: Svensk biografiskt lexikon, Decatur 1987, 545-49

Hartmut WAETZOLDT
1987 — Compensation of craft workers and officials in the Ur III period. In: Marvin A. POWELL (Hrsg.), Labor in the Ancient Near East (American oriental series 68), New Haven/ Connecticut 1987

Hartmut WAETZOLDT
1988 — Die Situation der Frauen und Kinder anhand ihrer Einkommensverhältnisse zur Zeit der III. Dynastie von Ur. In: Altorientalische Forschung 15/ 1988, 30-44

John H. WALTON
1989 — Ancient Israelite literature in its cultural context, Grand Rapids/ Michigan 1989

Moshe WEINFELD
1968 — Art. `Feminine features in the imagery of God in Israel: the sacred marriage and the sacred tree". In: Encyclopaedia Biblica, Bd. 5, Jerusalem 1968, 515-529

Helga WEIPPERT
1988 — Palästina in vorhellenistischer Zeit. (Handbuch der Archäologie, Vorderasien II/1), München 1988

Gordon J. WENHAM
1979A — The book of Leviticus (New international commentary of the Old Testament 3), Grand Rapids 1979

Gordon J. WENHAM
1979B — The restoration of marriage reconsidered, Journal of Jewish studies 30/ 1979, 36-40

Raymond WESTBROOK
1977 — The law of the biblical levirate. In: Revue internationale des droits de l'antiquité 24/ 1977, 65-87

Raymond WESTBROOK
1986 — The prohibition of restoration of marriage in Deuteronomy 24,1-4. In: Sara JAPHET (Hrsg.), Studies in Bible (Scripta Hierosolymitana 31), Jerusalem 1986, 387-405

Raymond WESTBROOK
1988A — Studies in biblical and cuneiform law (Cahiers de la revue biblique 26),Paris 1988

Raymond WESTBROOK
1988B — Old Babylonian marriage law (Archiv für Orientforschung Beiheft 23),Horn/ Österreich 1988

Raymond WESTBROOK
1991 — Property and the family in biblical law (Journal for the study of the Old Testament supplements series 113), Sheffield 1991

Raymond WESTBROOK
1994 — Art. "Mitgift". In: Reallexikon der Assyriologie, Bd. 8, 1994, 273-283

Raymond WESTBROOK
1998 — The female slave. In: Victor Harold MATTHEWS u.a.(Hrsg.) Gender and law in the Hebrew Bible and the Ancient Near East (Journal of the study of the Old Testament 262), Sheffield 1998, 214-238

Joan Goodnick WESTENHOLZ
1989 — Tamar Qe'de'šā, Qadištu, and sacred prostitution in Mesopotamia. In: Harvard theological review 82/ 1989, 245-265

Douglas R. WHITE
1988 — Rethinking polygyny. co-wives, codes, and cultural systems. In: Current anthropology 29/ 1988, 529-572

M. K. WHYTE
1978 — The status of women in pre-industrial societies, Princeton, New Jersey 1978

Claus WILCKE — CT 45, 119: Ein Fall legaler Bigamie mit *nadītum* und

1984	*šugītum*. In: Zeitschrift für Assyriologie 74/ 1984, 170-180
Claus WILCKE 1982	*nudunnûm* und *nišītum*. In: G. von DRIEL u.a. (Hrsg.), ZIKIR ŠUMM. Assyriological studies. Presented to F. R. Kraus on the occasion of his seventieth birthday, Leiden 1982
Claus WILCKE 1985	Familiengründung im Alten Babylonien. In: Ernst Wilhelm MÜLLER (Hrsg.)Geschlechtsreife und Legitimation zur Zeugung, Freiburg/ München 1985, 213-217
Robert R. WILSON 1984	Sociological approaches to the Old Testament (Guides to biblical scholarship 2), Philadelphia 1984
Ernst WÜRTHWEIN 1988[5]	Der Text des Alten Testaments. Eine Einführung in die Biblia Hebraica, Stuttgart 1988[5]
Reuven YARON 1966	The restoration of marriage, Journal of Jewish studies 17/ 1966, 1-11
Reuven YARON 1971	The goring ox in Near Eastern laws. In: H. H. COHN (Hrsg.), Jewish law in Ancient and Modern Israel, New York 1971, 50-60
Reuven YARON 1988	The laws of Eshnunna, 2. rev. ed.. - Jerusalem 1988
Reuven YARON 1988	The evolution of biblical law. In: A. THEODORIDES u.a., La formazione del diritto nel Vicino Oriente Antico, Neapel und Rom 1988, 77-108
Julia ZABLOCKA 1986	Der Haushalt der neuassyrischen Familie. In: Oikumene 5/ 1986, 43-49
ZÜRICHER BIBEL 1982[12]	Die Heilige Schrift des Alten und Neuen Testaments, Zürich 1982[18]

ABKÜRZUNGEN UND ZEICHEN

Abkürzungen

Benutzte Abkürzungen, die hier nicht aufgeführt sind, richten sich nach Siegfried M. SCHWERTNER, Internationales Abkürzungsverzeichnis für Theologie und Grenzgebiete, Berlin/ New York 1992[2]

aB	altbabylonisch
AHw	Wolfram von Soden, Akkadisches Handwörterbuch
aram.	aramäisch
akkad.	akkadisch
Anm.	Anmerkung
Art.	Artikel
Aufl.	Auflage
Ausg.	Ausgabe
BA	Beiträge zur Assyriologie und semitischen Sprachwissenschaft
Bd.	Band
BE	Babylonian Expedition of the University of Pennsylvania, Series A: Cuneiform Texts
bes.	besonders
BIN	Babylonian Inscriptions in the Collection of J.B. Nies
BM	tablets in the collection of the British Museum, London
bsp.	beispielsweise
bzw.	beziehungsweise
ca.	circa
CAD	The Assyrian Dictionary of the Oriental Institute of the University of Chicago, Chicago/ Glückstadt 1956-
Co-Frauen	Frauen, die mit demselben Mann in einer polygynen Beziehung leben
CT	Cuneiform Texts from Babylonian Tablets in teh British Museum
Cyr.	Johann N. Strassmaier, Inschriften von Cyrus, König von Babylon (538-529 v.Chr.), Babylonische Texte VII, Leipzig 1889
ders.	derselbe
d.h.	das heißt
dies.	dieselbe
dt.	deutsch
dtn	deuteronomisch
dtr	deuteronomistisch
Dtn	Deuteronomium
ebd.	ebenda
evt.	eventuell
Ex	Exodus
f ff	folgend(e)

fem.	feminin
FS	Festschrift
Gen	Genesis
GKB	Wilhelm Gesenius/ Emil Kautzsch/ G. Bergsträsser, Hebräische Grammatik, Hildesheim 19
HAL	Ludwig Köhler/ Walter Baumgartner/ J.J. Stamm, Hebräisches u. aramäisches Lexikon zum Alten Testament, Leiden u.a. 1967-90
hebr.	hebräisch
HG	Heiligkeitsgesetz
Hrsg.	HerausgeberIn
Hif	Hif'il
Jh.	Jahrhundert
Jt.	Jahrtausend
Kap.	Kapitel
KE	Kodex Eschnunna
KH	Kodex Hammurapi
KL	Kodex Lipit-Ischtar
KU	Kodex Urnammu
Lev	Leviticus
LXX	Septuaginta
m.	mit
mA	mittelassyrisch
MAG	Mittelassyrisches Gesetz
mask.	maskulin
m.E.	meines Erachtens
Meissner BAP	B. Meissner, Babylonien und Assyrien
nA	neuassyrisch
nB	neubabylonisch
nB Eheverträge	Neu- und spätbabylonische Eheverträge
NBG	Neubabylonisches Gesetz
Nbn.	Johann N. Strassmaier, Inschriften von Nabonidus, König von Babylon (555-538 v.Chr.), Babylonische Texte I-IV, Leipzig 1889
Nbk.	Johann N. Strassmaier, Inschriften von Nabuchodonosor, König von Babylon (604-561 v.Chr.), Babylonische Texte V-VI, Leipzig 1889
Neudr.	Neudruck
No.	Nummer
Nr.	Nummer
NSGU	Neusumerische Gerichtsurkunden
OECT	Oxford Editions of Cuneiform Texts
Pass.	Passiv
Pers.	Person
Pi	Pi'el
Plur.	Plural
PN	Personenname
Red.	Redaktion
Ri	Richter
s.	siehe

S.	Seite
Sam	Samuel
sB	spätbabylonisch
Sing.	Singular
s.o.	siehe oben
sog.	sogenannt
s.u.	siehe unten
sum.	sumerisch
TBER	Jean-Marie Durand, Textes babyloniens d'époque récente (Etudes assyriologiques, Recherche sur les grandes civilisations 6) Paris 1981
TCL	Textes Cunéiformes du Louvre
TIM	Texts in the Iraq Museum
TUAT	Otto Kaiser (Hrsg.), Texte aus der Umwelt des Alten Testaments, Bd. 1, Gütersloh 1982-1985
u.	und
u.a.	unter anderem, und andere
UET	Ur Excavations, Texts
usw.	und so weiter
VAS	Vorderasiatische Schriftdenkmäler der Königlichen Museen zu Berlin
v.Chr.	vor Christus
Verl.	Verlag
vgl.	vergleiche
Waterman	L. Waterman, Business Documents of the Hammurabi Period
YOS	Yale Oriental Series, Babylonian Texts
z.B.	zum Beispiel

Zeichen der Diagramme

dicke Linie	(——)	enge Bindung
gestrichelte Linie	(··········)	lockere oder nicht näher definierte Bindung
Pfeil	(——→)	eherechtlicher Einfluß einer Person auf eine andere
Doppelpfeil	(⇒)	eherechtlicher Einfluß zweier Personen auf eine dritte

INDIZES

1.Sachen

2. Stellen

Kursive Zahlen weisen auf die Seiten hin, auf denen der entsprechende Text ausführlicher behandelt wird.

Erstes Testament